2010・中国（昆明）

运输・物流・物流技术装备

国际学术会议论文集

王德荣　主编

人民交通出版社

图书在版编目(CIP)数据

2010·中国(昆明)运输·物流·物流技术装备国际学术会议论文集/王德荣主编. —北京：人民交通出版社，2010.7

ISBN 978-7-114-08547-5

Ⅰ. ①2… Ⅱ. ①王… Ⅲ. ①交通运输－国际学术会议－文集②物流－国际学术会议－文集③物流－机械设备－国际学术会议－文集 Ⅳ. ①U-53②F252-53③TH2-53

中国版本图书馆 CIP 数据核字(2010)第 135024 号

书　　名：**2010·中国(昆明)运输·物流·物流技术装备国际学术会议论文集**
著 作 者：王德荣
责任编辑：张征宇　刘永芬
出版发行：人民交通出版社
地　　址：(100011)北京市朝阳区安定门外外馆斜街 3 号
网　　址：http://www.ccpress.com.cn
销售电话：(010)59757969,59757973
总 经 销：人民交通出版社发行部
经　　销：各地新华书店
印　　刷：北京市凯鑫彩色印刷有限公司
开　　本：787×1092　1/16
印　　张：17.75
字　　数：410 千
版　　次：2010 年 7 月第 1 版
印　　次：2010 年 7 月第 1 次印刷
书　　号：ISBN 978-7-114-08547-5
定　　价：50.00 元

2010·中国(昆明)
运输·物流·物流技术装备
国际学术会议论文集

编　委　会

2010·中国(昆明)运输·物流·物流技术装备国际学术会议优秀论文评选委员会名单

主　任: 王德荣　中国交通运输协会　常务副会长　研究员

副主任: 陆化普　清华大学交通研究所　所长　教授　博导

成　员: 郭敏杰　中国交通运输协会物流技术装备专业委员会会长　高级工程师

周　伟　交通运输部公路科学研究院　院长　教授　博导

陆锡铭　上海市城市综合交通规划研究所　所长　教授级高级工程师　博导

吴清一　北京科技大学物流研究所　所长　教授　博导

林仲洪　铁道部经济规划研究院　副院长　高级工程师

李群仁　中国铁路科学研究院运输及经济研究所　总工　研究员　博导

张　喜　北京交通大学交通运输学院　教授　博导

秘书组: 高月娥　中国交通运输协会运输与物流发展研究中心运输研究部　主任　高级工程师

魏　众　中国交通运输协会运输与物流发展研究中心运输研究部　高级工程师　博士

序

运输与物流作为生产性服务业,既为经济社会发展提供支撑和保障,同时,良好的运输与物流服务系统又促进经济社会发展。改革开放以来,特别是进入21世纪以来,国家相继出台了《综合交通网中长期发展规划》、《中长期铁路网规划(2008年调整)》、《国家高速公路网规划》、《全国沿海港口布局规划》、《全国内河航道与港口布局规划》、《全国民用机场布局规划》、《农村公路建设规划》等一系列规划,我国交通运输业得到了快速发展,成就斐然——铁路营业里程世界第三、高速公路通车里程世界第二、内河航道通航里程世界第一、铁路运输效率世界第一、港口吞吐量,集装箱吞吐量世界第一……我国现代物流业起步较晚,自20世纪90年代以来,随着社会主义市场经济体制的基本建立,现代物流业发展提到重要议事日程。2001年和2004年原国家经贸委先后发布了"关于加快我国现代物流发展的若干意见"和"关于促进我国现代物流业发展的意见",特别是2009年国家颁布了《物流业调整和振兴规划》,我国物流业迎来了快速发展的新机遇。目前,我国已初步形成了布局比较合理,专业化比较匹配的物流服务系统。与此同时,我国物流技术装备制造业也有了快速发展。虽然我国运输与物流、物流技术装备制造业的发展取得了巨大成就,但是,仍然不能满足经济社会发展的需求,加快运输与物流、物流技术装备制造业的发展仍是我国经济社会发展的重要任务之一。

目前,全球进入后国际金融危机时期,在新的形势下,我国正在着力推进经济结构调整,深化体制改革,加快经济发展方式转变。随着我国工业化、信息化、城镇化、市场化、国际化进程的加快,运输与物流发展将面临更为繁重的任务。如何加快我国运输与物流、物流技术装备制造业的发展,已成为政府、企业以及学术界共同关注的问题。为了加强国际运输与物流、物流技术装备行业间的交流与合作,展示我国交通运输与物流、物流技术装备领域最新学术研究成果和技术装备水平,促进我国运输、物流与物流技术装备制造业的快速发展,中国交通运输协会与云南省昆明市政府联合主办"2010·中国(昆明)运输·物流·物流技术装备国际学术会议"。

本次年会以"合作·发展"为主题,旨在为我国运输与物流、物流技术装备领域的合作与发展提供更为广阔的交流平台。本次活动得到了广大高校、研究院(所)及企业界的积极响应,踊跃投稿。经行业专家多次认真评审,择优录用,现将论文编辑成册。本论文集涵盖了综合运输、城市交通、铁路、公路、港口、物流、物流技术装备等多个领域的理论研究、运营管理、技术开发等成果。论文涉及范围广、领域宽,并具有相当的理论基础和实践深度,是一本运输、物流与物流技术装备领域专家学者值得参考的资料。文中如有疏漏之处,请大家谅解并指正!

王德荣

2010年7月

目　录

上篇　交通运输

下篇　物流与物流技术装备

上篇

Part A Transportation

交通运输

关于编制“十二五”交通运输发展规划若干问题的思考

王德荣　高月娥
（中国交通运输协会，北京　100825）

【摘　要】“十二五”期间，我国交通运输面临着复杂的国际国内环境，这一时期既是我国构建综合运输体系的战略机遇期，又是交通运输从初步适应向基本适应国民经济发展的关键转型期。本文主要对我国“十二五”交通运输发展规划中的发展现状、面临环境、发展目标、发展路径和建设重点以及政策取向等问题进行深入探讨，对科学编制我国“十二五”交通运输发展专项规划具有重要意义。

【关键词】“十二五”交通运输规划　发展目标　发展路径　建设重点　政策取向

Issues Reflection on Formulating the 12th Five-year Transportation Program

Wang Derong　Gao Yue'e
(China Communications and Transportation Association, Beijing 100825)

Abstract: During China 12th five-year plan period, transportation will confront a complex environment at home and abroad. It is a key strategic opportunity for building comprehensive transportation, and a critical transition period for transportation from Preliminary-adaptation to Fundamental-adaptation to national economic development. This paper discusses deeply on development status quo, environment, target, path, key construction and policy direction on the 12th five-year transportation program, and it will play a significant role on formulate special planning on transportation.

Keywords: 12th Five-year transportation program　Development target　Development path　Key construction projects　Policy direction

一、“十一五”我国交通运输发展状况

“十一五”期间，我国交通运输业全面快速发展，成绩斐然。但在各种运输方式基础设施建设中，由于资源禀赋、环境等限制，个别地区存在发展速度过快带来一些问题。如何正确评价我国交通运输发展的状况，是研究“十二五”我国交通运输发展规划的立足点。

（一）发展成就

运输线路里程不断扩大，已初步形成了由铁路、公路、水运、航空、管道五种运输方式组成的综合运输网主骨架；运输通道和综合交通枢纽布局初步形成；运输供给能力不断提高，运输保障能力明显增强；交通运输基础设施及装备大幅增长，技术水平明显提升；交通运输体制改革和法规建设取得巨大进展，运输市场化进程加快。

(二)主要问题及成因分析

1. 主要问题

我国交通运输业发展与世界主要发达国家、特别是与我国经济和社会发展对交通运输不断增长的需求相比,仍然存在一定差距。主要问题:交通基础设施总量不足,部分地区干线铁路运输能力紧张;运输结构不尽合理,交通运输基础设施和运输装备技术水平有待进一步提高;交通运输体制改革、服务质量等深层次结构性矛盾尚未清除;部分地区公路技术等级存在建设明显超前等问题。

2. 成因分析

主要是对交通运输在国民经济发展中的重要地位认识不足,投资比重相对过小,特别是铁路发展滞后;对交通运输基础设施的准公益性特征认识不足,缺乏稳定的资金来源;资源环境问题日益凸显,优化运输结构,转变运输发展方式问题较晚才提上重要日程。

二、"十二五"交通运输发展面临的环境

"十二五"期间,我国交通运输发展面临着国际国内的新形势、新挑战和新要求。

(一)国际环境

当前全球已进入后国际金融危机时期,大宗商品价格和主要货币汇率可能加剧波动,贸易保护主义明显抬头;世界经济系统性和结构性风险十分突出。气候变暖、粮食安全、能源资源等全球性问题日益凸显,交通运输面临着更加复杂的国际环境挑战。

(二)国内环境

我国正进入经济社会转型期,交通运输总量将继续增加,货类结构将发生变化;区域协调和对外开放战略的实施,区域间运输联系更加紧密,外贸进出口货类结构和地区空间分布发生变化;同时,城镇化进程加快和消费结构的升级,城市间、城乡间运输需求日益增多,旅客运输需求将明显加大,交通运输的普遍服务水平变得越来越重要。

预计"十二五"末,全社会总客运量和国内货运总量年均分别增长将达11%和7%左右。

三、发展目标的选择

目标是引领规划的旗帜。"十二五"交通运输发展目标的选择,是编制交通运输发展规划的核心问题。

(一)指导原则

坚持全面统筹,综合发展的原则;坚持结构运输优化,协调发展原则;坚持公平共享,惠及民生原则;坚持以人为本,低碳发展原则;坚持维护国防安全,提升应急能力原则。

(二)确定发展目标的意义

发展目标的选择是基于世界和区域的视角,立足交通运输发展的全局,融合资源禀赋、经济社会发展同交通体系的内在规律,注重理论逻辑和发展实践的密切联系,选择发展目标,如图1所示。

(三)目标选择的影响因素

从系统工程角度分析,影响交通运输发展目标选择的主要因素是系统内和系统外因素。系统内因素包括对交通运输业的认识、资金、技术装备供给状况、人力资源供应状况、时间

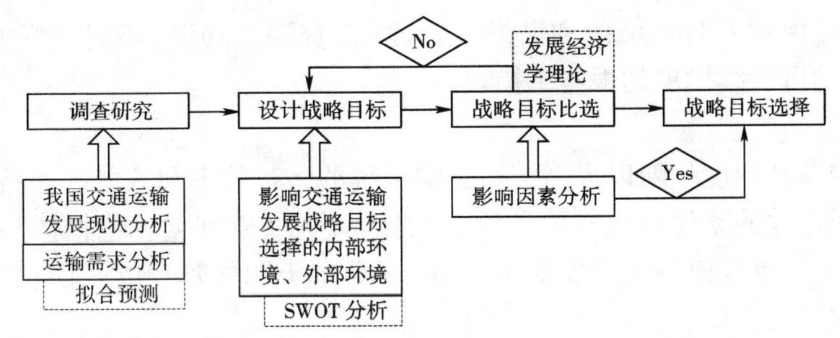

图 1　交通运输发展目标选择示意图

Fig. 1　Development target selection on transportation

等;系统外因素主要包括工业化进程、经济社会发展状况、自然禀赋、制度与政策环境等,相互关系如图 2 所示。

(四)发展目标的选择

通过影响因素和相关静动态指标脉络分析,未来"十二五"交通运输发展规划目标拟定为基本适应。具体说,"十二五"交通发展规划的总体目标是:以节能和减排为先导,以改革创新为动力,以转变交通运输发展方式为主线,以构建布局合理,结构完善,衔接畅通,安全可靠的综合交通运输体为目标,强化通道,完善运输网络和综合运输枢纽并重,兼顾公平与效率并进,提供服务国防、经济安全,以交通应急系统为保障的一体化、可持续发展的综合交通体系,基本适应我国国民经济和社会发展的需求。

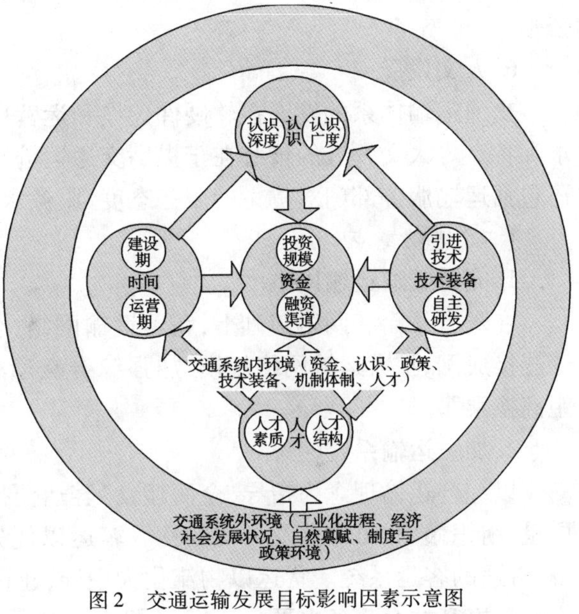

图 2　交通运输发展目标影响因素示意图

Fig. 2　Influence factor on transportation development target

四、发展路径和建设重点

如何正确选择"十二五"期间我国交通运输发展路径是能否实现发展目标的关键之一;如何把握建设重点又是实施发展规划的重要切入点。

(一)发展路径

1. 综合发展

解决好交通运输与经济社会的综合发展问题、交通运输体系内各种运输方式的综合发展问题,以及各种运输方式自身的综合发展问题,是构建运输体系发展的重要内容之一。

2. 协调发展

交通运输大系统的各组成部分及其要素之间相互配合、相互补充与相互协作,共同完成经济社会发展对运输的要求,加强运输体系协调发展是交通运输发展的重要环节。

3. 绿色发展

以最小的资源消耗以及最低的环境损害,满足经济社会发展对运输的需求;绿色发展的核心是节能减排,保障人与环境的和谐发展。建设“资源节约型、环境友好型”交通运输系统,这是交通运输可持续发展的根本举措。

4. 创新发展

通过技术创新和制度创新以提高交通运输系统的运行效率和效能。科技创新是通过研发不断提高交通运输的硬件设施和软件设施的技术水平;管理创新包括体制机制创新和管理模式创新,体制机制以市场经济发展为主导,建立基于职能管理的一体化管理部门,以适应交通运输业发展的需要。

5. 公平发展

交通运输作为提供公共服务产品的产业,应为运输需求者提供必要的、均等化的服务条件和建立合理受益的发展体系。解决地区间的交通运输公平发展问题、城乡间交通运输公平发展问题以及完善交通公平受益机制建设,实现“受益者负担,受损者补偿”的深层次交通公平。

6. 人文发展

交通运输体系的发展在软硬件建设和运营中按照“以人为本”的原则,体现人性化的要求和特点。人文发展的核心在于提高交通运输服务质量,包括从旅客享受到的软硬件服务,还包括运输服务部门对货主的服务态度、服务水平等。

(二)建设重点

1. 完善交通运输网络

在既有线路和网络基础上,完善运输网络,合理安排既有线路和新线建设,加强干线通道连接成网,扩大运输网络规模,加强综合交通枢纽建设,实现货物“无缝衔接”和客运“零距离换乘”。

2. 加强运输系统建设

以综合运输理念为指导,全面建设“客运便捷化、货运物流化”系统,以提高服务能力与质量、组织效率、可靠性及可持续性。客运以优先发展公共交通为主导,构建安全、便捷、经济、舒适的客运系统。货运以物流化为主导,建设经济、高效和低碳的货运系统。

3. 提升技术装备水平

载运工具、大型工程施工机械及专业化维养装备、运输管理及信息采集、安全防护与应急救助设备以及节能降耗设施设备是建设的重点。

4. 加快运输企业的建设

在全国范围内建立起由各种所有制共存的、承担国内外服务的、规模结构合理的、专业匹配的、技术装备和管理手段先进的、服务能力和服务水平能基本满足运输需求的企业群体。

五、政策取向

强有力的措施保障是实施规划的重要支撑。“十二五”时期,制定好相关的政策措施对促进我国交通运输可持续发展和推动社会主义现代化具有重要的意义。

(一)继续深化体制改革,构建综合交通运输管理体系

为完善公平有效的市场环境,加快构建我国综合交通运输体系,推进铁路体制改革,组

建统一管理交通运输业发展与运营的交通运输部。陆续将管道、城市货运、交通安全与环保等集中纳入交通运输部统一管理,建立真正意义上的综合交通运输管理体系。

(二)优化运输结构,大力实现运输发展方式的转变

加强交通资源集约的制度和机制建设,按照国家主体功能区规划提出的优化结构和协调开发的原则,发挥资源占用少、环境污染少的运输方式的比较优势,实现"宜路则路、宜水则水、宜空则空、宜管则管",引导交通运输发展由资源粗放型向资源集约型,由环境污染型向环境友好型转变。

(三)深化投融资体制改革,建立科学的公益性、商业性投资机制

"十二五"我国交通运输建设规模不断扩大,继续推行投融资多渠道、多元化体制机制,广泛吸收社会资本,实现投资收益和退出资金滚动投资发展。研究建立公益性基础设施建设和运营的财政补贴机制,加大对公益性交通基础设施建设的投资力度。

(四)健全法律法规,着力实现交通运输的公平化

随着我国市场经济体制的建立,继续深化改革、扩大开放,应尽快出台综合交通运输法和相关各运输方式的法律法规,实现以综合交通运输法为指导,加强各种运输方式规划、建设、运营的衔接与协调。

(五)推进科技创新,联动交通运输技术装备制造业发展

为加快提升我国交通运输业技术水平,完善科技创新的体制机制,增加科技和管理创新,提高我国交通运输科技和管理水平。依靠科技创新提高交通运输装备技术制造业水平,研发一批具有我国自主知识产权的大飞机、大轮船、新一代动车组以及施工机械设备等,加快物联网建设,带动相关产业链的发展。

(六)提高交通人才素质,夯实人才保障基础

提高人才素质,造就一批以领军人才为先导,专业技术人才为主体,使用技术人才为基础的交通运输业人才队伍。不断优化人才结构,健全人才成长机制,为实现我国交通运输的发展提供坚强有力的人才保障和智力支持。

参考文献

[1] 王德荣. 中国运输结构的现状与发展[J]. 世界轨道交通, 2008, 3: 16-19.

[2] U.S. DOT. Transportation Vision for 2030[R], 2008, January 1-29.

[3] 黄民,张建平. 国外交通运输发展战略及启示[M]. 北京: 中国经济出版社. 2007, 1: 1-22.

[4] Puget Sound Regional Council. Final Draft Transportation 2040: Toward a Sustainable Transportation System[R]. April 2010.

上海综合交通发展战略研究

陆锡明　顾　煜

（上海市城市综合交通规划研究所，上海　200040）

【摘　要】 研究回顾近30年上海市城市交通发展特点、交通规划和交通政策的发展历程，分析了综合交通战略规划思路及实际应用的转变，并展望了未来30年上海市综合交通的发展方向和战略目标，提出了符合城市特点的海、空国际枢纽战略，公路、铁路复合战略，公交优先战略和综合交通协调战略。

【关键词】 交通规划　综合交通　发展战略　一体化

Study of Shanghai Integrated Transport Developing Strategy

Lu Ximing　Gu Yu

(Shanghai City Comprehensive Transportation Planning Institute, Shanghai 200040)

Abstract: The paper reviews the development of Shanghai transport facilities scale, transport planning and transport policy in the past 30 years. It analyses the changes of current comprehensive transport planning and actual application. It also prospects the development of Shanghai comprehensive transport and strategy in next 30 years and proposes strategies on sea-sky hub, highway-railway, bus priority and comprehensive coordination accorded with Shanghai features.

Keywords: Transport planning　Integrated transport　Development strategy　Integrated

改革开放30年间，上海市经济持续高速增长，城区面积成倍拓展，人口快速增加，交通发展的外部条件发生了重大变化。同时，交通体系的规划、建设对城市空间的拓展和优化也发挥了巨大支撑作用，交通模式、交通规划理念和战略规划技术都有了很大转变。特别是正在举办的世博会，更为上海市提升综合交通服务水平创造了契机和动力。未来的20～30年，上海市既要审慎综合交通发展历程中的成就和问题，又要展望宏观环境发展趋势。以科学发展观为主旨，以构筑现代化国际大都市为目标，强调兼顾交通系统规模和效能，推进集约型和环境友好型交通系统建设，构筑世界一流、统筹一体的综合交通体系。

一、上海以往30年综合交通发展特点及成就

20世纪80年代，上海交通以发展常规地面公交和增强道路功能为主，主要缓解人口高密度城区的交通“出行难”矛盾。20世纪80年代初，城市集中建成区230km^2。250条公交线路承担了市区居民60%的出行量。交通规划工作重点包括内环高架路规划、干道网完善、公共汽电车线路新辟等，并建成了延安东路隧道和打浦路隧道。

90年代，结合中央“浦东开发”号召，以高速公路和城市快速路为代表的交通基础设施建设加快，支撑城区范围拓展。城市集中建成区面积从浦西扩大至浦东，接近400km^2，初步形成了中心区“申”字形快速道路骨架网络，轨道交通1号线建成通车。交通规划编制工作开始与城市总体规划同步互动开展。

进入21世纪，以轨道交通为代表的交通设施适度超前发展，综合交通体系建设取得了突破性的进展。城市集中建成区面积扩大至800多km^2，人口分布呈现出从市区向郊区转移的趋势，初步形成了以轨道交通为骨干的公共客运体系。综合交通规划成为了市政府重大任务之一，交通网络建设、综合枢纽建设、交通功能优化是这一时期的重点工作。

这一时期，上海经济社会快速发展，尤其是正在举办的世博会，为上海交通发展提供了前所未有的机遇和条件，上海综合交通体系实现了跨越式发展，主要表现在五个方面：

首先，上海国际航运中心建设取得新进展。2008年洋山深水港区三期工程竣工投入运营，北港区主体工程全面建成，设计年吞吐能力930万标准箱。当年上海港集装箱吞吐量完成2800万标准箱，位居世界第二。港口货运吞吐总量5.8亿，连续4年位居世界第一。

其次，上海航空枢纽建设取得新进步。2008年浦东国际机场第二航站楼投入运营，至此，上海已拥有2个机场、3座机场候机楼和4条跑道，2008年上海空港完成旅客、货邮吞吐量5100万人次和300万吨，分别比2000年增长了189%和327%。虹桥国际机场扩建工程也正在加快建设中。

第三，公路设施建设力度进一步加大。2008年年底全市公路通车里程达1.1万km，比2000年增长了95%，道路网络功能等级迅速提升，高等级道路基本成网。其中，高速公路里程已达637km，是2000年98km的6.5倍。长江隧桥正式通车，一批市域高速公路、黄浦江越江通道、虹桥综合交通枢纽和中心城区路网改造工程也在加快建设中。

第四，轨道交通基本网络建设加快推进。2008年年底全市轨道交通网络运营线路总数达到8条，运营线路长度264km，比2000年的66km增长了3倍；车站共164座，比2000年的48座增长了2倍多。现已形成了“一条环线、七条射线、九个换乘站、九站共线”的网络运营格局。目前9个在建项目已进入施工高峰，4条线路基本实现结构贯通。

第五，公共汽电车服务水平稳步提高。2008年全市共有公共汽电车1.8万辆，比2000年增长了39%；公交线路1058条，比2000年增加了421条。其中，行政村公交通达率已达到80%以上。

上海30年城市空间和交通体系特征比较如表1所示。

二、当前上海综合交通战略规划理念的转变

（一）规划范围由集中城区向多中心区域城市拓展

现代著名规划大师彼得·霍尔提出了“多中心巨型城市区域（MCR）作为全新现象，正在世界上高度城市化地区出现”。所谓多中心巨型城市区域（MCR：mega—city region），它的出现经历了一个从中心大城市到邻近小城市的漫长扩散过程，以中国东部沿海和中部较发达的大城市为代表，随着经济全球化和城镇区域化的发展趋势，传统市域与外部联系正逐步突破行政区划的制约，大都市综合交通的统筹范围已经大大超出以往城市交通的范畴，向更广阔的大城市地区、大城市群、大城市带、乃至全球城市拓展。与之相对应的交通规划则必

须进一步考虑强化与国际交通中心的衔接，与区域交通基础设施的衔接、与郊区基础设施的衔接。就上海而言，人员的出行往来正逐步从集中于 640km^2 中心城区向整个 10 万 km^2 的长江三角洲城市群拓展，城镇体系也正在呈现多中心的发展态势，形成了 1 个国际中心(上海)、3 个区域中心(南京、杭州、宁波)的格局。

上海 30 年城市空间和交通体系特征比较　　表 1

Features comparison (city space VS. transport system)　　Tab. 1

项目	态势	大型超高密度城市空间 公交车＋自行车 上海(20 世纪 80 年代)	特大高密度城市空间 大公交车＋机动两轮车 上海(20 世纪 90 年代)	巨型高密度城市空间 快速公交＋私车 上海(21 世纪初)
城市空间特征	城市形态	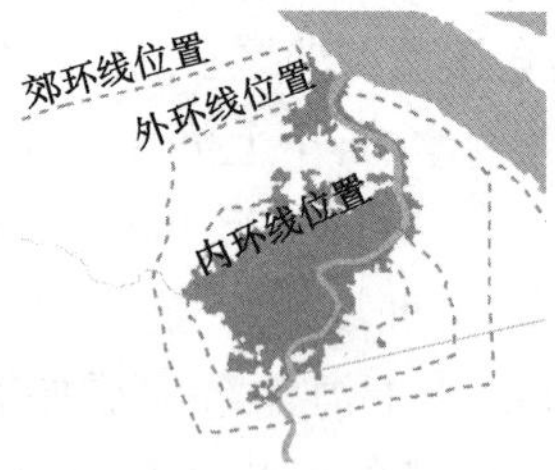 郊环线位置 外环线位置 内环线位置	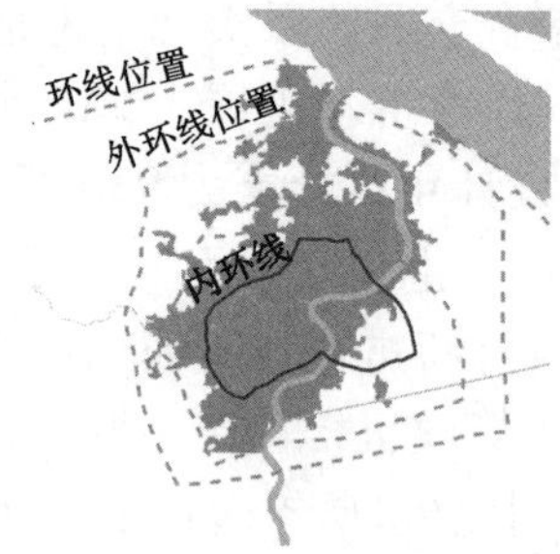 环线位置 外环线位置 内环线	 郊环线位置 外环线 内环线
	城区面积	260km^2	400km^2	800km^2
	城区人口	600 万	700 万	970 万
交通体系特征	网络与车流量			
	主要交通方式结构	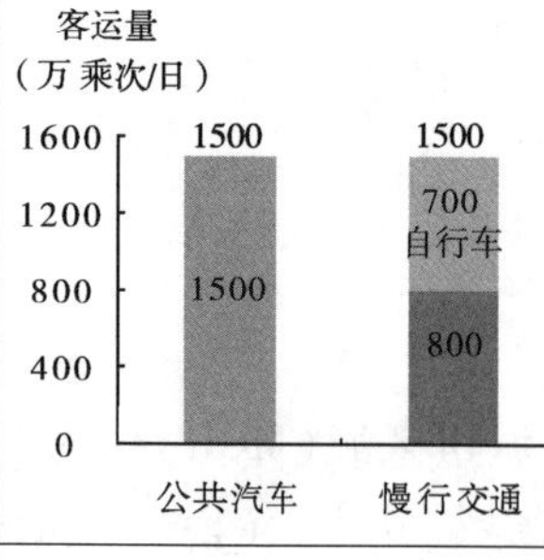 客运量(万乘次/日) 1600 1200 800 400 0 公共汽车：1500 慢行交通：1500(700 自行车；800)	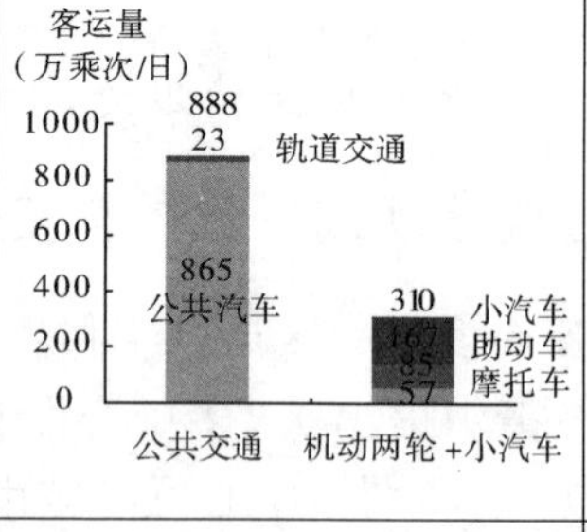 客运量(万乘次/日) 1000 800 600 400 200 0 公共交通：888(23 轨道交通；865 公共汽车) 机动两轮+小汽车：310(167 小汽车；85 助动车；57 摩托车)	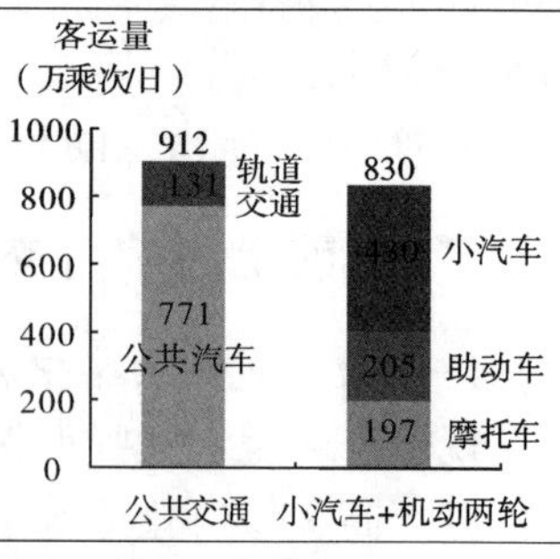 客运量(万乘次/日) 1000 800 600 400 200 0 公共交通：912(131 轨道交通；771 公共汽车) 小汽车+机动两轮：830(430 小汽车；205 助动车；197 摩托车)
		公交：慢行＝1:1	公交：两轮＝1:0.2	公交：个体＝1:0.7

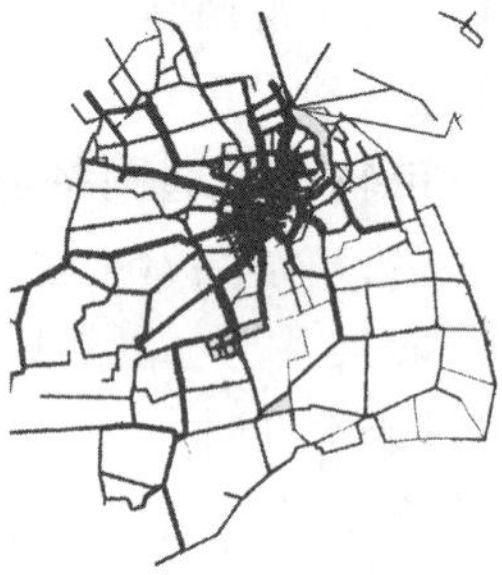

(二)交通方式由城市交通向区域运输扩大

大都市空间范围不仅与人口规模有关，而且也与城市交通体系的运输效率有关。交通方式从非机动向机动、从低速向高速、从单一方式向多方式组合转移，无论是人或物的位移距离，在一定通勤时间内，可到达的范围越来越广，也越来越快。以往大都市城市交通规划主要方式包括：公共交通的轨道、公共汽(电)车、出租车，个体机动交通的小汽车和摩托车，慢行交通的助动车、自行车和步行等。随着规划范畴越来越趋向综合，交通方式已经大大突破了城市交通范围，规划需要考虑的交通方式已经包括了航空、水运、公路、铁路以及管道这五大区域综合运输方式。

就上海规划打造国际航运中心而言，就是由水运枢纽和航空枢纽共同构成。对外依靠强大的航线网络展开全球范围的辐射，对内依托便捷的多式联运网络产生全国影响，依托浙江、江苏为南北两翼，华东地区和沿长江地区为主要腹地的经济区域。同时，在规划 400km 城市轨道服务中心城区之外，6000km^2 的郊区也需要布设多层次轨道系统，既可以考虑市区轨道线路的延伸，也可以市郊轨道形式联结郊区新城，充分利用既有铁路开行服务城市的旅客列车。并且要考虑与周边邻近城市实施对接，与长三角地区之间的铁路系统、城际轨道交通和公路系统都需要统筹规划。

2006 年长三角和其他城市群综合交通人均客运次数比较，如表 2 所示。

2006 年长三角和其他城市群综合交通人均客运次数比较 表 2

2006 Integrated transport passengers mumber(yangtze river delta VS. others) Tab. 2

城　　市	人口(万人)	人均 GDP(万元/人)	铁路(次/人·年)	公路(次/人·年)	水运(次/人·年)	航空(次/人·年)	总量(次/人·年)
长三角 16 城市	8000	4.8	1.7	29	0.4	0.4	31.5
珠三角 10 城市	5000	4.4	1.9	27	0.3	1.0	29.9
湖南“3+5”城市群	4000	1.5	1.1	19		0.1	20

(三)规划层次由设施规划向综合政策扩大

综合交通的发展模式面临转型。随着交通辐射面的扩大，城市人口的快速集聚，大都市交通面临出行规模快速扩张、出行特征日渐复杂、供需矛盾逐步加剧的挑战。但受土地资源短缺、环境污染加剧等影响因素的制约，既有的交通发展模式已经遇到发展瓶颈。十七大关于构建资源节约型和环境友好型的“两型社会”的重要精神，要求大都市综合交通规划必须坚持向“集约型、环保型”的发展模式转变，大力发展公共交通、清洁能源，通过交通引导城市空间布局的拓展。由重建设，向建管并举的模式转变，通过信息化、法制化和新技术挖掘交通资源。

上海打造一体化综合交通体系，包括交通内外体系的整合。内部全面整合包括设施平衡、运行协调和管理统一三个方面。“设施平衡”是指在保持轨道和道路快速平衡发展的同时，重视换乘、停车和管理设施的建设。突出枢纽设施的关键作用，通过管理设施发挥设施系统整体效益。“运行协调”是指所有交通方式彼此协调，紧密衔接，安全运行，强调公交内部、公交与个体交通、客运与货运分层整合。“管理统一”则是指交通各相关部门协同运作，共享信息资源，实现高效管理。要充分发挥政府、市场、公众的各种作用和组合优势，对城市交通的规划、投资、建设、运营和收费等进行综合协调。交通体系与外部整合则表现在交通与土地使用密切结合、交通与经济增长的互相适应、交通与环境相协调和交通与社会发展互相促进四个方面。

长三角上海大都市交通圈的覆盖范围如图 1 所示。

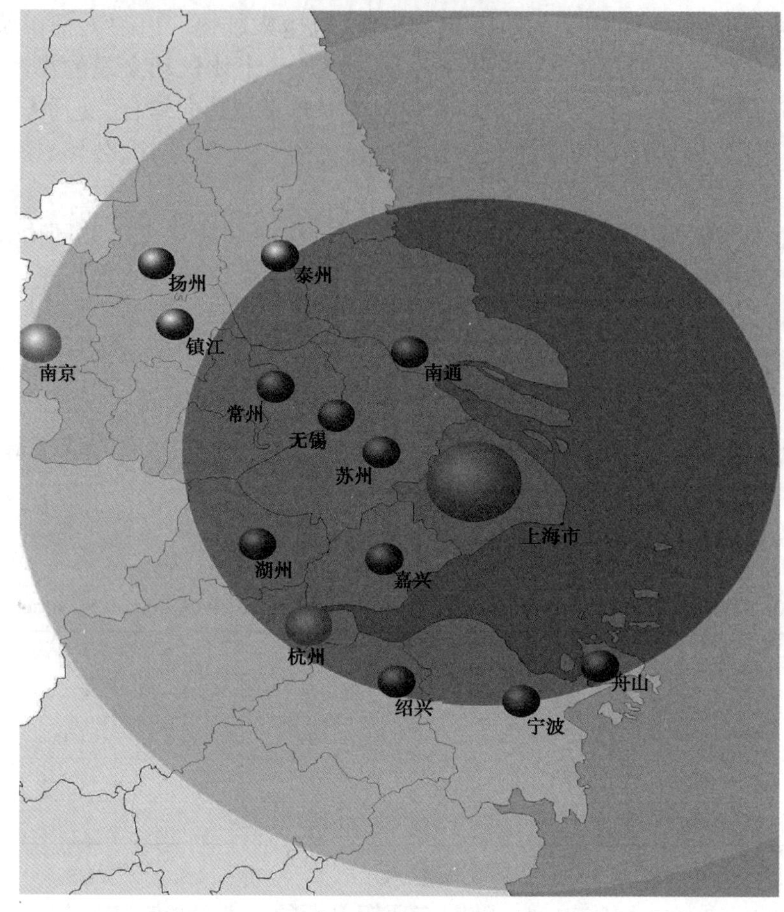

图1 长三角上海大都市交通圈的覆盖范围

Fig. 1 Shanghai metropolitans cover area

三、上海未来综合交通发展战略

(一)发展机遇和挑战

1. 加快建设国际航运中心,提升综合交通服务能力

2009年4月,国务院下发了《关于推进上海加快发展现代服务业和先进制造业建设国际金融中心和国际航运中心的意见》,要求上海要向全国乃至世界范围发挥更大的经济辐射能力,构筑与"现代化国际大都市"地位相适应的综合交通系统,特别是要构筑以港口和机场为核心的对外交通体系,进一步增强对外辐射能力和服务能力。根据中央要求,到2020年,上海要基本建成具有全球航运资源配置能力的国际航运中心,基本形成以上海为中心、以江浙为两翼,以长江流域为腹地,与国内其他港口合理分工、紧密协作的国际航运枢纽港;基本形成规模化、集约化、快捷高效、结构优化的现代化港口集疏运体系,以及国际航空枢纽港,实现多种运输方式一体化发展;基本形成服务优质、功能完备的现代航运服务体系。

上海国际航运中心建设需要以一流的空港、海港设施为支撑。目前,上海已经建成洋山北港区主体工程。跨海大桥将深水港与高速公路网连接,为港口提供了快速的进出通道。同时,浦东铁路的建设也成为洋山港重要的集疏运系统。"大浦东"的应运而生也为航运中心发展创造了更大的腹地空间和政策条件。正在建设中的虹桥综合交通枢纽位于上海中心城西侧，是集航空、高铁、城轨、磁浮等多种交通方式于一体的超大型综合交通枢纽，将与浦东国际机场联合成为上海航空运输的中枢。虹桥枢纽 86km^2 的覆盖范围，将可容纳 20 万工作岗位，成为现代服务业发展的集聚之地，并更好地发挥对江苏、浙江的服务作用。

2. 世界级城市群中心城市要求形成区域交通网络

长江三角洲地区是我国综合实力最强的区域，在社会主义现代化建设全局中具有重要的战略地位和带动作用。改革开放以来，长江三角洲地区经济社会发展取得巨大成就，对服务全国大局，带动周边发展作出了重要贡献，上海也成了长三角城市群的中心。2008 年 9 月，国务院通过了《关于进一步推进长江三角洲地区改革开放和经济社会发展的指导意见》，要求把长三角地区建设成为亚太地区重要的国际门户、全球重要的先进制造业基地、具有较强国际竞争力的世界级城市群。上海国际航运中心战略既要辐射全球，也要促进长三角联动发展，很大程度上有赖于建设长三角区域一体化交通体系，通过建设规模匹配的公路和铁路网络来连通区域，通过客货协调、通道复合和网络整合，紧密城市同区域之间的联系，从而提升对全国和长三角城市群的服务能力。

从实际进程来看，上海与周边省市的城际联系也越来越频繁，江浙城市对接上海的意愿强烈。近年来，杭州湾大桥、苏通大桥相继通车，沪宁城际轨道、沪杭客运专线也将在近期建成，不仅扩大了上海的对外服务范围，也提高了长三角城际的交往速度。

虹桥枢纽对外服务范围如图 2 所示。

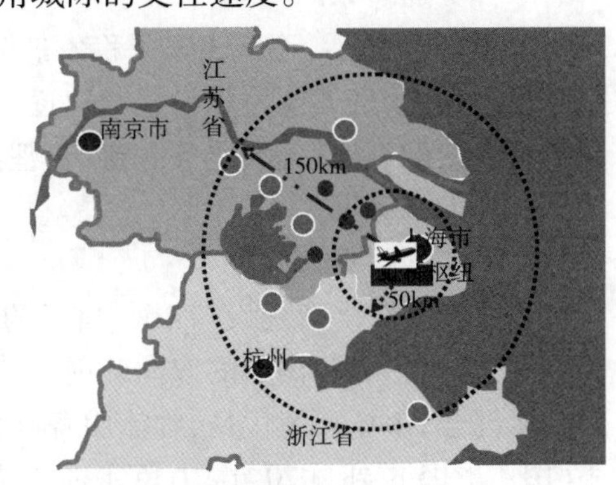

图 2　虹桥枢纽对外服务范围

Fig. 2　Hongqiao hub sevice

3. "世博"城市品质要求建设公共交通主体的集约型网络

正在上海举办的全球瞩目的"世博会"，"交通，让城市更畅达"是世博会"城市，让生活更美好"主题的进一步演绎。上海城市人口密度高，中心城面积 670km^2，容纳了 1000 万人口。要在有限的土地资源条件下，满足日益增长的出行需求，必须依靠公共交通的大发展，必须明确城市的交通发展模式，促使各种出行方式形成最合理的组合，以获得最佳的运行效果。

同时，上海还是一个资源短缺的城市，日益快增的交通需求与十分有限的城市资源、环境承载力之间的矛盾，是城市交通发展面临的挑战之一。城市客运交通已成为上海的"能源消耗大户"，大力推进交通节能，发展集约化交通，发展生态型环保型交通是上海综合交通发展目标之一。

世博会园区规划选址如图 3 所示。

(二) 远期发展目标

综合考虑未来上海发展的趋势和条件，今后 15 年乃至更长时期，上海综合交通要与城市发展充分协调，逐步提升区域竞争力。**至 2020 年，上海将全力打造与"现代化国际大都市"地位相适应的"枢纽型、功能性和网络化"的综合交通体系，优化交通运行环境，提高交通服务质量**。一是要建成国际航运枢纽港和国际航空枢纽港 2 个国际枢纽；二是要构建公路、铁路和水路3个区域交通网络，打造服务长三角的集约型复合城际交通；三是要形成以公共交通为主、个体机动交通和慢行交通为辅、货运交通为特色的4个市域交通系统；四是要搭建1个面向全社会、覆盖全行业，高效、实时的交通综合信息平台。

上海综合交通建设从20世纪90年代初开始起步，到21世纪初进入全面腾飞阶段，未来考虑到城市投资力度与交通建设能力，上海综合交通发展经历以下三个阶段。

①2009～2010年，依托"世博会"效应，综合交通体系全面加快发展。该阶段以满足交通需求量的快速增长为主，交通设施规模和承载容量迅速扩大。

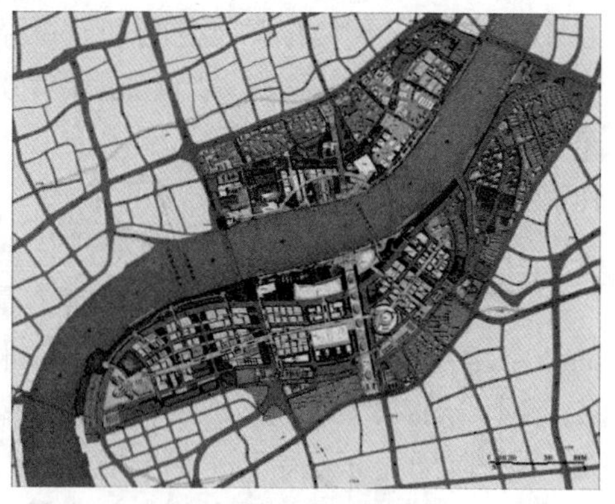

图3 世博会园区规划选址

Fig. 3 EXPO location

②2011～2020年，以拓展交通功能和提高服务品质为主，各交通系统逐步完善，综合交通体系协调发展。基础设施建设引导需求，交通发展以质的提高为主。以深水港和航空港为核心，规模扩张和功能开发兼顾，强化国际和国内的双向辐射，客货运协调发展，规模继续增长。综合交通服务水准大幅度提升，满足城市发展对交通服务品质的要求，形成高服务水平的综合交通体系。

③2020年以后，逐渐步入平稳发展阶段。该阶段上海综合交通以完善交通功能和提高服务品质为主，交通规模和设施增速逐步放缓。上海将形成以深水港和航空港为核心，辐射国际和国内的规模巨大、服务一流、管理高效的国际海陆空枢纽中心。

（三）远期发展战略

1. 海空国际枢纽战略

坚持中央对上海建设"四个中心"的要求，以深水港和航空港为核心，兼顾规模扩张和功能开发，强化国际和国内的双向辐射，由"喂给港"向"枢纽港"转变，构筑资源高度集聚，服务功能健全，市场环境优良，物流服务高效，具有全球航运资源配置能力的海、空国际枢纽中心（图4、图5），到2020年，力争实现集装箱年吞吐量3500万标准箱、航空客运年吞吐量1.1亿人次的目标。

推动上海港与南北两翼港口群的共同发展，强化集装箱运输功能，散货资源逐步向周边分流，提高国际客货运和集装箱中转比例。推进长江口航道治理工程和深水航道向上游延伸，加快洋山港集装箱泊位及苏申外港线等港区内河航道建设，到2020年力争将水水中转比例从现状37%提高至45%。通过政策扶持、经济补贴手段，提高海、铁联运的竞争力。虹桥国际机场和浦东国际机场7条跑道确保每年100万架次以上的起降能力，并预留每年120万架次的发展空间，加强机场与其他城市通道建设，推进机场间快速交通联系和配套地面交通基础设施的建设。

2. 公铁网络战略

上海作为全国公路和铁路网的重要枢纽节点之一，要坚持从现有基础出发，大力发展铁路客货运系统，优化调整公路功能结构和网络格局（图6、图7）。在郊区对外衔接方面，建成公路、铁路各自功能清晰、节点连通、线路复合、网络一体，连接长三角地区的快速交通体系。

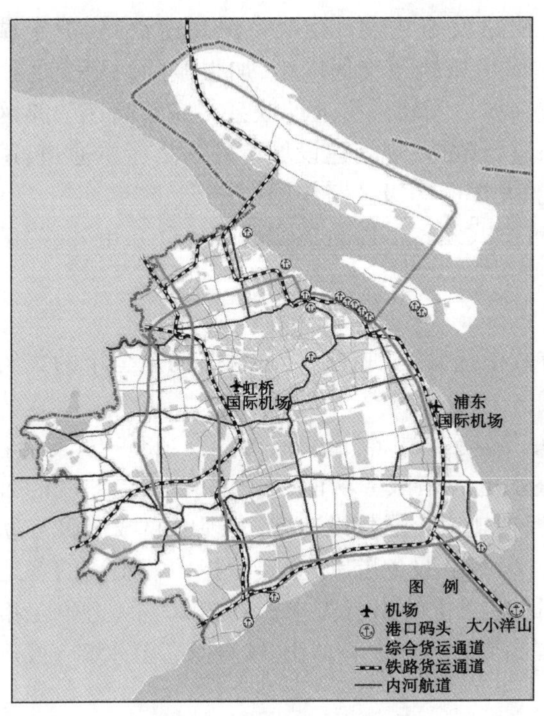

图4 海港枢纽规划方案

Fig. 4 Sea ports planning

图5 航空枢纽规划方案

Fig. 5 Aviation hub planning

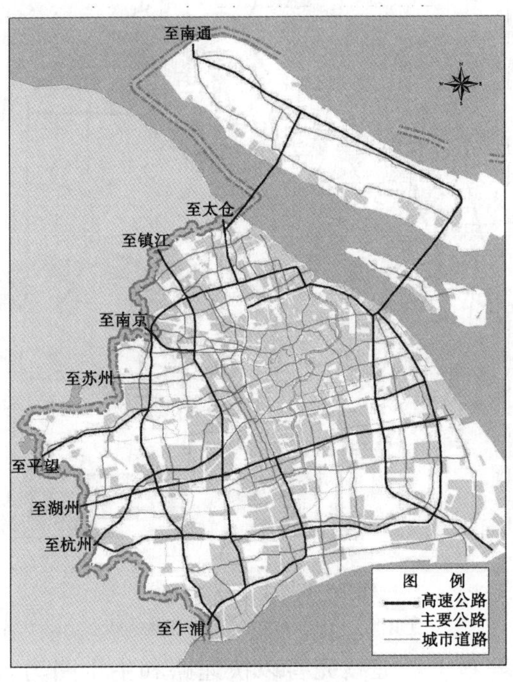

图6 干线公路规划方案

Fig. 6 Arterial highway planning

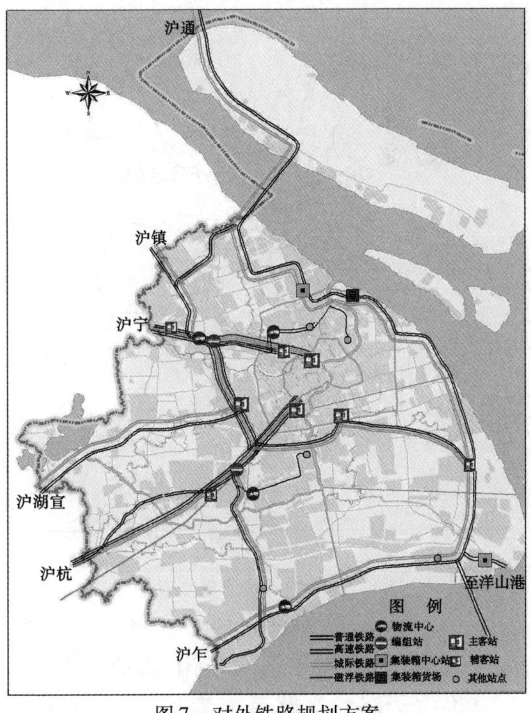

图7 对外铁路规划方案

Fig. 7 External railways planning

以虹桥综合枢纽建设为契机,加快多层次铁路设施建设。建成京沪高速铁路、沪宁城际、沪杭客运专线,建设沪通、沪乍普通铁路;建成市域轨道交通网络,加强城际轨道交通换乘枢纽建设;向近郊区延伸市区轨道交通;形成新城之间轨道交通的联系。完善高速公路网络,结合功能定位,对新城内部和近郊高速公路进行改造;规划建设城市外围货运主通道,避免货车直接穿越中心城;强化一、二级公路功能,发挥低等级公路作用。

规划建设市郊联系的复合走廊,促进城镇集中式发展。以轨道交通直接联系市郊,郊区公交与城区公交共同组成常规公交线网。

3. 公交优先战略

建成设施结构完善,网络布局合理,各种方式衔接紧密,服务高质多样,畅达全市的集约性交通体系。确保居民选择最合适的出行方式。

一是要优先发展公共交通,优化城市交通结构。建设以轨道交通为骨干、公共汽(电)车为基础、出租汽车为补充的公共交通系统,调整水上客运服务功能,加强中心城与郊区的公共交通联系,满足市郊通勤和生活出行需要。保持轨道交通建设速度,实现中心城 550km 轨道交通线网规模(图 8、图 9)。扩大公共汽(电)车网络服务范围,主要承担中短距离的客运服务。出租汽车作为重要的客运方式,满足市民多样化的出行需求。到 2020 年,力争全市公共交通出行占全方式出行比例由现状 24% 提高到 35%,中心城由 34% 提高至 45%,接近东京、中国香港等公共交通发达城市的水平。

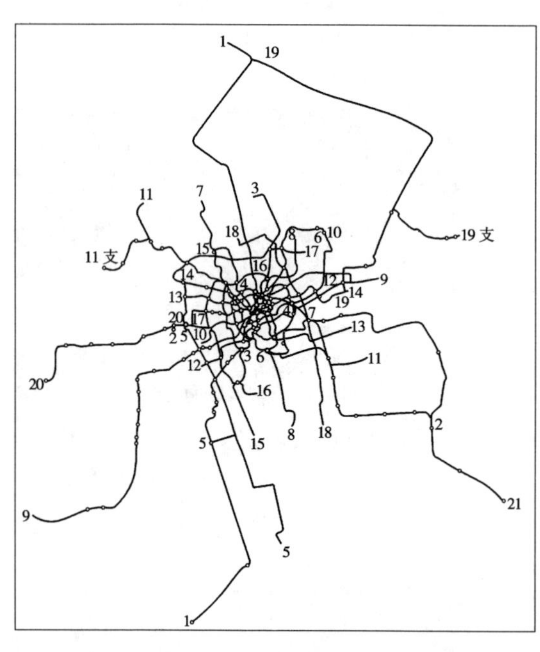

图 8 市域轨道交通规划方案

Fig. 8 Metropolitan rail planning

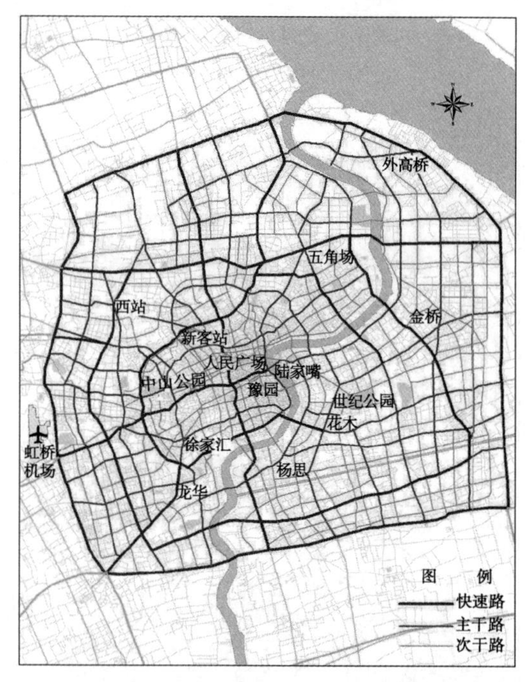

图 9 城区干路规划方案

Fig. 9 Urban arterial road planning

二是要不断优化路网结构,提高交通综合管理水平。继续完善以快速路和主干路为骨架,密集次干路和支路系统为基础,各级道路合理衔接的道路网络,加快推进停车设施建设,不断提升交通管理手段,保持良好的道路服务水平。以智能化的交通管理手段,维持道路运行基本畅通和可达，建设非机动车专用道和安全的步行交通系统。

4. 综合交通协调战略

建成各类交通设施平衡发展，各种运输系统协调服务，各个职能部门统一管理的综合交通体系，并且与区域发展、土地利用、经济增长和资源环境保持动态协调。

交通体系内部整合要遵循效益最优和服务质量最佳原则。一是设施平衡发展。对外交通保持铁路和公路平衡；市域交通保持铁路、市域轨道交通和市域公路平衡；城区交通保持道路和轨道交通平衡；同步建设与道路容量相匹配、与公交系统相协调的停车和枢纽系统。二是各种出行方式协调运行。城际交通与市域交通紧密衔接，整体运行；公共交通与慢行交通、个体机动交通良性竞争，有效转换；公共交通内部各种方式合理分工，便捷换乘；客运与货运交通适当分离，减少干扰。

按照社会效益最优原则，促使交通体系与外部协调发展。以管理信息化为手段，法制和体制为保障，充分发挥政府、社会和专业机构的作用，对城市交通规划、投资、建设、运营等进行综合协调。同时，充分重视交通与城市功能提升的互动作用，交通发展与土地利用、经济、环境等诸多城市发展领域紧密结合，节约各类资源，推动城市全面、可持续发展。

四、上海近期综合交通发展重点

（一）优化国际航运中心集疏运体系

完善上海港口结构与布局。继续推进外高桥港区第六、七期和洋山西港区的建设，有序推进黄浦江沿岸各港区的功能调整和专用码头的资源整合，加快建设国际邮轮母港。

大力发展水水中转。一是积极依托长江黄金水道建设，加快江海直达船型的研发和推广，落实特定航线船舶安全管理有关规定，提高江海直达比例。二是加快赵家沟、大芦线等内河航道整治工程和配套港区建设。三是积极研究制定促进集装箱水水中转业务发展和市场培育的政策措施和实施方案。

继续提升铁路货运能力。一是推进京沪高铁、沪宁城际、沪杭客专、金山支线等客运专线建设，释放京沪、沪昆方向的货运能力。二是协同推进沪通（含外高桥支线）、沪乍铁路等货运通道建设。三是推进海铁联运设施建设的研究，逐步提高海铁联运的比例。

完善道路网络化水平。一是继续研究郊环北部越江通道及沿江大通道规划。二是建设机场高速、崇启通道等高速公路，不断完善路网结构。

形成航空门户复合枢纽。一是继续加快建设虹桥综合交通枢纽。二是推动优化上海地区空域结构，调整完善浦东和虹桥机场航线结构。三是推进浦东国际机场门户复合型枢纽建设。

（二）围绕虹桥综合交通枢纽的交通改善规划

远期虹桥枢纽对外交通和城市交通进出人流达到 110 万人次/日，车流近 40 万车次/日。为保证这一巨型综合交通枢纽安全、平稳运行，规划设计了“分块循环”进出场高架系统及“一纵三横”快速路方案，形成道路集疏运系统；基于“东西两站、立体换乘”需要，兼顾商务区开发需求，形成“3 东西向 +2 南北向”的轨道线网布局方案。2010 年将率先建成“一纵两横”快速路系统，基本建成主要地面配套道路，完成内部循环道路；轨道交通 2 号线延伸至虹桥枢纽。目前，虹桥地区一体化的交通保障方案正在加紧研究中，包括地面道路交通组织、客运专用通道和禁货交通组织、配套标志标线设计和地面公交配套方案等。

(三)加快落实公交优先的规划和政策措施

加快轨道交通和公共交通枢纽的建设。一是确保轨道交通基本网络的建设,形成13条线路、567km的轨道交通基本网络,初步形成功能性、枢纽型、网络化轨道交通格局。二是继续推进60个重点枢纽的建设,确保规划落地,并加大建设推进力度。

提升公共交通运行与服务品质,重点是推进公交线网优化调整和降低综合出行成本。一是要结合轨道交通发展、住宅基地开发、边远小区配套、城乡一体化建设,有序推进公交线网的优化调整,实现公交与轨道交通"两网合一"。二是要通过公交优惠换乘、优化公交线网、完善公交专用道系统、建设换乘枢纽,有效降低市民出行综合成本。

五、结语

改革开放30多年,上海在交通规划、建设和管理各方面作了大量投入,也取得了令人欣喜的成绩。继往开来,面对"四个中心"建设的战略目标,面对长三角一体化的发展要求,面对世博会召开的难得机遇,上海综合交通发展面临着前所未有的挑战。我们坚信,在市委市政府的领导下,依靠中央各部委的大力支持和社会各界的关心协助,通过我们的不懈努力,上海交通发展必将取得更大的成绩!

参考文献

[1] 上海市公共交通总公司. 上海市居民出行调查[R]. 上海:上海市公共交通总公司,1983.

[2] 上海市城市综合交通规划研究所. 上海市第一次综合交通调查[R]. 上海:上海市城市综合交通规划研究所,1986.

[3] 上海市城市综合交通规划研究所. 上海市第二次综合交通调查[R]. 上海:上海市城市综合交通规划研究所,1995.

[4] 上海市城市综合交通规划研究所. 上海市综合交通规划1990—2020[R]. 上海:上海市城市综合交通规划研究所,1990.

[5] 上海市城市综合交通规划研究所. 上海市综合交通规划2000—2020[R]. 上海:上海市城市综合交通规划研究所,2000.

[6] 上海市城市综合交通规划研究所. 上海市第三次综合交通调查[R]. 上海:上海市城市综合交通规划研究所,2004.

[7] 上海市人民政府. 上海市城市交通白皮书[M]. 上海:上海人民出版社,2002.

[8] 陆锡明,等. 城市交通战略[M]. 北京:中国建筑工业出版社,2006.
LU Xi-ming, et al. Metropolis Transport Strategy[M]. Beijing: China Architecture & Building Press, 2006.

[9] 陆锡明. 大都市一体化交通[M]. 上海:上海科学技术出版社,2003.
LU Xi-ming. Integrated Traffic in Metropolis[M]. Shanghai: Shanghai Science and Technical Publishers, 2003.

[10] 上海市城市综合交通规划研究所. 上海综合交通发展战略研究2006—2020[R]. 上海:上海市城市综合交通规划研究所,2006.

转变运输发展方式,促进我国交通运输业可持续发展

王德荣　魏　众

(中国交通运输协会,北京　100053)

【摘　要】 交通运输业是国民经济的基础产业和服务性行业。随着我国加快经济发展方式转变战略目标的提出,优化运输结构、转变运输发展方式将提到重要议事日程。本文总结分析了我国运输结构现状以及存在的主要问题,明确了转变运输发展方式的必要性,提出了优化运输结构、转变运输发展方式的指导原则和政策措施。转变运输发展方式,对实现节能减排,降低全社会物流费用,促进我国交通运输业的可持续发展具有重要意义。

【关键词】 运输结构　发展方式　指导原则　政策

Transforming Transportation Development Mode to Promote Sustainable Development of Transportation Industry

Wang Derong　Wei Zhong

(China Communications and Transportation Association, Beijing 100053)

Abstract: The transportation is the infrastructural industry and the service industry of the national economy. As the strategic goal of speeding up the transformation of economic development mode set, optimizing transportation structure and transferring transportation development mode will be put on the agenda. This paper analyses the current transportation structure and key problems of our country, pinpoints the necessity of transferring the transportation development mode, and propounds the guideline and the policy for optimizing the transportation structure and transferring the transportation development mode. The transition of the transportation development mode is significant for energy saving and emission reduction, reducing the social logistics costs, and promoting the sustainable development of our transportation industry.

Keywords: Transportation structure　Development mode　Guideline　Policy

一、我国运输结构现状及发展中存在的主要问题

(一)运输结构现状

改革开放以来,我国交通运输取得了快速发展,运输线路总量快速增长(图1~图3)。截至2009年末,我国交通运输总线路里程比1978年增加了4.46倍。其中,铁路营业里程8.6万km,公路通车里程386.08万km(其中高速公路6.5万km),内河航道通航里程12.37

万 km,民航航线里程 260 万 km,输油气管道里程 7.5 万 km。2009 年末的我国铁路营业里程比 1978 年增加了 66%;公路通车里程、民航航线里程、输油气管道里程分别比 1978 年增加了 3.33 倍、16.46 倍、8.04 倍;内河航道里程降低了 9%。铁路运输承担的客货周转量比重分别从 1978 年的 62.72% 和 72.8%,下降至 2009 年末的 31.8% 和 30.9%;公路运输承担的客货周转量比重分别从 1978 年的 29.91% 和 3.7%,上升至 2009 年末的 54.29% 和 44.5%;水路运输承担的客货周转量比重分别从 1978 年的 5.77% 和 17.6%,变化到 2009 年末的 0.28% 和 22%。民航的客运周转量增加较明显,由 1978 年的 1.6% 上升至 2009 年末的 13.62%,货运周转量变化不大。管道运输的货运周转量由 1978 年的 5.9% 下降至 2009 年末的 2.5%。随着我国交通运输网络的不断完善,交通运输与国民经济供求紧张的局面得到了初步缓解。但是,我国交通运输业在取得巨大成绩的同时也存在一定的问题。

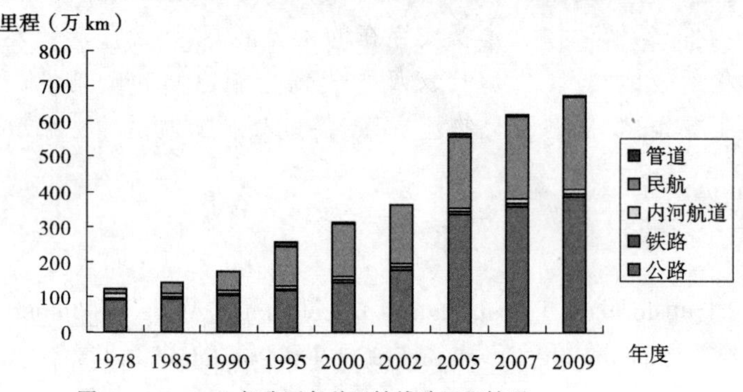

图 1 1978~2009 年我国各种运输线路里程情况

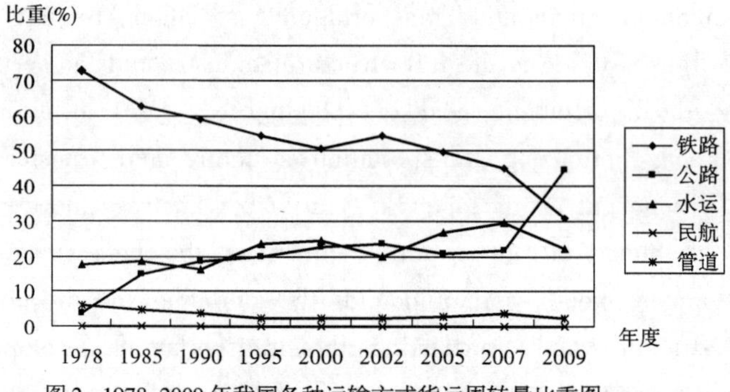

图 2 1978~2009 年我国各种运输方式货运周转量比重图

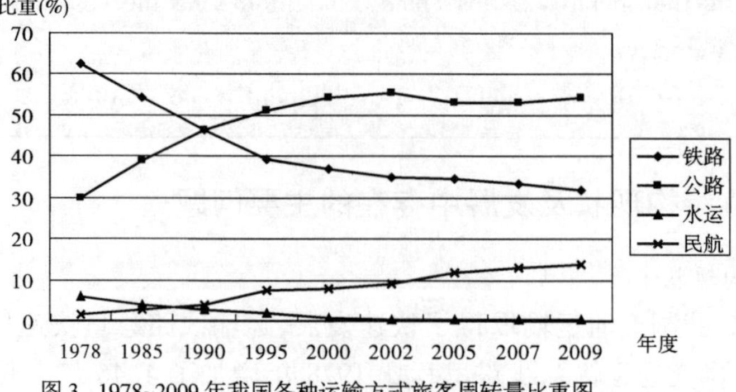

图 3 1978~2009 年我国各种运输方式旅客周转量比重图

(二)运输发展中存在的问题

首先,运输供给能力仍显不足。与发达国家相比,我国交通运输在网络密度、通达深度、服务水平等方面仍存较大差距。从交通网络密度来看,我国每平方公里国土面积上的交通线路里程仅相当于美国的56%。其中,铁路网密度仅为美国的39%,公路网密度仅为有美国的61%,且路网等级较低,二级及以上等级公路仅占公路总里程的11.0%。路网通达深度不够,目前全国还有0.4%的乡镇和4.2%的建制村不通公路;内河三级以上航道仅占航道总里程的7.1%,而美国为61%,德国为70%;营运机场数量还不到美国的1/3;输油气管道里程不足美国的1/10。从交通基础设施布局来看,铁路、公路、机场、管道等尚未形成基本完善的运输网络。

其次,运输结构不尽合理。主要体现在我国铁路发展滞后,路网规模小,运输能力还不能满足国民经济和社会发展的需求。与此同时,公路承担了大量不适宜公路运输承担的中长距离大宗物资(包括煤炭、矿石、建材、油气等),集装箱和部分中长距离的旅客运输。公路承担中长途大宗物资,不仅单位能耗高、污染重,而且严重破损路面,经济效益和社会效益低。大量原油和成品油通过铁路和公路运输,安全风险大,事故多发。内河水运的优势也没有得到充分发挥。此外,我国东部、中部、西部地区交通基础设施水平依次下降,城乡之间的运输二元结构十分明显,乡村交通运输严重落后。各种运输方式和运输枢纽分散发展,缺乏统筹协调、相互配合、有机衔接和一体化运作,严重影响了交通运输的服务质量和经济效益。

第三,交通运输管理体制改革滞后。自20世纪80年代以来,我国交通运输体制改革不断深入。由于我国各种运输方式是分部门管理的,因此,改革进程不一,各种运输方式的发展失衡。从整个交通运输行业来看,目前还存在政企不分、行业垄断等体制性障碍,特别是铁路管理体制改革较其他运输方式滞后,一体化交通运输市场尚未形成。这不仅制约了交通运输自身的发展,也影响交通运输的市场化进程,市场配置交通资源作用难以充分发挥,分散的管理体制容易造成各种运输方式在网络形成过程中的不衔接和不畅通。

二、加快优化运输结构,转变运输发展方式的必要性

(一)加快优化运输结构、转变运输发展方式是深入贯彻落实科学发展观的重要体现

党的十七大报告中明确提出加快发展综合运输体系是未来一段时期内交通运输的工作重点。在构建综合交通运输体系的同时,一定要统筹好土地等资源、环境的全面协调可持续发展问题。与发达国家相比,我国资源禀赋较差,人均资源占有量为世界平均水平的1/2,石油占有量仅为世界平均水平的1/10,近年来石油进口量越来越大,对国外的依存度越来越高。交通运输的发展需要能源的支撑,这既关系到交通运输的可持续发展,又关系到我国能源安全问题。此外,我国土地资源有限,农业耕地面积少,人均耕地面积不到世界平均水平的40%,仅为美国的1/6、印度的1/2。目前,我国各种运输方式交通线路和港站建设都要占用大量土地资源。在我国土地资源稀缺、耕地面积日渐减少的情况下,要想满足不断增长的运输需求,必须转变发展方式,充分发挥各种运输方式的比较优势,充分提高运输系统的整体效率。以科学发展观为指导,注重资源保护和节能减排,节约利用土地,以最小的资源和环境代价满足经济社会发展对交通运输的需求。

(二)加快优化运输结构、转变运输发展方式是转变经济发展方式的重要组成部分

当前,后国际金融危机时期的国际经济环境更加复杂,我国经济回升的基础还不牢固。

国际金融危机对我国经济的冲击表面上是对经济增长速度的冲击，实质上对经济发展方式的冲击，使我国转变经济发展方式这一任务更加迫切。因此，加快我国经济发展方式转变，提高经济发展质量和效益已经迫在眉睫。目前，我国交通运输的机动性、可达性和效率还比较低，经济发展和社会运转成本相对较高。我国社会物流总成本占国内生产总值18%，运输费用占国内生产总值超过9%，而发达国家这一比例分别是10%和6%左右，要减少我国的社会物流费用，关键是要优化交通运输结构，提高综合运输效率，降低全社会物流总成本，提高运输行业对经济社会发展的贡献率。

(三)加快优化运输结构、转变运输发展方式是构建交通强国的有效途径

随着到2020年我国单位GDP二氧化碳排放比2005年下降40%～45%目标的提出，未来十年间我国节能减排的任务日趋繁重，以汽车为主的交通运输工具既是耗能大户，也是二氧化碳排放的主要来源之一。截至2009年末，铁路机车近1.9万辆，但铁路复线率、电气化率偏低。我国民用汽车保有量已达到7619万辆，据测算我国各类汽车平均每百公里油耗比发达国家高20%以上，其中货车运输的百公里油耗较国际平均水平高出近50%，机动车尾气已经成为一些大城市的主要污染物。民用运输机动船逐年增加，内河运输船舶油耗比国外先进水平高20%以上。民用飞机已经突破2000架，但也存在机型偏小、油耗偏高的现象。近年来，虽然我国运输工具总量逐年攀升，但普遍存在能耗偏高的现象，我国交通运输行业整体创新能力不强，竞争力有待提升。因此，转变交通运输发展方式，发展低能耗的交通运输方式，是构建节约型社会、促进我国交通运输可持续发展的重要内容，也是实现我国由交通大国向交通强国转变的重要途径。

三、优化运输结构，转变运输发展方式的指导原则

(一)由单一发展向综合发展转变

目前，我国各种运输方式还处在孤立、分散发展的局面，各种运输方式自成系统，缺乏统筹协调，无法实现有机衔接，更不能实现运输全过程一体化，降低了运输的效率和效益，增加了全社会物流总成本。因此必须转变运输发展方式，由各种运输方式单一发展向综合发展的转变。各种运输方式有各自的技术经济优势，通过各种运输方式综合利用和协同运作，构建起综合运输体系、各种交通网络和运输枢纽合理布置，有效衔接，综合集成，形成一体化的运输系统，促进各种运输方式的比较优势在其最有效的运输领域充分发挥出来，实现“宜路则路、宜水则水、宜空则空、宜管则管”，通过优化组合提高各种运输方式的整体优势。

(二)由粗放型发展向集约型发展转变

当前我国交通运输发展还是主要依靠土地、资源的高投入，同时对环境造成较大的污染，交通运输的全要素生产率较低，是一种粗放型的发展方式，因此，需要由过去的粗放型发展，向集约型发展转变。由只注重交通基础设施建设，即由主要依靠基础设施建设拉动向建设、养护、管理和运输服务协调拉动转变；由主要依靠增加物质资源消耗向科技进步、从业人员素质提高和管理创新转变；由主要依靠单一运输方式发展向综合运输体系发展转变。努力转变交通运输发展方式，改善传统的交通基础设施建设标准和模式，以扩大规模，完善结构、提高质量为重点，注重资源节约和环境友好，提高交通运输业效率与效益。

(三)由单纯政策引导向需求侧管理转变

在过去一段时期，落后的交通运输业制约了我国国民经济的发展。2008年爆发的国际

金融危机引发了世界经济衰退，我国出口受到了严重冲击，党中央国务院审时度势，出台了“保增长、扩内需、调结构”的战略方针，适当加大交通基础设施的投资建设力度。国外经验表明，交通基础设施建设适度超前，可以拉动国民经济和社会的发展。但交通基础设施建设项目应在分析论证的基础上进行科学规划，可以适度超前，但不应过于超前。因此，不应以某些地方政府和部门的单纯政策为导向，而应以市场需求侧管理，这样才能够真正地利国利民。

四、加快优化运输结构，转变运输发展方式的政策措施

（一）继续深化交通运输管理体制改革，建立健全综合运输管理体系

建国以来，我国的交通运输体系是分部门管理的。2007 年我国成立了交通运输部，公路、水运、民航三种运输方式纳入交通运输部统一管理，但铁路运输作为陆上运输的主要运输方式仍由铁道部管理。为加强交通运输体系的综合发展、协调发展，提高交通运输发展的效率与效益，应加快铁路管理体制改革，实现“政企分开、政事分开、政资分开”，建立统一管理交通运输业发展与运营的交通运输部，实现各种运输方式的统一管理，通过各种运输方式优化组合，提高运输系统的效率和效益。

（二）应用税收等相关手段，促进运输结构优化升级

由于各种运输方式的技术经济特性不同，对资源的使用与环境的影响不一，各种运输方式的内部成本和外部成本各不相同。为了优化运输结构，应尽快改变目前对各种运输方式只注重计算内部成本的状况。据测算，铁路、公共汽车、民航、小汽车单位客运周转量的外部成本之比为 1∶1.9∶2.4∶4.4；铁路、水运、公路、民航单位货运周转量的外部成本比为 1∶0.9∶4.6∶10.8。

目前，我国成品油消费税实行从量定额计征，汽油消费税单位税额每升为 1 元，柴油每升为 0.8 元，税率约为 15% 左右。从国际上看，美国对汽油征收 30% 的税率，而英、日、德、法征收的税率较高，分别为 73%、120%、260%、300%。作为世界第三大石油出口国挪威，燃油税仍高达 63%。由于我国石油资源贫乏，大量依赖国外进口，因此，我国现行的汽、柴油税负水平较低，可以适当提高燃油税标准，将征收的燃油税补贴给外部成本低的运输方式，引导资源占用少、环境污染少的运输方式如铁路、水运、公共交通等运输方式的加快发展。

（三）积极推进科技创新，提升交通运输组织和装备水平

要加快以信息化为基础的智能交通系统建设，推进交通物流信息平台建设步伐，提高社会交通资源利用效率和运输市场的集约化程度，通过构建车辆调度、货物配载、货物跟踪查询等一体化服务的信息系统降低车辆空驶率，积极推进规模化、集约化、网络化运输，引导营运车船向大型化、专业化、清洁化方向发展。此外，通过国际合作、自主创新等方式，提高交通运输装备的设计制造水平，改善发动机的动力性和经济性，降低尾气中一氧化碳、氮氧化物和碳氢的排放，从根本上做到节能、降耗、减少污染。

（四）继续加快运输行业法规建设，尽早出台综合交通运输法

近年来，国家陆续出台了包括《铁路法》、《公路法》、《民航法》等一系列法规。随着我国市场经济体制的建立，继续深化改革、扩大开放，一些法规难以适应交通运输业发展的要求。因此，除了对现行的法规进行必要的修改完善外，应尽快出台综合交通运输法，实现以法律

为指导，推动运输系统优化运输结构，转变运输发展方式，完善运输市场体系，严格管制公路运输的超载超限问题。

参考文献

[1] 王德荣. 中国运输结构的现状与发展[J]. 世界轨道交通，2008，3.

[2] 王德荣. 中国运输结构问题研究[R]. 2008.

[3] 张茅. 深入贯彻十七大精神，切实转变交通发展方式，促进我国交通运输又好又快发展[R]. 2007.

[4] 张筱梅. 国外燃油税征收情况[J]. 专用汽车，2009.

我国内陆无水港建设运营模式及策略研究

罗本成　宫彦萍　刘艳琴

（交通运输部水运科学研究院，北京　100088）

【摘　要】 从内陆无水港内涵、实质的视角出发，归纳总结无水港的建设特征与规律，阐述无水港建设模式与作用，分析我国内陆无水港建设现状与存在问题，并结合我国国情，针对性地提出了相应的对策与建议。

【关键词】 内陆无水港　运营模式　大通关　协作机制

Construction & Operation Mode and Strategy for Domestic Inland Dry Ports

Luo Bencheng　Gong Yanping　Liu Yanqin

(Waterborne Transportation Institute, Ministry of Transportation, Beijing 100088)

Abstract: From the perspective of Inland dry ports essence, this paper summarizes dry ports construction features, elaborates operational mode and role of dry ports. By analyzing the most current development status and key problems, some strategies and recommendations are put forwarded under the consideration of Chinese national conditions.

Keywords: Inland Dry Ports　Operational mode　Harmonized Custom Clearance　Collaboration mechanism

一、引言

随着我国经济的飞速发展，外贸出口量逐年递增，港口的重要作用日益凸显。在国家“十一五”规划引导下，沿海地区进行了一批港口的改扩建、新建工程，港口间的业务竞争也越演越烈。如何争取到更为广阔的经济腹地和货源逐渐成为港口经营者高度关注的战略性课题。另外，内陆地区扩大对外开放也迫切需要低成本、高效率的通关港口。内陆地区地方政府加大了交通基础设施及网络的建设力度，希望借助现代物流业平台扩大对外开放，带动本地经济的发展，迫切需要低成本、高效率的通关港口。在内部环境与外部环境的共同驱动下，无水港——建在内陆地区，具有和沿海港口基本相似功能的现代物流中心的解决方案应运而生。

二、无水港内涵、实质与特征

（一）无水港内涵

内陆无水港，又称为“干港（dry port）”，是与港口地理上直接相连、地处内陆的货物运输枢纽，提供报关、报验、签发提单等港口服务，兼有物流中心、综合交通枢纽和信息汇聚点等

三种性质。依托信息技术和便捷的运输通道,内陆无水港具有集装箱集散、货运代理、第三方物流和口岸监管等综合功能的物流节点,是具有完善的沿海港口功能和方便的外运操作体系的内陆集聚地。内陆无水港一般以公路、铁路、航空为依托,在内陆城市兴建的大型综合物流园区,进行对外贸易。相应的形式主要包含公路港、铁路港和航空港等。对于地区经济发展,内陆无水港的建设可提供多方面、多层次的服务,涵盖了港口服务、货物集散服务、货物中转服务、物流配送服务、商贸流通服务、物流信息服务等方面。

(二)无水港实质

无水港的成功建设,可以解决传统转关过程中内地企业必须到沿海口岸申报的问题。不仅可以减少诸多通关环节、提高工作效率,大大降低物流和通关成本;同时,港口拥堵及港口腹地运输的外部性等问题也可得到很好的解决。可以说,发展内陆无水港对进出口企业及港口来说是一举多得的机遇。

1.促进发展区域物流服务

"无水港"以公路、铁路和海港为平台,以公路集装箱等运输为载体,以两地政府和海关、检验检疫部门合作支持为依托,并引入相关船公司、船货代理等企业参与,形成内陆无水港"一次报关、一次放行"的物流运作模式,从而实现了港口与内陆运输管理的无缝对接,为跨区域口岸合作提供新机遇。

2.有力促进国际物流中心的发展

国际物流中心是国际物流活动中商品、物资等集散的场所。形成国际物流中心需要一些基本的条件,如现代化的物流基础设施、通关效率高等等,而无水港的建设恰恰就是建成内陆重要的货物集散场所之一。

3.实现港口功能向内陆的延伸

无水港是与海港相连接的内陆无水港口,将通过海关、检验检疫进驻,依托更加便捷的跨区域通关政策,具备订舱、报关、报检、仓储运输、物流配送、分拨等功能,外贸企业可在当地办理外贸手续,办理退税。通过开展铁路班列或公路班车运输,真正实现内陆物流业务与海港的无缝对接。

(三)无水港建设特征

1.协调部门较多

无水港实施海关"属地申报、口岸验放、一次推广"的通关模式,会涉及海关、国检和海事部门等多干系方的协作问题。加上无水港建设还涉及土地、环保、交通、铁路等其他管理机构,协调部门较多,而且难度较大。

2.资金投入规模大

无水港是一个资本密集型设施,它的建设费用少则上千万,多则过亿元。因此无水港需要吸纳社会资本进行投资,它不光需要本国资本,如港口、船公司、政府和民营资本等,有时还需要国外资本进行投资。

3.需要完善的集疏运体系的支撑

无水港打的是优质快捷全程服务招牌,没有成熟的航线(尤其是国际远洋干线)、支柱物流企业和便捷的集疏运系统支撑,很难做到优质快捷,无水港将缺乏吸引力。

4.需要政策保障体系支持

在无水港建立过程中,众多的管理机构,复杂的协调关系,巨大的资金投入,并且地域限制明显,都有赖于良好政策环境的支持。

三、无水港的建设模式与作用

(一)无水港建设模式

在国际物流发展的趋势及海港、货源地共同利益的驱动下,自20世纪90年代开始我国无水港步入正式发展期。根据建设主体的不同,主要模式有以下三种:

一是沿海港口为争取货源主动与内陆地区合建无水港。如天津港实施"走出去"战略,在内地建立了12个无水港,通过"海铁联运"使天津港通往内地的通道得以畅通,货源得到保障,进出口总值上涨迅猛。围绕宁波港建立的金华、义乌、绍兴、余姚、衢州5个无水港极大地推动着当地经济的发展,为宁波港带来了大量的货源。

二是内陆地区为发展本地经济建立无水港。如西安为了突出其国际化地位,发挥西安新欧亚大陆桥经济带中心城市的作用,提出建立的西安国际港区。

三是沿海港口和内陆地区为各自发展的需要合作建立无水港。如以大连为门户,在长春、哈尔滨、沈阳建立的内陆无水港,使大连的货源辐射腹地扩大至整个东北三省,内陆三大城市也因为无水港的建设而大大促进本地经济的发展。

(二)无水港建设的作用

建设一个集通关、联检为一体的内陆无水港口岸,有利于扩大沿海港口腹地和增加货源、凝聚产业要素,促进内陆地区区域市场化进程。同时,在促进区域开放、降低物流成本、增强区域经济竞争实力等方面也具有不可替代的重要作用。一方面,通过区域大通关协作机制,可大幅降低企业通关与运营成本;另一方面,口岸的海关与检验检疫工作及其他配套服务工作实行集中办公,可减少通关环节、简化通关手续、提高验关效率,进而降低交易成本;此外,先进的物流技术手段的应用,也能有效地提高服务质量、降低交易费用,借助"无水港"促进沿海港口竞争力的提升。

四、我国内陆无水港建设现状与存在的问题

2002年10月,北京朝阳口岸与天津海港口岸签署了直通协议。这是口岸跨关区通关的有益尝试,在全国首开无水港先例。虽然我国内陆无水港建设尚处于起步阶段,但从北到南已经形成了若干无水港群,包括以大连为龙头的东北无水港群、由天津牵头的北方12个省(市、区)无水港群,以及江浙沿海一带向华南与西南内陆辐射的无水港群等。内陆无水港的发展,是我国扩大对外开放与市场经济发展的产物。随着我国贸易量的迅猛增长,港口的重要性日益突出。

由于无水港对我国而言毕竟是一新生事物,在内涵认识、功能定位、运作模式、战略布局、投融资模式、保障体系等方面还存在一定不足,主要表现如下。

(一)基础理论研究缺乏系统性

内陆无水港在我国发展时间很短,没有专门的机构与团队进行内陆无水港基础理论体系的研究。对内陆无水港内涵与实质的认识,存在一定的模糊性和片面性,对特征、类型与发展规律缺乏理论层面的系统描述;内陆无水港建设与运营欠规范,有些仍停留在概念层

面,需要系统性理论框架支撑;缺乏对内陆无水港通关模式与协作机制的系统研究,相关电子单证体系也亟待完善;在内陆无水港运营模式与发展规划等方面,也缺乏指导性的建设方案等。

(二)缺乏有效的多部门协调机制

内陆无水港建设是一个系统工程,需要地方政府、海关、检验检疫等行政单位、港航企业以及货主等干系方的通力合作。由于我国行政区域划分条块分割等问题,无水港建设布局大多局限于本区域,难以全面考虑统一规划。各利益主体角色、定位及认识理念的差异,导致了在无水港的建设中步调不一致,影响了无水港建设的进程,限制了无水港的发展。

(三)部分内陆无水港建设前期论证不充分

内陆无水港的建设需要大量资金,少则上千万,多则几十亿,必须谨慎决策,一旦投资失败,将造成严重的资源浪费,导致建成后经营不理想。一是缺乏统筹规划与科学论证,指导性的建设方案缺失;二是在布局选址、市场前景、运作模式等方面缺乏准确判断;三是对本地区的特点与优势分析不足,存在简单套用和复制其他地区无水港模式的情况,影响了本地无水港的定位与发展潜力。

(四)投融资机制尚不完善

内陆无水港建设具有典型的资本密集型特征,它的建设费用可达上千万甚至上亿元。因此,需要多渠道吸纳社会资本,甚至是外国资本的投入。但受利益预期、政策等因素制约,投资规模不够,使得内陆集装箱设施建设规模较小,质量参差不齐,枢纽作用尚不显著。目前,我国内陆无水港投资方较少,需要政府进行组织和引导,制定优惠政策、招商引资,促进共赢互利局面的形成。

(五)技术支撑力度不够

内陆无水港的运转,需要完善的技术支撑平台,以支持电子单证便捷传输,实现报关报检预录入、报关申请、报关审核、货物放行等口岸通关服务。由于技术发展的局限性,对无水港便捷通关系统平台、"一次报关、一次放行"的便捷通关模式优化方案、电子单证体系、标准与规范等方面的技术支撑体系还亟待完善。

五、推进我国内陆无水港建设的对策与建议

(一)加强基础理论体系研究与关键技术攻关

内陆无水港的投资建设与发展模式趋向多样化,在发展外部环境的同时,要不断加强基础理论研究,拓展内涵,使无水港真正成为沿海港口与内陆地区实现功能互为延伸的载体平台。针对内陆无水港"立足港口、依托陆路、服务内地"的特征,结合国内外在无水港运营方面的成功经验,完善基础理论体系,攻关便捷通关平台、无缝通关模式等技术,为无水港建设与运营提供技术支撑。

(二)属地化设计无水港运作模式

按照政府推动、部门支持、企业运作的模式,以及资源共享、优势互补、互利共赢的要求,无水港的建设要充分考虑周边地区社会经济发展的特点,从实际出发,结合自身区位特点,综合考虑依托经济区、开发区或物流园区建设,探寻无水港在功能定位、运营模式方面的特色,打造自己的品牌。在无水港规划与建设中,要综合考虑地方的经济水平、腹地资源、集疏

运条件、政策环境与保障体系等条件,科学合理地开展无水港属地化设计。

(三)积极拓展与完善无水港功能

无水港要更好地发展,就必须不断完善自身功能,提升综合竞争力。提供优质服务是一个方面,更重要的是用政策的优势来不断地吸引货源。积极出台相关的政策,赋予无水港保税物流园区、出口监管仓库等资质,充分发挥保税区、物流园区现有的物流基础和业务优势,实现保税区、物流园区、无水港三者之间的功能联动、信息联动和营运联动,实施资源整合,形成对接港口的集群效应,推动内陆地区的外向型经济发展。

(四)完善配套基础设施平台的建设

要通过充分论证,不断完善各项配套功能,为无水港的建设运营提供基础条件支撑。一是加强运输网络体系建设,大力发展多式联运,增强城市对现代物流业发展的承载能力;二是加快信息网络基础平台建设,完善物流信息基础设施和高效的物流运营信息化支撑体系,提高物流企业的运营效率、降低社会物流成本。

(五)加强政策引导与统筹规划

内陆无水港本身是一个复杂的系统工程,涉及多个实体部门,它的规划布局、招商引资、合作运营等都需要政府的大力支持。无水港的建设发展必须服从区域宏观经济发展规划的要求;出台财税支持政策,鼓励物流企业投资物流设施建设,降低无水港建设的资金风险;加强统筹规划,理顺机制、化解壁垒,政策给予扶持与鼓励,法律上给予保障;积极培育支柱物流企业发展,政策上加强引导,增强其风险防范意识,以更好地服务于无水港。

(六)联合组建协调委员会

为更好地推进内陆无水港建设,真正实现无水港与沿海港口的"无缝对接",建议由当地政府牵头,财政、海关、检疫局等部门联合组建无水港协调委员会,加强工作协调、统筹规划,对无水港建设与运营予以监督与引导。结合区域经济发展战略,促进各干系方的沟通合作,以长期利益为重,最终达到互利互惠的目的。

六、结语

在内陆腹地建设一个"无水港",在内陆地区拥有自己的物流平台,是港口业发展的一种必然选择,也是当前沿海港口解决货源困境的必然出路。但无水港作为一个新生事物,其建设方案和经营模式都没有成熟的经验可以借鉴,在建设和发展过程中必然会遇到一系列的问题,需要加强政策引导与规划,谨慎决策,避免盲目投资。在加强基础理论研究的同时,还要将"区域特征"纳入整体考虑,因地制宜地设计无水港运作模式,拓展与完善无水港功能等。无水港的健康良性发展,离不开各干系方的共同努力、通力合作,形成无水港与港口的集群与联动效应,最大化地发挥其在我国经济发展中的促进作用。

参考文献

[1] 吕顺坚. 我国无水港的发展及缺陷[J]. 中国港口,2007.9.

[2] 席平. 内陆地区建设内陆无水港的思考[J]. 综合运输,2007.2.

[3] 黎鹏,张洪波. 论港口—腹地经济地域系统的客观存在性及其形成发展的主要影

响因素[J]. 长春师范学院学报,2004.4.

[4] 朱廷珺. 无水港如何促进内陆地区开放型经济发展——以兰州无水港项目为例[J]. 中国流通经济,2009.4.

[5] 杨睿. 内陆干港及其选址研究[D]. 上海:上海海事大学,2006.

[6] 徐伟,陆梦. 无水港在港口发展中的作用[J]. 水运管理,2006.9.

[7] 叶龙. 构建内陆无水港[J]. 中国水运,2005.4.

[8] 陈岳. 现代陆港物流园区形成机理研究[C]. 长安大学,2009.

[9] 施俊庆. 集装箱无缝运输理论与方法的研究[C]. 北京交通大学,2007.

[10] 刘艳琴,刘玉明. 中国"无水港"建设与通关申报系统的研发[J]. 水运研究研究,2009.1.

[11] 张继明,王庆生. 天津港发展内陆无水港的实践与做法[J]. 天津经济,2007.9.

[12] 谭卡. 广州港的无水港群选址研究[C]. 西南交通大学,2009.

大型综合交通枢纽接驳能力协调问题研究

姚运梅　张　喜
（北京交通大学 交通运输学院，北京　100044）

【摘　要】　本文结合我国综合交通枢纽的规划和运营管理实际特点，对城市交通方式的接驳能力协调配置问题进行了研究。以换乘成本最小为目标，分析了城市交通方式接驳分担率，建立了城间铁路与城市轨道交通、城间铁路与常规公交的运能合理匹配协调优化模型。并以北京南大型综合交通客运站为背景，对城市交通接驳能力匹配方案进行了事例模拟分析。

【关键词】　大型综合交通枢纽　交通协调　优化模型　匹配度

The Study of Park-and-Ride Capacity Analysis in Large-scale Comprehensive Transportation Hub

Yao Yunmei　Zhang Xi
(School of traffic and transportation, Beijing Jiao Tong University, Beijing 100044)

Abstract: In this paper, aimed at Large-scale Comprehensive Transportation Hub during the peak period of transport to coordinate the various traffic analysis problem, by rail, subway and bus transportation can be used to match the model set up, that rail and subway, rail and bus commonly used in transport capacity matching programs, as well as vehicle grouping plans, departure time interval, such as transport organization configuration. Beijing South Station mode of transportation for operation and management of the proposed basis for decision making.

Keywords: Large-scale comprehensive transportation hub　Transport coordination　Optimization model　Match degree

一、引言

北京南站是我国最大的现代化综合客运枢纽站，车站采用多种交通方式的立体换乘结构，对外交通包括京津城际高速铁路和京沪高速铁路，市内接驳运输包括城市轨道交通（地铁4号、14号线）、城市公共交通和社会车辆（小汽车及出租汽车）等多种交通方式。2008年奥运会期间随着京津城际高速铁路的开通运营北京南站正式投入使用，2010年京沪高速铁路建成后，预计铁路日客流总量将达到5万人次。针对高速铁路大量客流密集达到的特点，如何科学有效地实现城市交通接驳能力的协调配置是一个亟待研究的重要课题。

本文结合我国高速铁路客运站的规划和运营管理实际特点，对城市交通接驳能力协调配置问题进行了研究。以换乘成本最小为目标，分析了城市交通接驳方式分担率，建立了铁路与轨道交通、铁路与常规公交的运能合理匹配协调优化模型。并已北京南站为背景，对城市交通接驳能力匹配方案进行了事例模拟分析。

大型综合客运枢纽是城市综合交通系统的重要组成部分，其中铁路客流在短时间的大量聚集，如果不能合理有效地进行疏导，对周围地区的交通都将产生不利的影响。过去，我国大多城市在火车站的建设上并没有过多考虑到这些接驳衔接的问题，即使有这方面的考虑也由于条块分割、各自为政，没有进行统一规划、统一建设，加上管理不力导致不少火车站的接驳衔接不合理，旅客转换其他交通方式十分不便，换乘等待时间过长，车辆拥挤。

作为亚洲最大的大型现代化综合客运枢纽北京南站已于2008年建成并投入运营，如何结合各种交通方式的实际换乘需求，合理配置城市交通的接驳运能，对充分发挥北京南站大型综合客运枢纽的作用具有非常重要的现实意义。

二、高速铁路客运站城市交通接驳能力分析模型

(一)城市交通接驳方式分担率模型

以各种交通方式的分担率 P_i 为变量，假设其他参数已知，建立以系统运营成本最小为目标的运能协调模型如下：

目标函数：

$$MinC = A\sum_{i=1}^{4} P_i\left(\frac{c_i t_{i距}}{D_{定i}\mu_i} + \lambda_i\right) \tag{1}$$

约束条件：

$$\sum_{i=1}^{4} P_i = 1 \tag{2}$$

$$0 \leqslant AP_i \leqslant M_i\rho_i \tag{3}$$

$$P_2 \leqslant P_{临轨} \tag{4}$$

$$P_{高收入}\alpha \leqslant P_3 \tag{5}$$

$$P_{车}\beta \leqslant P_4 \leqslant P_{车} \tag{6}$$

式中：$P_1 \sim P_4$ ——城市轨道交通、常规公交、出租车、社会车分担的客流比例；

A ——枢纽铁路到达总客流量；

$D_{定i}$ ——第 i 种集散方式定员；

μ_i ——第 i 种集散方式实载率；

c_i ——第 i 种集散方式单位运营支出；

$t_{i距}$ ——第 i 种集散方式的时间距离；

λ_i ——第 i 种集散方式单位外部费用支出；

M_i ——第 i 种集散方式最大运送能力；

ρ_i ——第 i 种集散方式能力预留系数；

$P_{临轨}$ ——旅客中方便换乘城市轨道交通的比例；

$P_{高收入}$ ——高收入旅客比例；

$P_{车}$——旅客中社会车辆拥有(包含可利用)比例；

α、β ——调节系数。

式(1)是目标函数。表示各种运营支出与外部费用最小；式(2)是各种交通方式分担率

之和等于1;式(3)是各种交通方式分担的客流量不应该大于该方式的最大运送能力;式(4)是基于城市轨道交通通达性的约束;式(5)是高收入旅客约束,充分考虑高收入旅客追求舒适和方便;式(6)是拥有社会车的旅客约束,乘坐社会车的旅客必须具备利用私家车等社会车辆的条件。

表1为模型中的参数值,其中地铁的单位运营成本为通过北京交通大学毛保华教授课题组开发的软件“城市轨道交通列车牵引计算软件”得到的,其他数据为实际调研值。

参数取值 表1

Value of parameters Tab.1

参 数	地 铁	常规公交	出 租 车	社会车辆
$D_{定i}$	1200	50	4	4
μ_i	0.6	0.8	0.5	0.5
c_i	540	75	27	27
$t_{i距}$	0.7	0.8	0.5	0.56
λ_i	0	0	0	0
M_i	18000	14000	1000	800
ρ_i	0.8	0.8	1	1

另外,$P_{临轨} = 0.5$,$P_{高收入} = 0.1$,$P_{车} = 0.2$,$\alpha = 0.95$,$\beta = 0.05$。经求解计算得到表2所示的结果。

计算结果 表2

Results Tab.2

地 铁	常规公交	出 租 车	社会车辆	C(万元)
0.5	0.3	0.12	0.08	25.6548

从表2可以看出,在铁路到达总客流中,50%的旅客使用地铁来完成换乘,使用常规公交换乘的人数占30%,使用出租车换乘的人数占12%,使用小汽车换乘的人数占8%。

(二)城市轨道交通接驳能力的协调模型

铁路与城市轨道交通的运能协调是指城市轨道交通能根据铁路车站旅客列车终到时间的安排和换乘旅客流量的大小,能及时为其疏散换乘旅客,满足旅客需求。为了满足旅客换乘需求,城市轨道交通就要增大运能来满足铁路换乘客流的需求。增大运能主要从两方面考虑:一是增大城市轨道交通列车的编组,二是缩小城市轨道交通列车的最小发车间隔时间。

$$D_{11} = \frac{Q_r k_R I_R}{60nP_R J_R \eta_R} \tag{7}$$

高峰小时内,铁路到达的客流量为 Q_r,k_R 为换乘城市轨道交通的客流比例,城市轨道交通为铁路提供的疏散能力为 U_R,其计算公式如下:

$$U_R = \frac{60nP_R J_R \eta_R}{I_R} \tag{8}$$

式中:n ——枢纽站内为疏散铁路客流服务的城市轨道交通线路数;

J_R ——城市轨道交通列车的编组数;

P_R ——城市轨道交通列车车辆的额定载客数;

η_R ——城市轨道交通列车车辆的满载率;

I_R ——城市轨道交通列车的最小发车间隔时间。

(三)常用公交接驳能力的协调模型

常规公交线路与大型综合客运枢纽的衔接布局模式一般为综合布局模式,即衔接线路中既有始发线路(即接运线路)又有途经线路(即区域线路)。两种公交线路共同构成了对外客运枢纽的公交衔接线路。两种公交线路的布局形式不同,为对外客运枢纽集散的客流量也是不同的。

$$D_{12} = \frac{Q_r k_b}{U_b} = \frac{Q_r k_b I_b}{60P_b(J_{bs}\eta_{bs} + J_{bl}\eta_{bl} - J_{bt}\eta_{bt})} \tag{9}$$

1. 途经铁路客运枢纽的公交线路中途停靠的高峰小时接运能力

可按式(10)计算:

$$U_{bt} = \frac{60N_{bt}P_b J_b(\eta_{bl} - \eta_{bt})}{I_{bt}} \tag{10}$$

式中:U_{bt} ——途经枢纽站公交线路的高峰小时接运能力;

P_b ——常规公交车辆额定载客人数(以标准车计算);

J_b ——其他车型对标准车的换算系数;

η_{bl}、η_{bt} ——途经公交线路的理论极限满载率和高峰时段达到枢纽站的平均满载率;

I_{bt} ——途经公交的高峰时段平均发车间隔;

N_{bt} ——途经公交线路的条数。

2. 始发公交线路的接运能力

$$U_{bs} = \frac{60N_{bs}P_b J_b \eta_{bs}}{I_{bs}} \tag{11}$$

式中:U_{bs} ——始发公交线路的高峰小时接运能力;

η_{bs} ——始发公交线路的满载率;

N_{bs} ——始发公交线路的条数。

上述两种公交线路的高峰小时接运能力之和($U_b = U_{bs} + U_{bt}$),即为铁路客运枢纽的高峰小时常规公交接驳能力。

由资料可知,运能力匹配度在 0.8 附近最好,匹配度值过大则出现明显换乘困难现象,过小则造成运力浪费。因此匹配度级别划分如表 3 所示。

运能匹配度的分级范围 表 3

Classification range of capacity of the match Tab. 3

指标	A	B	C	D	E	F
匹配度	0.78 ~ 0.83	0.74 ~ 0.78 或 0.83 ~ 0.87	0.70 ~ 0.74 或 0.87 ~ 0.97	0.66 ~ 0.7 或 0.97 ~ 1.15	0.6 ~ 0.65 或 1.15 ~ 1.3	<0.6 或 >1.3
模糊数	0.9	0.8	0.7	0.5	0.3	0.1

三、北京南站城市交通的运能协调分析

北京南站综合客运枢纽由京津城际铁路、京沪高速铁路、普速铁路和城市轨道交通(地铁 4 号、14 号线)、城市公共交通、社会车辆(小汽车及出租汽车等)等多种交通方式构成。根据预测,2030 年高峰小时铁路到达旅客流量预测值如表 4 所示。

北京南站 2030 年高峰小时客流量 表 4

Peak-hour traffic of Beijingnan railway station in 2010 Tab. 4

京 沪	京 津	普 速	合 计
46700	16800	10800	74300

由表 1 中计算可知,在铁路到达总客流中将有 50% 的旅客使用地铁 4 号线及 14 号线来完成换乘,使用公交换乘的人数占 30%,使用其他方式换乘的占 20%。

(一)北京南站城市轨道交通的运能协调分析

(1)在地铁列车编组数一定的条件下,改变发车间隔。例如,在换乘地铁的乘客比例为 50%,地铁列车极限满载率为 1.2,途径北京南站时的满载率为 0.7,列车编组 6 节,每节 200 人时,若发车间隔采取 2min、2.5min、4min、2.6min、3min、3.5min、4min 时,地铁的匹配度分别为 0.61、0.77、0.8、0.92、1.07、1.23,匹配度及其模糊数的变化情况如表 5 所示。

地铁运能匹配度及模糊数随发车间隔的变化情况 表 5

Changes of transport capacity to the match and fuzzy number with frequency Tab. 5

发车间隔	2	2.5	2.6	3	3.5	4
匹配度	0.61	0.77	0.8	0.92	1.07	1.23
模糊数	0.3	0.8	0.9	0.7	0.5	0.3

通过表 5 分析可知:在铁路客流高峰到达时(74300 人/h)换乘地铁的乘客比例为 50%,地铁列车极限满载率为 1.2,途径北京南站时的满载率为 0.7,地铁列车每节 200 人,当地铁列车采用 6 节编组时,采用发车间隔为 2.6min,匹配度为 0.8,模糊数达到最优为 0.9,从而使地铁与铁路运能协调的程度达到最好,但在实际运营过程中发车间隔一般采用半分钟的整数倍,所以建议采用发车间隔 2.5min。

(2)在地铁发车间隔一定的条件下,改变地铁列车的编组。例如换乘地铁的乘客比例为 50%,地铁列车极限满载率为 1.2,途径北京南站时的满载率为 0.7,地铁列车每节 200 人,在地铁发车间隔分别取 2min、2.5min、3min 的条件下,地铁与铁路的运能匹配度及其模糊数的变化情况如表 6 所示。

地铁运能匹配度及其模糊数随编组数的变化 表 6

Changes of transport capacity to the match and fuzzy number with group numbers Tab. 6

地铁发车间隔为 2min					
编组数	4	5	6	7	8
匹配度	0.92	0.74	0.61	0.53	0.46
模糊数	0.7	0.8	0.3	0.1	0.1
地铁发车间隔为 2.5min					
编组数	4	5	6	7	8
匹配度	1.15	0.92	0.77	0.66	0.58
模糊数	0.5	0.7	0.8	0.3	0.1
地铁发车间隔为 3min					
编组数	4	5	6	7	8
匹配度	1.38	1.11	0.92	0.77	0.69
模糊数	0.1	0.5	0.7	0.8	0.5

通过表 6 分析可知,在铁路客流高峰到达时(74300 人/h)换乘地铁的乘客比例为 50%,地铁列车极限满载率为 1.2,途径北京南站时的满载率为 0.7,地铁列车每节 200 人,当发车

间隔为2分钟的情况下,地铁列车采用5节编组时,可使地铁与铁路的运能协调程度达到最佳;发车间隔为2.5min时,地铁列车采用6节编组时,可使地铁与铁路的运能协调程度达到最佳;发车间隔为3min时,地铁列车采用7节编组时,可使地铁与铁路的运能协调程度达到最佳;但在实际运行过程中地铁列车一般采用偶数编组,所以建议采用发车间隔2.5min,并且地铁列车编挂6节。

综上所述,地铁投入运营后(在铁路客流高峰到达时,换乘地铁的乘客比例为50%,地铁列车极限满载率为1.2,途径北京南站时的满载率为0.7,地铁列车每节200人),建议地铁列车采用6节的编组,发车间隔为2.5min。

(二)北京南站常用公交的运能协调分析

根据铁三院的铁路客流预测结果,北京南站在2030年需开设40条公交线路,按照分析城市轨道交通与铁路运能协调的思路,对于常规公交可以通过采用不同的发车间隔、改变常规公交线路数来维持其与铁路的运能协调性。根据文中建立的模型以及铁路与常规公交的运能匹配度,从以下两方面研究铁路与常规公交的协调:

(1)在发车间隔一定的条件下,改变常规公交线路数。例如建成后的北京南站铁路高峰到达客流为74300人/h,其中换乘公交的乘客比例为0.3,每辆公交载客人数为50人,始发公交的满载率为0.7,发车间隔分别采用6min和3min时,常规公交与铁路的运能匹配度及其模糊数变化情况如表7、表8所示。

常规公交运能匹配度及模糊数随线路数的变化情况(发车间隔6min) 表7

Changes of transport capacity to the match and fuzzy number with number of routes

(with the frequency of **6**min) Tab.7

公交线路数	40	44	48	52	56	60	64	68	74	78
匹配度	1.59	1.45	1.33	1.22	1.14	1.06	0.99	0.94	0.88	0.82
模糊数	0.1	0.1	0.1	0.3	0.5	0.5	0.5	0.7	0.8	0.9

常规公交运能匹配度及模糊数随线路数的变化情况(发车间隔4 min) 表8

Changes of transport capacity to the match and fuzzy number with number of routes

(with the frequency of 4 min) Tab.8

线路数	40	44	48	52	56	60	64	68
匹配度	1.06	0.96	0.88	0.82	0.76	0.71	0.66	0.62
模糊数	0.5	0.7	0.8	0.9	0.8	0.7	0.5	0.3

通过对表7、表8分析可知,在换乘公交的乘客比例为0.3,每辆公交载客人数为50人,始发公交的满载率为0.7,采用发车间隔6min,目前40条公交线路的运能显然是不足的,必须将公交线路数增至78条才能使常规公交与铁路的运能协调达到最好;采用发车间隔4min,公交线路数增至52条时,才能使常规公交与铁路的运能协调达到最好。

(2)在公交线路一定的条件下,改变发车间隔。建成后的北京南站铁路高峰到达客流为74300人/h,其中换乘公交的乘客比例为0.3,每辆公交载客人数为50人,始发公交的满载率为0.7,不增加常规公共的线路(按预测的40条计算),改变发车间隔,常规公交与铁路的运能匹配度及其模糊数变化情况如表9所示。

常规公交运能匹配度及模糊数随发车间隔的变化情况(公交线路40条) 表9

Changes of transport capacity to the match and fuzzy number with the frequency

(number of the routes is 40) Tab.9

发车间隔	2.5	3	3.5	4	4.5	5	5.5	6
匹配度	0.66	0.8	0.93	1.06	1.19	1.33	1.46	1.59
模糊数	0.5	0.9	0.7	0.8	0.3	0.1	0.1	0.1

通过表9分析可知,在换乘公交的乘客比例为0.3,每辆公交载客人数为50人,始发公交的满载率为0.7,当不增加公交线路(预测是40条),为了常规公交与铁路的运能协调达到最好,发车间隔应3min。

综上所述,新北京南站投入运营后,同时改变发车间隔和增加公交线路以保证常规公交与铁路的运能协调,建议在换乘公交的乘客比例为0.3,每辆公交载客人数为50人,始发公交的满载率为0.7的情况下,采用的发车间隔缩短为4min,公交线路由40条增至52条。

四、结语

本文在分析大型综合客运枢纽系统特性的基础上,重点研究了大型综合客运枢纽交通协调的模型与方法,以铁路与城市轨道交通换乘总时间最小为目标函数,建立了铁路与轨道交通的运营协调模型;以客流高峰时期运能合理匹配为目标,建立了铁路与常规公交线路的协调优化模型。

对北京南站综合客运枢纽的交通协调问题进行了详细而系统地分析,北京南站投入运营后,地铁建成后,在铁路客流高峰到达时期,建议采用的发车间隔为2.5min,列车编挂6节(换乘地铁的乘客比例为50%,地铁列车极限满载率为1.2,途径北京南站时的满载率为0.7,地铁列车每节200人),在铁路客流高峰到达时期,公交线路由40增至52条,发车间隔缩短为4分钟,(换乘公交的乘客比例为0.3,每辆公交载客人数为50人,始发公交的满载率为0.7的情况下)。按以上的运输组织方案均能满足客流高峰达到时期旅客对地铁、常规公交的换乘需求。

参考文献

[1] 刘志军.铁路旅客车站设计指南[M].北京:中国铁道出版社,2006.

[2] 周伟,姜彩良.城市交通枢纽旅客换乘问题研究[J].交通运输系统工程与信息.2005.5(5):23-30.

[3] 葛亮,王炜,邓卫,等.城市客运换乘枢纽规划及设计方法研究[J].规划师.2004.10:53-55.

[4] 郭志勇.轨道交通枢纽换乘协调研究[D].华中科技大学硕士论文,2001.

[5] Ibrahim. D. (1996). Bus route public transport route information system using a GPS. Traffic Engineering&Control. 1996. 37(9):519-522.

[6] Alan. T. Murray. R. Davis. R. J. Stimson L. Ferreira(1998). Public Transportation access. Transportation Research Part D. 1998. 3(5):319-328.

城市地铁换乘站点站台设计与规模确定

刘艳霞　张亚平　王宇萍　张　伟

（哈尔滨工业大学交通科学与工程学院，哈尔滨　150090）

【摘　要】城市地铁换乘站点是城市地铁路网中的重要节点，其规模大小取决于换乘车站客流量的大小，其中站台是换乘车站供乘客上车、下车、换乘和候车以及车辆停靠的重要场所，是整个车站布局中最为重要的部分，其规模大小直接影响到车站整体的规模和布局。论文给出了地铁换乘站点站台（侧式站台和岛式站台）长度、宽度的设计计算方法，探讨了同站台换乘和节点换乘两种换乘方式站台的平面和立面布置与设计，对于有效控制换乘车站的整体规模及车辆行车组织具有一定的指导作用。

【关键词】城市地铁　换乘车站　站台　规模

Subway Transfer Hub Site Design and Size Determination

Liu Yanxia　Zhang Yaping　Wang Yuping　Zhang Wei

(School of Transportation Science and Engineering,

Harbin Institute of Technology, Harbin 150090)

Abstract: Subway transfer hub in the city is an important nodes of subway network, their scale depends on the size of passenger traffic volume of traffic transfer station, which platform can give such as get on, get off, transfer and waiting for passenger and park for vehicles in transfer hub, it is the most important part of station layout, and it's directly affects the whole scale and layout of the station. The paper introduce how to identification the platform length, width (lateral site and island platform) of subway transfer hub and their design methods, discussed plane and stereoscopic layout and design of the same platform transfer and node transfer, this can has a guiding role for effective control overall size and vehicle traffic organization of transfer hub.

Keywords: Subway　Transfer hub　Station platform　Scale

一、引言

城市轨道交通车站的规模主要是指车站内部各种设施的规模。车站内部设施按功能分类，主要包括交通工具服务设施、乘客服务设施以及信息诱导设施等。其中影响车站规模的主要是交通工具服务设施和乘客服务设施，比如轨道列车编组数量、站台面积、站厅面积、设备及管理用房面积、售检票设施数量、楼梯及通道宽度等。

站台是整个车站布局中最为重要的一部分，其规模大小直接影响到车站整体的规模。

现阶段我国还没有颁布地铁车站站台的宽度标准，世界其他国家计算站台宽度的方法也不统一，造成即使预测的车站客流量相同，站台宽度的计算结果也差别较大，而且往往是站台规模偏大，没有一定的规律。

二、站台长度的确定

站台的规模是指确定站台的长度、宽度以及高度等。站台长度必须满足轨道列车进站停车的要求，即站台长度由轨道车辆的远期编组长度和允许停车不确定距离确定。而远期轨道车辆的编组长度由远期车站间预测高峰小时的最大断面客流量大小、轨道车辆的类型以及列车发车间隔时间等因素共同确定。

其中站台长度的计算公式为：

$$L = L_0 + L_u \tag{1}$$

式中：L——站台长度，m；

L_0——远期列车编组长度，m；

L_u——允许停车不确定距离，一般为 4 ~ 10m。

其中远期列车编组长度应满足以下关系：

$$Q_C \geqslant Q_t \tag{2}$$

式中：Q_C——远期列车编组数为 L_0 的列车的运能，人次/小时；

Q_t——远期车站间预测高峰小时最大断面客流量，人次/小时。

轨道交通的车辆类型根据其技术标准的不同分为 A 型车、B 型车、L_b 型车、单轨车以及 D 型车。各种类型车辆的单节车厢长度、单节车厢定员人数等指标各不相同。根据列车编组数量的不同，各种类型车辆的主要技术指标见表 1。

对应不同列车编组数量的各类型车辆主要技术指标　表 1

The main technical indicators of different types of vehicles for different train composition　Tab. 1

车型		列车编组数量(节/列)						
		2 辆	3 辆	4 辆	5 辆	6 辆	7 辆	8 辆
A	列车长度(m)	—	—	92.0	114.8	137.6	160.4	183.2
	定员(人)	—	—	1240	1550	1860	2170	2480
B	列车长度(m)	—	58.1	77.7	97.2	116.8	136.30	155.9
	定员(人)	—	710	940	1210	1460	1710	1960
L_b	列车长度(m)	34.0	50.9	67.7	84.6	101.4	—	—
	定员(人)	459	701	943	1185	1427	—	—
单轨	列车长度(m)	28.7	42.6	56.5	70.4	84.2	—	—
	定员(人)	316	467	632	797	962	—	—
D	列车长度(m)	28.8	—	57.5	—	—	—	—
	定员(人)	238	—	476	—	—	—	—

根据我国地铁设计规范，每趟列车的发车间隔按 2min 计，通过计算可以得到每种车型每小时的运送能力见表 2。

各种类型车辆的单位时间运送能力(人次/h) 表2

The transport capacity of various types of vehicle per unit time(person-time/hour) Tab.2

车型	列车编组(节/列)						
	2辆	3辆	4辆	5辆	6辆	7辆	8辆
A	—	27900	37200	46500	55800	65100	74400
B	—	21300	28200	36300	43800	51300	58800
L_b	13770	21030	28290	35550	42810	—	—
单轨	7584	11208	15168	19128	23088	—	—
D	7140	—	14280	—	—	—	—

根据轨道车辆运送能力与车站间断面最大高峰小时客流量的关系,可以得到客流量不同情况下选择A型车和B型车的轨道交通站台长度见表3。

车辆类型、断面最大客流量与站台长度对应关系 表3

The corresponding relations among vehicle type, largest section of site traffic and length of platform

Tab.3

A型车	远期预测客流量(万人次/h)	<3.7	3.7~4.6	4.6~5.5	5.5~6.5	6.5~7.4
	站台长度(m)	96~102	119~125	142~148	164~170	187~193
B型车	远期预测客流量(万人次/h)	<2.8	2.8~3.6	3.6~4.3	4.3~5.1	5.1~5.8
	站台长度(m)	82~88	101~107	121~127	140~146	160~166

三、站台宽度的确定

站台宽度主要根据车站远期预测高峰小时客流量大小、列车对数、结构横断面形式、站台形式、站房布置、楼梯及自动扶梯等因素综合考虑确定,并满足最小站台宽度。对于换乘车站来说,影响其站台宽度的客流因素包括由出入口进站的上车客流、由相交线路换乘来的上车客流、由出入口出站的下车客流以及换乘相交线路的下车客流。根据换乘形式的不同,换乘站台能够实现的换乘方向也不同,因此客流的大小也就不同,进而不同换乘形式的站台宽度其计算方法不一样。

站台的基本形式有两种,分别为岛式站台和侧式站台。假设侧式站台的宽度为B_c,则岛式站台的宽度B_d可按如下公式计算:

$$B_d = 2B_c + nB_z + B_l \tag{3}$$

式中:B_z——站台上单根立柱的宽度,m;

B_l——站台两端设置的楼梯或自动扶梯的宽度,m;

n——站台横断面方向的立柱数量。

即岛式站台的宽度相当于两个侧式站台的宽度加上柱子的宽度和楼梯或自动扶梯的宽度。

下面重点对侧式站台的宽度进行讨论。站台的主要功能根据列车达到时刻的不同分为候车功能、上车功能以及下车功能。列车到达前,站台的主要功能是候车,假定乘客在站台的有效长度内均匀分布,不占用安全带的宽度。此时站台的需要宽度为:

$$B_{c1} = (Q_{in} + Q_{transfer})\beta/qL\rho_1 + B_a \tag{4}$$

式中：B_{c1}——列车到站前车站站台候车区的计算宽度，m；

Q_{in}——某个方向进站的高峰小时进站客流量，人次/h；

$Q_{transfer}$——相交线路换乘过来的高峰小时换乘客流量，人次/h；

β——超高峰小时系数，一般取1.1～1.4；

q——高峰小时的行车密度，与发车间隔时间有关；

L——站台的有效长度，m；

ρ_1——列车到达前站台上乘客的站立密度，人/m^2；

B_a——站台边缘安全带宽度，m。

列车到达时，上车的乘客会拥挤在车门两侧，等下车乘客下车完毕后上车，此时，上车的乘客因为拥挤会占用安全带的宽度，同时会留出车门宽度的下车口供下车乘客下车。此时，乘客在站台上的分布的长度为站台的有效长度减去列车所有车门的宽度。则列车到达时站台上候车区的计算宽度为：

$$B_{c2} = (Q_{in} + Q_{transfer})\beta/q\rho_2(L - nb) + B_a \tag{5}$$

式中：n——列车的编组数量；

b——每节车厢的车门宽度，m；

ρ_2——列车到达时站台上乘客的站立密度，人/m^2。

其他符号意义同公式(4)。

列车到达前的站台计算宽度与到达时的站台计算宽度的差值刚好可以作为下车客流的下客通道，即列车到达时下客通道的宽度为：

$$B_{c3} = B_{c1} - B_{c2} \tag{6}$$

通常情况下，侧式站台的宽度应不小于列车到达前候车区的计算宽度 B_{c1} 。同时，还应保证当列车到达时下车乘客下客通道的宽度不小于1.0m，即：

$$B_{c3} = B_{c1} - B_{c2} \geqslant 1.0\ ;B_{c1} \geqslant 1.0 + B_{c2} \tag{7}$$

根据换乘站点换乘形式的不同，站台的布置形式也不尽相同。对于工程实际中最常采用的同站台换乘和节点换乘来说，车站站台的主要布置形式有岛岛换乘、岛侧换乘、侧侧换乘等形式，如图1～图5所示。如图2所示的同层平行式同站台换乘可以使乘客在同一平面内实现至少两个方向的换乘，再通过楼梯或自动扶梯的连接经过两线共用的站厅层就可以实现其他方向的换乘，换乘非常方便。同时，由于总共只要两层的高度，因此这种换乘形式

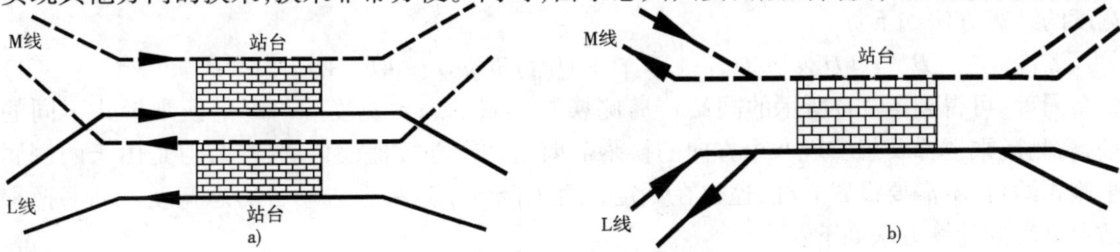

图1 平行式站台岛岛换乘平面布置

Fig. 1 Island to island transfer plane layout for parallel platform

a)同层平行同站台　　b)异层平行同站台

a) the parallel platform on the same floor　　b) the parallel platform on different floor

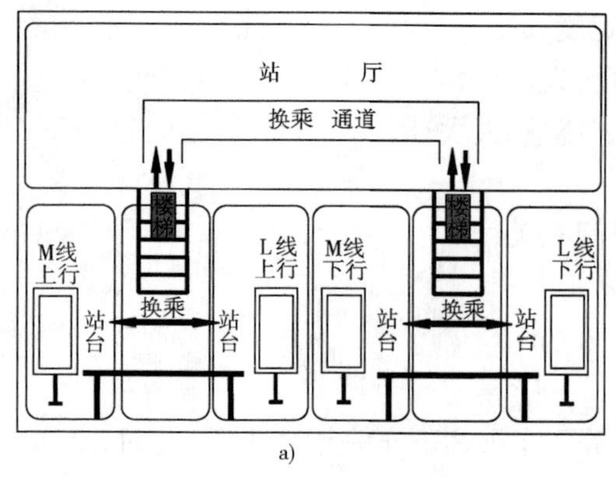

a)

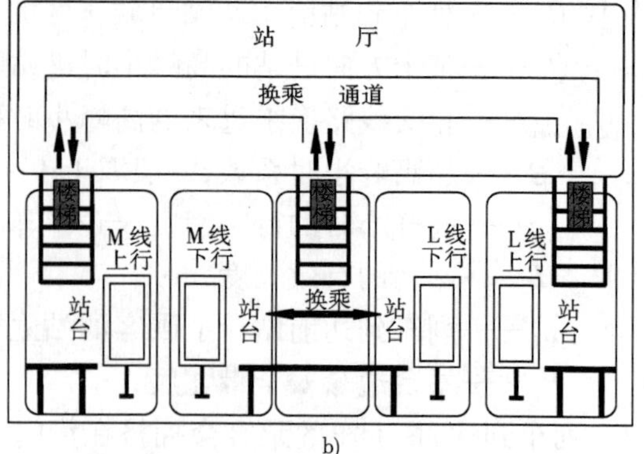

b)

图2 同层平行式同站台换乘车站立面布置

Fig. 2 The parallel platform on the same floor transfer three-dimensional indication

a)岛岛换乘　　b)岛侧换乘

a) island to island transfer　　b) island and side transfer

在一定程度上降低了换乘站点的规模。同层平行式同站台换乘形式的站台布置分为岛岛换乘站台和岛侧换乘站台,分别如图2a)和图2b)所示。站台宽度可分为以下几个部分:M线上行候车区宽度、L线上行候车区宽度、M线下行候车区宽度、L线下行候车区宽度、楼梯或自动扶梯宽度和立柱宽度。对于各部分候车区来说,高峰小时客流量的大小不同。各条线路高峰小时的上车客流量计算公式如下:

$$
\begin{aligned}
Q_{M上} &= Q_{M上进} + Q_{L上-M上} + Q_{L下-M上} \\
Q_{M下} &= Q_{M下进} + Q_{L上-M下} + Q_{L下-M下} \\
Q_{L上} &= Q_{L上进} + Q_{M上-L上} + Q_{M下-L上} \\
Q_{L下} &= Q_{L下进} + Q_{M上-L下} + Q_{M下-L下}
\end{aligned} \tag{8}
$$

式中:$Q_{M上}$——M线上行方向候车区高峰小时上车客流量,人次/小时;

$Q_{M上进}$——M线上行方向高峰小时进站客流量,人次/小时;

$Q_{L上-M上}$——L线上行方向至M线上行方向高峰小时换乘客流量,人次/小时;

$Q_{L下-M上}$——L线下行方向至M线上行方向高峰小时换乘客流量,人次/小时。

公式(8)中其他方向站台的候车区高峰小时上车客流量可按与M线上行方向候车区高峰小时客流量类似的计算方法进行计算。对于图2a)所示的岛岛换乘的站台形式,其站台宽度的计算方法如下:

$$B_1 = (Q_{M上} + Q_{M下} + Q_{L上} + Q_{L下})\beta/q\rho_1 L + 4B_a + nB_z + 2B_l \tag{9}$$

同理,可得到图2b)所示的同站台岛侧换乘形式的站台宽度。与岛岛换乘形式不同的是,岛侧换乘楼梯要想实现八个方向的换乘需要增加一部楼梯或自动扶梯,但是由于两侧属于侧式站台,不需要设置立柱,这也在一定程度上降低了这种形式站台的总宽度。岛岛换乘站台宽度的计算方法如下:

$$B_2 = (Q_{M上} + Q_{M下} + Q_{L上} + Q_{L下})\beta/q\rho_1 L + 4B_a + nB_z + 3B_l \tag{10}$$

式中符号意义同公式(8)。

同层平行式换乘站台虽然在一定程度上降低了站台的规模,但是由于乘客换乘时需要通过站厅,有四个方向之间的换乘距离较长,一定程度上增加了乘客的换乘时间。还有一种同站台的换乘形式属于异层平行式，如图3所示，包括两线共用的站厅层在内，异层平行式的换乘站点总共需要三层的结构，但是由于上下两层站台位于同一个位置，乘客换乘时走行的距离相对于同层平行式换乘站台来说要小，乘客只需从站台的一层下到另一层即可，不需要横穿站厅。同时，上下两层站台的宽度可以根据每层的最大值确定，而不是各个站台相加的宽度之和，并且楼梯或自动扶梯设置在站台的中间部位就可以实现乘客进出站和换乘的需要，楼梯和扶梯的数量减少。因此，虽然异层形式的同站台换乘站点的竖向规模增大，但是由于站台的总体宽度减小，站点的横向规模会降低。

异层平行式换乘站台的站台宽度的计算方法如下：

$$B_3 = (Q_{M上} + Q_{L上} +)\beta/q\rho_1 L + 2B_a + nB_z + B_l \tag{11}$$

$$B_4 = (Q_{M下} + Q_{L下})\beta/q\rho_1 L + 2B_a + nB_z + B_l \tag{12}$$

式(11)、式(12)表示不同站层的站台宽度，最终站台宽度取两层站台宽度的较大值，即：

$$B_5 = \max(B_3, B_4) \tag{13}$$

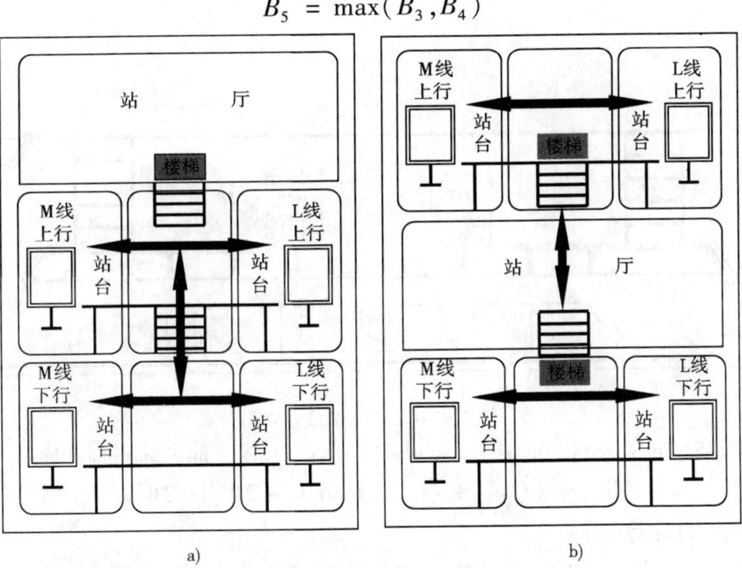

图3　平行式同站台立面布置

Fig. 3　Three-dimensional layout for parallel same platform

a) 上下平行式　　b) 夹心平行式

a) The up and down parallel　　b) The inside parallel

除同站台换乘方式外，实际中较为常用的还有结点换乘方式。采用结点换乘方式的车站其结构形式为三层，两条不同线路分别位于不同的高度，通过楼梯或自动扶梯相连。根据两条线路之间站台相对位置的不同，结点换乘形式可以分为十字形结点换乘方式、T形结点换乘方式和L形结点换乘方式。与同站台换乘方式类似，结点换乘的站台组合形式也有岛岛换乘和岛侧换乘等形式，如图4a)、图4b)和图5所示，分别为十字形结点换乘和T形结点换乘岛侧换乘站台平面布置和立面布置。

由图5可知，岛侧换乘站台的宽度可按下面公式计算。

负二层站台候车区的计算宽度为：

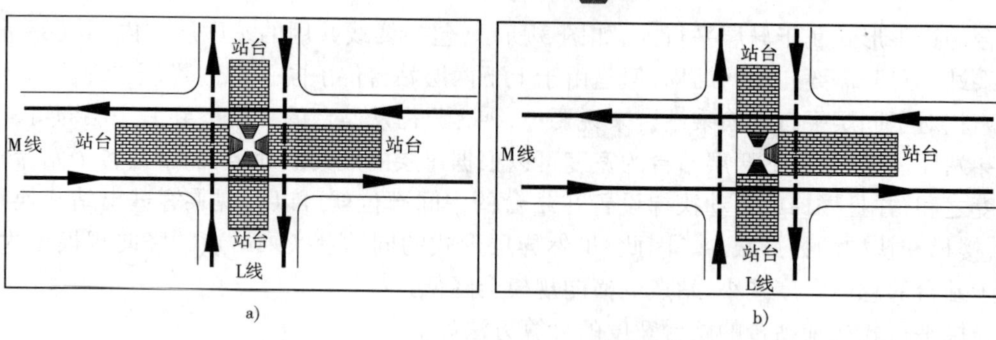

图4　结点换乘车站岛侧站台平面布置

Fig. 4　Node interchange station plane layout

a)十字形结点换乘　　b)T形结点换乘

a) The cross style node interchange station　　b) The T style node interchange station

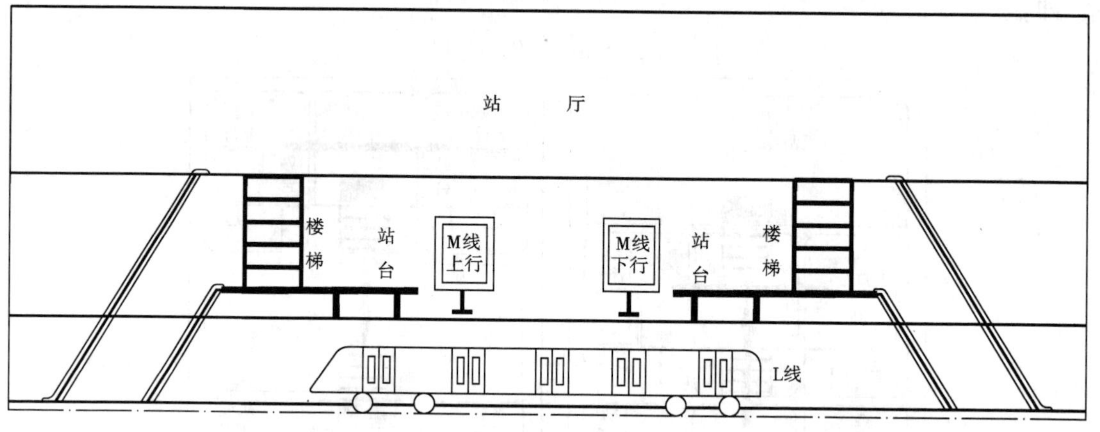

图5　结点换乘车站岛侧站台立面布置

Fig. 5　The node interchange station island and side platform three-dimensional layout

$$W_6 = (Q_{M下} + Q_{M上})\beta/q\rho_1 L + 2W_a + 2W_l \tag{14}$$

负三层站台候车区的计算宽度为：

$$W_7 = (Q_{L下} + Q_{L上})\beta/q\rho_1 L + 2W_a + nW_z + W_l \tag{15}$$

式中符号意义同前，列车到达前候车区的宽度和列车到达时候车区宽度及下客通道的宽度满足公式(7)的要求。

四、结语

城市地铁换乘车站的整体规模与工程建设费用关系密切，合理的车站设计和规模不但可以满足乘客换乘的需要，同时可以降低换乘站造价。车站站台的宽度、长度或者面积并不是越大越好，站台形式和车站所处地理位置对车站规模都会产生影响，应根据车站预测客流量的大小，结合车站的布置形式，以及车站所处的地理位置综合考虑换乘车站的规模。

参考文献

[1] 王蓉蓉. 地铁换乘车站设施规模确定问题研究[J]. 北京交通大学硕士学位论文.

2006：25-26.
[2] 陈必壮．轨道交通网络规划与客流分析[M]．北京：中国建筑工业出版社，2009.
[3] 梁广深．同站台换乘车站方案研究[J]．城市轨道交通研究．2005：38-40.
[4] 沈景炎．车站站台乘降区宽度的简易计算[J]．都市快轨交通，2008，21(5)：9-13.
[5] 汪晓蓉，于波．控制地铁车站规模的体会[J]．现代隧道技术，2008，45(8)：22-28.
[6] 胡思涛．基于城市轨道交通站点的换乘系统规划研究[J]．华中科技大学硕士学位论文．2007.
[7] 高振华，韩宝明，茄祥辉．城市轨道文通换乘站规划研究[J]．城市交通，2003，(11)：50-51.
[8] 姚兰．谈地铁车站规模控制设计[J]．工程质量，2006，(7)：48-53.

低碳交通的发展途径与政策建议

王德荣　莫辉辉

（中国交通运输协会，北京　100053）

【摘　要】 低碳交通是以交通运输系统碳排放总量最小化为目标的可持续发展模式，全球气候变暖与后金融危机共同作用促使低碳交通进程加速。基于全球与中国的视角分析推动低碳交通运输体系建设的两个基础背景——机动化进程和能源供应安全，从宏观和微观两个层面系统阐述我国低碳交通的发展途径，并提出实现低碳交通的政策建议。

【关键词】 低碳交通　能源消耗　碳排放　发展途径　政策建议

Development Path and Strategic Recommendation on Low-carbon Transportation

Wang Derong　Mo Huihui

(China Communications and Transportation Association, Beijing 100053)

Abstract: To minimize the total carbon emission of transportation system, low-carbon transportation makes a sustainable mode. Climate warming and post financial crisis worldwide drive low-carbon transportation to accelerate development. From worldwide and China's viewpoints, motorization and energy supply insurance form the basic ingredients to develop low-carbon transportation. This article deeply discusses development path for low-carbon transportation, and strategic policy recommendation is put forward to ensure its implement.

Keywords: Low-carbon transportation　Energy consumption　Carbon emission　Development path　Strategic recommendation

进入21世纪以来，全球气候变暖引致的恶性自然灾害异常增多，洪涝、干旱、飓风等频频上演，对人类生活环境及生存基础造成严重威胁。“十一五”中期以来，美国房地产“次贷危机”引发全球性金融危机，给世界经济社会发展带来沉重打击，至今全球经济复苏缓慢、隐忧不断。全球气候变暖和后金融危机推动经济社会发展转型，“优化经济结构、转变发展方式”成为未来我国经济社会发展的战略目标，发展低碳经济即以低能耗、低污染、低排放为基础的经济发展模式成为实现这一战略的重要举措。低碳经济的本质是能源高效利用、清洁能源开发和追求绿色GDP的发展过程，其核心是能源利用与减排技术创新、产业结构与制度创新，以及人类生存发展观念的根本性转变。交通运输作为经济社会发展的基础设施，也是能源消耗和排放的大户；如何以碳排放量的最小化为目标实现交通运输业的可持续发展，成为我国交通运输业应对经济全球化、工业化及城镇化进程加速的重要途径。

一、低碳交通的发展背景

（一）机动化进程

现代机动化进程源于“二战”后福特主义倡导的“小汽车”文化，至20世纪70～80年代，欧美等发达国家已基本完成机动化进程,目前以中国为代表的金砖四国及新兴工业化国家则引领新一轮全球机动化进程。2007 年,全球运营机动车保有量达到 9.48 亿辆,较 2001 年约增长 52.1%,机动化率达到 141 辆/千人。2008 年全球国际海运千吨级以上船舶近 10 万艘,较 2000 年增长 13.9%,载重吨则增长 40.8%。2008 年全球航空飞行 2422 万架次,较 2000 年增长 10.1%。2009 年全球铁路运营里程超过 100 万公里,较 2000 年增长 8.7%。各种运输方式均呈现快速增长态势,尤其是以私人小汽车为标志的机动化进程加速,并将持续较长一段时间。根据世界可持续发展商业委员会(WBCSD)预测,至 2030 年全球私人交通里程量平均年增幅在 1.6%,其中发展中国家增幅均远高于这一水平如图 1 所示。

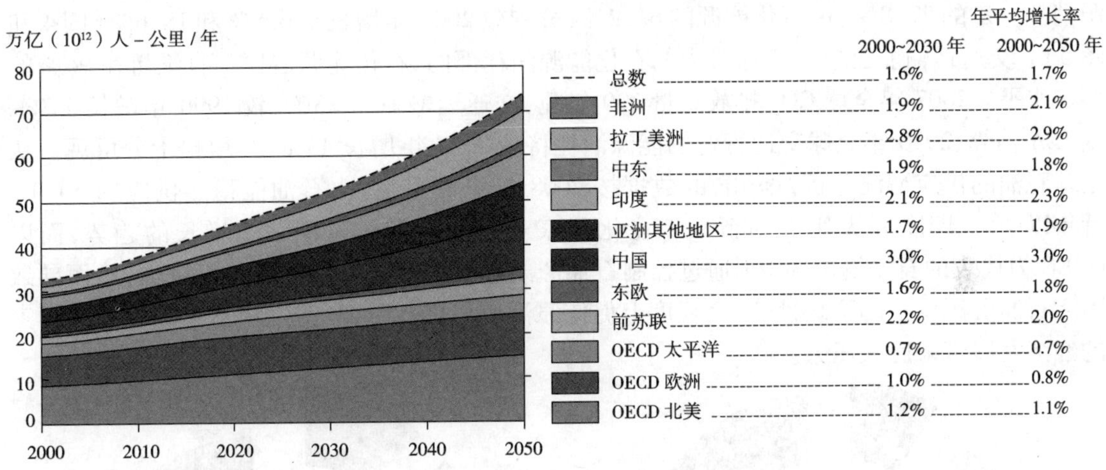

图 1 按地区分的私人交通活动量情况

Fig. 1 Personal transport activity by region

自 1978 年以来,我国经济保持了快速发展的势头,尤其是 2000 年以来,我国 GDP 连续 10 年保持高于 8% 的增幅,2008 年人均 GDP 突破 3000 美元,进入工业化中期阶段,以城镇化为表征的现代社会进程快速发展。2008 年我国城市化率达到 45.68%,较 2000 年增长了 26.1%,保持年均增幅 5.4% 的增长趋势。与此同时,民用汽车保有量呈现高速增长态势(图 2 和图 3)。自 1999 年以来,民用汽车保有量持续保持高于 10% 的增幅,至 2008 年民用汽车突破 5000 万辆;载客汽车则自 1991 年以来,持续保持高于 12% 的增幅, 峰值年度增幅

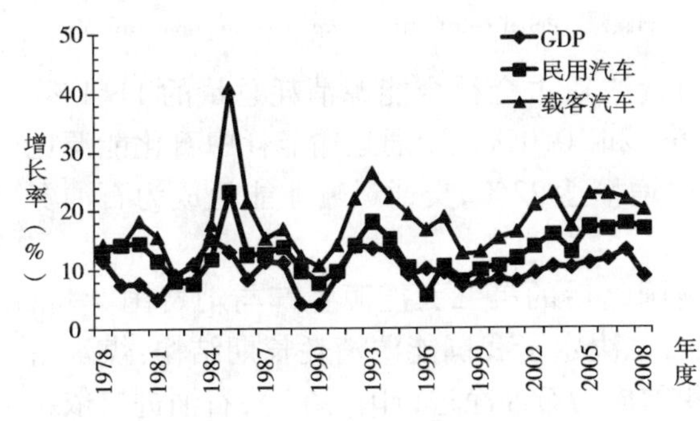

图 2 我国 GDP 与民用汽车保有量增长情况

Fig. 2 Growth rate of China's GDP & civil cars

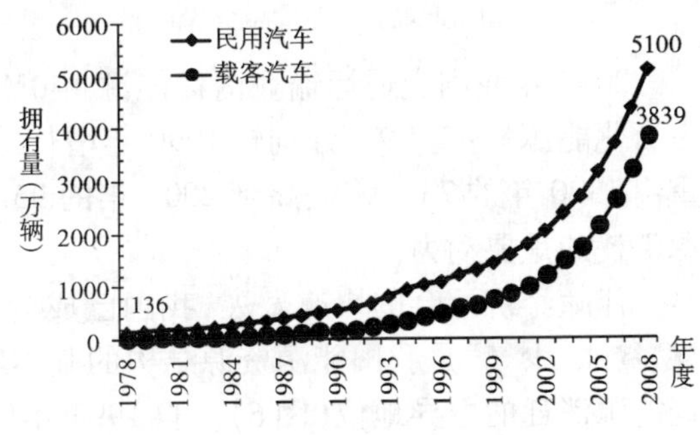

图 3 我国民用汽车保有量情况

Fig. 3 Growth of China's civil cars

高达26.5%。自1998年亚洲金融危机以来，我国民用汽车和载客汽车历年增幅均高于GDP增幅，机动化率自2000年的12.7辆/千人迅速提升到2008年的38.4辆/千人，但仍低于全球平均水平。2009年中国汽车年产销量突破1300万辆，两项指标首次占据全球首位，其中乘用车销售量突破1000万辆。随着人们生活水平的提高及消费理念的变革，加之城镇化进程的持续推进，可以预见我国机动化进程将步入快车道。

（二）能源供给安全

快速机动化成为能源消耗迅速增长的重要动力，交通运输业占全社会能源消费的比重不断上升。据IEA资料分析，2007年交通运输业能源消耗达到2297Mt（当量油），占全球能源消耗总量的27.8%，占石化能源的61.2%，分别较2001年增长了6.8%和18.6%（图4和图5）。交通运输业已成为全球最大的石化能源消耗部门，石化能源占比一直维持在94%的稳定水平。2007年全球CO_2排放总量290亿吨，交通运输业占23%，较1990年增长45%。据IEA估算，2030年全球交通行业的能源消耗将较2007年增长45%，其增幅十分可观。从全球石油的供应情况分析，据BP的数据按2008年产储量估计，石油能稳定供应约50年。近年以中国、印度等为代表的新兴工业化国家对石油的需求呈现快速增长的趋势，而以OPEC为代表的石油输出国①则通过控制石油产出量维系其经济发展的可持续性，从而导致国际石油资源供给的稀缺性，一定程度上促使原油价格居高不下，给资源不足的发展中国家的经济发展带来巨大压力。

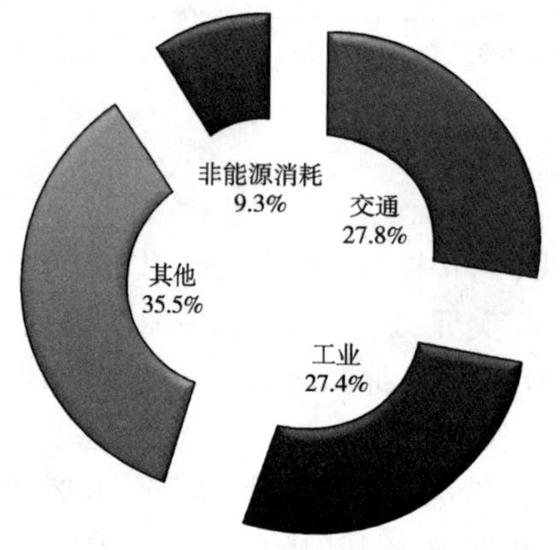

图4　2007年全球能源消耗结构

Fig.4　Global energy consumption structure

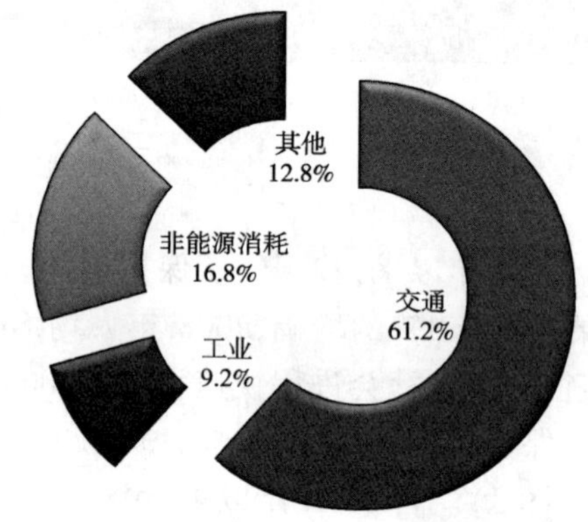

图5　2007年全球石化能源消耗结构

Fig.5　Global petrifaction energy consumption structure

2007年我国交通运输业消耗能源140Mt（当量油），占全社会能源消耗总量的11.1%，占石化能源的42.5%，分别较1990年增长了5.5%和10.0%。交通运输能耗中石化能源比重由1990年的73.7%提高到2007年的95.7%，增幅达22%，交通运输业能耗成为石油资源消耗的重要动力。

伴随经济社会的快速发展，我国已成为继美国之后的第二大能源生产与消费国。“富煤、贫油、少气”是我国能源资源结构的基本特征，也决定了我国能源消耗长期结构：煤炭占据能源消耗的主导地位（图6）。自1993年始，我国成为石油净进口国（图7），石油进口依赖

① 2008年OPEC石油储量占全球的79.3%，产量占全球的45.9%，出口量占全球的60.3%。

度一路攀升,2008 年达到 48.8%。近期我国石油产出增幅较小,工业化、机动化等进程加速,石油进口依赖度势必进一步提升。石油资源已成为我国经济社会快速发展的重要约束条件,交通运输业发展驱动的资源进口依赖度提升进一步给经济安全带来重大影响。

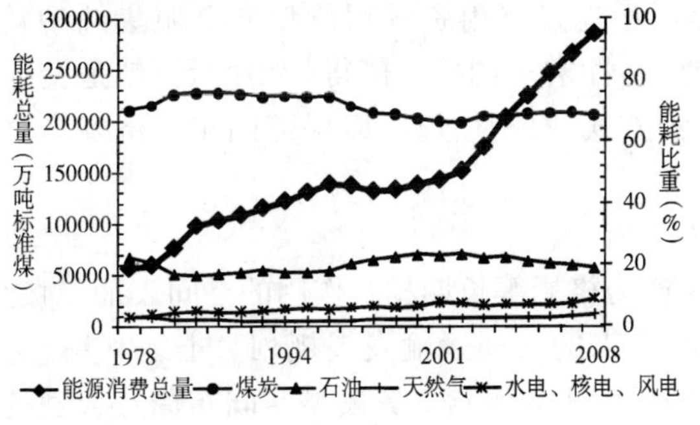

图 6 我国能源消耗及结构情况

Fig. 6 China's energy consumption structure

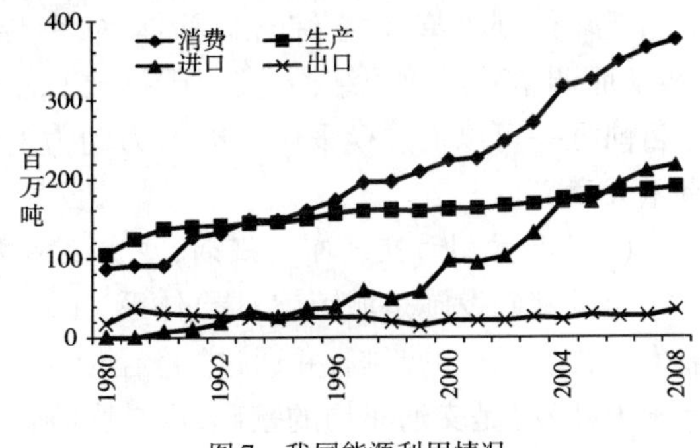

图 7 我国能源利用情况

Fig. 7 China's energy utilization structure

二、低碳交通的发展途径

发展途径指一个系统(或部门、企业)为实现发展的目标,在发展过程中须遵循的基本要求和准则。从能源消耗利用的整体过程分析,发展低碳交通核心是提高能源利用效率和节约能源,协调资源—经济—环境(3E)的关系。从宏观层面上分析,须重视运输结构调整与运输规划编制,从运输供给侧控制能源消耗;另一方面,在微观层面上加强科技创新与应用、运输组织与管理及技术作业规范,从运输需求(服务)侧提高能源利用效率,降低能源消耗。

(一)优化运输结构,转变发展方式

优化运输结构本质上是一个资源重新配置或优化配置的过程。各种运输方式的技术经济特性不同,资源利用效率差异较大(图 8),铁路、水运等方式具有明显的低碳特征,而公路和航空是未来交通运输业能源节约的主力部门(图 9)。资料显示,我国乘用车单车油耗比欧洲高 22%、比日本高 39%,其中卡车运输的单位油耗较国际平均水平高 50%。因此,应

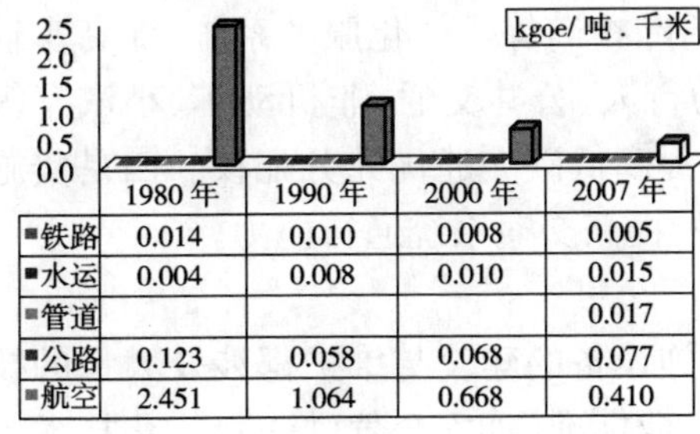

	1980 年	1990 年	2000 年	2007 年
铁路	0.014	0.010	0.008	0.005
水运	0.004	0.008	0.010	0.015
管道				0.017
公路	0.123	0.058	0.068	0.077
航空	2.451	1.064	0.668	0.410

图 8 我国交通能源消耗强度比较

Fig. 8 China's transport energy consumption intensity

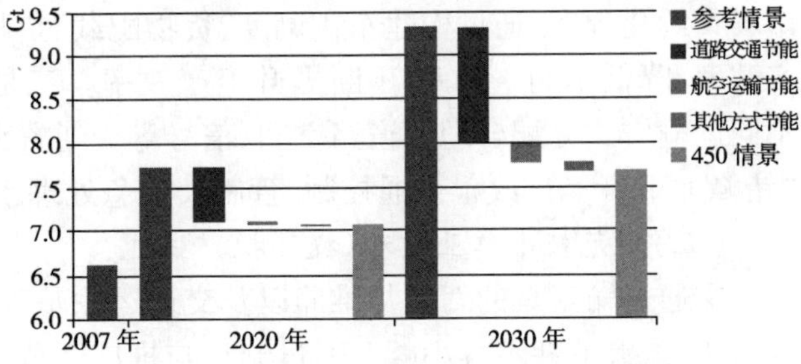

图 9 IEA 的全球交通运输业节能情景①

Fig. 9 IEA's global energy conservation in transport sector

① 《世界能源展望 2009》提出:将大气中的温室气体浓度稳定在百万分之 450 二氧化碳当量,以及在这一前提下各国需要采取的政策,简称"450 情景"。

尽量发挥能源消耗少、碳排放少的运输方式的优势，加快铁路、水运、公共交通、电动汽车等运输方式的发展，促进各种运输方式的比较优势在其最有效的领域内充分发挥。在各种运输方式内部也要加强结构优化，形成网络结构匹配、运力结构合理的运输体系。同时，加快交通运输体制改革，建立综合运输体系，引导交通运输发展由资源粗放型向资源集约型转变，从而调整碳排放源结构，实现碳排放总量的全局性宏观调控。值得指出的是，轨道交通是目前唯一可以大规模采用电能作为动力的运输方式，对利用煤电以保障国家经济安全具有重大意义。

（二）科学制订交通布局规划，减少运输需求

交通基础设施是城镇（口岸）体系、工农业生产力格局等长期相互作用的空间表征，对运输生产具有长期的影响，并通过“路径依赖”影响未来的交通运输发展规划。土地利用（包括国土开发）是交通布局的基础，也是影响运输需求的重要因素。紧凑型空间布局及合理的土地混合利用有助于减少出行距离、增强高效能公交的竞争能力、降低小汽车的依赖度等。因此，应加强交通布局规划的系统研究，做好线路、设施设备（如停车场、港站与枢纽）等布局，对减少运输需求、节能减排具有长远的战略意义。

（三）加快科技创新，降低装备和设施设备能耗

交通能源消耗直接源于运输装备和基础设施设备的使用，采用新技术、新材料、新工艺是最直接的节能减排手段，即加快科技创新，推动资源节约（含循环利用）、环境友好、经济实用型交通装备及基础设施设备的推广应用。加快传统内燃机和传动技术的革新，加快新动力与清洁能源载运工具（如电动车）的开发应用，加快淘汰技术低、碳排放高、能源利用低的交通运输工具。同时，提高交通基础设施工程科技含量（如路面材料），改善交通基础设施设备状况（如仓储设施、新能源照明等）。

（四）加强交通与运营管理，提升运输系统服务水平

交通能源消耗是一个动态的时空过程。加强交通与运营管理，提升运输系统服务水平，通过调控交通运输需求或减少运输时空总产出（吨公里或车小时）是有效实现节能减排的重要举措。一是建立智能交通运输系统（ITS），提供GPS/GIS信息系统、电子信息牌等，诱导交通流优化运行路径，降低交通拥堵。二是加快物流信息平台建设，提高交通资源利用效率及市场集约化程度，通过构建车辆调度、货物配载、货物追踪查询等一体化服务系统，提高车辆实载率、降低车辆空驶率，不断提升生产效率。三是为行人、公共交通、非机动车、小汽车等不同运输方式分配合理的道路空间、信号等交通资源，提高低碳交通优先分配权。四是实施“错峰上下班”等，改善交通控制、管制及应急处理水平，提高交通系统通行能力。

（五）规范技术作业过程，提高操作技能

交通运输工具的驾驶与维养以及交通运输基础设施设备的建设与维护都涉及大量的技术作业，能源消耗不容小觑。通过制订与推广规范的作业标准（如安全驾驶法），优化技术专业过程，提高驾驶、施工、维修等人员的操作技能，能有效实现增效、节能、减排。

三、实现低碳交通的政策建议

（一）提高认识，把低碳交通作为科学发展的重要方针

长期以来，我国交通运输发展滞后于经济社会发展，增加运输基础设施供给一直是首要

任务，能源消耗、环境污染等问题未能列入议事日程。随着供给能力的大幅提升，供需矛盾将逐步缓解，以人为本，全面、协调、可持续发展成为交通运输的发展趋势。因此，应提高认识，将低碳交通作为落实科学发展观、实现交通运输又好又快发展的重要方针。即在国家战略与规划的战略层面上，尽早给予明确的说明并制订具体实施措施；同时，加强媒体宣传，争取在全社会范围内达成广泛共识，培养企业与公众的节能减排意识及低碳消费行为，降低私人小汽车使用率，上下联动、通力协作推动低碳交通发展。

（二）优先支持铁路、水运等低碳交通的发展

我国交通运输发展已取得巨大成绩，但总体仍不能满足经济社会发展的需求。目前形成的区域运输结构中，铁路发展滞后，内河和沿海水运资源未能得到充分发挥；而在城镇化地带和特大、大型城市内，以轨道交通为主导的公共交通规模不足。我国地域辽阔、人口众多、石油资源匮乏等，基本国情决定应优先支持铁路、水运、城市轨道交通、公共交通、慢行交通等能源利用率高、碳排放量低的交通方式的发展。通过增加公共财政投入、保障建设用地、减（免）税费（含设备进口）等有效措施，提升交通装备技术水平，提高低碳交通网络覆盖度、服务质量和运输效能。

（三）制定相关政策，引导运输需求调整

交通运输设施属于公共产品，具有非排他性和竞争性。目前我国运输存在显著的时空供给不平衡、公众消费非理性等情形，“公地悲剧（如拥堵）”不断上演且愈演愈烈，市场失范导致碳排放大大增加。按照“谁受益、谁负担”的公平性原则，提高燃油税、停车费、交通违章费，增列排污费、生态补偿税，适时开征区域性交通拥挤费。同时，制订碳排放标准、运价改革、交叉补贴（包括方式间和车型间）等政策，增强低碳交通系统（如铁路、公共交通）竞争力，扩大其服务能力和水平。

参考文献

[1] 王德荣. 中国运输结构的现状与发展[J]. 世界轨道交通，2008，3：16-19.

[2] Anthony，D. M. 欧洲绿色交通发展经验[J]. 城市交通，2009，7(6)：17-22.

[3] 陈柳钦. 低碳经济：国外的发展动向及中国的选择[J]. 全球科技经济瞭望，2010，25(2)：5-13.

[4] IEA.《Key world energy statistics》、《World energy outlook》、《CO_2 emissions from fuel combustion highlights》[R]. 2009.

[5] BP. Statistical Review of World Energy[R]. 2010.

[6] 胡金东. 中国能源安全与交通节能战略[J]. 技术经济与管理研究，1997，6：100-102.

[7] 陆娅楠. 排放大户交通运输业如何加快减排？[N] 人民日报，2010-5-24.

[8] WBCSD. Mobility 2030：Meeting the challenges to sustainability[R]. 2004.

基于价值函数的城市绿色交通规划方法研究

胡启洲　陆化普

(清华大学交通研究所,北京　100084)

【摘　要】 在界定城市绿色交通的概念和内涵的基础上,强调其对维系城市绿色交通系统健康的能动性特征,并在比较绿色交通指标体系与城市生态系统指标体系的相似性的基础上,提出了城市绿色交通规划的测度机理,建立了城市绿色交通规划的测度模型。在探讨城市绿色交通的规划机理的基础上,构建了城市绿色交通的规划指标体系,并建立了城市绿色交通的测度模型。并通过案例分析说明了建立在定性分析基础上城市绿色交通规划测度模型能够更好地反映城市交通系统的实际状况,为科学决策提供有力依据,促进生态城市的建设和发展。

【关键词】 城市交通　绿色　规划　价值函数

Study on Planning Method of Urban Green Traffic Based on Value Function

Hu Qizhou　Lu Huapu

(Institute of Transportation Tsinghua University, Beijing 100084)

Abstract: Based on the analysis of urban traffic sustainable development elements, the index system for urban green traffic is designed. Through analyzing major traffic problems, the concept and content of green traffic was defined and summarized. We established the object system of urban green traffic planning was and gave several suggestions in terms of urban green traffic planning. A comprehensive planning methodology is presented and the comprehensive index for typical urban green traffic is calculated through practical cases and the result of the calculation is analyzed. The results of the planning method can directly show the integrative level of the urban traffic sustainable development and offer the reliable basis for making policies. Moreover, the countermeasures of sustainable development of urban traffic are also recommended.

Keywords: Urban traffic　Green　Planning　Value function

一、引言

城市作为一个巨大的人工生态系统是社会进步与经济发展的必然产物,城市的产生与发展极大地推动了社会经济发展与文化繁荣。同时,也带来了环境污染,促进环境恶化。良好的城市生态环境是市民生存的基础,是经济、社会健康持续发展的保障。所以城市绿色成为解决城市问题的主要途径。以绿色为核心、以科学发展为指导,建立一个以解决交通拥挤、改善环境质量、优化资源利用为目标的城市交通绿色模式及其保障体系，对我国的城市发展以及城市经济发展有着重大的意义。目前大多数城市都基本上建成了初具规模的城市道路网及相应的交通配套设施。但是，由于传统的城市交通规划方法是单一的面向交通的规划，没有考虑交通发展对资源的要求及对环境的影响，因此很多城市交通建设过程不符合绿色战略，交通拥挤问题仍然存在，资源得不到充分利用，环境质量日趋恶化，城市交通仍然是影响城市经济发展及人民生活水平提高的制约因素。因此通过科学研究，制订绿色的城市交通发展战略，引导城市交通结构向符合绿色的合理模式转变，对解决城市交通问题有着重大的意义[1~4]。所以，笔者从系统科学原理出发、根据绿色概念、从生态环境的角度，对城市绿色交通问题进行探讨。

"绿色交通"是基于可持续发展的交通观念所提出和发展的，旨在缓解交通堵塞、降低环境污染、促进资源合理利用，满足城市环境、经济和社会可持续发展要求的谐和式交通运输系统。它立足于环保，以节约能源、提高交通效率为出发点，建立维持城市可持续发展的交通体系[5]。笔者在综合分析的基础上，综合研究国内外多种生态交通定义的基础上，对城市绿色交通进行了新的定义。在分析绿色交通内涵的情况下，设计了城市绿色交通规划指标体系。在设置定性分析规划准则的基础上，依据价值函数建立城市绿色交通的规划模型。该模型能够为管理部门的决策提供客观公正和准确合理的科学信息。

二、城市绿色交通的规划机理

（一）城市绿色交通界定

城市绿色交通是建立在可持续发展理念基础上，有效利用城市土地资源，最小化环境污染物排放量，能满足城市经济和社会发展需求的一种高效的城市交通。这种城市交通综合考虑并保证其本身发展及城市系统发展可持续要求以达到城市交通内部与城市环境之间的动态协调[1]。"绿色交通"是城市交通发展的最新模式，从其内涵上来讲，"绿色交通"是一个包含自然环境和人文价值的综合性概念。它的内涵随着社会和科技的发展，不断得到充实和完善。绿色交通中的"绿色"，已不再是单纯生物学的含义，而是综合的、整体的概念，蕴涵社会、经济、自然的复合内容。笔者在综合分析的基础上，在借鉴国内外研究成果的情况下，对绿色交通做如下定义：绿色交通是指适应人居环境发展趋势的城市交通系统。它是以建设方便、安全、高效率、低公害、景观优美、有利于生态和环境保护、以"效益最大化、成本最小化、发展可持续化"为目标，以推动城市交通与城市建设协调发展、提高交通效率、保护城市历史文化及传统风貌、净化城市环境为目的，运用科学的方法、技术、措施，营造与城市社会经济发展相适应的城市交通环境。其核心是交通的通达、有序，参与交通个体的安全和舒适，尽可能少的土地和能源占用，与生活环境和生态环境的协调统一及交通系统的可扩展性[6]。

（二）城市绿色交通规划的目标

根据绿色的指导思想，城市交通系统绿色规划的目标[7]：

满足交通需求：交通供给由被动的适应交通需求转变为考虑供给制约并引导需求的影响特性和一定服务水平下的供给与需求相协调。城市交通系统能否充分、高效、平衡、协调地满足人们出行活动要求，是交通系统功能优劣的直接体现。

有效利用资源：由于资源的有限性，可持续利用要求资源的利用必须是高效的。因此，“资源利用效率”就成为判断这一目标实现与否的基本准则。

改善环境质量：不但要求交通系统对环境的污染影响应控制在环境承载力之内；而且要求优先考虑“低污染”交通工具的使用，促使“低污染”交通结构的形成。

（三）城市绿色交通的规划内容

绿色交通是一个涵盖了城市交通的政策制定、城市总体规划、交通设施建设以及科学先进的交通管理方式的综合系统。绿色交通从微观层面上讲是要满足交通个体的出行需求，提高交通服务水平，减少环境污染和合理使用土地资源；宏观层面上是要在一定限制因素制约下，满足城市范围内交通的可持续发展需求。绿色交通是实现交通可持续发展的一种有效的手段，而交通可持续发展是可持续发展在交通运输领域中的具体体现。绿色交通建设实质是从人类生态学的基本思想出发，把人与自然看作一个整体进行规划和建设，并采取行政、科技等手段，促进系统向更有序、稳定的方向发展，维持城市系统的动态平衡[8]。主要包括以下几方面的内容：

效益最大化、成本最小化。城市绿色交通系统的核心目标是高效，即要在保证满足交通需求（快速、安全、舒适）的同时，最大限度地降低环境的负载程度，减少土地的占用、能源资源和矿产资源的消耗，追求城市绿色交通系统总体效率的最大化[9]。

发展可持续化。城市交通的可持续发展在于从战略的角度做到城市交通发展与城市社会经济发展、人们生活质量提高、土地资源利用、环境保护等之间确立一种协调发展的辩证比例关系[10]。

以人为本。城市绿色交通的核心是为人服务，应充分考虑人的舒适性、安全性和便捷性，同时还应将路网周围地区居民受到的交通废气污染、噪声、振动等污染情况的危害程度作为考虑的范围[4]。

公交优先。在公交优先发展的基础上，首先发展绿色交通工具，首先就是要优先发展道路利用率高、污染轻的公共交通。公交一般的优点是在于有效节约交通用地，缓解交通拥挤，且人均污染少，运量相对较大，有利于环境的保护[5]。

三、城市绿色交通规划指标体系的构建

城市绿色交通规划指标体系是评价生态交通发展的基础，也是综合反映城市交通发展水平的依据。所以，明确的指标有利于规划过程中合理协调自然、社会和经济三个方面的不同要求，实现绿色交通的调控与管理的高效运作。建立城市绿色交通的规划指标体系，目的在于寻求城市交通资源合理开发利用、产业合理布局以及环境保护的模式，以促进城市交通的可持续性发展。绿色交通发展的目标是多元的，既有人口、经济、社会、环境目标，也有增长、结构优化目标，还有公平效率目标。所以城市绿色交通的规划指标不但具有典型代表意义，而且还能够全面反映城市交通系统的综合特征，并且这些指标及其组合能够恰当地表达人们对城市绿色交通规划的定量判断，同时每一个指标具有独立性、可量化和通用性。所以，综合国内外学者有关城市绿色交通规划指标体系的研究成果，并结合各城市的具体情况，通过综合分析，建立的城市绿色交通规划指标体系，如图1所示。

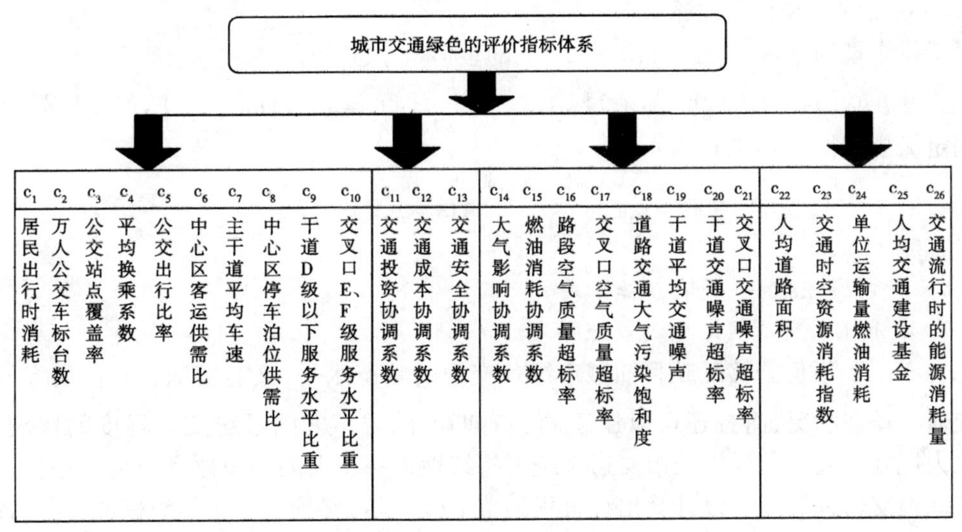

图1　城市交通绿色的评价指标体系

Fig.　The evaluation indexes of urban traffic sustainable development

四、基于价值函数的绿色交通规划原理

价值函数就是多指标决策问题的效用函数。一般在决策矩阵 $D=\{d_{ij}\}(i=1,2,\cdots,m;j=1,2,\cdots,n)$ 上的效用函数为线性函数或指数函数，如果规划指标之间满足偏好独立性条件，则总价值函数是相加性的[11]，即

$$U(A_i)=\sum_{j=1}^{n}w_jx_j(d_{ij}) \tag{1}$$

式中：w_j——多指标的加权系数。

根据系统的特征，选用指数形式的价值函数组合指标价值函数。设 x_j 的价值函数

$$x_j(d_{ij})=Ce^{f_j(d_{ij})B} \tag{2}$$

式中：C、B——待定常数；

f_j——x_j 的值域集合到值域[0,1]的映射函数。

(一)确定价值函数的值

由于规划指标的计算方法和含义不同，所以它们属于不同类型指标。通常测度指标有：效益型、成本型和固定型。所以，记 I_1 为效益型指标集合，I_2 为成本型指标集合，I_3 为固定型指标集合。则令：

$d_j^*=\max\limits_j d_{ij}$，$d_j^o=\min\limits_j d_{ij}$；$r_j$ 为固定指标值（$x_j\in I_3$），取[11]

$$f_j(d_{ij})=\begin{cases}\dfrac{d_{ij}}{d_j^*}, & x_j\in I_1\\ 1-\dfrac{d_{ij}}{d_j^*}, & x_j\in I_2\\ \dfrac{d_{ij}}{r_j}, & x_j\in I_3 \text{ 且 } d_{ij}<r_j\\ 1-\dfrac{d_{ij}}{d_j^*}, & x_j\in I_3 \text{ 且 } d_{ij}\geqslant r_j\end{cases} \tag{3}$$

（二）确定规划指标权重系数

对于每个规划指标 $c_i(i = 1,2,\cdots,26)$ 的量值 x_i，令

$d_{imax} = \max\{|x_i - a_i|,|b_i - x_i|\}$，$d_{imin} = \min\{|x_i - a_i|,|b_i - x_i|\}$，$i = 1,2,\cdots,26$，则定义规划指标 c_i 的权重

$$w_i = \frac{e^{-\mu(d_{imax} - d_{imin})}}{\sum_{i=1}^{26} e^{-\mu(d_{imax} - d_{imin})}},(i=1,2,\cdots,26) \quad (4)$$

式中：μ ——可调系数，一般取 $\mu \geq 1$。

（三）城市绿色交通规划值的等级界定

综合 $U(A_i)$ 不但能够反映目前城市绿色交通的状态水平，又能够综合对比研究该城市绿色交通的动态状况，而且还可以用于同一时期不同城市之间系统交通程度的比较研究。同时也为规划研究人员提供城市交通系统可持续性进一步发展的思路和方向。该值越大表示该市绿色交通越好。所以计算出综合规划值 $U(A_i)$ 后，必须有一个等级标准，才能描述一个城市绿色交通程度。参照国内外有关研究成果[12]，结合有关专家的意见，笔者设计 5 个等级标准来描述城市绿色交通程度，如表 1 所示。

评价标准 表1

Evaluation criterion Tab.1

评价等级	一级	二级	三级	四级	五级
综合规划值	$U(A_i) \geq 0.8$	$0.6 \leq U(A_i) < 0.8$	$0.4 \leq U(A_i) < 0.6$	$0.3 \leq U(A_i) < 0.4$	$U(A_i) < 0.3$

五、实例分析

笔者以某城市交通系统为例，以图 1 所列 26 个指标作为规划指标体系，来验证价值函数模型的可行性和可靠性。计算步骤如下：

步骤一、确定规划值

利用图 1 中的 26 个规划指标对某城市交通系统进行考察，考察值见表 2。

城市绿色交通综合规划值 表2

The planning value of urban green traffic Tab.2

指标层	规划指标考察值	权重系数 w_i	价值函数值 x_i	指标层	规划指标考察值	权重系数 w_i	价值函数值 x_i
c_1	33.8	0.0384	0.2533	c_{14}	1.68	0.0378	0.2974
c_2	11.0	0.0384	0.2713	c_{15}	1.70	0.0382	0.2933
c_3	72.8	0.0372	0.3116	c_{16}	3.30	0.0372	0.2938
c_4	1.30	0.0394	0.3512	c_{17}	5.50	0.0382	0.2386
c_5	23.0	0.0382	0.2831	c_{18}	71.0	0.0386	0.2571
c_6	0.93	0.0382	0.2645	c_{19}	68.0	0.0379	0.2696
c_7	0.75	0.0396	0.2971	c_{20}	10.0	0.0387	0.2318
c_8	48.0	0.0384	0.2556	c_{21}	25.5	0.0390	0.2413
c_9	5.90	0.0376	0.2331	c_{22}	12.8	0.0387	0.2675
c_{10}	4.50	0.0378	0.2561	c_{23}	0.56	0.0386	0.2823
c_{11}	1.58	0.0382	0.2291	c_{24}	10.2	0.0386	0.2489
c_{12}	1.72	0.0372	0.3164	c_{25}	9.90	0.0383	0.2727
c_{13}	86.0	0.0383	0.2642	c_{26}	96.2	0.0385	0.2183

步骤二、确定规划指标的权重系数

利用式(4),得到规划指标的权重系数 $w_i(i=1,2,\cdots,26)$,见表3。

步骤三、确定价值函数值

利用式(2),得到价值函数值 $x_i(i=1,2,\cdots,26)$,见表3。

步骤四、确定城市绿色交通规划的综合值

利用式(1),得到价值函数值 $U(A_i)=0.4818$。

步骤五、确定规划等级

依据表2,该城市绿色交通属于"三级"。

由于城市绿色交通规划的综合值 $U(A_i)=0.4818$,尽管其值在 $0.4\leqslant U(A_i)<0.6$ 的范围内,但值接近临界值0.4。由表2可知,当 $0.4\leqslant U(A_i)<0.6$ 时城市交通系统各指标之间基本协调,可持续发展水平一般。因此可认为该城市交通系统基本合理,处于基本可持续发展水平,但在未来规划发展中还应重点加强、完善城市交通系统,提高整个城市绿色交通水平,加速城市交通系统的智能化、信息化发展,促进整个城市交通的协调发展。

六、结语

根据城市交通的特点和内容建立了城市绿色交通规划的指标体系,并将规划指标量化的基础上,建立了城市绿色交通的规划模型,给出了城市绿色交通规划结果的分级标准。该模型是利用价值函数理论对城市交通系统中的绿色问题进行研究,提出城市绿色交通的规划机理和等级配置原则的基础上,建立了城市绿色交通规划的数学模型。整个规划过程简单、科学可行,该法对进一步发展城市交通系统,改善城市交通具有重要的理想意义和实用价值。

参考文献

[1] 张亚平. 我国城市生态交通规划研究[J]. 生态经济,2006 (10):304-306.
[2] 柳海鹰. 生态城市研究进展[J]. 四川环境,2005,12(2):57-60.
[3] 王刚. 城市绿色交通规划[J]. 规划师,2004,12(7):63-65.
[4] 李晓燕. 城市生态交通规划的理论框架[J]. 长安大学学报(自然科学版),2006,26(1):79-82.
[5] 项贻强. 生态交通的理念及策略研究[J]. 华东公路,2005,154(4):83-87.
[6] 白雁. 基于绿色交通的城市交通发展探索[J]. 北京交通大学学报(自然科学版),2006,5(2):10-14.
[7] 徐琳瑜. 城市生态系统承载力理论与评价方法[J]. 生态学报,2005,25(4):771-777.
[8] 张卫. 城市可持续发展体系的研究[J]. 经济学研究,2006,11(2):45-51.
[9] 林彰平. 大城市交通绿色动力机制及优化决策模型探讨[J]. 人文地理. 2000,16(3):37-40.
[10] 张灵莹. 城市绿色的综合评价方法及应用[J]. 数学的实践与认识,2003,23(7):30-35.
[11] 叶义成,柯丽华. 系统综合评价技术及其应用[M]. 北京:冶金工业出版社,2004.
[12] 王炜等. 城市交通系统可持续理论体系研究[M]. 北京:科学出版社,2004.

上海交通排堵保畅整体研究

朱　浩

（上海市城市综合交通规划研究所，上海　200040）

【摘　要】 交通拥挤、堵塞是世界大城市普遍存在的道路交通问题和难题。上海围绕世博会交通建设超常规发展，道路交通状况明显改善。在交通需求不断增长的态势下，道路供量与交通需求仍处于不匹配境地，道路运行仍摆脱不了堵塞—建设—再拥堵的局面。要解决城市交通拥堵必须改变以建路为主的思路，采用建、管并举和需求控制等综合手段，实现城市绿色交通和低碳交通的发展理念。

【关键词】 拥堵　排堵保畅　综合手段

Integrated Research on Alleviating Urban Traffic Jam in Shanghai

Zhu Hao

（Shanghai City Comprehensive Transportation Planning Institute, Shanghai 200040）

Abstract: The road traffic problems existing universally in world metropolis are traffic jam and congestion. With the development of Shanghai EXPO transport construction, the road traffic has been improved obviously. Trending to expanding transport demand, it is unbanlance between road supply and transport demand, and then the road operation still congestion. To achive the concept of green transport and low carbon emission, the paper suggests we must change the mind on buiding road to integrated methods in order to alleviate the transport congestion.

Keywords: Congestion　Alleviating urban traffic jam　Integrated methods

一、上海市现状交通情况简述

上海进入"十一五"建设以来，市中心区道路交通拥挤状况日趋严重，并且交通拥堵点和面在不断增加和扩大，市民出行通畅程度明显感到较前几年有所下降，上海的道路交通状况面临了新的挑战。

目前上海市交通问题的现象主要表现为：

1. 中心区交通问题比较突出，外围区交通环境较为稳定。根据调查，上海市道路交通的紧张局面主要出现在中心区，尤其以内环线以内和内环线边缘外侧地区的道路交通问题最为突出；而城市外围地区道路交通情况较为稳定，运行次序较好（局部外围地区的道路由于施工也存在交通堵塞的问题）。

2. 中心区交通紧张主要集中在早晚高峰时段，且高峰时段的周期延长；非高峰时段的交通较为平缓。根据调查,上海中心区道路交通紧张主要出现在早晚高峰时段,以上下班高峰时段交通问题最为突出。此外,交通高峰周期明显延长,原来早晚各近两个小时左右的高峰周期各延长了近30%,其中以晚高峰延长最为明显。从16:30到19:00,中心区道路交通量全面进入高峰状态,并且时间跨度较长。

3. 中心区交通问题大多集中在快速路和主干道。根据调查,目前中心区道路交通的紧张局面频繁出现在干道系统,进而对中心区整个交通产生较为严重的影响。高架道路、"三纵三横"等干道交通流量均大大超出其设计通行能力,早晚高峰时段,这些干道处于拥堵状态。由于干道系统交通不畅,必然波及相关道路,进而引发整个中心区的交通全面拥堵。

二、上海市现状交通状况剖析

上海中心区出现的交通拥堵局面主要由以下5个方面原因引发:

1. 中心区交通量增长过快,而道路设施增量主要集中在外围地区,导致中心区交通供需严重失衡。

2010年全市机动车总量达到160万辆,其中64%的小汽车增长量集中在中心城,同时,全市近46%的机动车流量集中在浦西中心区。同时期的道路设施改善项目大多集中在城市外围地区,而中心区道路容量仅占全市路网总容量的34%,且容量增长余地很小。中心区内车辆快速增长与道路容量相对有限的矛盾日渐突出,致使道路运行水平下降,时常出现拥堵现象。

2. 中心区施工面较多,严重"损耗"有限道路资源和通行能力,导致交通紧张。

近年来,围绕世博会前的建设,本市重大市政建设项目全面展开,施工面较多,而且施工点多在主要交通节点地区,占用较多道路通行能力,对中心区交通的影响很大。

据初步统计,本市中心区有25个地铁车站施工节点;有4个大型道路施工区段和节点;以及其他市政管线类施工作业点。这些施工项目造成本市近4个主要地区交通的紧张和"减能"。如上海在建地铁项目有4条线路;在建大型道路项目有虹桥枢纽配套道路,东西通道、外滩综合改造等,形成了4大严重交通影响区域是:一是浦西核心区的"南北高架-海宁路-周家嘴路-吴淞路-中山东路-复兴东路"拥堵片区;二是浦东核心区的"延安路隧道-浦东南路-济阳路-中环线立交"拥堵带;三是长宁区西部的"中环线-天山路-仙霞路-剑河路-威宁路"拥堵片区;四是西南部松江、闵行的"A8-A4-A9以及相邻联系市区的主要公路"拥堵片区。

虽然重大市政建设项目施工前作了精心的交通组织研究,施工期间投入了较大的管理力度,但施工工程总会对原有的道路交通产生一定的"减能"影响,使其周边地区的交通受到较大影响。由于道路网络的波及效应,使得节点矛盾扩散为区域性的矛盾和问题,从而引发地区交通的矛盾。由于这些施工节点遍布市区多个地点,从而引发中心区交通全面拥堵状况。

3. "外快内慢"的道路设施结构,加剧中心区交通负担,造成交通紧张。

随着城市外围地区放射型快速道路和路网的建设,外围地区以及外围地区与中心区的交通联系十分便捷,形成了外围区交通流快而中心区交通流慢的交通格局。

便捷的交通联系刺激了外围地区进入中心区的交通需求,给中心区道路交通带来新的压力,一定程度上加剧了中心区交通拥堵状况。

另外,便捷的交通联系使得外围区交通量快速"瞬间式"地进入中心区,使得已经处于饱和状态的中心区道路短时间内无法"吸纳和疏解"涌入的交通流,造成中心区一些主要放射道路节点发生严重拥堵,并波及更大范围,引发中心区交通拥堵。

4.道路交通故障和事故较多,人为造成交通的紧张。

根据市交警总队2009年的调查资料显示,本市高架道路系统平均每1小时就会发生交通故障和事故,对高架系统的正常运行造成很大的隐患,也降低了高架系统的通行能力。同样,地面道路的交通事故和车辆故障也较多,致使本已处于极限状态的通行能力不断损失,加剧了交通紧张的局面。

究其原因,一方面实习驾驶员不熟练操作和缺少出车前检查,造成车辆事故和故障增多;二是部分驾驶员不遵守交通规则,造成事故增多。

5.经济活力增强引发交通出行总量增加,造成道路交通的紧张

随着上海社会经济的快速发展,上海与周边省市的联系更为密切,与此同时,业务交往和旅游观光的交通量不断增长,一定程度上也加剧了中心区交通的压力。

三、交通应对对策

(一)近期应对措施

近期来看,应从以下4个方面入手,实施应对对策,缓解交通紧张局面。

1.精心论证市政建设项目的交通影响

管理、建设部门应对"十一五"期间市政建设项目作充分的交通影响分析,合理安排建设项目的实施计划,避免中心区交通严重"减能"局面,以维持交通的基本功能,确保城市交通正常运行。

市政建设项目施工前必须开展专题交通组织研究,建设、管理等部门应充分重视交通的重要性,合理优化施工工艺以及其他道路配套建设,降低施工影响,确保交通的基本正常运行。本市在进行轨道施工和各项道路掘路施工施工前,都专题进行了专题的施工期间交通组织研究,通过增设施工通道、优化施工工艺、调整施工进度和程序、交通管理配合等措施,把施工的影响降到最低点。

例如配合外滩综合改造工程的施工,实施周边道路单行道措施,提高了道路的通行能力;再如配合虹桥枢纽配套高架施工,提前实施规划的天山路延伸工程,为施工区域提供绕道通道,保证了公交、行人和自行车交通通行,降低了施工影响。此外,加强新闻媒体宣传和信息发布,告知市民及时调整出行习惯。

2.实施交通需求控制措施

由于"十一五"期间中心区道路的"减能"影响,只有通过交通需求控制措施,降低交通总量,使需求和供应达到平衡,进而维持交通的正常运行。如对主要道路区段实施时段性和局部性的机动车单双号措施;调控外围地区交通进入中心区的速度等。

在近阶段交通"排堵"行动中,高架道路实施了总量控制的一系列措施。如高峰时段禁止出租车空车驶入高架;外地车辆禁止进入高架;实习车辆禁止驶入高架等;高峰时段关闭部分上匝道等措施,有效地调节了高架和地面道路的车流量,使流量得到均衡。

3. 加大交通管理力度

针对交通混乱致使交通拥堵和交通事故增多的情况，上海市交通管理部门加强了现场管理力度，落实了提高“见警率”和“管事率”的措施，使得车辆行驶更为规范有序，也缓解了交通拥堵的现象。

4. 加强全市性的交通宣传

向市民通报交通状况，让市民了解本市交通紧张的原因，建议市民出行习惯的调整，取得市民对交通的共识和理解，共同克服近期的交通紧张局面。

（二）长远应对措施

从城市交通长远发展来看，主要应从以下4个方面着手，改善日益增长交通压力产生的交通问题。

1. 进一步完善中心区的交通系统结构

（1）“扩容”。改造中心区路网，使支小道路形成网络，增加中心区的道路交通容量。

（2）“分流”。进一步加快轨道交通的建设，从交通系统设施供应上增强交通服务能力，分担地面交通的压力。

2. 实施交通需求控制措施

注重对交通需求控制的研究。从根本上说，城市道路设施远跟不上交通需求的发展，而需求控制是有效调节供需平衡的有效手段。从国外发达城市交通经验来看，交通需求控制是解决城市交通矛盾的最有效的方法之一。上海今后应加强注重对交通需求控制专题研究，以应对远期交通紧张的局面。

3. 注重中心区道路系统功能定位的研究

随着城市交通特性的变化以及轨道网络的逐步建成，道路系统的功能需要进行重新审视和定位，从功能上、层次上确定道路系统的作用。如干道系统的“快慢分离”、“公交优先路权”使用、支小道路的作用发挥等等。通过研究，提出中心区道路网络的改造建设方案和计划。

4. 注重中心区大型建设项目交通影响分析的研究（TIA）

中心区是本市开发强度和密度最高的区域，由此也造成了一系列的交通问题。除了从交通设施供应以及管理方面改善交通矛盾外，结合国内外的经验，本市应尽快对中心区大型建设项目进行交通影响分析研究工作（TIA）。这项工作可以合理指导建筑的开发量，避免由项目开发带来的节点性交通负面影响；也可以避免因交通问题反过来影响项目开发效益的不利局面。

参考文献

[1] 上海市城市综合交通规划研究所. 上海“十五”重大设施建设期间交通对策研究[R]. 2002.

[2] 美国洛杉矶. 2004 CONGESTION MANAGEMENT PROGRAM FOR LOS ANGELES COUNTY[R]. 2004.

[3] 上海市城市综合交通规划研究所. 上海市综合交通年度报告2009年[R]. 2009.

[4] 上海市人民政府. 上海市城市交通白皮书[M]. 上海：上海人民出版社，2002.

中欧国际物流陆路运输的发展与创新

车探来
（铁道部经济规划研究院，北京　100038）

【摘　要】 本文通过对中欧国际物流陆路运输现状及竞争力的分析，提出了强化通道基础设施建设、完善国际联运机制、发展集装箱多式联运等措施，以推动中欧国际物流陆路运输的全面发展。

【关键词】 国际物流　中欧陆运　亚欧运输通道

Development and Innovation of Land Transport in China-Europe International Logistics

Che Tanlai
(Economic and Planning Research Institute of the Ministry of Rail ways, Beijing 100038)

Abstract: Analysis of the status quo and competitive force of land transport in China-Europe international logistics and the channel, the paper proposed strengthening infrastructure facilities and improving international multimodal transport development mechanism, developing container inter-modal transportation, etc. in order to promote the central international logistics land transport development.

Keywords: International logistics　China-Europe land transport　Asia-Europe transport corridor

一、中欧间贸易及国际物流运输的发展

欧洲是中国最重要的贸易伙伴之一。21 世纪以来，随着中欧关系的不断发展，中欧贸易飞速增长。2000 年中欧贸易额为 844 亿美元，占我国外贸总额的比重为 18%，2008 年中欧贸易额达到 5115 亿美元，比 2000 年增长 5.06 倍，在外贸总额中的占比也提高到了 20%。中亚国家由于地理位置和我国外贸管理的惯例，一直包括在中欧贸易的范围之内。2000 年中国与中亚五国的贸易额为 18 亿元，占全国外贸总额的比重仅为 0.4%，2008 年中国与中亚五国的贸易额达到 308 亿元，比 2000 年增长了 16 倍，占全国外贸总额的比重上升到 1.2%。

高速增长的贸易造就了不断增长的中欧（包括中亚，下同）间巨大的物流运输市场。2000 年中欧航线的集装箱量约 228 万 TEU。到 2007 年，增长到 1041 万 TEU，7 年间增长了 4.6 倍。2008 年虽然遭受到国际金融危机的影响，出现 2% 的下跌，但出口重箱仍然保持在 1000 万 TEU 以上。

目前，中欧国际物流运输市场基本由海运垄断，根据 2008 年的相关统计数据，海运完成

的集装箱量为1020万TEU；陆运完成的集装箱量约50万TEU，二者之比为20∶1。从地区结构看，货源主要分布在西欧、北欧、中东欧、地中海沿岸和中亚五大地区，目前西欧占的比重较大，但中东欧、中亚地区随着该地区国家经济的发展，有后来居上的势头。从货种结构看，以集装箱货物为主，但在中亚等资源输出地区，散货（主要为金属矿石、石油）运输占的比重很高。

二、中欧国际物流陆路运输现状及存在问题

中欧国际物流陆路运输是指通过横贯欧亚大陆的铁路和公路网来运输中欧之间的国际贸易货物。历史上著名的"丝绸之路"曾承担此重任，并创造了不朽的辉煌。20世纪初以来，随着西伯利亚大铁路的修建，以现代运输方式为主的欧亚陆路运输慢慢发展起来，目前基本形成了以两条亚欧大陆桥为骨干、亚欧国际公路网为辅助的中欧陆路货物运输格局。

从运输方式看，以铁路为主，公路为辅。由于中欧国际物流的运距长，一般在5000～10000km之间，因此铁路具有较大的优势。但公路由于其灵活便捷，在中短途的集装箱运输中发挥着重要作用。从2008年相关统计资料看，铁路实际完成的货运量为4044万吨，公路完成的货运量为860万吨。

从出入境口岸看，以西伯利亚大陆桥相关口岸为主，新亚欧大陆桥口岸为辅。由于西伯利亚大陆桥通关次数少，运行速度快，运价低，吸引的货物比新亚欧大陆桥多。除满洲里和二连口岸外，西伯利亚大陆桥的东方港甚至吸引了我国江浙沪鲁沿海地区出口到俄罗斯和北欧国家约一半的贸易量。据2008年的中国相关口岸数据，经西伯利亚大陆桥相关口岸与经新亚欧大陆桥相关口岸的货物运量之比大约为2∶1。

从货源范围看，以中亚和西伯利亚为主，欧洲为辅。目前中欧间的陆路货物运输以中亚和西伯利亚地区为主，主要为中国国内以及日韩等国过境中国到中亚的轻工、机电等集装箱货物，反方向主要为中亚和西伯利亚地区到中国的金属矿石、木材、石油等散装货物。虽然以亚欧大陆桥为代表的铁路通道一直在努力发展与欧洲的直达运输，先后开行了中国到德国、俄罗斯、捷克等国的集装箱试验班列，但始终没有得到批量化的稳定发展，海运依然是中欧间集装箱运输的霸主。

中欧陆路货物运输近年来虽然有较快的发展，但是在软硬件方面仍存在很多问题。

（一）基础设施薄弱，运输能力低

从铁路通道看，一是中欧国际通道的线路基础设施薄弱。中国与哈萨克斯坦、蒙古、俄罗斯连接的铁路，在阿拉山口、二连、满洲里三个口岸的后方，一直为单线内燃铁路，近几年才开始进行复线电化改造；哈萨克斯坦和蒙古的过境铁路技术等级低、状况差，限制区段的年输送能力仅有1000万吨左右。二是口岸站技术装备差，换装能力不适应需要。中国与哈、蒙、俄之间的口岸站以及哈俄、蒙俄之间的口岸站普遍存在站场线路紧张、换装能力不足的问题。三是机车车辆供应不足，在口岸站经常要等车装货。

从公路通道看，一是缺乏中欧公路运输的主通道，既有亚欧间公路通道分散，没有直达便捷的主通道。二是中亚、北亚（蒙古和西伯利亚）地区的公路等级低，路面质量差，行车速度慢。

（二）国际联运机制不完善，运输衔接困难

从铁路看，中欧铁路货物联运主要涉及两大运输法体系，一是以华沙铁路合作组织为核

心的《国际铁路货物联运协定》(简称国际货协)体系,二是以西欧国家为主的《国际铁路货物运送公约》(简称国际货约)体系。两大体系在连带责任、费用清算、交货条件等主要条款方面自成体系,各使用各的运单,造成中欧之间货物运输衔接困难。另外,前苏联解体后,华沙铁路合作组织内的统一承运人制度也有所倒退,各参加国铁路不再按照相关规章的规定,由发站或到站统一收取运费,相互清算,而是各行其是、单独收取,给托运人增加了成本、制造了困难。

从公路看,在欧洲实行的《国际公路货物运输合同公约》具有地区性限制,在独联体国家并不适应;我国与中亚有关国家虽然签订了公路过境运输的协定,但仍缺少一些操作性强的实施细则,在实际执行中仍存在着许多具体问题。

(三)市场化程度不高,服务水平较差

中欧陆路货物运输与海运相比,由于通道少,经营垄断性强,因而市场化程度很低,由此造成运输服务水平差,不能满足客户的需要。主要表现:一是缺乏全程统一的多式联运承运人。目前的国际联运的方式由于没有一个能够对运输全过程负责到底的经营主体,因而造成承运与转运手续繁杂、运输速度慢、服务不可靠等弊端,已越来越不适应运输市场的需要。二是货主非常关心的货物的跟踪查询还未完全解决。中国等国家铁路的对外查询系统还未建立起来,还不能及时查清货物当前的位置;三是托运手续问题繁杂,单证太多。尤其是集装箱的多式联运,还不能实现海—铁—公一票制。四是口岸过货不够通畅。新亚欧大陆桥通过的口岸多,各国海关及检验检疫部门在协调上经常出现问题,再加上通关手段上不够完善等原因,影响整个货物运输的时间,降低了运输效率。

三、中欧陆运的重要意义及其竞争力分析

(一)中欧陆运的发展具有十分重要的意义

首先,它是一条安全的运输通道。国际海运安全现在已成为业界关注的重大问题,中国和欧洲之间的货物无论经苏伊士运河还是经好望角都存在安全问题。从美国对世界各国的安全等级评价看,中欧通道沿线只有 1 个黄色国家;而海运经太平洋和印度洋,沿岸国家几乎都是橙色或黄色国家。另外,海运遭到袭击的可能性要比陆运大得多,再加上苏伊士运河、直布罗陀海峡和马六甲海峡的拥堵,因此中欧陆运通道要比海运安全得多。

其次,它可大大缩短中国与欧洲之间,尤其是中国中西部和欧洲内陆地区之间的运输距离。按照传统的海运路线,中国中西部和欧洲内陆地区的贸易运输除了 20000 多公里的海运距离外,中国端还有 1000~2000km 的陆运距离,欧洲端也有 1000 公里左右的陆运距离,但西安、重庆经新亚欧大陆桥铁路直达德国的运输距离不过 9000 多公里,约仅为海运的 40%。随着中国沿海加工业向中西部的转移,中欧陆运的重要性会越来越凸显。

总之,中欧陆运的发展将打破中欧间贸易运输的传统格局,改变货物运输的方式和方向;给通道沿线涉及的相关国家和国际海、陆运输业带来利益格局的调整;也给我国沿通道地区,尤其是中西部地区带来新的发展机遇。

(二)中欧陆运与海运的竞争力比较

中欧陆运为东、西方之间新的运输方式,究竟能不能取代传统的海运方式,关键要看它的竞争力。决定运输竞争力大小的因素是多方面的,其中最主要的因素是运输时间的长短

和运输费用的高低。另外,还有安全、方便等运输服务和环境方面的因素。本文主要选取我国西安、重庆、乌鲁木齐至德国法兰克福的集装箱运输为例进行运输时间和费用方面的比较。

1. 运输时间比较(表1)

西安、重庆、乌鲁木齐至法兰克福运输时间比较(单位:km、天)　　表1

发站	中欧陆运			亚欧海运						
	目的地	里程	时间	下海港口	陆运部分		海(江)运部分		铁海合计	
					里程	时间	里程	时间	里程	时间
西安	法兰克福	9587	17	青岛	2142	4	21050	30	22413	34
重庆	法兰克福	9726	17	上海	540	1	22000	37	23800	38
乌鲁木齐	法兰克福	7004	14	天津	3525	7	21680	30	25205	37

通过表1比较可以看出:

西安、重庆、乌鲁木齐三城市通过中欧陆运到德国法兰克福的时间均比通过亚欧海运的时间要短得多,时间优势非常突出。其中,西安、重庆可节约一半以上的时间;乌鲁木齐节约的时间更加惊人,只有海运时间的38%。

2. 运输费用比较(表2)

西安、重庆、乌鲁木齐至汉堡运输费用比较(单位:美元/TEU)　　表2

发站	中欧陆运		亚欧海运			
	目的地	费用	下海港口	海(江)运费用	陆运费用	费用合计
西安	法兰克福	2391	青岛	1000~2000	695	1695~2695
重庆	法兰克福	3104	上海	1350~2350	520	1870~2870
乌鲁木齐	法兰克福	1969	天津	1000~2000	996	1996~2996

通过表2比较可以看出:

西安、重庆、乌鲁木齐三城市通过中欧陆运到德国法兰克福所花的费用在海运运价低谷期只有乌鲁木齐比海运有优势,西安和重庆的陆运价格均高于海运;在海运运价高峰期,除重庆外,西安、乌鲁木齐的陆运价格均比海运有明显优势。

除运输时间和费用外,中欧陆运在运输安全上也有一定的优势,上文已提到,不再赘述。

当然,在运输经营的市场化方面,中欧陆运目前远不及海运成熟,这是中欧陆运的劣势。

四、中欧陆地国际物流运输方式的创新

(一)创新的指导思想

适应经济全球化、区域化的发展趋势,为更好地促进中欧双方及陆运通道沿线国家的投资和贸易便利化,以降低中欧国际物流运输成本,提高运输效率为目的,强化通道基础设施,完善国际联运机制,发展集装箱多式联运,推动中欧陆运的市场化进程。

(二)创新的主要内容

中欧国际物流陆路运输的创新主要应从以下几个方面去努力:

1. 强化基础设施,构筑新的通道

基础设施薄弱仍然是摆在中欧陆运面前的首要难题。因此,加快中欧陆运通道的建设和完善刻不容缓。主要有两方面内容:

一是强化既有通道。铁路方面,国内主要是加快对阿拉山口和二连口岸后方线路的复线、电气化改造,并增强口岸站的接发和换装能力;国外哈萨克斯坦铁路已着手对亚欧通道的主要线路进行改造,蒙古国铁路已有改造纵贯蒙古、连接俄中的1100公里主干线的计划。公路方面,国内主要是提高口岸公路的等级;国外中亚和北亚地区主要是修复损毁公路,加强养护,提高通行能力和通行速度。口岸方面,中、哈、蒙、俄等国家都有大量改善口岸设施,提高通关能力的工作要做。

二是建设新通道。中欧陆运需要大能力、快速度的国际集装箱专运通道,但目前的西伯利亚大陆桥和新亚欧大陆桥都存在技术标准不统一,线路等级不一致等问题。中欧陆运的发展迫切需要开发建设新的通道。公路方面,在联合国和国际金融组织的帮助下,中国(连云港)—欧洲(圣彼得堡)大通道建设已经开始启动,其中“两西”(中国西部至欧洲西部)公路哈萨克斯坦段已于2009年5月全线开工建设。铁路应与通道沿线国家协商,在阿拉山口至布列斯特之间修建约5200km(哈萨克斯坦境内约2000km,俄罗斯境内约2600km,白俄罗斯境内约600km)的准轨铁路(哈萨克斯坦已有过建设“泛哈萨克准轨大通道”的规划),以适应日益发展的亚欧陆运需要。

2. 促进国际运输制度的融合,完善运输机制

运输制度的不统一是制约中欧陆路货物运输发展的主要障碍。虽然自20世纪50年代就开始了《国际货协》和《国际货约》两大铁路运输体系之间的协商对话,但至今收效甚微。鉴于亚欧铁路国际联运的统一运单迟迟不能出台,建议中欧陆路国际货物运输的参加国积极推广和采用《联合国国际货物多式联运公约》体系来推动中欧陆运的发展。主要应做以下工作:

一是成立亚欧陆路运输国际协调机制,作为亚欧陆运参加国合作协商的平台,定期召开会议,加强在货源分割、运输径路选择、运价制定、费用清算等方面的协商,提出并监督各种协议、计划和方案的实施。

二是要造就亚欧国际多式联运经营人,引入无轨承运人理念,把过去的单一铁路承运人分为实际承运人和契约承运人两个层次。契约承运人的职责是为托运人和托运人的代理人提供订舱(要车)、货载、报关报检、转运和多式联运服务,以及相关费用的收付、结算;对货主承担货损及货物运输延时乃至灭失等相关责任。实际承运人负责相邻国家间铁路运输计划的衔接,做好运力资源的组织,保证国际贸易货物安全、快捷地运送到目的地,在向契约承运人收取运费的同时承担相应的法律责任。

三是推行统一的“国际多式联运提单”,本着一次托运、一张单据、一次付费和一次保险的简单手续原则,充分方便货主。并且协调各国海关和检验检疫部门,对货物实行发到两头查验和通关,中间过境及转运不再进行检查。

3. 细分市场,重点发展“两内”运输

中欧陆路货物运输虽然有很大的市场潜力,但最适合的是中国中西部等内陆地区到欧洲内陆地区的货物,因为“两内”货物即便是通过海运,在中国和欧洲两端还是要经过大约2000~3000km的陆路运输,全部的运输时间和费用肯定比经中欧陆路运输要高。因此,重

点抓好“两内”运输是培育中欧陆运市场的关键。另外,利用铁路运输的速度快、时间短的特点,可着重发展时间敏感性强、价格敏感性弱的货物运输。

4. 努力发展多式联运,为货主提供更好的服务

虽然铁路是中欧陆路货物运输的骨干,但要全面发展中欧陆运市场,各种运输方式必须紧密配合,各自发挥优势,形成铁路、水运、道路运输一体的运输链,为客户提供门到门的“一站式购齐”服务。目前主要应做的是结合各地区物流中心的建设,构建中欧国际物流陆路运输系统,包括信息系统、集疏运及转运系统、无水港及内陆口岸系统等。

另外,各国陆运企业要通过改善经营,降低成本,从而降低运输费用,使中欧陆运更有竞争力。

参考文献

[1] 车探来. 以无轨承运人制度推动国际铁路联运发展[J]. 综合运输,2007.9.

[2] 姚新超. 国际贸易运输[M]. 北京:对外经济贸易大学出版社,2000.

中等规模城市快速公交研究的关键问题及思考

赵　俊
（上海城市综合交通规划科技咨询有限公司 咨询二室，上海　200040）

【摘　要】 摘要：中等规模城市已经逐渐成为建设并发展快速公交系统的主角，文中分析了我国中等规模城市交通特征，明确此类城市快速公交规划研究过程中应重点关注诸如乘客直达性、成本效益、运营保障、公众支持度等方面的要求，并提出了相应的对策和建议。

【关键词】 快速公交　中等规模　建设时机　线路组织模式

Thinking on the Key Issues of Bus Rapid Transit Planning in Medium-sized Cities

Zhao Jun
(Shanghai City Comprehensive Transportation Planning Consultation, Shanghai 200040)

Abstract: Gradually, medium-sized cities have been the protagonists which construct and develop Bus Rapid Transit. In this paper, the transportation characteristics in medium-sized cities are analyzed, and the requirements such as transit direct, cost-effective, operation security, public support etc, which should be focused on during the process of BRT planning in medium-sized cities is proposed and discussed. In view of that, some countermeasures and suggestions are put forward which can be as reference for urban BRT planning in similar cities.

Keywords: Bus Rapid Transit　Medium-sized　Critical time　Organization mode of transit line

一、引言

我国于2003年颁布了《国务院办公厅关于加强城市快速轨道交通建设管理的通知》(国办发[2003]81号)，明确提出对轨道交通建设进行严格控制管理，要坚持“量力而行，规范管理、稳步发展”的方针，“合理控制建设规模和发展速度，确保与城市经济发展水平相适应，防止盲目发展或过分超前”，并从人口规模、经济水平、客流需求三个方面设定了城市申报建设轨道交通的门槛条件。限于国家对城市轨道交通建设提出严格控制管理，未达到轨道交通建设基本条件的规模相对较小的城市普遍将构建快速公交系统作为解决城市交通问题的主要手段。

城市轨道交通建设基本条件　表1

Basic requirements of applying for urban rail transit construction　Tab. 1

项目	人口	国内生产总值	地方财政一般预算收入	客流规模
申报建设地铁条件	不小于300万人	不小于1000亿元	不小于100亿元	单向高峰小时不小于3万人
申报建设轻轨条件	不小于150万人	不小于600亿元	不小于60亿元	单向高峰小时不小于1万人

二、建设或拟建快速公交系统城市规模分类

《城市规划法》中规定100万人以上的城市即为特大城市，这一划定标准较为笼统，为了使研究更具针对性，本文结合国家对建设轨道交通所设置的人口数量限制和建设或拟建快速公交城市的基本特征，将其分为特大规模、大规模、中等规模和小规模四个规模等级。根据国办发[2003]81号文件，许多人口在150万以下的城市被挡在建设轨道交通的门槛之外，特别是一些经济实力较强的沿海城市，例如台州、威海、唐山等。这些城市大多数公交发展基础不好，且在经济快速发展的背景下，私人小汽车发展迅猛，小汽车逐渐成为主要的出行方式，由此造成的环境污染和交通拥堵严重阻碍城市的良性发展。进入21世纪，这类城市相比较其他规模类别的城市，显示出对加快发展公共交通，特别是大运量快速公交更为强烈的愿望，虽受限于人口规模、客流需求，但它们并未放弃轨道交通的远期或远景规划研究，且基本上无一例外地把发展快速公交系统作为近中期公共交通发展的重点。针对这一现实状况，我们将拟建快速公交系统的中等规模城市作为本文重点研究对象。

我国建设或拟建快速公交系统城市的规模分类　表2

The classification of cities constructed or reday to construct BRT by size　Tab. 2

分类	城市人口规模	代表城市	备注
特大规模	300万人以上	北京、广州、杭州	达到建设地铁人口下限的省会城市、直辖市、大区域经济中心城市
大规模	150万~300万人	常州、昆明、合肥	达到建设轻轨人口下限的省会、沿海城市、省域经济中心城市
中等规模	50万~150万人	台州、威海、唐山、大同	未达到建设轨道交通人口下限的沿海城市、省域次级经济中心城市
小规模	50万人以下	花桥商务城	城市新区、卫星城镇

三、拟建快速公交系统的中等规模城市主要交通特征

通过对拟建快速公交系统中等规模城市的分析，普遍表现出以下主要交通特征：

(1)现状居民平均出行半径较小，非机动出行比例高，随着城市社会经济发展和城市空间的快速拓展，出行半径将不断增大，机动化出行比例也将不断提高。

(2)公共交通基础薄弱，服务水平较差，公交出行方式比重偏低，一般不高于20%。私人小汽车发展迅猛，非机动出行方式快速向私人机动化方式转移，机动化出行方式中，小汽车已逐步占据主导地位。例如，根据2008年调查数据，台州中心城公交出行分担率仅5.5%(不含出租车)，而小汽车出行分担率已达到19.9%。

(3)由于具备良好的经济实力，道路建设投资水平较高，交通拥堵还未达到一般特大、大规模城市的拥堵程度，基本处于逐步显现的状态，主要表现为局部时段、局部区域的拥堵。

(4)处于城市快速拓展期,城市新区发展迅速,公交客流需求仍主要集中在老城区,老城区路网形态和布局混乱,道路空间尺度较窄,道路容量有限,新区道路条件普遍较好。

(5)公交管理体制尚未完全理顺,线网布局和运力配置未得到统一规划、管理;公交运营监管机制未形成,运营主体分散,无序竞争现象严重。

四、中等规模城市快速公交系统规划研究所需重点关注的问题及建议

根据中等规模城市的交通特征,结合在此类城市快速公交系统规划研究的实践经验,笔者认为乘客直达性需求、专用道利用率、客流规模、投资成本效益、运营保障、公众支持度等方面均是影响此类城市快速公交系统正常发展的关键因素,必须予以妥善的应对处理。

(一)选择合适的线路组织模式,保障公交专用道利用率和满足乘客直达性要求

1. 提高公交专用道利用率的重要性

衡量快速公交项目的成败,其中一个关键指标是专用路权是否得到充分的利用。中等规模城市实施快速公交初期往往会面临的主要问题就是公交专用道的闲置。根据国内外实施快速公交的经验,专用道上公交车达到30辆/小时以上,公众对快速公交项目实施的负面反应才会较小;相反,空闲的专用道与拥堵的社会车道之间的强烈反差会降低公众对快速公交的支持。

如果仅仅为了提高快速公交专用道上的车辆数而盲目增加快速公交车辆,则会增加快速公交的运营成本,造成不必要的浪费。因此,快速公交在客流不足以支撑封闭通道式线路运营模式的情况下必须寻求线路组织模式的转变,充分整合优化运营线路,从而有效利用专用道资源,既不能让专用道闲置,又要避免造成专用道内拥堵。

2. 满足乘客直达性要求的重要性

国内大部分中等规模的城市,由于城市用地比较紧凑,人均出行距离较短,公交出行中的换乘不便、换乘过多和多次付费将导致乘客改乘其他直达线路,甚至转而采用其他出行方式,严重影响公交的吸引力。因此中等规模城市快速公交系统不但要具备快速和大运量的特征,同时还要满足一定的直达性要求,避免过多的换乘,在保障快速公交走廊沿线较高服务水平的前提下,为部分快速公交走廊外的重点区域提供直达服务。

3. 解决途径——选择合适的线路组织模式

快速公交线路组织模式主要分为“封闭通道式”、“纯粹开放式”以及“半封闭半开放式”3种。

“封闭通道式”线路组织形式(图1)即仅在封闭走廊上运营快速公交线路,利用常规公交支线对快速公交线路进行接驳,代表城市有波哥大,北京(南中轴BRT)等,其优点在于能够充分发挥走廊公交专用道的潜力,适用于快速公交直接服务范围内(500m)单向高峰客流大于8000人次的情况;其缺点在于走廊外客流必须进行换乘,且无法实现同台换乘。

“纯粹开放式”线路组织形式(图2)即所有途经走廊的常规线路均可进入快速公交专用道,采取开放式站台服务和车上售票,代表城市有中国昆明、韩国首尔等,其优点是不需要对公交线网进行大规模调整,系统投资费用低;其缺点在于易造成专用道线路过多,产生串车、拥堵,且常规公交运营模式会限制专用道效率的发挥。

“半封闭半开放式”线路组织形式即通过走廊的线路一般由一条快速公交主线和2~4

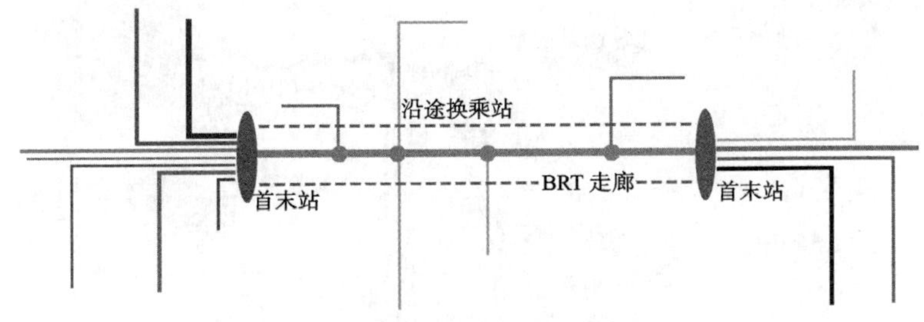

图1 封闭通道式线路运营模式概念图

Fig. 1 Closed line operation mode

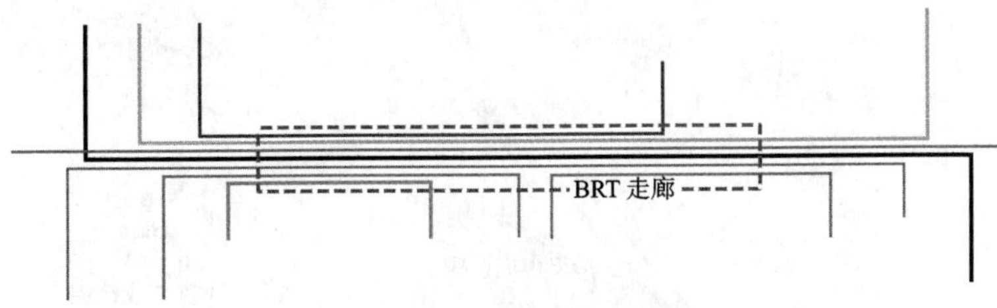

图2 纯粹开放式线路运营模式概念图

Fig. 2 Open line operation

条快速公交支线构成，这些线路共同构成的线网与客流主流向一致，同时各条线路在主线采用车站售检票等"封闭型"系统才具备的设施形式。代表城市有常州、杭州。其优点是走廊上保证了快速公交的通行效率，通过引入支线提高走廊客流规模和专用道的利用率，部分走廊外的客流可以实现直达，且在换乘方面，快速公交主线与快速公交支线之间的同台换乘最大程度地避免了换乘的不便。

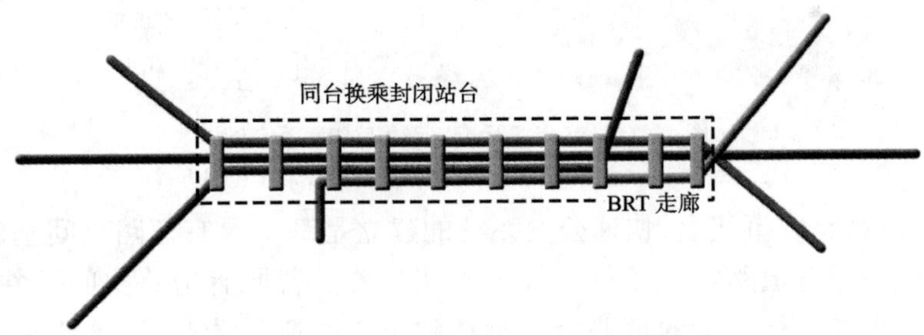

图3 半封闭半开放式线路运营模式概念图

Fig. 3 Half open line operation

不同类型的中等规模城市应充分结合自身特点选择合理的线路组织形式。例如，对于台州这样的城市，受中心区路网布局和道路空间条件限制，走廊无法穿越城市中心区域，且现状公交发展基础较为薄弱，主要的客流走廊还无法支撑封闭通道式公交线路。因此，规划在快速公交发展初期选择"半封闭半开放式"线路组织形式，通过"主线＋支线"的线路构架加强快速公交服务对老城核心区域的延伸，能够较好地满足乘客直达性需求，并提高走廊客流量和专用道的利用效率。

(二)从考虑投资效益的角度出发把握合理建设时机、制订分步实施计划

快速公交虽然相对轨道交通费用较为节省，但其专用道路设施、封闭式站台、收费系统

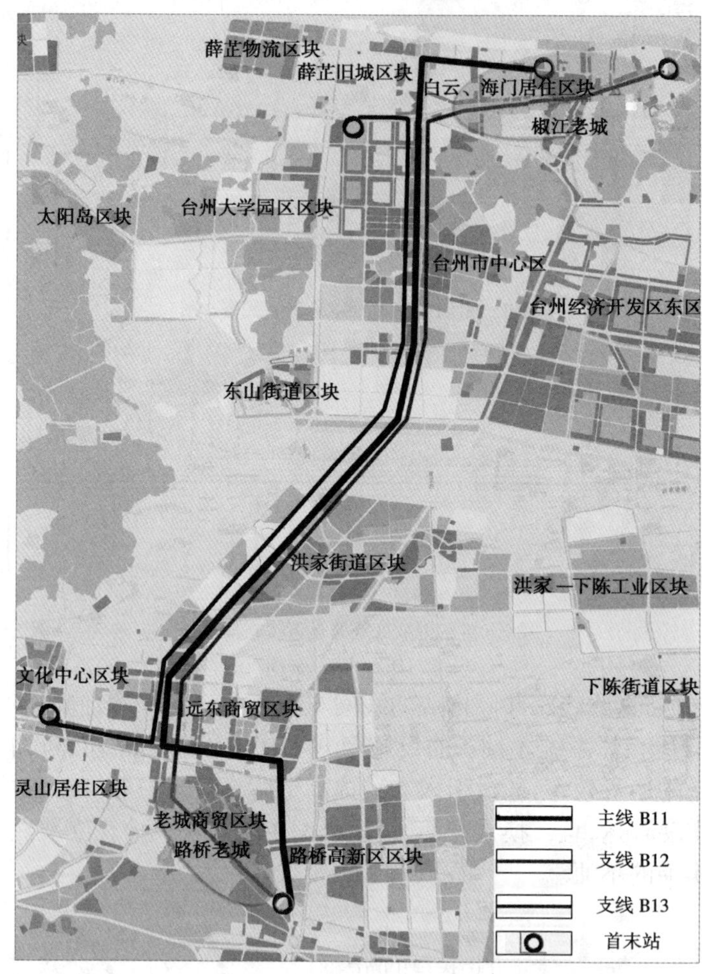

图4　台州市 BRT 示范工程线路组织示意图

Fig. 4　Line operation of BRT demonstration project (Taizhou)

等仍需要投入大量资金，事实上，快速公交系统的建立是基于原有道路空间基础之上，因而，系统造价的高低与原有道路空间条件的优劣密切相关。若原有道路空间条件较好，实施快速公交专用道不需要进行大量的道路沿线拆迁和道路改造的情况下，系统基础设施的投资可能会低至 500 万元/km 以内，而如果需要进行较大规模的改造，情况会完全不同，举例而言，常州快速公交 1 号线系统的基础设施投资达到约 3000 万元/km。快速公交车辆价格更是不菲，一般 18m 单铰接车单价在 200 万元左右，12m 单机车价格也达到 80 万元左右。如此大规模的投资是中等规模城市需要尤为慎重的。而这些仅仅是系统的建设投资部分，如果时机不成熟，客流得不到保障，系统的运营收支将不能平衡，无疑会进一步加重政府财政的负担。如果在常规公交发展水平很低，公交线网密度、覆盖率、万人拥有车辆规模等指标均远远低于国家规范要求，无法满足居民基本公交出行需求的情况下，便急于将巨大的投资用于发展快速公交，这种做法无疑是本末倒置，顾此失彼，难免造成公众的抵触心理，受到公众的质疑和反对，从而失去稳步发展快速公交的先机和所依赖的良好舆论氛围。

国内中等规模城市，尤其是在公共交通基础非常薄弱的城市，跨越式地发展快速公交既会加重政府财政的负担，也不符合整个公共交通系统发展的规律，更可能引起公众的质疑甚至反对，从而影响未来快速公交系统的良性发展。因此，一方面，中等规模城市快速公交系统规划研究必须在结合客流预测进行投资成本效益分析的基础之上，明确一个合理的建设时机，这个时机基本应该是在作为公共交通系统主体的常规公交已经得到较大改善、公交网络较为健全、主要走廊已经具有一定的公交客流基础之后；另一方面，快速公交规划研究阶段应制定一个详细的分步实施计划，可分年度逐步完善快速公交的专用路权、专用车站、专用车辆、收费系统、ITS 技术、线路运营组织等核心要素。分步实施既契合了快速公交原本就应该具备的客流培育的过程又与公众逐步增强对快速公交的信心的过程相适应，有利于在实施过程中不断为将来实现快速公交网络积累经验。

（三）兼顾规划引导与客流需求，合理规划快速公交线网

规划快速公交线路通常分为客流追随型和规划引导型（TOD）两种，但规划线路的效益始终是要体现在客流效益之上的，因此，这两种规划线路的差异亦只是选择获取客流效益的时机上有所区别，其最终的目的应该是一致的——均是力求客流效益的最大化。因此线网规划中，这两类线路均不可偏废，应该力求使各线路同时具备客流追随和规划引导的功能。过于追求眼前客流效益，而背离总体规划蓝图确立的发展方向，或者完全脱离实际，选择率先在弱客流的新区布设快速公交线路的做法都不对。值得注意的是尽管从效益风险角度分析，TOD 线路建设必然存在较大的风险，但是快速公交的灵活运营形式又能尽可能避免这种风险，所以快速公交线网规划应在尽量发挥线路的 TOD 作用方面予以更多的考虑，同时可通过灵活的运营组织来兼顾对传统客流密集区的服务。

（四）实施公交体制革新，保障快速公交运营

国内城市公交运营单位一般由多家国企、股份制公司或私企构成，各运营公司对所运营的线路具有所有权，甚至由于城市发展过程中行政区划的变更，公交线路呈现区域化格局，组团之间线路不能相互渗透。例如，台州市共有 5 家公交企业，多为民营股份制企业性质，其中国有参股 3 家，国有资产占主导地位的仅有 1 家，按注册资本测算，市区全部公交企业国有资产所占比例不到 20%。5 家公交公司中，3 家公司分别经营椒江区、黄岩区、路桥区三区的区内公交线路，各自所经营的线路不得突破所在行政区界限。另外两家则经营沟通三区的环线，它们所经营的线路走向基本重合。整体看来，公交线网缺乏全面统筹，场站资源不能共享，线路之间无序竞争客流，不利于城市公交一体化发展。

快速公交的引入将推进原有公交体制、机制的改革，同时快速公交系统的实施也必然以公交行业的改革作为基础。公交体制改革包括以下几个方面：

（1）明确政府的职责和以政府为主导的发展方向，政府扮演的角色不但是监督企业运营质量、完善公交法规等一般行业管理，还要提供财政补贴、制定票价、保障路权、确保用地等公共服务，并且要优化以快速公交为骨干的公交线网布局和运力配置，促进快速公交与常规公交的一体化发展。

（2）遵循“规模经营、多元投资、有序竞争”的基本原则，加强快速公交营运市场准入管理，积极引导企业合作、重组，规范企业运营，竞争。制定和完善快速公交运营服务标准，建立政府监督、行业和企业自律的运营服务考核体系。建立比较竞争制度，并将比较评价结果与公交线路经营权、公交政策性补贴挂钩，切实提高公交企业运营水平和服务质量。

(3)完善快速公交基础设施建设投融资体制,构筑政府投资、企业自筹、社会投资等多元化主体的投融资体系。

(五)加强公众参与和宣传教育,为快速公交项目创造有利的舆论氛围

国内中等规模城市交通状况基本供求矛盾逐步凸显但道路服务水平表面上仍可接受的状态,因而,实施快速公交项目会遭遇更多的阻力和质疑。快速公交虽然对其他方式具有优先,但它毕竟需要耗费一定规模的道路资源,因此在项目运营早期,甚至规划立项阶段,就需要提高公众和社区对快速公交的接受程度,并争取公众和社区对快速公交的认可。最好的途径就是开展广泛的公众参与活动,征询和采纳公众对寻求公共交通的改善和提升的意见和建议,同时通过快速公交的规划研究或预可行性研究,向公众和决策者展现通过其多种措施方案考虑后,未来城市快速公交系统的形象和将取得的效果。在项目实施和运营阶段要有市场推销及系统形象的考虑,以解释和推广快速公交这一新的系统,取得民众广泛的支持。

五、结语

我国中等规模城市的成长性很强,这类城市的快速公交系统规划更应做到兼顾近期和长远的发展,兼顾社会效益与成本效益,兼顾体制革新和公众参与。

中等规模城市是建设并发展快速公交系统的主角,期望本文对于快速公交系统规划研究中需要重点关注的问题及对策的论证分析可以为此类城市发展快速公交提供一些思路。

参考文献

[1] Lloyd Wright, University College London (UCL) and Viva, Walter Hook, Institute for Transportation & Development Policy (ITDP) 主编. 快速公交规划设计指南. 交通与发展政策研究所(ITDP)2007.6.

[2] 上海市城市综合交通规划研究所. 台州市城市公共交通规划 2008—2020[R]. 2009.11.

[3] 上海市城市综合交通规划研究所. 台州市快速公交系统规划与示范线路交通设计[R]. 2009.11.

城际铁路与沿线土地利用互馈关系研究

张　伟[1]　高月娥[2]　张亚平[1]　李　丹[1]

（1. 哈尔滨工业大学交通科学与工程学院，哈尔滨　150090；

2. 中国交通运输协会，北京　100825）

【摘　要】 随着经济发展，城市间交通联系日益紧密，而具有大运量、快速、环保等特点的城际铁路越来越扮演着重要角色。论文探讨了城际铁路对城市土地利用的影响及城际铁路沿线土地利用对客流量的影响，揭示了城际铁路与沿线土地利用的互馈规律，给出了土地成本增值计算模型，最后进行了实际案例计算和分析。

【关键词】 轨道交通　城际铁路　土地利用　互馈　广义交通成本

Study on the Relationship of Feedback between Inter-City Railway and Land Use Along

Zhang Wei[1]　Gao Yue'e[2]　Zhang Yaping[1]　Li Dan[1]

（1. School of Transportation Science and Engineering, Harbin Institute of Technology Harbin 150090；2. China Communications and Transportation Association, Beijing 100825）

Abstract: With the development of economic, the transportation links between cities has become closely, the inter-city rail which famous for large capacity, faster, environmentally friendly and so on has play an important role. This paper discusses the impact of inter-city rail on land use along and the influence of land use along on passenger flow volume, reveals the relationship of feedback to each other between inter-city railway and land use along, and gives the land cost increasing model. Finally, an actual case is given for calculation and analysis.

Keywords: Rail transit　Inter-city rail　Land use　Feedback　General transport costs

一、引言

进入21世纪以来，全球范围大中型城市人口密集、住房紧缺、交通阻塞、环境污染严重等各种城市弊病日趋严重，交通问题越来越成为人们关注和亟待解决的问题。解决大城市交通问题的一个最主要的措施就是大力发展城市公共交通。目前，国内有20多个大城市为解决城市交通问题，将大运量的轨道交通作为城市交通骨干，规划设计城市轨道交通线网，这必将引导城市形态和土地利用结构的变化和发展。研究城市轨道交通与土地利用之间的关系，有利于轨道交通建设与城市土地利用的一体化规划，对于城市经济建设和发展起着重要的推动作用。

国内外诸多学者及有关科研机构开展了大量的轨道交通与土地利用关系研究，但普遍存在以下问题：交通模型大都具有复杂的功能和细节，涉及城市土地利用、交通、社会经济等多方面因素，对基础数据要求越来越高，模型缺乏灵活性；交通模型往往针对某个城市建立，实证性较强而可移植性差；缺乏轨道交通对于土地利用开发影响范围及程度方面深入研究。

二、轨道交通与土地利用的互馈关系

城市形态的演变是城市交通与土地一体变化的过程，轨道交通与土地利用存在复杂的互动关系，二者在宏观上存在着循环反馈机制[1]。城际铁路建设有助于沿线的土地开发利用，促使土地使用向高强度方向发展。而城市周边的发展则有助于减轻城市中心区域的压力，最终推动城市均衡发展。城际铁路与土地利用的互馈关系要求在进行轨道交通规划时要与城市土地利用规划相结合。在某些地方，城际铁路建设的确促进了城市郊区的土地利用，但是由于土地利用模式较为单一，造成大量人群在城郊居住，而进入中心区域工作。这种情况导致了交通流的潮汐特性，不利于交通设施最大效益的发挥，也不利于城市的综合协调发展。

三、城际铁路对城市土地利用的影响

城际铁路对土地使用性质的改变和土地使用强度的提高以及对城市土地及房价增值产生影响。实践表明，随着城市轨道交通建设的进行，轨道交通沿线的土地使用性质将发生改变。首先是城市往来的商贸、服务业、金融中心地位得到加强和巩固；其次，轨道交通提高了交通可达性，为城市居民提供了快速进出城市中心区的便捷方式，从而使城市商业、居住和工业用地在地域上逐渐分离开来。城市中的居住和商业用地逐渐聚集到轨道交通沿线，而工业用地则从城市中心区域转移出去，从而使整个城市土地资源的使用得到优化。

城市轨道交通对土地的轴向开发影响也十分显著，比如城市轨道交通沿线房地产的开发密度远比其他地区要高很多，由此也说明城市轨道交通的建设可以促进沿线土地的高密度开发。早在20世纪七八十年代，日本就致力于城际铁路对周边铁路土地利用的影响研究。以日本东京武藏野线为例，从图1可以看出，在新浦安站0.5 km范围内，1974年仅完成了大部分用地的平整（熟地），而开发用地量较少，随后这些用地逐渐形成了以公共设施为主，住宅为次的土地利用，到1984年，开发利用土地达到总用地的80%以上。又如，2007年香港总人口690万，其中约280万人居住在地铁沿线500m范围之内；美国圣迭戈有19个车站，将20%以上的土地作为居住用地，其中多数为较高密度的居住用地，但是随着距轨道交通距离的增加，这种集聚力逐渐衰弱，通过其他共同交通形式可以延展这种集聚力。

容积率是表示土地利用强度最常用的指标，轨道交通站点周边地区的建筑容积率，可通过对各站点聚集的交通量、各种用地性质建筑面积所占比例求得。相关研究表明，容积率随站点距离基本呈负相关线性关系，距离轨道交通站点越近，土地开发强度越大，如图2所示。由于轨道交通能够极大地改善站点地区的可达性，因此在较大的轨道交通站点处，站点周边地区借助轨道交通强大的内聚力孕育形成城市新的经济增长点，大量商业、房地产建筑及就业、居住人员向该地区集中，造成了该地区土地的高强度开发。

四、城际铁路沿线土地利用对客流量的影响

轨道交通沿线土地利用对客流的影响主要包括：容积率对城际铁路客流量的影响和土

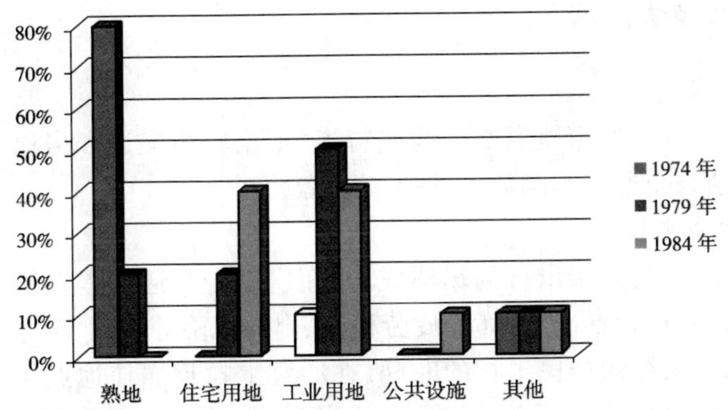

图 1 日本武藏野线新浦安站对周边土地利用变化情况

Fig. 1 The change of land use around new Puan station of Wucangye line in Japan

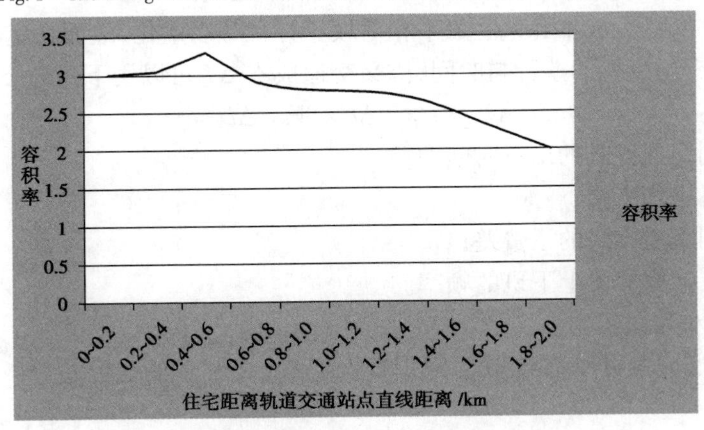

图 2 距轨道交通站点不同距离的楼盘容积率变化图

Fig. 2 The sketch of building volume changes of different distance to rail transit station

地利用性质对城际铁路客流量的影响。

（一）容积率对城际铁路客流量的影响

容积率是建筑物地面以上各层建筑面积的总和与建筑基地面积的比值，间接反映各种区位活动在空间上的集聚程度。城际铁路的建设能够大大改善交通沿线尤其是轨道交通站点周围的交通可达性，从而促使土地向高强度的方向发展。高容积率意味着单位土地使用面积上能够容纳更多的居住人口和工作人口。而轨道交通站点周围土地的高密度开发则保证了轨道交通充足的客流。香港的轨道交通建设是通过对轨道交通站点周围土地利用合理引导从而保证轨道交通运营效益的良好例子。这种模式的成功也说明了轨道交通沿线土地利用强度对轨道交通运营尤其是轨道交通客流量的巨大影响。

（二）土地利用性质对城际铁路客流量的影响

土地利用性质的变化将使城际铁路沿线居住和商业用地增加，提高城际铁路沿线人口密度。人口密度的增加将对交通设施提出更高要求，人口密度的提高也会使选择公共交通出行的人口数量增加，城市轨道交通受益于此，客流量也会有一定程度的增加。

五、土地价格增值模型

(一)交通成本模型

交通成本模型是针对城市轨道交通线路特点，根据轨道交通和房地产价值理论上的关系，构建房地产价值与交通成本函数关系的一种模型。

(二)广义交通成本模型

狭义的交通成本主要是指出行的车票成本，而广义的交通成本在衡量交通成本时不仅包括出行的车票费用，还包括出行时间、疲劳程度、出行风险等因素。

轨道交通可以大大缩短居民出行的时间，在心理上拉近居住地点与城市中心之间的距离。出行时间的节约可以腾出更多时间休息或者生产，从而提高乘客的劳动生产率或者生产力。一般将出行的车票费用视为显性成本，而将出行时间、疲劳程度等各种因素视为出行的隐性成本。广义的交通成本由显性成本和隐性成本组成。

在现实生活中，疲劳成本和风险成本相对较小并且难以量化，故而在定量计算时可以忽略不计。如果只考虑出行的票价与时间，广义交通成本 ΔT 可以用下面的公式表示：

$$\Delta T = f \times (\Delta t \times W + \Delta D) \tag{1}$$

式中：Δt——不同交通方式的出行时间差；

W——小时平均工资；

ΔD——不同交通方式的运费差；

f——单位家庭居民上下班的频率。

(三)土地价格增值模型

依据广义交通成本可以推导获得不同区位的地块 X 和 Y 的地价差为：

$$\Delta P_{X-Y} = \frac{\Delta T_{X-Y}}{S} \times \frac{1-[1/(1+R)]^n}{R} \tag{2}$$

式中：ΔP_{X-Y}——不同地区地价差；

ΔT_{X-Y}——不同交通方式的运费差；

S——人均住房面积；

R——收益还原率。

六、实例分析

本文利用某市郊铁路建设项目相关资料对城际铁路与沿线土地利用的互馈关系相关模型和理论进行计算分析。

(一)广义交通成本的计算

现有城际交通主要有4种出行方式：火车、长途大客车、公交支线、私家车。各种交通出行方式的客流分担率为：小汽车74.26%，长途大巴13.55%，公交支线5.56%，火车6.63%。火车的运输时间取中间值45 min，社会车辆的运输时间取中间值40 min，公交支线的运输时间取中间值120 min，各种交通方式的平均出行时间则可由下式计算：$\bar{t}$ = 74.26% ×40 + 13.55% ×90 + 6.63% ×45 + 5.56% ×120 = 51.55 min。则各种交通方式的平均运输时间为

51.55 min。而市郊铁路的运输时间为 32.5 min，进一步计算可以得到不同交通方式的运输时间差：

$$\Delta t = \bar{t} - t = 51.55 - 32.5 = 19.55(\mathrm{min})$$

居民小时平均工资按 22.26 元计，即 $W = 22.26$ 元。

火车的运输成本为每公里 0.10～0.17 元，取中间值 0.135 元，乘以城际间距离 65 km，得到中间票价为 8.8 元。社会车辆（小汽车）的运输成本为每公里 1.0 元，而汽车运输时间为 35～45 min，取中间值 40 min，运行速度为 50～60 km/h，取中间值 55 km/h，则计算社会车辆的运输成本为 40 ÷ 60 × 55 × 1.0 = 36.7 元。现阶段各种运输方式的平均运输成本为：

$$\bar{D} = 74.26\% \times 36.7 + 13.55\% \times 20 + 6.63\% \times 8.8 + 5.56\% \times 11 = 31.2(\text{元})$$

该市郊铁路预计的票价 D 为 10 元，故而现在的交通方式和未来以市郊铁路为主要通行方式的不同交通出行的运费差为：

$$\Delta D = \bar{D} - D = 31.2 - 10 = 21.2(\text{元})$$

调查所涉及居民中经常往返两地的有 1755 人，偶尔出行的有 2739 人，分别占调查居民的 36.45%、56.89%。在问及是否是在当日返回时，59.5% 的居民是在当日返回，另有 22.06% 的居民大多是在当日返回，这两种情况占到了居民出行总量的 81.56%，可见客流大多是在当日返回的。综合以上数据，居民平均出行次数为 2 次/日，即 $f = 2$ 次/日。

将居民出行的平均次数 f、不同交通方式的出行时间差 Δt、小时平均工资 W、不同交通方式的运费差 ΔD 等数据代入公式(1)：

$$\Delta T = f \times (\Delta t \times W + \Delta D) = 2 \times (19.55 \div 60 \times 22.26 + 21.2) = 56.91(\text{元})$$

（二）土地增值计算

据统计，户均住房面积 $S = 123.09\ \mathrm{m}^2$，收益还原率 $R = 0.13$（该值为中等风险程度的建筑物收益还原利率），房屋使用寿命 n 取 70 年，将 S、R 以及广义交通成本 ΔT 代入公式(2)计算，得到市郊铁路建设带来的地价变化为：

$$\Delta P_{X-Y} = \frac{56.91}{123.09} \times \frac{1 - [1/(1 + 0.13)]^{70}}{0.13} \times 365 = 1297(\text{元})$$

经以上计算可知市郊铁路的建设将带动该市房产价格增加 1 297 元/m²。

（三）沿线土地利用对客流影响分析

出行目的调查显示，居民出行中上班出行比例最大，占全部出行的 21.69%，其次为商务出行，占全部出行的 19.77%。

在计算土地利用对市郊铁路的客流量影响时主要考虑居住用地对客流量的影响，本文利用城市人口的变化推算建筑面积的增长量。

$$\Delta S = A \times (N_1 - N_2) \tag{3}$$

式中：ΔS——城市新增住房建筑面积；

A——主城区居民人均住房使用面积；

N_1——规划年主城区人口；

N_2——规划年主城区常住人口。

居住用地对城际铁路客流量影响模型如下：

$$Q = \Delta S \times \alpha_r \times B \tag{4}$$

式中：Q——城际铁路客流增加量；

ΔS——新增住房建筑面积；

α_r——单位居住用地面积对城际铁路客流的影响系数，一般取0.0125人次/m^2；

B——城际铁路的客流承担率。

截止到2009年底，该市郊铁路所在城市城镇居民人均住房使用面积27.5 m^2，市区建成区面积54 km^2，户籍人口40多万，常住人口50万。根据城市总体规划，到2020年，该市主城区规划人口118万人。由此计算2020年该市新增住房建筑面积：

$$\Delta S = 27.5 \times (118 - 50) = 1870 (\text{万 } m^2)$$

2020年该市住宅建筑面积相比于2009年将增加1870万m^2。

居民出行意愿调查显示，居民出行次数分别为0.2436次/日和0.0340次/日。结合居民实际出行情况，计算该市土地利用对市郊铁路客流量影响值：

$$Q = \Delta S \times \alpha_r \times B = 1870 \times 10^4 \times 0.0125 \times (0.2436 \times 36.45\% + 0.034 \times 56.89\%) = 2.528 \times 10^4 (\text{人次/日})$$

由此可知，到2020年该市郊铁路新增客流量将达到2.528万人次/日。

七、结语

本文探讨了城际铁路与其沿线与土地利用的互馈关系，给出了土地成本增值计算模型，分析了影响城际铁路客流量的多种因素，最后进行了市郊铁路实例计算和分析，这对于深入研究城市轨道交通与土地利用的相互关系具有指导意义。

参考文献

[1] 陈韶章. 关于区域快速轨道交通的探讨[J]. 都市快轨交通，2010(1).

[2] 边经卫. 城市轨道交通与土地控制规划研究[J]. 规划师，2005(2).

[3] 钟宝华. 轨道交通对周边住宅价格影响的研究[D]. 同济大学硕士学位论文，2007.

[4] Jamali, Alamuti, Savaghebi. Effects of different earth schemes on the stray current in rail transit systems[R], UPEC 2008.

[5] 孙晚华，刘钢. 铁路城际客流预测模型的研究[J]. 2005，29(3).

宁波市“十二五”综合交通发展策略

陈必壮　顾　煜　李耀鼎　张　宇　赵　俊　黄　莉

（上海市城市综合交通规划研究所，上海　200040）

【摘　要】 总结了宁波市“十一五”综合交通发展取得的成就，分析研究了宁波市综合交通存在的问题，并结合宁波市综合交通“十二五”期间面临的发展形势，提出宁波市综合交通“十二五”发展的目标和发展思路。

【关键词】 宁波　“十二五”规划　综合交通

The Development Strategy of Comprehensive Transportation for Ningbo Twelfth Five Years Plan

Chen Bizhuang　Gu Yu　Li Yaoding　Zhang Yu　Zhao Jun　Huang Li

(Shanghai City Comprehensive Transportation Planning Institute, Shanghai 200040)

Abstract: The paper summarized the achievement of Ningbo's Comprehensive Transportation during 2005 ~ 2010, analyzed the problem currently and study the situations in 2011 ~ 2015, and then put forward the development goal and strategy of Ning Bo's Comprehensive Transportation during 2011 ~ 2015.

Keywords: Ningbo　Twelfth Five Year Plan　Comprehensive transportation

即将到来的“十二五”时期（2011 ~ 2015 年）是宁波市深入贯彻科学发展观、建设现代化国际港口城市、全面建设小康社会、率先基本实现现代化的关键时期。综合交通是国民经济和社会发展的基础性、先导性产业，研究宁波市“十二五”综合交通发展的策略与思路对于指导宁波综合交通科学有序发展具有重要作用与意义。

一、宁波市“十一五”综合交通发展评估

（一）交通基础设施规模不断扩大，客货运输量不断增长

“十一五”期间是宁波历史上综合交通发展速度最快、技术水平提高最显著的时期，交通网络不断完善，设施布局持续优化。“十一五”期间，宁波新增高速公路 144 公里，建成杭州湾跨海大桥、绕城高速西段等高速公路；沿海港口新增万吨级以上码头泊位 31 个、新增货物吞吐能力 1.4 亿吨，其中新增集装箱泊位 12 个、吞吐能力 720 万 TEU。甬台温铁路、栎社机场跑道延伸工程等一批重点工程顺利建成，交通基础设施规模和能力显著提升。

（二）末端式交通地位彻底改变，国家级综合交通枢纽地位不断提升

长期以来，受杭州湾和宁波西部山区的天然阻隔，宁波的铁路只有萧甬线一条且处于线路末端；公路从宁波至上海需至杭州绕行百余公里。宁波交通地位尴尬，严重制约了宁波城

市社会经济的发展。“十一五”期间,随着杭州湾大桥、舟山大陆连岛大桥、甬台温铁路、萧甬铁路电气化改造等一系列重大交通基础设施的建设或改造,宁波区域辐射能力显著增强,末端式交通体系逐渐向区域级的综合交通枢纽转变。目前,宁波已形成以港口枢纽为龙头,公路、铁路、机场多种方式枢纽协调发展的枢纽布局体系,交通地位不断提升,枢纽功能逐步显现。

(三)宁波舟山港口一体化迈出重要步伐,在上海国际航运中心地位不断提高

“十一五”期间,宁波—舟山港口一体化进程取得了实质性进展。《宁波—舟山港总体规划》顺利通过国家审批,标志着宁波舟山港“规划、建设、品牌、管理”四个“统一”的目标在规划和品牌方面率先实现,统一建设和管理等各项工作正逐步推进。

“十一五”期间宁波港口发展呈现跳跃式发展的良好势头,港口吞吐量快速增长,集装箱吞吐量不断创新高。2008 年,宁波港货物吞吐量达到 3.62 亿吨,较 2005 年增长了 33%,居全国第 2 位、全球第 5 位;集装箱吞吐量达到 1085 万 TEU, 较“十五”末增长了 1.1 倍,居全国大陆沿海港口第 2 位、全球第 8 位。宁波港口的国际地位和声誉不断提高。

(四)运输装备不断升级,管理服务有所提高

“十一五”期间,宁波综合交通体系不仅在硬件设施、客货运量方面实现了快速增长,在运输装备、运输组织和运输管理方面也取得显著的成绩。

营运客货运车辆、船舶数量和规模快速增长,基本适应城市社会经济增长对公路客货运输的需求;甬台温铁路建成通车,同时,还完成了萧甬铁路电气化改造工程,萧甬铁路能力达到 180 对,年输送能力达到 9200 万吨,极大地提高了宁波铁路运输的能力与规划;宁波栎社机场目前已开通航线 51 条,通航城市 47 个,包括国内省会城市、港澳以及新加坡、首尔等地,周航班起降超 600 架次,航空客货运输快速发展;交通网络平台互联互通,实现了与交通部、省厅、市电子政务内外网的连接,信息化水平有所提高。

(五)城市交通基础设施供给能力持续增大,立体化交通时代已经开启

“十一五”期间,宁波市中心城区加快了以快速路和主干道为主的骨干路网建设,基本建成“二环”(内环、中环)+“二轴”(通途路、世纪大道)路网系统工程,城市道路基础设施供给能力持续增大。

公交日均客运量由“十五”期末的 101 万乘次/日增长至 2008 年的 124 万乘次/日,增幅达 22%。同时,2009 年 6 月宁波市轨道交通 1 号线一期工程正式开工建设,揭开了城市交通全方位、立体化发展的序幕。

二、宁波市综合交通存在的问题及发展策略

(一)综合交通发展水平与城市经济社会发展水平不相适应

宁波是长三角城市群重要的中心城市和长三角南翼的经济中心,是我国 15 个副省级城市之一,其经济发展水平位居全国前列。然而与宁波市国内领先的经济地位相比,宁波综合交通发展水平相对滞后。在 15 个副省级城市各项综合交通发展指标中,宁波栎社机场旅客和货邮吞吐量均位列 14;高速公路总里程位列第 10;铁路客运量位列第 13;城市出租车数量位列 14;城市轨道建设较其他城市相对落后。除此之外,综合交通枢纽建设滞后;首条高标准、全封闭的城市快速路“十一五”开工建设,快速路系统初具规模尚待时日;公共交通结构

单一,效率低下,多样化的公共交通体系尚未建立;公共交通一卡通、出租车调度系统、停车诱导系统、综合交通物流信息平台等综合交通信息管理仍不到位。

"十二五"策略:"基础差、底子薄"是宁波综合交通发展滞后的根本原因,虽然在"十一五"高强度投资的拉动下实现了跨越式发展,但仍然滞后于社会经济发展水平并制约了社会经济的进一步发展。"十二五"期间应当继续加强高强度交通投资态势,促进宁波综合交通快速发展、率先发展。

(二)设施供给能力结构性不足与运输需求增长的矛盾

"十一五"期间宁波市综合交通体设施得到了快速发展,交通瓶颈总体得到了有效缓解。然而交通需求增长不均衡还存在着结构性的瓶颈。公路网规模快速增长,高速公路比重仍然偏低,"一环六射"主骨架尚未形成;港口基础设施全面提升,干散货、原油码头供需瓶颈仍然存在;铁路能力大幅提高,布局仍不完善;栎社机场跑道由4D级机场提升为4E机场,然而航站楼与货运设施并不配套;城市基础设施加快建设,但快速路网、越江通道依然不足,公交场站及社会公共停车场供给持续匮乏。

"十二五"策略:交通基础设施建设有所侧重是交通发展过程中的必然选择。"十二五"期间仍然是交通基础设施快速发展时期,在此过程中应以薄弱环节为重点加快发展,防止交通瓶颈制约交通有序发展。

(三)运输结构不合理与绿色交通目标的矛盾

"十一五"期间,宁波客货运输实现了快速增长,然而运输增长倾向于非集约化的高能耗、高污染的交通方式,与当前我国提倡的绿色经济、绿色交通的发展目标存在着较大的矛盾。2008年,宁波市全社会客运量结构中,能耗高、污染大的公路运输一枝独秀,占到客运总量的93%,而运能大、占地少、能耗低的铁路运输仅占5.5%;港口集装箱内陆集散体系中,公路运输占到了99.5%,而铁路、内河等低能耗、低污染的集疏运方式仅占0.5%;城市交通结构中,个体机动出行方式比重由2002年的10%增至2009年的14%,公交方式(含出租车)比重仅由2002年的17%增长至2009年的19.8%,前者增长速度已是后者的两倍,节能环保型的公共交通出行方式在城市交通中的地位越来越受到高污染、高能耗的个体机动交通的挑战。

"十二五"策略:在强调"绿色交通、低碳交通"的"十二五"期间应从投资、用地和政策方面入手,加快交通方式结构调整,大力发展节能环保的交通方式如铁路、内河等,促进综合交通的和谐发展、科学发展。

(四)城市交通日益拥堵与居民出行机动化、多样化需求的矛盾

"十一五"期间,宁波市机动化水平不断提高,个体机动出行需求快速增长,城市交通拥堵状况日益严重,主要交通干道的负荷度都已达到0.90以上,主要过江桥梁高峰小时拥堵严重。公交优先的地位尚未真正确立,既有公交系统内部模式单一,缺乏轨道交通、BRT等快速、大运量公交载体,提供特殊出行服务的出租车系统因运力限制作用亦难以有效发挥;快速路和支路系统网络化建设长期滞后,导致路网结构失调,路网的交通通达能力及疏解能力差;越江交通拥堵成为整个道路网络的瓶颈,制约路网效率的发挥;机动车总量的快速增长,使得停车用地变得越发紧张,停车矛盾不断加剧。

"十二五"策略:随着宁波城市社会经济的不断发展,居民对出行机动化、多样化的需求

进一步提高。"十二五"期间应大力发展公共交通,解决市民出行难,缓解中心城区交通拥堵。

(五)分散化的管理体制与构建综合交通趋势的不适应

目前宁波市综合交通体制是分散化管理体制,存在着城际城乡交通、城市交通规划不统筹、时序不衔接、标准不统一的局面,严重阻碍了宁波构建一体化的综合运输体系进程。由于实行分部门管理体制,致使城际城乡交通与城市交通系统缺乏有效衔接;受国家条块分割的管理体制制约,交通资源的整合力度不够,各种运输方式分工不明,衔接不畅,难以构筑"零距离换乘"和"无缝衔接"的客货运枢纽场站;各行政区县层面的交通项目缺乏统一的沟通与规划,造成相邻行政区之间道路无法衔接、重复建设现象时有发生。

"十二五"策略:党的十七大强调要加快发展综合运输体系,同时要求建设服务型政府,形成权责一致、分工合理、决策科学、执行顺畅、监督有力的行政管理体制,探索实行职能有机统一的大部门体制。"十二五"期间宁波应加快实施综合交通体制改革,形成有机统一的交通体制,推动综合交通体系快速形成。

三、宁波市综合交通"十二五"发展目标及思路

(一)总体目标

"十二五"期间,宁波市综合交通以扩充能力、调整结构和转变交通运输发展方式为重点,统筹城际、城乡、城市交通运输协调发展,"优化网络、构建枢纽、提升功能、支撑发展、服务民生",构建能力适应、布局合理、衔接顺畅、功能完善的现代综合运输体系。

(二)城际交通"十二五"发展思路

城际交通为宁波市域对外的综合交通体系。宁波城际交通"十二五"期间的发展思路为:加速城际交通网络建设,以通道建设为重点,不断调整交通基础设施结构,强化提高港口、机场、铁路、公路等综合交通枢纽能级和辐射能力。

1. 完善城际复合通道

适应国家和区域发展要求,重点形成"一横一纵一射"的城际复合通道。"一横"为杭甬舟复合通道,东连舟山、西连杭州;"一纵"为国家级沿海通道,向北方向可达上海、山东半岛、环渤海经济区,向南可达浙南、海峡西岸经济区、珠江三角洲经济区;"一射"为甬金通道,由宁波向西南经金华延伸至浙江中部、江西等华中地区的综合通道。

2. 强化港口、机场的能级和辐射能力

适应宁波现代化国际港口城市和长三角南翼航空货运枢纽的目标,完善港口、机场基础设施,消除能力瓶颈;优化集疏运通道、调整集疏运结构;延伸港口、机场的腹地范围,提高辐射能力。

3. 提高公、铁对外通道能力,完善网络布局

在适应区域联系日益加强的背景下,以高速铁路、高速公路复线的行驶为重点,加强对外通道能力,加强货运铁路、疏港高速公路的网络布局。

(三)城乡交通"十二五"发展思路

城乡交通为宁波市域内、中心城与周边地区联系的综合交通体系。宁波城际交通"十二五"期间的发展思路为:适应城镇体系发展要求,形成以市域轨道、高速公路、干线公路为主

体的城乡快速复合通道。

1. 加快完善联系城乡的公路网络

推进宁波市域"一环六射"高速公路网建设;在既有干线公路基础上,提升干线公路网络等级,保障"八横五纵三沿海"干线公路的主骨架建成;适应社会主义新农村建设要求,完善中心镇与乡、村之间的交通联系,加快农村公路建设。

2. 形成城乡间快速轨道交通主骨架

利用既有杭甬、甬台温铁路,实现余慈组团—中心城—(奉化—鄞南)组团—宁海之间的轨道快速联系;利用新建杭甬客运专线,加强余慈组团与中心城两端的快速联系;新建市域轨道余慈线一期工程,加强慈溪、余姚两市、杭州湾新区与宁波中心城的联系。

3. 完善市(县)区两级综合交通枢纽建设

整合提升中心城与各组团大型综合交通枢纽功能,实现枢纽与城乡长途客运的无缝衔接;加快市、县二级客运中心建设,在市域范围完善区域枢纽客运布局,以公交模式发展市域短途快速客运,加强宁波市与周边区县的常规公交化联系,提高客运服务水平。

(四)城市交通"十二五"发展思路

城市交通为宁波市中心城范围内的综合交通体系。宁波城市交通"十二五"期间的发展思路为:支撑和引导宁波"二心三片"城市空间拓展的需要,构筑现代化、多元化、智能化的公共交通,完善城市道路网络,缓解城市道路拥堵矛盾。

1. 大力发展集约化城市公共交通

加快推进宁波城市轨道交通建设;积极推进城区公交专用道网络化建设和公交场站建设,优化常规公交与轨道网的布局衔接;适度提高出租车的运营规模和车辆技术等级;深化公交运营管理体制机制,提高公交服务品质,满足大众多样化、快速化、舒适化出行的需求。

2. 优化完善城市道路网络

加快构建快速路骨架体系,形成"两横两纵一环"的快速路骨架系统,实现组团间快速联系;完善城市主次干道,贯通断头路;进一步扩充越江通道规模,消除越江交通瓶颈,提高道路交通服务水平。

3. 扩大中心城的公共停车泊位供应

通过挖潜、整合、改造等多种措施,缓解老城区停车难局面;加快客运换乘点建设,特别是P+R停车场的建设;优化货运停车场的布局;健全停车管理体制和收费机制,完善停车管理。

国内不同类型城市的交通规划实践

杨立峰
(上海市城市综合交通规划研究所,上海 200040)

【摘 要】 中国地域广阔,南北东西跨度较大,地势地貌、气候环境不尽相同。同时由于社会经济发展水平以及用地条件的不同,城市规模、形态也有较大的差异。因此,国内城市交通特征、发展趋势迥异。如何适应不同类型城市社会、经济、环境、土地使用的发展,并加以促进和合理引导,是城市交通规划的根本任务。本文根据上述类型的分类,以上海、哈尔滨、青岛、南宁、南昌、攀枝花等几类具有一定代表性城市的交通规划实践为基础,初步总结了不同类型城市交通发展特点和规划经验,期望能为提高国内城市交通规划水平提供一定帮助。

【关键词】 城市 综合交通 规划

Different Types of Urban Transport Planning Practice in China

Yang Lifeng
(Shanghai City Comprehensive Transportation Planning Institute, Shanghai 200040)

Abstract: It is different in the terrain topography, climate and environment in South and North because China is a vast, large span country. Simultaneously, as the level of socio-economic development and land use in different conditions, urban scale and urban form are large different. Thus, the domestic urban traffic characteristics have different trends. The fundamental task of urban transport planning is to deal with the problem that how to adapt to the different development type of urban social, economic, environment and land use, and is promotion and reasonable guide. The paper based on transport planning practice of some representative cities, such as Shanghai, Harbin, Qingdao, Nanning, Nanchang and Panzhihua. The paper also summarizes the characteristics of different types of urban transport development and planning experience. I expect the paper will help raising the level of domestic urban transport planning of contributing.

Keywords: Urban Integrated transport Planning

一、现代城市交通规划原则要求

现代城市的发展离不开交通,城市的发展过程也是城市交通系统发展的过程。随着人们对社会、经济、生态、能源等认识的发展,规划建设一个适应并促进城市不断发展、高品质、高效率、公平、绿色的现代城市交通系统已成为国内外不同类型城市追求的共同目标。

(一)适应并促进城市社会经济不断发展

对于中国多数城市来说,适应并支持城市社会经济的发展,是城市交通发展的首要任务。在交通供应规模上,要适应城市人口不断增加;在交通服务范围上,要适应建成区不断扩展;在交通方式上,要适应机动化需求不断提高;在交通服务上,不仅要提供各类常规客货运输服务,而且对旅游运输、现代物流等新需求都要及时满足。

(二)提供高品质现代城市交通服务

快捷、便利、舒适、安全始终是提高城市交通品质的重点。无论对于何种交通系统,都要以人为本实现规划、设计、建设和运营的一体化,都要提高交通的便利性和可达性。

(三)不断提高城市交通运输效率

无论对以私家车出行为主的国外城市,还是我国以公交车和非机动方式出行为主的城市,都需要不断提高交通运输效率,缓解日益严重的交通拥挤和能源紧张状况。

(四)服务各类社会群体,体现社会公平

城市交通发展要保障不同社会群体都能充分享受现代城市交通系统所提供的各类运输服务,不仅要满足富裕群体的出行需求,也要注重低收入群体的各类出行需求,体现社会公平性。对于老人、残障人士和小孩,对于外来暂住人口,城市交通系统也都应提供良好的服务。

(五)建设绿色交通,保护生态环境

大量机动交通降低了城市的生态环境质量,各类交通车辆产生的尾气、噪声已成为城市主要污染源。要构建绿色生态的城市交通系统,减少交通尾气排放量和噪声,形成一个宜人的城市交通环境已为世人所普遍认同。

遵循上述现代城市交通规划原则要求,针对各地城市实际情况,规划建设一个切合城市发展实际的、可持续的先进交通系统,是当今中国城市交通规划的根本任务。在此,根据国内各地城市不同特点,选取上海、哈尔滨、青岛、南宁、南昌、攀枝花等城市,研究分析不同类型城市在交通特征和规划发展方面不同特点,期望为各地城市编制科学合理的交通规划有所助益。这其中既有世界特大城市,也有国内一般规模城市;既有北方寒冷城市、也有南方亚热带城市;既有东部滨海城市和水乡城市,也有西部山地城市。

二、中国部分不同类型城市交通特征分析

(一)世界级大都市——上海

上海是我国快速发展的经济、交融、贸易和航运中心。作为我国社会经济最发达的城市,上海城市交通的发展对国内城市具有较大示范作用。上海城市人口规模庞大,包括外来人口全市总人口已达1700多万,城市交通系统每天需要承担近3800万人次的交通出行。为了承担如此巨量出行,上海已建成了一个规模非常庞大的交通系统,包括100km左右的高架道路系统、91km(2004年)的轨道交通网络和近1000条线路的城市公交网络。尽管如此,城市机动化水平并不高,高峰时段城市交通也非常拥挤。2004年上海城市交通步行、自行车等非机动方式高达60%,而公交、地铁等高效率公共交通比重仅为19%,小客车、出租车等客车出行已比重已达16%。

(二)南北气候特征城市

1.冰雪名城——哈尔滨

哈尔滨是我国北方著名城市,夏季气候宜人,但冬季气候非常寒冷,冰雪名城闻名于世。由于冬季气候寒冷,除了必须出行外,一般居民冬季尽量减少外出。冬季城市居民出行率(2000 年为 2.02 次/人·日)明显低于夏季居民出行率(2000 年为 2.20 次/人·日)。尽管城市处于平原地带,但是寒冷的气候使得自行车占城市交通出行比重比较少(2000 年为 14%),摩托车比重则更低(2000 年为 1.6%)。由于城市经济发展还相对滞后,小客车、出租车比重 2000 年时仅在 3% 左右。因此除了步行外,公交成了最主要出行方式,2000 年比重高达 45%。寒冷的气候对城市交通方式发展造成了非常明显的影响。

2. 中国绿城——南宁

南宁是我国面向东南亚的门户城市,同时也是多民族和睦相处的城市。城市气候属于亚热带季风气候,常年温暖湿润,生态环境相当优越,有"中国绿城"之美称。适宜气候加上城市经济已发展到一定水平,自 20 世纪 90 年代后半期城市摩托车开始迅速普及。2001 年南宁城市平均每 1.2 户就拥有一辆摩托车,普及率达全国之最,摩托车出行比重高达 30% 以上。大量摩托车尽管方便了市民出行,但也造成交通秩序混乱、交通污染严重、交通事故频发等不良后果,城市交通品质迅速恶化。与摩托车快速发展相比,是城市公交发展相当落后。2001 年城市公交出行比重不足 6%,万人拥有公交车辆仅 6 标台。

(三)东西地理特征城市

1. 海滨名城——青岛

青岛地处黄海胶州湾畔,是我国著名海滨城市、沿海重要经济中心城市和港口城市。城市地处北温带季风区域,温度适中、四季分明、风光秀丽,素有"黄海明珠"之称。由于受地形限制,城市沿胶州湾环形分布,尤其是主城区与黄海经济技术开发区隔海相望,城市道路交通不仅东西不通、南北不畅,而且限制了胶州湾东岸主城区与西岸经济技术开发区的便捷联系。丘陵地形的限制,使得摩托车和自行车出行比重都比较小,2002 年比重均不超过 4%。但城市经济比较发达,含出租车在内各种客车出行比重 2002 年超过 20%。城市公交发展状况也比较良好,2002 年交通出行比重已达 26%。

2. 百湖之城——南昌

作为举世闻名的英雄城市,南昌同时也是生态环境优美的江南水乡。境内江河湖塘星罗棋布,分布着大小数百个湖泊,赣江穿城而过,山环水绕,"城在湖中、湖在城中"的自然环境非常优美。鉴于南昌经济发展水平还不高,优美自然环境与平坦地形相结合,使得步行、自行车等非机动方式出行比重高达 70% 以上(2005 年)。出租车、小客车出行比重尽管不足 7%,但由于老城区人口密度非常高(部分区域达 10 万人/km^2 以上)、道路设施缺乏,城市在机动化初期就面临较严重交通拥挤。此外,城市被江河湖泊和铁路分割成五大组团,组团之间通道缺乏,尤其是越江设施的缺乏,不仅制约了城市向外扩展,而且导致老城区人口疏解困难,老城区交通拥挤日趋严重。

3. 山地钢城——攀枝花

攀枝花不仅是我国重要的钢铁、能源基地,而且也是有名的山地城市。全市地貌地形复杂多样,属典型的山地地貌,西北高、东南地,海拔最高达 4195m,最低为 937m。由于城市道路落差较大,非机动车在城市基本没有得到发展,摩托车由于安全原因也没有得到发展。步行是城市最主要方式,2003 年比重高达 60% 以上。机动方式以公交为主,2003 年比重达

16%左右。梯道作为山地城市所特有的交通方式,2003年比重也达到5%左右。

三、中国各地城市交通发展所面临共同挑战与普遍对策

尽管上述各城市在城市社会经济、地形地貌、气候环境等方面差异导致交通各具特点,但在交通发展上还是面临着我国建设全面小康社会阶段的共同挑战。

(一)中心城区道路发展速度跟上机动车辆增长速度,交通拥挤日趋加重

无论是发达城市上海、青岛,还是哈尔滨、南昌、南宁、攀枝花等欠发达城市,如今各城市都面临着如何适应机动化快速发展,尤其私人小客车迅速增长的压力。机动化的发展是城市社会经济水平不断提高、城市规模不断扩大的成果,也是向更高文明迈进的必然之路。但是我国多数城市因进行现代城市规划较晚,中心城区人口高密度分布而且道路资源严重缺乏,在机动化发展初期就出现大量交通拥挤,尤其老城区交通问题积重难返。

为了缓解不断拥挤的城市交通,各城市都加大了道路建设与整治力度。部分城市也开始注重从交通工具的拥有和使用方面进行交通需求管理,例如上海较早采取了汽车牌照配额并收取牌照费制度,但是依然不能阻挡机动车辆的快速增长,尤其是小客车的增长。多数城市道路供应能力增长速度已难以跟上机动车辆增长速度。

(二)大力发展公共交通已成为我国城市缓解交通拥挤的普遍对策

在20世纪90年代,由于多方面因素影响使得公共交通在国内各城市发展水平参差不齐。但是机动化需求不断增加、道路交通拥挤与交通污染日趋严重的压力下,发展高效率运输方式——公共交通已成为各城市解决交通问题的共同对策。无论是上海等特大城市,还是南宁、南昌、哈尔滨等省会城市,亦或是攀枝花等发展中城市,都认识到发展常规公交、快速公交乃至大容量轨道交通的重要性,纷纷做出各种努力推动城市公共交通的发展。

四、基于城市特征的交通规划实践

我国城市交通发展共同挑战和普遍对策为进行城市交通规划指明了方向,但是如前所述,各地城市在社会经济发展水平、气候与地形等方面差异造成交通特征显著不同,编制城市交通规划时尤要注重针对城市实际情况,提出先进、可行的交通策略和交通规划。

(一)上海城市交通规划实践

对于国际大都市上海,规划提出了构建一体化、优质、高效、整合的巨型交通系统发展战略,并将发展轨道交通作为改善城市公交服务质量和减少小汽车使用、疏解地面交通压力的根本举措。为此,上海规划了高达800km的庞大城市轨道交通网络(图1),远期具有与东京、伦敦、巴黎等国际大都市一样规模的轨道交通系统。同时,期望通过继续执行小汽车牌照有偿配额制度或者推动中心区拥挤收费,进行更强有力的小汽车交通需求管理,控制城市交通拥挤的发展。

(二)哈尔滨城市交通规划实践

对于冰雪名城哈尔滨,由于气候原因,小汽车与各类公共交通将是未来机动化出行的主要工具。在城市公交比重已经相当高的情况下,发展新型轨道交通作为城市公共交通骨干、改善传统公交、维护并提升公共交通吸引力是城市交通战略规划首要目标。一个更高规模和更高服务水平的公共交通,将有助于促进哈尔滨小客车合理发展,维持城市交通畅通。

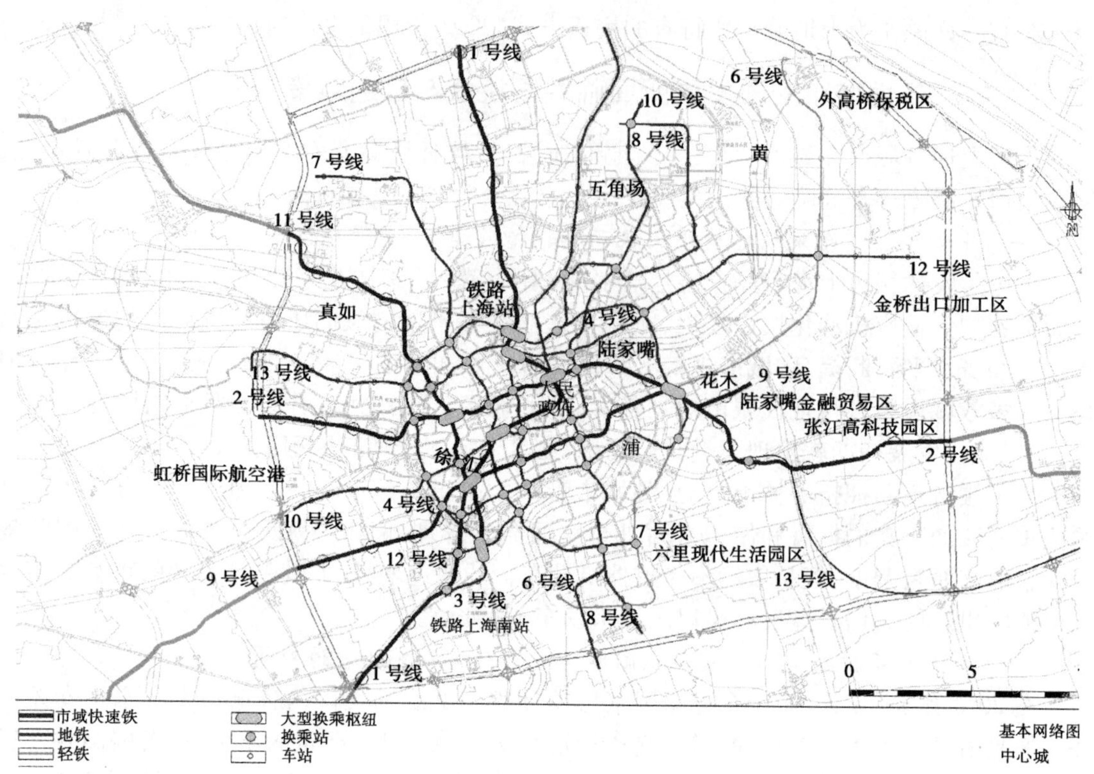

图1　上海城市规划轨道交通网络

Fig. 1　Shanghai rail network plan

（三）南宁城市交通规划实践

对于中国绿城南宁，严格控制摩托车发展和使用、建设绿色交通系统成了城市交通规划战略目标（图2）。规划提出自2002年停止新摩托车入户注册并加强使用管理，力争在2010年实现中心区禁行摩托车。鉴于近阶段城市仍有大量摩托车用于出行，除了部分道路直接限制摩托车行驶外，还在部分摩托车较多干道上规划摩托车专用道，规范摩托车行驶空间，提高交通安全。大力发展公共交通作为一体化交通战略的一部分，要求在“禁摩”过程中能够承担大量转移的交通，规划对城市公交提出了优化现有公交网络、扩大线网范围、完善枢纽布局、改进中途停靠站、推广公交专用道等一系列措施，全面提高公交吸引力。建设现代化道路系统也是战略规划重要目标，一方面满足公共交通快速发展需要，另一方面适应城市小客车合理发展需求。

（四）青岛城市交通规划实践

疏解老城区交通、开发西城黄岛（胶州湾西海岸）、营造北城红岛（胶州湾北海岸）是青岛城市交通发展的重要任务。青岛城市交通规划围绕“一湾两翼三极”城市总体规划布局，以青岛、红岛、黄岛为三核心规划围绕胶州湾的快速路网和大容量公交网络“两网”系统，尤其为加强胶州湾东海岸主城区和西海岸开发区的直接联系，规划了“南隧北桥”两座跨海快速通道（图3）。跨海快速通道的规划建设，对疏解青岛老城区人口，促进胶州湾东、西两岸城市的一体化发展具有重要推进作用。

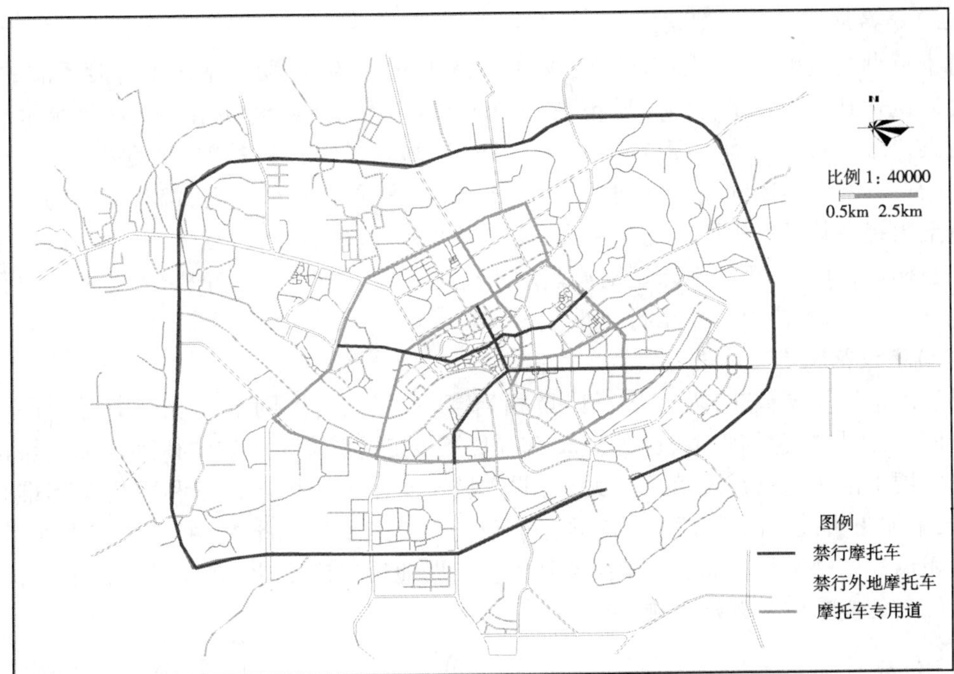

图2　南宁城市摩托车通行管理规划

Fig. 2　Nanning motor access management plan

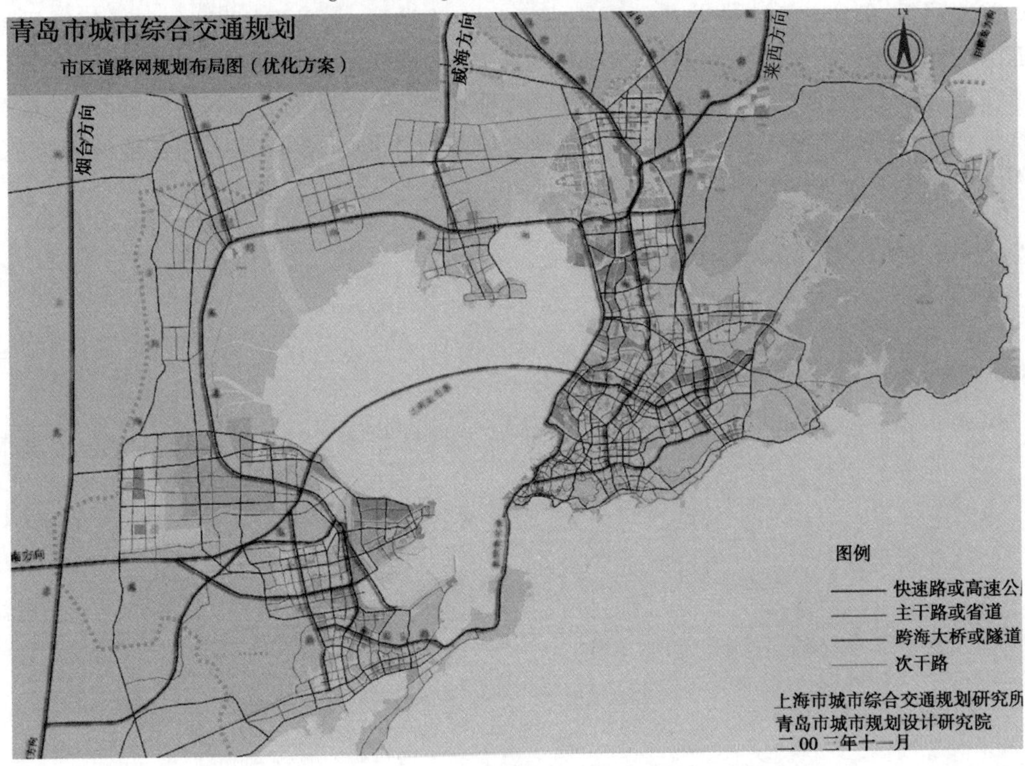

图3　青岛城市道路网络规划布局

Fig. 3　Qingdao road network plan

(五)南昌城市交通规划实践

对于百湖之城南昌,既没有严寒气候、山地地形的制约,也没有摩托车过渡泛滥的压力,公共交通也达到一定水平。但是城市被分割成五大组团,组团间联系不便使得疏解老城区高密度人口难度较大。为了配合政府"一江两岸"城市总体发展战略,规划提出了"南北有别、内外有别、建设组团间复合通道"的综合政策,力争通过便利公交、相对宽松的小汽车使用环境全力提高新城区组团交通吸引力,促进老城区人口顺利向外围疏解。此外,为了保障城市交通畅通,进一步确认自行车对南昌城市交通意义,通过进一步改善各组团内自行车通行条件,以期维持较高自行车出行比重。

(六)攀枝花城市交通规划实践

对于山地钢城攀枝花,城市步行比重相当高,不仅人行道网络在规划中得到进一步完善,而且具有山城特色的索道、自动扶梯等辅助公共交通系统在规划中得到加强。城市在交通工具发展上由于道路系统落差较大,与北方城市哈尔滨一样自行车和摩托车都难有发展潜力,未来城市机动化出行主要由各类客车和公共交通承担。此外,由于城市受地形限制,城市组团沿江两岸零散分布,规划中特别注重根据地形坡度变化,规划联系各组团快速路、主干路等高等级道路和越江设施。

五、结语

在国内城市交通规划过程中,尽管要遵循现代城市交通发展普遍原则和面临的共同挑战与普遍对策,但决并不意味着各地城市在交通方式发展、交通系统规划、交通管理措施等方面的雷同。当代中国城市交通的规划和发展,要将现代城市交通发展的普遍原则与各地城市在地理特征、气候环境、社会经济发展等特征相结合,才能为处于不同发展阶段、具有不同特色和优势的城市编制出先进合理的各种交通规划,同时也是保持中国各地城市特色、促进中国城市交通发展模式多样性的重要保证。

参考文献

[1] 上海市城市综合交通规划研究所. 南宁市城市综合交通规划[R]. 上海:上海市城市综合交通规划研究所,2002.

[2] 上海市城市综合交通规划研究所. 青岛市城市综合交通规划[R]. 上海:上海市城市综合交通规划研究所,2004.

[3] 上海市城市综合交通规划研究所. 南昌市城市综合交通战略规划[R]. 上海:上海市城市综合交通规划研究所,2004.

[4] 上海市城市综合交通规划研究所. 攀枝花市城市综合交通规划[R]. 上海:上海市城市综合交通规划研究所,2004.

新疆综合交通规划的投融资研究

王 翠 张 喜
（北京交通大学交通运输学院，北京 100044）

【摘 要】 在中央大力加快新疆发展的带动下，新疆综合交通状况必将得到大幅提高改善。本文从投融资角度，结合新疆实际情况，分析了新疆综合交通体系投融资注意的问题，并作了各种投融资方式在新疆的适应性分析，为改革新疆综合交通投融资体制及投融资方式提供可行思路和方法，为新疆综合交通规划实施提供一定依据。

【关键词】 综合交通规划 投融资 研究

Investment and Finance Analysis on Xinjiang Integrate Transportation

Wang Cui Zhang Xi
(School of traffic and transportation, Beijing Jiao Tong University, Beijing 100044)

Abstract: The development of Xinjiang Integrated Transportation will be greatly improved in the latest domestic situation. This paper analyzed the investment and financing implement of the integrated transportation Planning, the adaption of all kinds of finance ways in construction, according to the actual situation in Xinjiang. It not only provided many available ides and thinking to reform the finance system, but also had laid a foundation to accelerate the step of western development and highway construction.

Keywords: Integrated transportation planning Investment and financing Research

一、引言

中共中央、国务院在2010年5月召开的新疆工作座谈会提出5年后新疆人均GDP达全国平均水平，2020年消除新疆绝对贫困的发展目标。近十年来，新疆经济发展保持了较高的增长速度，整体经济规模快速增长，综合经济实力明显增强，地区生产总值以较高的速度呈曲线上升趋势发展。1990～2007年，新疆GDP年平均增长率为15.6%。交通运输是国民经济的基础设施。“经济要发展，交通需先行”。要实现新疆经济社会发展的战略构想，必须加强交通运输体系建设。

二、新疆综合交通发展前景

新疆的交通主要有公路、铁路、民航、管道四种方式。陆路交通网的构建受地理环境影响明显，特别是公路形式环状分布成为突出特点。区内各种方式运输线路总长297330km；其中铁路2925km，公路146652km，区内民用航空通航里程147753km。分析主要年份新疆客、货运量和GDP增长的弹性系数,2008年全社会客、货运量弹性系数分别为0.87、1.52,与2000年的0.22、0.37相比大幅度提升,说明新疆交通运输与经济社会发展总体走势大致相同。但是客运量的增长速度一直低于地区经济的增长速度,说明运输紧张的状况并没有得到根本缓解,需继续通过加大基础设施建设来满足对社会经济需求的适应程度。

新疆作为资源优势区,要建立基于资源利用的(低成本、大容量)货物运输网络;作为边陲地区,要研究建立缩小与内地和邻国时间距离的(快速、便捷)客运交通系统;作为多民族地区,要研究建立利于实现城乡交通服务公平性的综合交通运输体系;还要结合2020年区域经济增长要点,建立利于拉动区域增长的都市群综合交通网络体系。考虑以上基本属性及交通需求类型,新疆亟须制订可满足区域经济发展需要的综合交通运输体系的规划。

在政策上,中央给予新疆交通发展大力支持:在新疆率先进行资源税费改革,将原油、天然气资源税由从量计征改为从价计征;对新疆困难地区符合条件的企业给予企业所得税"两免三减半"优惠;中央投资继续向新疆维吾尔自治区和兵团倾斜,"十二五"期间新疆全社会固定资产投资规模将比"十一五"期间翻一番多;鼓励各类银行机构在偏远地区设立服务网点,鼓励股份制商业银行和外资银行到新疆设立分支机构;适当增加建设用地规模和新增建设用地占用未利用地指标;适当放宽在新疆具备资源优势、在本地区和周边地区有市场需求行业的准入限制;逐步放宽天然气利用政策,增加当地利用天然气规模等。

在建设资金上,中央将启动最大规模的对口援疆,权威人士透露,2011年19个省市对口援疆资金总规模将超过100亿元,以后还会逐步增加。同时,通过转移支付、专项资金等渠道,中央投入资金规模将数倍于对口援疆资金规模。随着新疆振兴规划出台,中央将加大对新疆的财政投资;另外还有对口省份的财政支援、央企重点项目的投资,预计未来3年新疆固定资产投资额将有巨幅上升。新疆区域振兴规划的发布,预计能带动数千亿投资。

三、交通项目投融资综述

交通项目由于造价高昂、投资回收期长,政府没有能力提供足够的资金。交通建设项目的投融资体系可从主体性质(即投资主体)、主体表现形式(即融资方式)、融资渠道(即资金来源)三个方面来分析。

(一)主体性质

投融资主体是指谁来投融资的问题,主体性质可以理解为主体的资本来源,也即投融资模式。投融资主体性质大体可以分为三类:

1.政府独资

资金来源渠道主要有两类:一是政府财政出资;二是政府债务融资。具体是:

(1)政府财政拨付的资本金;

(2)政府基本建设基金或国债资金;

(3)国内政策性银行的政策性贷款;

(4)境内外发行债券;

(5)政府向国外政府或国际金融组织贷款;

(6)信托于政府信用的商业贷款等。

2.公私合营

即PPP(Public Private Partnership)融资模式,是公共部门与私人企业合作的一种融资模式,是指政府、营利性企业和非营利性企业基于某个项目形成一种相互合作的关系来提供交通建设和运营服务。合作各方共同承担投资、风险、责任以及分享回报。

3.私营独资

主要表现为BOT(Build-Operate-Transfer,建造—运营—移交)和BT(Build-Transfer,建造—移交)两种模式。采用BOT模式,政府与民营企业达成协议,政府允许其在一定时期内筹集资金并管理和经营管理该设施。当特许期结束,民营公司按约定将设施移交给政府部门经营和管理。BT模式是指政府将项目的融资和建设特许权转让投资人,特许期满后,投资人将BT项目移交给政府。BOT模式主要是以私营企业为设计、融资、建设和运营的主体,要求企业具有很强的融资能力,私营企业独立承担难度很大。

(二)主体表现形式

投融资主体表现形式,也即融资方式,可以说成是具体进行融资偿债的实体(即贷款人)凭借什么来融资的问题,投融资主体表现形式主要可以分为两类。

1.项目融资

项目融资是以项目为主体的融资活动,主要根据项目的预期收益、资产,而不是项目投资人或发起人的资信安排融资。项目经营的直接收益是偿还贷款的资金来源,项目公司的资产是贷款的安全保障,适用于一些盈利性较好的线路,包括高速公路、高速铁路、客运专线等。项目融资是一种无追索权或有限追索权的融资方式,即如果将来项目无力偿还借贷资金,债权人只能获得项目本身的收入与资产,而对项目发起人的其他资产却无权染指。

2.公司融资

公司融资方式是指贷款人把资金贷给借款人,然后由借款人把借来的资金投资于兴建的某个项目,偿还债款的义务由借款人承担,贷款人所看重的是借款人的信用、经营情况、资本结构、资产负债程度等,而不是他所经营的特定项目的成败,因为借款人尚有其他资产可供还债之用。公司融资是一种全额追索或有限追索的融资方式。

(三)投融资渠道

投融资渠道是指站在项目的角度向谁投融资的问题,也即资金来源。项目建设资金从其来源可分为投入资金和借入资金两大部分,前者形成项目资本金,后者形成项目的负债。项目资本金是无须偿还的,可以无偿作为公益性项目(比如免费公路、国家铁路等)的全部资金投入,不求回报;也可以作为收费公路、私有铁路等项目的资本金投入,以期获得投资收益的资金。债务性资金来源规模取决于项目规模、项目资本金规模和项目融资能力。投融资渠道可分为四类:

1.政府

政府提供的资金来源主要是指中央和地方财政投资和建设专项基金(比如面向社会开征该项目的建设专项资金收费项目)。在资本性资金来源中,扣除用于公益性建设项目(如县乡村公路、国防公路或干线公路中不能收费的公路)的支出,剩余资金为可以用于融资的资本金,再根据项目的平均融资能力测算项目可能的债务规模和最大的债务规模潜力。

政府投融资非常重要,按投资比重及新疆"十五"、"十一五"期资本性资金缺口情况,中央投资的供给方向,不但影响地方投资的方向及其他资金的来源,而且对各重点项目建设目

标的实现将产生重要影响。

2. 银行

由银行获得的都是债务性资金，资金来源包括国内及国外银行贷款、出口信贷和以项目自身未来收益质押或形成的资产抵押来融资，即"无追索"或"有限追索"的融资方式。

3. 资本市场

此投融资渠道包括股票、债券、信托工具的应用。出售股权，发行债券，以及运用一些新的信托融资工具其优点是通过募集社会资金作为资本金投入到交通项目，解决了地铁项目资本金短缺问题，操作简便，资金到位快。缺点是对于地铁、城市公交等公益强、盈利性低的项目，需采取有效措施满足信托资金安全、收益的需要。

4. 其他社会资本

此投融资渠道是指各种所有制构成的企业、事业单位，主要指项目沿线土地资源开发、广告权、冠名权拍卖、设备融资租赁、线路经营权转让等向企业、事业单位招标或拍卖融资的资金。

四、综合交通建设项目投融资

（一）铁路投融资

当前对铁路建设的投资主要是政府行为，铁道部作为政府职能部门始终是铁路投融资的主体。铁路利用外资的主要方式还停留在政府担保的优惠贷款层面，利用好这部分贷款的同时，由政府出台优惠政策加以引导，发展灵活的外资引进手段，如海外上市，设立投资基金等，将是对我国铁路建设投融资的巨大补充。

具体来看，铁路建设项目可分为两大类，它们的投资主体应区别对待：一类以国家利益为目的，为国家政治、经济和国防需要服务的铁路，主要体现社会效益，不以盈利为目的，如国土开发铁路、国际通道铁路等，代表中央及地方政府的铁路公司是这类项目的投资主体；另一类以铁路运输企业经济效益为主，兼有一定的社会公益，这类项目的投融资和建设属企业行为，应以市场模式运作的铁路公司作为投资主体。

（二）公路投融资

2004 年颁布的《收费公路管理条例》明确提出公路发展坚持非收费公路为主，适当发展收费公路。而对于县乡公路和国防公路等，其公益性更为突出。由于公路所具有的巨大外部经济特性，各级政府要继续从土地政策、税收政策等方面给予公路建设优惠。各地在实践中创造出了很多性质有效地公路投融资方式，归纳起来大致有如下几种：

（1）由各级交通主管部门做项目业主，贷款修路，收费还贷；

（2）由各级政府集资修建收费路；

（3）利用国外政府和银行贷款修路；

（4）利用国内外各类经济组织投资修建高等级公路，包括股份制、BOT 方式等；

（5）出售现有收费公路的全部或部分经营权，再投入新路建设，滚动发展；

（6）选择经济效益前景好的高等级公路，明晰产权，成立股份有限公司，向社会发行股票，在金融市场融资。

（三）城市轨道交通投融资

目前我国轨道交通建设资金来源仍然基本上以政府为主角。为保证近期建设项目的顺利实施,建议新疆各级政府投入部分财政资金作为近期建设项目资本金。在吸引民间投融资上,参照国内外地铁成功经验,有以下建议:

(1)引导民间资本参与轨道交通沿线、特别是重点站位的综合开发;

(2)依托轨道交通车站,吸纳民间资本开展多种经营;

(3)引入特许经营方式和相应的政策配套支持,形成新的自我平衡的投融资体制;

(4)通过金融市场融资,吸收民间资本。

(四)管道投融资

当前,我国油气管道建设存在着巨大的投资需求,而目前油气管道建设资金主要来源于企业自筹资金和银行贷款。要保证建设资金有效供给,实现油气管道项目资金的近期与远期动态平衡与良性运转,提高现金管理效率和降低项目总成本,就必须开辟新的融资渠道。

(五)航空投融资

目前我国机场建设资金主要来源于国家投资,各级地方政府投资,吸纳社会资本和外资以及企业自筹、以银行贷款为主要形式的债务融资等几种渠道,或多种投资渠道组合。受国家投资政策影响,机场建设负债过重,机场经营风险较大,使得机场总体经营效益差,大部分机场经营亏损,没有自我发展能力,需要靠政府给予补贴来生存。机场属地化改革,增加地方政府参与积极性,但也严重考验着地方财政收入情况。虽然政府想方设法引进民营资本建设机场,但是随着投资者对民航业的深入了解,他们对投资回报产生了担忧,因而退出了机场建设项目。应该说,目前机场投资以市场为导向,时机还不成熟。

五、各种投融资方式在新疆的适应性分析

在目前国家没有针对西部开发的新开资金来源渠道下,除贷款以外,新疆"十二五"期间建设资金主要来源为:养路费和车购费、中央及各级政府财政拨款和政策性筹措以及包括转让经营权、利用外资等在内的项目资金筹措的其他来源。前两项资金来源相对稳定且长久,而其他资金则受国家政策、投资环境、项目融资能力等因素影响较大,是养路费和车购费及财政拨款不足情况下对项目资本性资金的重要补充。

(一)银行贷款

由于交通基础设施的国有性质和相对垄断性特点,需求旺盛,收益较为稳定且抗风险能力强,对于银行具有很强的吸引力。但由于新疆的实际情况,目前公路收费项目仅能勉强还息,且"八五"以来新疆公路建设在商业银行的不良贷款已达到10多亿元,随着"费改税"的实施,商业银行今后对新疆公路贷款将持谨慎态度,除个别效益好的项目外,不可能进行大规模贷款,而且贷款过多也会带来巨大的还贷压力,这是需要引起高度的问题。

(二)车辆通行费

原国家计委发布了一项政策允许西部地区利用价格杠杆发展交通事业,即允许航空公司、铁路部门及二级以上公路进行收费经营。政策放开了,新疆利用价格杠杆有了更大的自主权,但在新疆经济发展水平相对不高的地区大范围实行公路收费并不适宜。一是新疆目前的收费公路由于车流量小,所收费用扣除必要的成本及偿还贷款后没有任何积累可用于其他公路的新建;二是公路本身缺乏,方式难以大范围展开。但在一些交通量较大的路段由于有通车量做保障可考虑采用此方法,以解决新疆建设资金的燃眉之急。

(三)发行公路债券

债券是吸引社会资金最简便的一种方式,它不改变投资主体,对已形成的建设和管理方式影响较小,能够较快地将企业和个人拥有的资金转化为投资。根据我国特别是新疆目前的投资水平和投资心理,债券是一种比较容易被接受的投资方式。

(四)发行股票筹集公路建设资金

新疆公路建设从股票市场融资的最大障碍是公路的效益问题。由于新疆公路平均车流量小,仅就目前的几段车流量较大的收费公路而言,收取的通行费除支付公路的经营管理成本以及贷款的还本付息外,所余金额有限,有些路段甚至处于入不敷出的状况,因此总体上讲目前新疆利用股票筹资难以满足上市公司的条件。如果有允许公路与其他高盈利性经营项目捆绑上市的政策,为了争取股票发行机会,主管部门可抓紧对现有收费公路的管理进行改革,实行政企分开和股份制改造,对拟建项目严格按照《公司法》的要求,落实项目法人责任制,明确各方产权关系,严格按现代企业制度的方式规范运作和经营。

(五)公路建设投资基金

投融资机制改革的核心是为社会资金进入公路建设市场创造条件,这一点对经济落后地区尤显重要。公路基金的建立,对政府建设的公路和通过企业手段建设的公路具有积极的重要作用。新疆可建立具备公路建设和养护双重功能的公路发展基金,即将车辆购费(税)、养路费、收费公路分成等收益纳入这个统一的公路发展基金中,在养路费改为燃油税后,国家转移支付的公路建设费用也纳入此基金,并在该基金下设立两个分支,一部分为公路建设基金,主要用于支持国道干线、区域干线中高等级公路及部分一般公路的建设,为这类公路中无偿还能力的开发性、连通性干线建设提供主要资金来源支持,另一部分用于公路养护。

(六)中外合资合作经营方式

新疆吸引外资合资合作进行公路建设有三大障碍:一是新疆市场化程度低,投资环境差,缺乏吸引力和安全保障;二是新疆公路建设缺少中外合资合作的实际经验;三是新疆公路未来的通行费收益预期不高,投资风险大难以吸引外资进入。但是,随着新疆市场化程度的提高,投资环境的改善,借鉴区外引资合作经验,政府出台给予外资以优惠的投融资政策(如土地、税收或综合开发政策等),通过中外合资合作方法进行公路建设的融资是可能的。

(七)其他方式

股份制可以使更多的国内外和私人资本参加公路建设,解决新疆公路建设资金缺乏的问题。新疆如果能够出台鼓励股份制融资建路的有关优惠条件和政策,采取相应的鼓励措施,如对项目公司的贷款给予贴息,划出一定数量的土地与项目一起进行综合开发,服务项目授权特许经营(如停车场、加油站、旅馆等),税收优惠,定价权限放宽,特许经营年限适当延长等,股份制在新疆公路建设领域将有所作为。要使 BOT 方式得到较好的利用,国家有关部门要建立一套比较系统的与国际接轨的项目融资法律框架和管理办法。从全国利用 BOT 进行公路建设融资情况来看,新疆利用 BOT 方式融资难度较大,但可以进行试点。新疆应探讨 ABS 等融资方式,并在西部大开发的大好时机下积极探索新的公路建设融资方式,开拓新的融资渠道。

六、结语

交通项目资金投放量集中、回收期长，部分公益性交通项目收入水平低，这使项目本身蕴含着较大的金融风险，任何单一投融资渠道都很难完全满足交通建设需要的大量资金，因此，在投融资渠道选择方面，应采取多来源、多种形式、多渠道并用、合理搭配的原则，尽最大可能在筹集足额资金的前提下降低资金使用成本。

参考文献

[1] 新疆维吾尔自治区综合交通运输体系规划建设协调领导小组办公室. 新疆综合交通运输体系规划工作大纲[R]. 2009.11.
[2] 刘茹吟. 新疆公路建设的投融资问题研究[D]. 长安大学硕士论文, 2001.12.
[3] 周国光,杨琦,等. 公路运输项目经济评价[M]. 西安:陕西人民教育出版社,1990.
[4] 徐文学. 高速公路与区域社会经济发展[M]. 北京:中国铁道出版社,2009.
[5] 范俊毅. 对我国城市轨道交通建设投融资问题的思考[R]. 铁道工程学报,2004.3.
[6] 马忠, 罗晓敏. 香港地铁的投融资体制与收益分析[J]. 城市轨道交通研究, 2002.1.

上海停车换乘(P+R)系统发展对策

朱　昊　刘　涛　张会娜　薛美根

(上海市城市综合交通规划研究所,上海　200040)

【摘　要】 为了推进上海停车换乘系统的发展,本文研究和论述了公共换乘停车场的分类方法和应用特点,分析了停车换乘系统发展的必要性和公益性,对停车换乘系统的发展阶段进行了划分,提出了发展的对策和建议。

【关键词】 停车换乘系统　P+R停车场　停车换乘优惠收费 世博会停车换乘交通组织

Shanghai Park-ride System Development Policy

Zhu Hao　Liu Tao　Zhang Huina　Xue Meigen

(Shanghai City Comprehensive Transportation Planning Institute, Shanghai 200040)

Abstract: The categorization and application characteristic of Shanghai public park-ride lots has been researched and described. The essentiality and commonweal of park-ride system has been analyzed. Shanghai park-ride system development will be divided into 3 phases, the development policy and suggestion has been put forward in order to promote Shanghai park-ride system development.

Keywords: Park-ride system　Park-ride lot　Park-ride preferential charge　Park-ride traffic organization for EXPO

通常意义上,一个城市在城市外围地区的轨道交通站点或快速公交站点,提供大量收费低廉的停车设施,使小汽车方式出行者,在此停车并换乘公共交通进入中心区,这个系统称之为停车换乘系统(P+R,Parking and Ride)。近年来,随着上海市"公交优先"战略实施,轨道交通运营里程迅速增长,轨道交通基本网络的形成,中心区公共交通快捷性和可达性明显提升,另一方面,本市小汽车拥有量持续攀升,中心区交通拥挤日益严重,停车难矛盾突出,因此,在城市中心区以外将小汽车停放到轨道交通站点附近换乘公共交通进入市中心的停车换乘需求已经初步显现。本文在对上海停车换乘系统发展的现状调研基础上,对上海P+R停车场的分类和应用特点进行了研究,论述了停车换乘系统的必要性和公益性,提出了上海停车换乘系统发展的三个阶段理论,提出了近期发展对策,旨在为上海城市交通管理部门推进停车换乘系统建设和发展提供决策参考和建议。

一、上海P+R停车场的基本分类和应用特点

(一)分类

公共换乘停车场(下文简称P+R停车场)从不同角度和不同的应用目的,可以按照各

种分类方法进行分类。目前,大多数国家对 P+R 停车场按照其“离开城市中心区的距离”和“停车设施来源不同”两种方式分类。

1.按离开城市中心区的距离分类

按照 P+R 停车场距离出行目的地,一般是指城市中心区的不同距离分类划分。参照国外经验,上海可以分成 3 个区域;中环与外环之间、外环以外近郊、外环以外远郊的市域范围。具体分类见表 1。

按照距中心区的距离 P+R 分类表 表 1

Park-ride lots category according to distance from the central city Tab. 1

P+R 停车场类型	P+R 停车场主要功能	主要换乘方式
浦西中环、浦东内环与外环之间	1.换乘与非换乘、通勤与购物、娱乐等不同目的的使用者混合停车; 2.截流小汽车进入城市中心区车辆的最后屏障	与轨道交通的换乘
外环以外近郊(以 A5、A15、A30 北段为界)	1.截流城市外围近郊区域进入城市中心区的车辆; 2.引导通勤出行向公共交通方式转变,抑制小汽车进城需求	与轨道交通的换乘
外环以外远郊	1.在城市外围远郊截流以城市中心区为目的地的车流,减少市中心拥堵; 2.引导通勤出行向公共交通方式转变,提高公交分担率,优化出行方式结构; 3.减少长距离小汽车出行,减少污染,保护环境; 4.服务于远郊的居民和长三角地区	小汽车与快速公交及轨道交通之间的换乘。一般与城际铁路、城际轨道交通、通勤铁路以及高速公路相接

2.按照设施来源分类

可以分成综合客运枢纽 P+R、联合使用 P+R、非正式 P+R 停车场。不同服务功能对应不同的停车政策、用地资源、交通节点特征和开发方式。具体分类见表 2。

按照停车设施来源 P+R 分类表 表 2

Park-ride lots category according to parking facility resource Tab. 2

类　型	设施特征	建设和使用方式
客运枢纽 P+R 停车场	基于综合客运交通换成枢纽建设,具有较高的停车换乘需求	一般由政府国有企业投资建设、运营和维护,设施全面、便利
联合使用 P+R 停车场	停车换乘不是唯一的停车目的,服务对象广泛,如购物需求,该停车设施被其他建筑设施(剧院、购物广场、体育馆等)共享使用	由现有的公共停车场功能转化而来,或是由政府与企业联合进行商业化开发而来,一般由社会企业投资建设
非正式 P+R 停车场	一般在枢纽站点周围采用路内停车,或依附于公共建筑停放,或利用市政设施的空余地块停放为主,没有专门的公共停车场地	利用现有的道路、公共建筑等公共停车资源,由交通管理部门划定,由指定企业运行维护

综合客运交通枢纽 P+R 停车场,需要考虑其他多种交通方式的换乘,如地面公交、摩托车、电动车、自行车等其他方式的出行者换乘公共交通,停车换乘设施需要一并规划建设摩托车、电动车、自行车的停放场地,上海综合客运枢纽规划建设的 P+R 停车场属于这一类。

联合使用的 P+R 停车场,有两种获得方式:一是指商业设施配建的公共换乘停车场,通过功能转化、交通管理部门认定，将一般的公共停车场转化为 P+R 停车场；二是指在政府规划指导下，由企业在商业开发的同时，规划建设 P+R 停车场，以增强交通服务功能，是提高区域经济活力，这是公共交通为导向的城市用地开发模式（TOD-Transit-oriented development）的一种体现。

通常情况下，非正式的 P+R 停车场是指利用枢纽站点周围道路，或依附于配套设施停放为主，由交通管理部门划定的路内停车或利用公共建筑物的空余面积，或改变用途等方式，提供停车换乘服务，一般由政府指定企业运行维护。

（二）不同类别的 P+R 停车场的应用特点

上海中环以外是上海停车换乘系统发展的区域，其中，中环与外环之间土地资源紧缺，停车资源紧张，需要充分利用轨道交通站点周边的现有社会停车场资源，形成分散布置于轨道交通站点的联合使用的停车换乘设施，中环与外环之间是发展停车换乘系统重点区域和优先区域，重点发展客运枢纽规划 P+R 停车场和通过功能转化认定的 P+R 停车场；外环以外近郊的 P+R 停车场重点发展综合客运枢纽 P+R 停车场和非正式 P+R 停车场；外环以外远郊重点发展综合客运枢纽 P+R 停车场。外环以外的 P+R 以政府国有企业投资建设为主，发挥政府引导停车换乘的作用，体现区域差别化的交通管理政策，截流进城的个体机动车由低占有率向高占有率的交通方式转移。不同区域，不同类型 P+R 停车场的应用特点见表 3。

不同区域、不同类型 P+R 停车场的应用特点 表 3

Park-ride application characteristic of different park-ride lots Tab. 3

分布区域	应用方式	停车收费标准	规模大小	发展优先级	服务对象
中环与外环之间	客运枢纽和联合使用 P+R 为主，联合使用 P+R 由社会停车场转化或联合开发而来	较高	规模小、分散布局	充分利用社会停车资源、公共设施	通勤通学，本市居民
外环外近郊	客运枢纽和非正式方式 P+R 停车场为主，非正式 P+R 由交通管理部门划定	一般	一般	优先发展	通勤商务，市郊居民为主

二、停车换乘系统的必要性和公益性

停车换乘系统是上海社会经济发展到现阶段的必然产物，具有发展的必要性。从停车换乘系统对社会经济发展的作用来看，停车换乘系统具有公益性。

（一）必要性

1. 应对小汽车快速增长的必由之路

截至 2007 年年底，上海私人汽车注册车辆达到了 61.29 万辆，比 2006 年增长 20.3%，加上外地牌照的车辆，上海目前私人汽车拥有量已突破 100 万辆。我国私人小客车发展已经进入快速增长期。中心城道路增量的有限性和机动出行需求快速增长的必然性，使路、车矛盾日益加剧，交通排堵保畅面临更严峻的形势，对资源能源和生态环境也将带来更大压力。小汽车拥有量的大量增加，使中心区的道路交通状况愈加恶化，因此，必须限制小汽车进入中心城区，以缓解中心区的交通压力。

2. 解决中心区停车难的出路之一

随着小汽车的迅猛增长，上海中心区的停车问题已经相当突出，严重地影响了上海大都市的形象和正常的经济社会活动。根据2004年《上海市静态交通发展纲要》预测，2010年上海机动车达到130万辆，按照"一车一位"推算，中心区的停车泊位缺口约36万个，到2020年上海的机动车达到320万辆，中心区的停车泊位缺口达106万个 。从用地、资金等条件来看，中心区的停车供应是无法满足自然增长自由选择下的停车服务需求，中心区面临着难以解决的巨大停车压力。

3. 满足城市(化)规模扩大和布局调整需要的重要交通策略

长期以来，上海在城市布局方面一直是人口和建筑高密度集中的城市。为了适应城市社会经济的发展，从20世纪90年代起，上海实施了疏解中心区人口，加快外围区副中心和郊区新城建设，合理调整城市用地布局等发展战略。城市规模的扩大和布局的调整，导致中心区和外围区之间的交通联系更为密切，高强度、长距离出行需求显著增加。停车换乘作为一种新型的交通出行方式可以为这类不断扩展的长距离交通需求提供高档次、高质量的服务，满足畅达性要求，保持出行的便捷性和可达性，提高出行的快速性和安全性。

4. 适应长三角区域交通一体化的重要环节

随着长三角区域一体化的发展，上海市作为长三角的龙头所产生的凝聚效应已经显露出来。经济联系的加强，带来交通需求总量的急剧增加。相关研究表明，2010年进入中心城小客车通勤需求为16.5万PCU(包括外省市进入上海小客车通勤需求和郊区进入中心城通勤需求)。因此，停车换乘泊位数最大值为16.5万PCU，折算停车场总面积412.5万m^2。因此，需要大力发展停车换乘系统，满足长三角和市郊到达上海中心区的出行换乘需求。

(二)公益性

停车换乘系统具有明显的社会公益性，是缓解中心区交通拥挤的重要交通管理措施，是落实公共交通优先发展政策的具体体现，是城市中心区实行需求管理政策的配套措施，是交通系统贯彻节能减排方针的有效措施。停车换乘系统是一体化的城市综合交通系统的重要环节，是公益性的城市交通基础设施，是公益性的交通服务系统。

1. 停车换乘是缓解中心区道路交通拥挤的重要交通管理措施

上海中心区道路交通拥堵状况日益严峻，采用停车换乘的交通管理措施，可以有效地缓解上海中心城的道路交通拥挤趋势。停车换乘系统可以减少机动车进入中心城的数量，从城市外围分层截流个体机动车，使之换乘公共交通方式进入城市中心区。停车换乘系统促进低占有率的交通出行方式向高占有率的出行方式转移，在满足同样交通出行需求的前提下，可以减少城市中心区的道路交通总量，减少中心区的交通压力，进而缓解道路交通拥堵，改善中心城的总体交通状况，减少全社会的出行成本，因此停车换乘系统的开发建设会带来极大的社会公共效益。

2. 停车换乘是落实"公共交通优先"交通发展战略的具体体现

上海需要全面落实公共交通优先政策，大幅提升公共交通的吸引力，引导小汽车合理使用，扭转交通结构逐步恶化的趋势，使公共交通成为城市主导交通方式。《上海市2007～2009年优先发展城市公共交通三年行动计划》提出了"确立公共交通在市民出行中的主体地位，为市民群众提供安全、准时、便捷、可靠的公共交通服务"的总体目标。《上海市城市交通"十一五"发展规划》提出了"公交优先"战略：提高城市交通便捷化水平，引导市民选择公共交通作为主要出行方式，提高公共交通出行比重，到2010年，公共交通日均客运量达到1690万乘次，居民出行总量的比重达到33%以上，机动车出行比重达到65%以上，中心城机动通勤出行比重达到80%以上。通过停车换乘实现公共交通与个体机动车交通的有效转换，引导出行方式的转变，是落实"公交优先"的一项重要交通政策。

3. 停车换乘是交通系统贯彻节能减排方针的重要环节

交通领域消耗了我国50%以上的石油用量，这其中，主要是汽车使用，机动车消耗了国内石油总产量的85%。上海市交通能源消费占全市能源消费的比重高达21.4%，占第三产业能源消费总量的73.9%。上海提出了万元GDP能耗下降2010年较2005年下降20%的目标。与此同时，由交通发展引发的环境问题也日益成为人们关注的焦点，上海市政府虽采取相关措施，加强了对机动车尾气排放控制，但是，控制措施的力度尚未能有效遏制机动车排放污染。城市大气中以尾气型污染为主要特征的大气污染物浓度持续攀升。交通行业的节能减排对于实现全市节能减排目标有着重要意义。停车换乘系统可以减少城市外围进入中心区的交通量，节省能源，减少排放。

三、上海停车换乘系统发展的阶段划分

按照上海轨道交通建设规划，参照生命周期理论，上海停车换乘系统未来的发展阶段可以分成：

（一）导入期（近期）

当前至2010年，这个时期的日常通勤停车换乘需求逐步产生，同时，由于2010年世博会交通保障对停车换乘的特定需求，政府部门的宣传和政策性推动，停车换乘的理念逐步为人们所接受，这一阶段以停车换乘试点和示范性推进为主，重点聚焦世博会的停车换乘交通组织和停车换乘服务。

导入期的日常停车换乘需求以中环与外环间到达城市中心区的近距离出行为主。导入期以客运枢纽规划P+R停车场、联合使用P+R停车场和世博会配套P+R停车场为发展重点。

（二）成长期（中期）

2010～2015年，这个时期轨道交通500km基本网络建成，上海公共交通吸引力和服务水平大幅度提高，公共交通的客运量比重快速提高，同时，私家车的增长也进入相对平稳的增长期，停车换乘需求迅猛增长。

成长期的停车换乘需求以中环以外地区到达城市中心区的中长距离出行为主。成长期阶段客运枢纽规划P+R停车场、联合使用P+R停车场、非正式P+R全面发展，各得其所。

（三）成熟期（远期）

2015年以后，停车换乘已经成为中心城外围区居民出行的常态选择，停车换乘设施齐全，服务优良，进入市中心人们开始习惯于停车换乘轨道交通或快速公交。停车换乘系统是城市综合交通体系的密不可分的有机组成部分，出行的机动化与公共交通协调发展，停车换乘系统将引导城市规划布局调整和人口岗位向外迁移，公共交通导向的TOD土地开发模式得到充分运用。

四、上海停车换乘系统的近期发展对策

停车换乘系统作为新型的带有超前性的公益性的交通基础设施,必须及时制定相关的配套政策,引导和鼓励人们的使用,提高其运行效率,促进良性发展。

(一)明晰停车换乘公益性质,实行低价和政府补贴政策

停车换乘系统是城市综合交通体系的重要有机组成部分,是公共交通与机动化需求协调发展的产物,是交通区域差别化管理的重要手段。停车换乘系统具有明显的社会公益性,主要表现在缓解交通拥挤,节省全社会的出行成本和出行时间,减少能源消耗,减少环境污染。对此,政府管理部门和社会各界需要达成共识。停车换乘系统属于公益性交通基础设施,其社会效益明显,应实行政府定价和低价收费政策,同时,政府应对停车换乘系统的投资建设和运营进行政府补贴。

(二)强化监管规范服务,形成协同推进的行业管理格局

P+R 停车场是公共停车场(库)的一种特殊类型,理当纳入停车行业管理范围。目前,需要强化行业监管,规范停车换乘服务,同时,由于停车换乘系统的行业管理政策性强,涉及面宽,影响面大,需要与各有关政府部门协同管理和共同推进,需要与相关部门协同开展规划、收费、财政补贴等行业管理工作,需要进一步开展相关课题的专题研究,包括专项规划、财政补贴、收费标准、服务规范、运行机制等课题的研究。

(三)依托科技创新,运营管理试点示范先行,引领行业快速发展

停车换乘系统涉及众多环节,包括规划、设计、运行管理等众多环节。停车换乘系统在国外已经规范运行了多年,虽然国内学术界的研究有了一定的理论基础,社会各界对停车换乘的公益性质逐步达成共识,但是国内停车换乘系统的发展还刚刚起步,建议充分利用世博会带来的发展机遇,围绕停车换乘系统有关的规划、设计、实施方案、信息引导、交通卡优惠收费技术、停车场库监控管理等方面,进行联合攻关和开发应用,为世博会交通组织提供强有力的技术保障,同时带动上海停车管理和服务水平的提高和产业的发展,推进上海智能交通系统发展。上海停车换乘系统应采用"依托科技手段,先行试点,积累经验,逐步推开"的工作方法,稳步推进停车换乘行业管理,主动积极地引领和指导行业快速有序发展。

(四)改革投资建设和运行机制,满足停车换乘发展需求

明确国有资本为主导的投资建设主体责任,全面落实客运枢纽规划。客运枢纽规划中的上海 P+R 枢纽应立足政府投资的国有企业建设为主,同时充分利用社会资源,开发多种供应方式,满足停车换乘需求,对于上海内环与外环之间轨道交通站点周边大量存在的社会停车资源,需要加以规范管理和正确引导,适当投资改建,发展联合使用类 P+R 和非正式 P+R 停车场,通过专业化管理和经营,为社会提供公共换乘服务。

创新运营体制和机制,发展连锁和网络经营模式。建议政府部门协调和招标确定 2~3 家专业停车换乘管理公司,专业投资经营停车换乘以及公共停车场(库)、并实行连锁经营和网络经营。连锁经营有利于统一标志和服务品牌,体现服务品质,形成规模效应。网络经营有利于采用信息化技术手段,将公司直接管理和加盟的停车设施进行信息联网,为公众提供换乘信息服务和停车预约服务。

(五)加快推进和落实世博停车换乘的交通组织保障,展示静态交通发展先进水平

2010 年世博会将实行"公交优先、区域差别、时空均衡"的交通保障策略,停车换乘系统

是世博交通保障的重要组成部分。建议按照"立足常态,保障世博"的原则,加快推进和落实世博停车换乘交通组织方案、世博停车换乘诱导系统、世博公共停车信息服务系统等的建设和运行。

参考文献

[1] 上海市城市综合交通规划研究所研究报告.国外停车换乘系统发展和对上海的启示[R].2002.

[2] 上海市城市综合交通规划研究所研究报告.上海停车换乘系统发展对策研究[R]. 2008.

[3] 上海市城市交通管理局研究报告.国外停车换乘系统的经验和借鉴[R].2007.

大型综合交通客运站客流组织动态仿真研究

张　喜　梁英慧

（北京交通大学交通运输学院，北京　100044）

【摘　要】 本文针对我国大型综合交通客运站客流换乘组织的复杂性，提出了换乘客流组织流线优化的模型与方法，并以北京南站为背景，采用 VISSIM 微观动态仿真软件，建立了客流组织动态仿真模型，进行了换乘客流流线的优化分析与设计，为实际运营管理提供了科学的决策参考依据。

【关键词】 大型综合交通客运站　客流组织　流线优化　动态仿真

Study on Organizations Dynamic Simulation of Passenger Flow of Large-scale Integrated Transport Terminal

Zhang Xi　Liang Yinghui

（School of traffic and transportation，Beijing Jiao Tong University，Beijing 100044）

Abstract: In this paper, in allusion to complexity of large-scale integrated transport terminal organizations, the complexity of passenger transfer is proposed Transfer Passenger flow line Optimization models and methods, and to Beijing South Railway Station as the background, using dynamic simulation software VISSIM micro-established passenger organization simulation model for the transfer of passenger flow line Optimization and design of the actual operation and management provides a scientific basis for decision making.

Keywords: Large-scale integrated transport terminal　Flow organizations　Flow line optimization　Dynamic simulation

一、前言

北京南站是我国最大的现代化大型客运站，涉及大量旅客的集散和在多种交通方式间的换乘客流组织问题。由于大型客运站的客流组织管理是一个复杂的动态时空排队服务系统，如何基于车站旅客的行为规律和车站的功能特点，以及站内各种客服设备环境条件，设计和优化客流换乘流线，实现大量客流的有效组织管理，是当前理论和实践都广泛关注的重大课题。

由于综合交通枢纽站内的客流来自不同的方向，有着不同目的，换乘不同的交通工具，在客流上具有到发量大而集中、多向集散和各小时段换乘客流不均衡性等特点。所以北京南大型综合枢纽站的客流组织是一项复杂的系统工程，必须从其整体概念和综合功能出发，以客流特点为依据，进行流线分析与研究，这样才能设计出适应于大运量、多方向的客流组织系统。

本文针对北京南站高架层客流换乘组织的复杂性,进行了换乘客流流线的分析与设计,提出了换乘客流组织流线优化方案,为实际运营管理提供了参考依据。

二、车站客流组织流线的设计及优化方法

(一)流线的概念

在综合交通枢纽内,由于各类人员、车辆、物品的集散活动,产生一定的流动过程和流动路线,通常称为流线。流线是综合交通枢纽的设计灵魂,流线设计、组织是否合理,不但影响交通枢纽的作业效率和能力,也直接关系到客运设备的运用及交通枢纽的服务质量和水平。流线分析正是进行流线设计、组织及交通枢纽功能分区、空间布局的基础,同时流线的时空特性、需求特性又是配置综合交通枢纽服务设施的重要依据。

(二)客流流线的种类

1. 进站流线

车站的进站人流在检票前比较分散,不同的旅客在不同时间内进站办理各种履行手续,并在不同地点候车。多数客流进站的流程是:到站→问询→购票→托运行李→候车→检票→上车。部分已预购客票的旅客和不托运行李的旅客,不全按照上述流程进行。

2. 出站流线

出站旅客流线的特点是人流集中,密度大,走行速度快。在平面布置上应考虑通畅便利,使出站旅客迅速出站,并在站前广场前迅速疏散。出站旅客流线比进站旅客流线简单,旅客办理手续少,使用站房时间短。一般情况下,普通、市郊、中转旅客均在一个出站口出站。

(三)流线优化方法

1. 交叉点的优化

(1)物理切割法

所谓物理切割法,就是将进站、出站等各流线分开,以减少交叉点。这可以通过高架、地道等立体交叉疏解方式来解决,也可以在同一平面上通过控制各种流线的方向来解决交叉问题,或是通过围栏将客流进行分割。

(2)功能布局法

所谓功能布局法,就是调整售票窗口、公交站、出租车停车场的位置等,来达到合理的布局,尽量避免行人流与车流的交叉等。

2. 设备能力的优化

(1)提高流速法

人流、车流的流线是在站前广场及周边人行、车行通道上产生,控制相应通道的秩序,提高人流、车流的流速是非常重要的,通过提高人流、车流的走行速度,相对地降低行人、车辆对车站设施、设备的占用时间,从而提高设备利用率,提高流线的通过能力。

(2)设备属性变换法

设备属性变换法是指通过改变站内换乘流线上一些设备的属性,来增加流线的通过能力,满足车站换乘的需求。设备的属性一般包括宽度、速度、方向等。

三、车站客流组织流线优化仿真实现方法

（一）仿真软件平台选择

枢纽站客流换乘组织仿真是采用计算机数学模型来反映城市客运枢纽换乘现象的交通分析技术和方法，是再现枢纽内换乘客流时间和空间变化的模拟技术。系统仿真的目的是运用计算机技术再现复杂的交通现象，并对这些现象进行解释分析，找出问题的症结，最终对所研究的交通系统进行优化。本文将借助 VISSIM 微观交通软件进行城市公共交通枢纽换乘组织的仿真研究。

VISSIM 软件是德国 PTV 公司开发的微观交通流仿真软件系统，用于交通系统微观运行状况分析。VISSIM 软件能模拟设置不同道路类型、交通组成、交通信号控制等条件下的交通运行情况，具有分析、评价与优化交通网络和进行设计方案比较等功能，是分析交通问题的有效工具。

尽管 VISSIM 软件并非专门用于枢纽换乘组织仿真研究，但它在 Wiedemann 的车辆跟驰模型与车辆换道模型的基础上实现了对行人的运行仿真，可以近似地模拟行人在枢纽内的流动过程，同时，还可以借助对道路交通的模拟来研究行人流与机动车流在枢纽内的相互影响，因此，比较适合用于枢纽的换乘组织仿真研究。行人运动模型与车辆运动模型区别在于运动参数的设置：行人的运动速度在 0 ~ 160km/h 范围内，其期望加速度和最大加速度由 $3.5m/s^2$ 减少至 0，最大减速度由 $7.5m/s^2$ 减少至 $6.5m/s^2$，期望减速度为 $2.8m/s^2$；行人重量取 30 ~ 120kg，长度默认值为 0.34m，宽度默认值为 0.5m。

（二）换乘客流组织优化仿真方法

换乘客流组织的仿真思路为：根据站内旅客和流线的特点，构建流线模型、旅客走行模型，进入仿真状态，经过参数读取生成模拟环境，开始对客流进行模拟，包括旅客进站模拟、旅客出站模拟和旅客换乘模拟。之后得出相关的数据，再根据对这些数据的分析，做出相应的评价及调整措施，直到满意为止。

仿真步骤为：建立路段、配置设备（客服设备包括：票闸机、电扶梯和步行梯、客服点、引导标志）、设置检测路段和检测点、分配客流、动态仿真、查看结果、结束仿真。

四、北京南站高架层客流组织仿真分析

（一）仿真环境分析

北京南站是国内大型的综合交通枢纽站，采用五层立体交通换乘建筑结构，其高架层为旅客进站层，中央为独立的候车室，东西两侧是进站大厅，与高架环道落客平台相连，南北两侧为共享空间，与南北广场地面进站厅和地下换乘空间直接相通，西侧为站内出口，东侧为进出混行口。涉及到旅客的进站、购票、候车、换乘以及商务等活动行为，客流组织流线分布比较复杂。

北京南站的高架层是旅客候车的专区。进站厅面积是 $36480m^2$，有 4 个独立候车室，总面积 $6301.38m^2$。其中，东北侧有 1 个独立候车室（供 13 站台使用），面积为 $608.45m^2$。中部有 3 个独立候车室，普速候车室面积为 $986.98m^2$（包括 1 个软席候车室），供 11、12 站台使用。京沪高速候车室面积是 $3068.97m^2$（包括 2 个软席候车室）。京津城际候车室

1636.98m^2(包括1个软席候车室)。高架区内有8个安检口。

高架层设有70台票闸机,票闸机采用统一的标准,长度为1.86m,宽度为0.53m,通过速度为1.37m/s,服务时间为2s。设置位置和数量见表1。由于相关数据可能变更,仿真结果可能会与实际情况有出入。

高架层候车室参数表

表1

The waiting room parameters on the second floor

Tab. 1

设备位置	数量(个)	设备位置	数量(个)
北侧普速进站梯票闸机	5	高速候车室四北侧票闸机	6
普速候车室三票闸机	3	高速候车室四西侧票闸机	6
普速候车室四票闸机	12	高速候车室四东侧票闸机	6
普速软席候车室票闸机	2	高速候车室四南侧票闸机	9
城际候车室三票闸机	15	高速软席候车室一票闸机	2
城际软席候车室票闸机	2	高速软席候车室二票闸机	2

高架层的流线分析。高架层共有东南西北4个入口,分别为北侧电扶梯入口、社会车辆西侧入口、社会车辆东侧入口、南侧电扶梯入口。从这些进站口进入后,可有两种去向,一种为乘电梯下到平层进站,南北两侧各有一个电扶梯,北侧还有一个步行梯;第二种为从候车室进站,有两个普速候车室,一个城际候车室,一个高速候车室,高速候车室东南西北四个方向都可以进站。高架层主要流线共38条。

高架层的检测点分析。在高架层的所有票闸机前设置检测点共8个,每个进出口处设置共6个,两种以上流线相交的冲突点处设置4个。

(二)动态仿真评价分析

改变旅客的到达量,分析高架层的客流承受能力,仿真的结果见表2。

高架层各项仿真结果

表2

The simulation results on the second floor

Tab. 2

到达量(个/h)	平均损失时间(s)	平均停滞时间(s)	平均停止次数(次)	平均排队长度(m)	最大排队长度(m)	总的排队人数(个)	通过总量(个/h)
10000	4.2	1.6	0.74	0	1.3	9.4	9993
20000	4.8	1.6	0.79	0.7	5.7	76.2	19748
30000	4.9	1.6	0.86	1.2	6.6	85.1	29585
40000	5.4	1.8	1.00	1.7	7.3	89.2	39182
50000	6.4	2.0	1.20	2.2	7.5	90.5	45195

由表2可见,当到达客流量为30000个/h,高架层平均排队长度由0.7m变为1.2m,可视为开始排队,因此,决定选取此到达客流量对高架层流线优化进行仿真模拟。

仿真以后得到旅客的平均行程时间见表3,可以看出平均行程时间并不是随着走行距离的增加成线性增长,而是有一定的增幅,不过增幅非常小。因此说明在高架层旅客流线中虽然存在阻碍旅客走行的"瓶颈",但对旅客的走行影响并不大。

统计高架层检测点,得出数据见表4,由此可见,站内流线的"瓶颈"多出现在两条流线的冲突点附近,此层的旅客拥堵情况不是很明显,需要解决的问题是如何优化流线,而不是疏导和缓解流线上的“瓶颈”。

高架层各流线上旅客的平均行程时间(秒)　　表3

The average passenger travel time on the second floor(s)　　Tab.3

	北侧电扶梯入口	社会车辆西侧入口	社会车辆东侧入口	南侧电扶梯入口
北侧电扶梯出口	0	271.3	273.2	549.5
北侧步行梯出口	60.8	319.9	409.0	607.1
普速候车室三进站口	61.3	402.6	315.6	561.1
普速候车室四进站口	130.2	227.5	225.2	412.4
高速候车室四北侧进站口	212.6	192.8	191.7	392.7
高速候车室四西侧进站口	261.0	105.6	427.2	279.0
高速候车室四东侧进站口	268.9	445.6	107.5	271.8
高速候车室四南侧进站口	385.5	191.8	191.2	218.6
城际候车室三进站口	416.7	226.7	219.9	144.9
南侧电扶梯出口	557.2	276.2	291.4	0

高架层检测点的仿真结果　　表4

The simulation results of detection points on the second floor　　Tab.4

编号	检测点位置	平均排队长度(m)	最大排队长度(m)	总的排队人数(个)
1	北侧普速进站步行梯口票闸机	0	4	30
2	普速候车室三入口票闸机	2	6	43
3	普速候车室四入口票闸机	1	4	101
4	高速候车室四北侧入口票闸机	1	8	168
5	高速候车室四西侧入口票闸机	0	4	141
6	高速候车室四东侧入口票闸机	0	3	128
7	高速候车室四南侧入口票闸机	1	6	164
8	城际候车室三入口票闸机	1	6	114
9	北侧电扶梯入口	0	4	11
10	北侧电扶梯出口	0	10	25
11	社会车辆西侧入口	0	5	4
12	社会车辆东侧入口	0	4	2
13	南侧电扶梯入口	0	2	3
14	南侧电扶梯出口	0	5	37
15	西侧普速与高速的冲突点	3	10	112
16	东侧普速与高速的冲突点	3	9	149
17	西侧高速与城际的冲突点	6	17	167
18	东侧高速与城际的冲突点	4	12	134

(三)换乘客流流线优化分析

综合以上仿真数据,修改换乘设备的物理参数,提高设备的利用率,以此来优化站内的流线。

1. 改变候车室性质

设想在高峰时期，改变高架层候车室的性质，来提高候车室空间的利用率，方法如下：

方法 1 保持候车室性质不变；

方法 2 将所有软席候车室改为普通候车室。

仿真结果见表 5。

高架层改变候车室性质的仿真结果 表 5

The simulation results of change the character of waiting room on the second floor Tab. 5

方　法	平均损失时（s）	平均停滞时间（s）	平均停止次数（次）	平均排队长度（m）	最大排队长度（m）	总的排队人数（个）	通过总量（个）
1	4.9	1.6	0.86	1.2	6.6	85.1	29585
2	4.9	1.5	0.82	1.2	6.4	82.3	29836

分析仿真结果可知，此方法实施后，高架层的通过总量有提高，而其他各项结果基本维持不变或略有减少。因此，在客流高峰时期，为了增加旅客的通过总量，提高候车室的使用效率，可以采取此措施，即将所有软席候车室改为普通候车室。

2. 改变票闸机台数

设想可以在保证高架层内旅客走行不受影响（即无拥堵和无排队现象）的情况下，适当减少进站入口处票闸机数量，以此来优化流线上的物理设备，做到高效和经济的使用设备的目的。

改变票闸机台数的方法如下：

方法 1 保持票闸机台数不变；

方法 2 将北侧步行梯进站入口及高速东西两侧入口票闸机台数减半；

方法 3 将高架层所有进站入口票闸机台数减半；

方法 4 将北侧步行梯入口及高速东西两侧进站入口票闸机台数减为四分之一，其余全部减半；

方法 5 将高架层所有进站入口票闸机台数减为四分之一。

仿真结果见表 6。

高架层改变票闸机台数的仿真结果 表 6

The simulation results of change the number of AFC on the second floor Tab. 6

方　法	平均损失时间（s）	平均停滞时间（s）	平均停止次数（次）	平均排队长度（m）	最大排队长度（m）	总的排队人数（个）	通过总量（个）
1	4.9	1.6	0.86	1.2	6.6	85.1	29585
2	4.8	1.6	0.91	1.2	6.7	87.3	29763
3	5.5	1.9	1.13	1.3	7.0	87.5	29852
4	6.3	2.6	1.36	1.7	9.1	131.2	29871
5	6.6	2.7	1.43	1.8	9.1	137.5	29839

当方法 2（将北侧步行梯入口及高速东西两侧进站入口票闸机台数减半）实施以后，旅客的平均损失时间达到了相对较小，之后随着票闸机台数的减少，平均损失时间开始略有增

加。平均停滞时间、平均停止次数随着票闸机台数的减少而增加,尤其是方法 4 和方法 5,较之前的方法时间增幅比较大。

由于进站口的票闸机数量减少,在高架层的旅客走行受到了限制,所以随着票闸机台数的减少,排队人数和长度不断增加,其中方法 2、方法 3 略有增加,而方法 4、方法 5 增幅加快。同时,当方法 3(将高架层所有进站入口票闸机台数减半)和方法 4 实施时,通过的旅客总量比其他方法多。

综上所述,为了在各项结果最优,即在基本不影响旅客走行的前提下,实现站场内设备的有效利用,选择方法 3 即高架层所有进站入口票闸机台数减半为高架层票闸机数量设置措施。

五、结语

本文应用 VISSIM 仿真软件对北京南站高架层进行了换乘组织方案动态仿真分析。针对高架层客流拥堵情况不明显,客流通行比较舒畅,有时站内设备(如票闸机、候车室)会有空闲的情况出现,如何在不影响旅客走行的前提下,提高客服设备的使用率,提出了以下措施:措施一将所有软席候车室改为普通候车室。这样可以缓解客流密度比较集中的普通候车室的压力,而同时充分利用起相对比较空闲的软席候车室。措施二将高架层所有进站入口票闸机台数减半。仿真结果表明,措施二实施后,平均排队长度仅增加了 0.1m,而旅客的通过总量增加了 267 人。

以上两种措施都是为了解决高架层的主要问题:如何有效利用设备,达到站内资源优化配置的目标而提出的。根据高架层的实际情况,两种措施可以同时使用,这样能更有效地提高整个枢纽站内的换乘效率和旅客通过量。

VISSIM 仿真平台中的行人运动模型是基于机动车运动模型而建立的,目前已有较多研究探讨行人模型,比如基于元胞自动机原理的模型。今后可以开展对行人模型的深入研究,这样可以与流线仿真模型更好的结合,来反映实际情况。

参考文献

[1] 沈景炎. 以轨道交通为骨架构筑城市客运综合枢纽[J]. 都市快轨交通,2004. 17(3):19-23.

[2] 毛保华. 高速铁路客流集散特征研究[R]. 铁道第四勘察设计院项目(YSS04012),2005. 6.

[3] 王建聪,高利平. 城市公共交通枢纽换乘组织仿真研究[J]. 交通运输系统工程与信息,2006,6(6):96-102.

[4] 周伟,姜彩良. 城市交通枢纽旅客换乘问题研究[J]. 交通运输系统工程与信息,2005,5(5):23-30.

[5] 葛亮,王炜,邓卫,梁睿中. 城市客运换乘枢纽规划与设计方法研究[J]. 规划师,2004,20(10):53-55.

上海地铁换乘站存在问题及对策分析

王　祥

(上海市城市综合交通规划研究所,上海　200040)

【摘　要】　通过具体实例分析总结了上海地铁换乘站目前存在的各类问题,包括设计容量、运营组织、人流组织等。并提出上海地铁换乘站工程上和运营组织上的改进措施,希望研究结论能对解决目前上海地铁换乘站存在的客流拥挤和客流对冲问题提供参考,同时为未来上海地铁换乘站的规划、设计和运营组织提供借鉴。

【关键词】　地铁　换乘站　对策

Problems and Sugestion of Metro Transfer Staions in Shanghai

Wang Xiang

(Shanghai City Comprehensive Transportation Planning Institute, Shanghai 200040)

Abstract: The paper summarized the problems of Shanghai Metro transfer stations by some examples, including station design capacity, operation organization and passenger flow organization. It also suggested the improvement on stations facilities and operation organization. We hope the results could provide reference for Shanghai metro transfer station planning, design and operation organization.

Keywords: Metro　Transfer station　Suggestion

一、概述

随着上海地铁建设速度的加快,运营从单线运营进入网络化运营阶段,不同线路之间的换乘效率将是影响地铁网络整体运营效率和运营安全的关键。伴随线路的增加,换乘车站数量增多,地铁客流规模在不断增长,地铁换乘站存在的问题也日见突出。尽管运营部门采取了一些措施,但换乘站的设计和运营组织管理仍然存在不少问题,现将上海地铁换乘站目前存在的问题进行分析总结,并提出对策建议。

二、上海地铁换乘站存在的主要问题

(一)换乘设施容量不足

地铁换乘站的换乘设施包括换乘站的站台、上下楼梯、自动扶梯、换乘通道及换乘大厅等。由于初期对高峰时段,尤其是极端高峰时段客流预测把握不足,早期建设的换乘站其站台容量、上下楼梯(含自动扶梯)、换乘通道(或换乘大厅)等的设计均存在容量不足的问题。

中山公园站开通初期,尽管在北站厅增设了一组上下楼梯,但早高峰时段 3、4 号线高架车站与2号线地下车站之间的换乘客流经常拥堵在上下楼梯上,严重时,由于换乘楼梯水泄不通,换乘客流拥堵至高架站台楼梯口附近,影响了正常的运营秩序,也带来了很大的安全隐患。

由于站台与站厅之间上下楼梯容量严重不足,站台与站厅之间形成客流瓶颈,地铁8号线人民广场站开通时就出现大量客流积压在站台上。

随着地铁4号线的环线运营以及新线路的投入运营,线网的扩展,上海体育馆站的换乘客流迅速增加。然而,上海体育馆站1号线与4号线之间是"L"型站厅相通,站厅相连部分被划分为付费区和非付费区。付费区通道宽度狭窄,加上由于管理上不到位,换乘通道经常有银行卡设摊等现象,换乘通道容量严重不足,导致两线交换客流在此严重拥堵。

西藏南路站是上海第一个"十"字型站台换乘站,开通初期由于换乘客流相对较小,因此站台与站台之间的换乘楼梯能满足换乘客流的需要。随着8号线的延伸,高峰时段客流逐渐增长。由于站台之间的楼梯宽度受站台宽度限制无法再扩容,因此也会出现换乘客流拥堵在楼梯口,进而影响到站台的运营安全。

地铁世纪大道站的6号线是按照4C编组轻轨列车站台设计,但这里2、4号线与6号线之间的换乘流量很大,随着9号线的开通,将有三条线路与6号线形成换乘,加上6号线运营间隔较长,因此现有站台无法容纳三条线的换乘客流,高峰时段站台客流也会溢出到换乘大厅。

(二)客流对冲

地铁换乘站之间的客流对冲包括进出站客流之间的对冲、换乘客流与进出站客流的对冲、换乘客流之间的对冲。换乘客流之间的对冲是目前上海地铁换乘站客流组织存在的主要问题。

尽管采取了简单的物理隔离,早高峰时段地铁人民广场站1、8号线与2号线之间的换乘客流对冲现象仍然存在。人民广场站1、8号线车站与2号线车站站厅之间呈"L"型,采取物理隔离后,2号线站台东端的换乘客流基本能按照规定流线由东侧上下楼梯或自动扶梯进入1、8号线站厅,但是站台西端换乘客流需要穿越二号线站厅才能进入西端的换乘楼梯,正好与1、8号线换乘2号线客流产生交织对冲,换乘秩序出现混乱,甚至引发了乘客之间的肢体冲突,带来安全问题。

上海体育馆站1号线与4号线之间的换乘客流均集中在"L"型换乘通道拐角处,由于通道本身狭窄,高峰时段两个方向客流交织对冲十分严重。

(三)缺乏有效物理连接

受规划设计、建设工期、土地开发、动拆迁等因素的影响,上海现有地铁换乘站大多分期建设,有些换乘站甚至出现多次改建,导致了换乘站开通初期许多车站由于缺乏物理连接没法实现付费区换乘。

上海火车站受铁路车站的影响,两座车站之间距离遥远,尽管建设了一条连接通道,但由于该通道兼有社会通道功能,没法实现隔离换乘,交通卡乘客只能实现"虚拟"换乘,而单程票乘客无法实现换乘。受动拆迁等因素影响,地铁宜山路换乘站三座车站之间仍然无法实现站内换乘,3号线与9号线之间采取地面临时通道换乘,而9号线与4号线之间交通卡乘客只能出站进行"虚拟"换乘,单程票乘客必须借助于3号线才能实现与4号线换乘。即将建成使用的地铁9号线徐家汇站受建设工期影响,开通初期只能与1号线实现交通卡乘客"虚拟"换乘,单程票乘客无法实现一票通换乘。受用地开发滞后于地铁车站建设的影响,8号线虹口足球场站开通初期与3号线无法实现公共付费区换乘,目前交通卡乘客只能通过地面出站进行"虚拟"换乘。

二、上海地铁换乘站改进建议

(一)扩建设施

通过扩建或增设站台、上下楼梯或自动扶梯,扩建换乘通道或换乘大厅,增加换乘设施的容量,以消除因容量不足导致的换乘拥挤或拥堵。

地铁8号线人民广场站已经实施由"岛式"站台改建为"一岛一侧式"混合站台(图1),航天博物馆方向增设了一个站台和四组单向自动扶梯,列车到站实行两侧车门同时下客,市光路方向到达列车直接在新增站台下客通过自动扶梯进入换乘大厅,大大缓解了8号线站台客流进出站厅的拥堵状况。地铁3、4号线中山公园站通过增建上下楼梯,并开启了南侧换乘通道,大大缓解了换乘客流的拥堵。同样,地铁漕宝路站也将结合12号线车站建设,在东侧增设新的站台,解决站台容量严重不足问题。

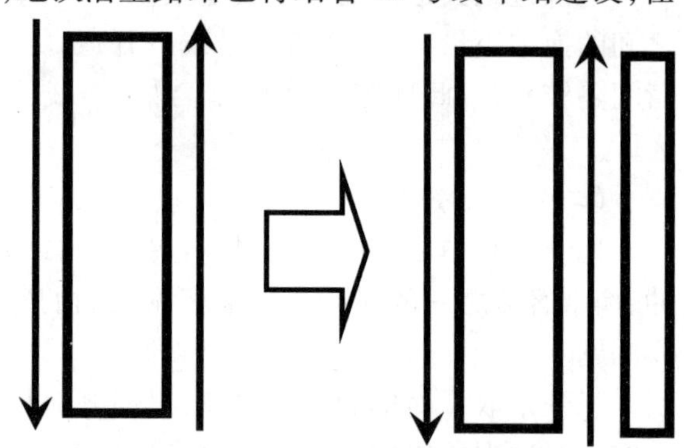

图1 地铁8号线人民广场站站台改建示意(已实施)

Fig. 1 Platform rebuilding sugestion of people's square metro sta. (implemented)

地铁2号线与1、8号线之间换乘通道连接处西侧通过改建可以将"L"型垂直相交改建为三角形相交,增加2号线北侧站厅面积,将有效疏解客流对冲问题。

地铁上海体育馆站1、4号线之间的站厅通过改建由"L"型改为三角形,增扩换乘区域面积,将有效改善换乘两线之间换乘客流的对冲问题,如图2所示。

地铁上海南站站之间的换乘通道可以通过减少地下商业设施,增加换乘空间来解决高峰拥挤情况,同时消除3号线东西两站厅不相通给乘客换乘带来的不便。

(二)合理流线组织

通过物理隔离,实现单向换乘等可以解决客流对冲或换乘设施容量不足。

人民广场站换乘通道开通后,短换乘通道之间由双向换乘改为高峰单向换乘,最后是全天单向换乘。8号线建成后通过换乘大厅改造,增设换乘口,结合自动扶梯的开行方向,并通过一定的物理隔离,实现了2号线至1、8号线换乘主客流由北侧通道单向换乘,有效缓解了换乘客流对冲,并提高了换乘容量。

4号线上海体育馆站西侧两台自动扶梯由过去的双向运行改为单向运行后,通过一定的物理隔离引导,很大程度上缓解了1号线和4号线换乘时的客流对冲现象。

西藏南路站随着高峰时段客流的增长,建议在客流高峰时段,4号线站台与8号线站台之间的换乘楼梯实施单向换乘,只开放4号线上楼梯至8号线的单向换乘,而8号线换乘4号线通过站厅绕行。这样可以消除高峰客流对冲。

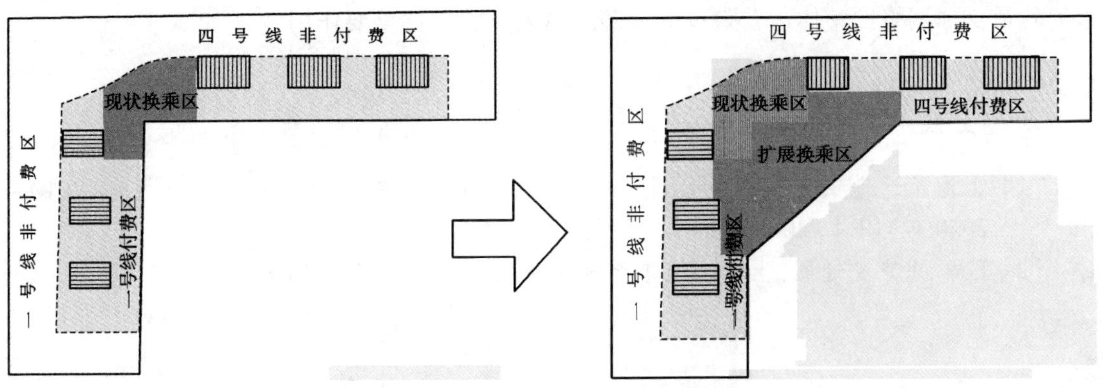

图2 地铁上海体育馆站换乘区域改建建议

Fig. 2 Interchange zone enlarging suggestion of shanghai stadium metro sta.

中山公园站未来换乘客流增长时早高峰时段也可实施南北通道单向换乘,以避免上下楼梯换乘客流对冲。

(三)运营组织优化

一方面编制地铁列车运行图时,要尽量减少高峰时段上下行列车同时到达换乘客流大站,亦即换乘车站两个方向列车错时进站,以避免或减少因两车同时到站带来的大客流对站台和上下楼梯、换乘通道造成拥挤或堵塞。地铁二号线人民广场站高峰时段经常出现上下行列车同时到达车站,导致东端站台人流高度拥挤和堵塞。其运行图优化建议如图3所示。

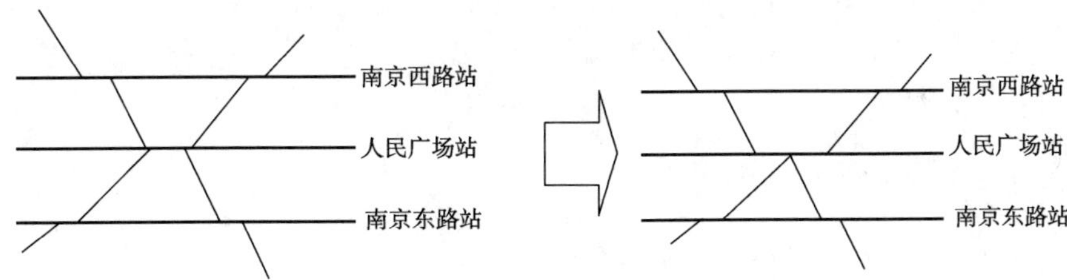

图3 地铁人民广场站2号线运行图优化建议

Fig. 3 Train schedule chart optimizaton sugestion of metro line 2 at people's square sta.

另一方面,加快地铁线路列车的增能,最大限度缩短高峰时段的运营间隔,减少换乘站站台的客流积压。如6号线通过尽快增加运能,缩短早高峰时段的运营间隔后,世纪大道站的站台客流压力将会得到缓解。

(四)加快换乘设施的一体化建设

政府出面协调换乘设施建设中碰到的若干问题,如拆迁、搬迁、开发商用地开发建设问题等。在加快推进既有车站如宜山路、虹口足球场、上海火车站等实现物理通道付费区换乘的同时,争取新的换乘站建成投入使用时,换乘设施同步投入使用。

三、结语

上海轨道交通运营从线到网,2010年运营里程将达到420km,换乘站将由现状11座增加至33座。2013年运营线路将超过500km,换乘站将增至近50座。总结现状换乘站规划设计及客流组织管理中存在的问题,做好新型换乘车站的换乘设施及客流组织设计,对提高上海轨道交通网络的整体运营效率和保障运营安全将发挥重要作用。

参考文献

[1] 上海申通地铁集团有限公司,等.上海市城市快速轨道交通近期建设规划(2010-2020年)[R]. 2009.1.

[2]王祥.东京交通圈.上海市城市综合交通规划研究所[R].2009.

港口功能影响因素的主成分分析

纪寿文　赵文鹏

（北京交通大学交通运输学院,北京　100044）

【摘　要】 本文立足港口功能升级优化关键影响因素阐述分析,在构建港口功能提升影响因素的综合评价指标体系的前提下,应用主成分分析模型,对影响港口功能的主要因素的权重进行评定。结果表明:港口基础设施建设是影响港口功能提升的主要原因。其结论与专家定性分析结果基本一致,说明了主成分分析法引进到港口功能诊断分析评价中是有效的。

【关键词】 港口功能　影响因素　主成分分析

Principal Component Analysis on Impact Factors of Port Function

Ji Shouwen　Zhao Wenpeng

(School of traffic and transportation, Beijing Jiao Tong University, Beijing 100044)

Abstract: Based on the impact factors analysis for the improvement of port function, evaluation system was designed. Principal component method was applied to definite the weighing coefficient. Actual experiment of coastal harbour is done, and finds that: infrastructure construction maybe the key point to improve the port function, bringing in principal to diagnosis the weakness of port function is effective.

Keywords: Port function　Impact factors　Principal component analysis

一、引言

港口是国家和地区贸易的窗口,港口功能是港口开展业务的基础,港口功能的提升直接体现港口竞争力。正确评价港口功能影响因素的权重系数,是诊断港口功能提升薄弱环节的有效方法。目前,确定权重系数的方法有很多[1],主成分分析法(PAC)的权重依靠各原始数据,并能够很好地消除多个指标间的多重共线性,属于客观赋值法,是港口功能影响因素指标评价的优秀方法之一。

二、港口功能影响因素指标体系设计

港口是港口功能的承载实体,港口功能是港口的核心和灵魂。按照港口提供服务的业务范围和作用对象,港口功能主要概括为装卸服务功能、储运服务功能、物流服务功能、贸易服务功能、信息服务功能、金融服务功能、业务服务功能、城市服务功能等八大功能。

影响各港口功能升级的因素是多种多样的,我们遵循以下原则筛选指标:

（1）科学性原则：做到理论与实际相结合，采用定性指标与定量指标相结合的方法，抓住评价对象的实质，并具有针对性。

（2）系统性原则：在系统工程思想的指导下，采用自上而下的设计方法，注重整体与部分相结合。

（3）实用性原则：指标体系尽量做到方法简便，指标简化，数据采集容易，整体操作规范。由此，本文建立港口功能影响因素指标体系见表1。

港口功能影响因素评价指标体系 表1

The evaluation index system on impact factors of port function Tab. 1

		种　类	说　明
港口功能影响因素评价指标体系	内部因素	区位优势（A1）	指某一地区在发展经济方面客观存在的有利条件或优越地位。区位因素影响整个港口功能拓展
		基础设施（A2）	基础设施是港口功能开展的基础，基础设施条件决定着整个港口功能的发展，是港口其他功能开展的先决条件
		集疏运条件（A3）	港口集疏运因素包括交通系统和航运系统两个部分，是衡量港口功能发展价值和潜力体现的重要参数
		临港工业（A4）	指依托港口发展起来的关联产业，是港口货源的重要保证，对港口功能发展起着基础性作用
		管理体制（A5）	是一个地区港口管理机构对港口实施管理的渠道和方案，是港口功能建设的抓手
		信息化程度（A6）	港口信息化水平是现代港口功能发展的助推剂，信息化条件代表着一个港口功能建设的先进程度
		人才资源（A7）	生产活动中最活跃的因素，直接影响整个港口功能的升级
	外部因素	宏观经济（B1）	拓展并完善港口功能的宏观背景
		宏观政策（B2）	提供港口发展的政策环境，给其功能升级带来机遇和挑战
		腹地经济（B3）	港口货源的保障，港口功能升级的根本支持
		港口竞争（B4）	港口发展的动力来源，港口功能升级的促进因素

三、主成分分析模型与求解

主成分分析法隶属多元统计分析技术，基本原理是通过一定的多元统计分析，测算各个指标在样本之间的相对差距，从众多影响因素中选取前几个关键因素进行综合评价和加权合成，根据综合评价值的大小进行排序，确定各个因素的权重，最后对整个系统分析、评价。

主成分分析法的主要评价步骤，如图1所示。

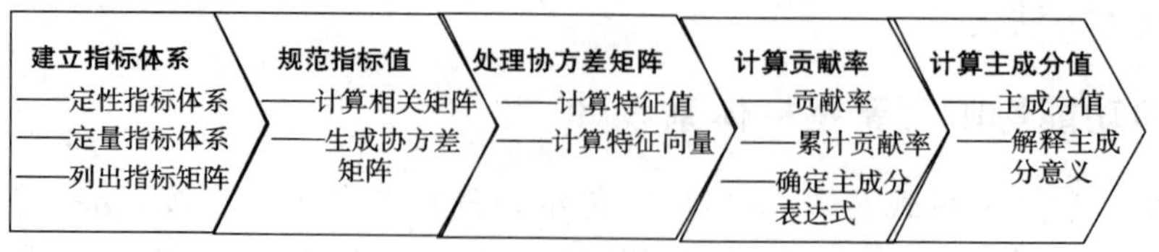

图1　主成分分析法的分析步骤

Fig. 1　The analysis steps of principal component analysis

(1)建立指标数据矩阵 X,并对原始数据经行标准化处理,计算 X 的协方差矩阵 S。通常,在主成分分析中通常采用的是"标准化法",将数据归一化处理如下[2]:

$$x_{ij} = \frac{x_{ij} - \bar{x}}{varx_j}, i = 1,2,...,n; j = 1,2,...,p$$

$$y_{ij} = \frac{y_{ij} - \bar{y}}{vary_j}, i = 1,2,...,n; j = 1,2,...,q$$

(2)计算协方差矩阵 S 的特征值 λ ($\lambda_1 \geqslant \lambda_2 \geqslant ... \geqslant \lambda_n \geqslant 0$)和特征向量 L ($L_1, L_2, \cdots, L_n$)。

(3)计算贡献率和累计贡献率,确定主成分表达式。由线性代数的知识可得第 r 个主成分: $F_r = X \cdot L_r, r = 1,2,\cdots,n$,并求得主成分 $F_1, F_2, ..., F_n$ 的方差贡献率及累计方差贡献率:

$$a_i = \frac{\lambda_r}{\sum \lambda_i}, \sum_{i=1}^{n} a_i = 1$$

选出前 m 个最大的特征值对应的主成分 $F_1, F_2, ..., F_m$,使累积贡献率大于指定的 p 值。

(4)将原始数据代入方程中计算综合评价值进行分析比较,找出港口功能建设的关键因素,为港口功能建设目标的制定和港口功能发展对策的制定提供系统化的解决思路。

四、实例应用

本实证以中国沿海某港口的港口功能影响因素综合评价为研究重点。依照上述综合评价指标体系,按照专家打分法设计打分表,邀请对国内一流的专家 3 位、对港口情况熟悉的管理人员 2 位,对各因素指标评分,评分结果见表 2。

港口当前功能建设影响因素专家打分得分表 表 2

The experts scoring table on impact factors of port function Tab. 2

因素	A_1	A_2	A_3	A_4	A_5	A_6	A_7	B_1	B_2	B_3	B_4
专家 1	3	5	3	3	4	4	2	2	2	1	3
专家 2	3	5	5	2	4	3	3	3	1	3	4
专家 3	3	5	4	1	3	3	2	4	3	4	2
专家 4	3	5	3	2	4	3	4	2	4	1	3
专家 5	3	5	4	3	5	4	2	3	3	2	4

注:1. 影响因素分为 5 等级,大(5 分)、较大(4 分)、中(3 分)、较小(2 分)、小(1 分);

2. 为了保证数据的关联性,取港口区位因素 A_1 影响为中等水平,A_1 随时间变化慢。

(1)据 5 位专家打分,依据正交设计实验方法理论构造数据矩阵 X。

$$X=\begin{bmatrix}1.825 & 1.526 & 1.501 & 1.673 & 1.897 & 1.698 & 1.701 & 1.687 & 1.358 & 1.625 & 1.548\\ 1.727 & 1.598 & 1.617 & 1.722 & 1.685 & 1.767 & 1.368 & 1.368 & 1.548 & 1.625 & 1.357\\ 1.635 & 1.947 & 1.483 & 1.531 & 1.265 & 1.532 & 1.487 & 1.539 & 1.862 & 1.954 & 1.684\\ 1.641 & 1.711 & 1.802 & 1.547 & 1.697 & 1.483 & 1.531 & 1.651 & 1.720 & 1.700 & 1.764\\ 1.432 & 1.703 & 1.678 & 1.787 & 1.701 & 1.697 & 1.802 & 1.583 & 1.730 & 1.722 & 1.486\end{bmatrix}$$

（2）计算协方差矩阵 S。

$$S=\begin{bmatrix}1.000 & 0.526 & 0.501 & 0.673 & 0.897 & -0.698 & 0.701 & 0.687 & 0.358 & -0.625 & 0.548\\ 0.717 & 1.000 & -0.617 & 0.722 & -0.685 & 0.767 & -0.368 & 0.368 & 0.548 & 0.625 & -0.357\\ -0.635 & -0.947 & 1.000 & 0.531 & 0.265 & -0.532 & 0.487 & -0.539 & 0.862 & -0.954 & 0.684\\ 0.641 & 0.711 & -0.802 & 1.000 & 0.697 & 0.483 & 0.531 & 0.651 & -0.720 & 0.700 & 0.764\\ -0.432 & 0.703 & 0.678 & -0.787 & 1.000 & -0.697 & -0.802 & 0.583 & 0.730 & 0.722 & 0.486\\ -0.982 & -0.581 & 0.256 & 0.352 & -0.476 & 1.000 & 0.733 & -0.624 & -0.482 & 0.724 & 0.215\\ -0.425 & -0.548 & 0.998 & 0.875 & -0.775 & 0.845 & 1.000 & -0.518 & -0.646 & 0.586 & -0.768\\ 0.127 & 0.528 & 0.774 & 0.554 & 0.475 & 0.586 & 0.485 & 1.000 & 0.428 & 0.875 & 0.246\\ -0.254 & 0.565 & -0.284 & 0.154 & 0.256 & 0.548 & -0.325 & 0.525 & 1.000 & 0.523 & -0.425\\ -0.451 & 0.254 & 0.154 & 0.978 & 0.598 & 0.529 & 0.758 & 0.856 & 0.762 & 1.000 & -0.698\\ 0.661 & 0.758 & 0.586 & 0.587 & -0.358 & 0.786 & -0.528 & 0.444 & -0.254 & 0.428 & 1.0000\end{bmatrix}$$

（3）计算贡献率和累计贡献率，见表 3。

主成分特征值及贡献率 表 3

The eigen value and contribution rates of principal component analysis Tab. 3

	特征值	贡献率（%）	累计贡献率（%）
Y_1	5.213	97	97
Y_2	1.021	2	99
Y_3	0.856	0.4	99.4
Y_4	0.774	0.45	99.85
Y_5	0.654	0.14	99.99
Y_6	0.362	0.001	99.99
Y_7	0.181	0.0008	100
Y_8	0.002	1.5 − 5E	100
Y_9	0.001	1.68 − 7E	100
Y_{10}	2.1 − 10E	2.3 − 10E	100
Y_{11}	1.6 − 16E	3.68 − 14E	100

（4）由表 3 确定主成分为 Y_1，并计算因子负荷表（表 4）与表达式。

主成分 Y_1 因子负荷表 表 4

The loadings table of principal component factor Y_1 Tab. 4

主成分	A_1	A_2	A_3	A_4	A_5	A_6	A_7	B_1	B_2	B_3	B_4
Y_1	0.006	0.343	0.238	0.004	0.248	0.094	0.002	0.001	0.002	0.001	0.058

主成分表达式：

$$Y_1 = 0.006A_1 + 0.343A_2 + 0.238A_3 + 0.004A_4 + 0.248A_5 + 0.094A_6 + 0.002A_7 + 0.001B_1 + 0.002B_2 + 0.001B_3 + 0.058B_4$$

五、结论

通过主成分分析发现，Y_1 的累积贡献率达到0.97，已足以休现港口功能提升的关键点。A_2（基础设施因素）是港口功能建设的首要突破口，港口功能建设基础设施要先行；A_3（集疏运条件因素）、A_5（临港产业因素）是港口功能建设的重点，是港口吞吐量的提升，货源稳定的保障；A_6（信息化程度因素）是港口功能发展的推力，为港口功能提升提供快捷方式；B_4（宏观政策因素）不可忽视，政策导向是整个港口功能发展的依据。因此，针对主导因素，各个击破，是本港口功能发展的关键。

参考文献

[1] 叶宗裕. 主成分综合评价方法存在的问题及改进[J]. 统计与信息论坛,2004,19(2):29-32.

[2] 马宁. 港口功能的发展分析[J]. 中国水运,2006(12).

[3] 宋德驰. 中国港口与运输实务[M]. 北京:人民交通出版社,1999:123-125.

[4] 童其慧. 主成分分析法在指标综合评价中的应用[J]. 北京理工大学学报(社会科学版),2002(4).

[5] 李欣,赵忠刚,王福宾. 管道外腐蚀影响因素的主成分分析模型[J]. 管道技术与设备,2009(1):6-9.

我国铁路集装箱运输发展的目标市场定位

程　楠[1,2]　陆化普[1]

（1. 清华大学交通研究所，北京　100084；2. 北京交通大学经济管理学院，北京　100044）

【摘　要】 50多年发展历史的铁路集装箱运输已经初具规模，然而在新的经济发展趋势下，却面临着被边缘化的危机。通过对运输市场需求的分析，明确铁路集装箱发展的市场定位。一要确保在站到站市场上发挥相对公路运输的成本优势和环境优势及相对内河水运的时间优势和地理优势；二要提高港站换装枢纽上点的协调，即固定设施的能力匹配和移动工具的互联互通。文章最后给出了铁路集装箱在不同市场上的竞争策略。

【关键词】 铁路　集装箱　市场

The Market Orientation of Rail Container Transportation in China

Cheng Nan[1,2]　Lu Huapu[1]

(1. Institute of Transportation Engineering, Tsinghua University, Beijing 100084;
2. School of Economics and Management, Beijing Jiaotong University, Beijing 100044)

Abstract: For more than 50 years history, rail container transportation has its scale. But confronted with the new economic development trend, it is in a danger to be exclusive from the container transportation market. Through the market analysis of container transportation, the paper points out the market orientation of rail container transportation. Firstly, it can exert its cost and environmental advantage relatived to road transportation and its time and geographical advantage relatived to freshwater transportation in the market of terminal to terminal. Secondly, it should promote the harmony in nodes, including the capacity matching of infrastructure and the connecting of moving implements. Finally, the paper gives rail container transportation some pertinent competitive tactics in different markets.

Keywords: Rail　Container　Market

一、我国铁路集装箱发展历史

我国铁路集装箱运输始于1955年，最初仅在上海、沈阳、天津、哈尔滨、大连、济南车站进行试运营。到1958年，已经有了近6000个3吨箱和一些专用箱。当时铁道部下设集装箱运输总所，负责所有集装箱的调度；而各路局下设分所，并利用自有车辆提供门到门运输服务。这一时期的铁路集装箱运输取得较快发展，直达率达90%，门到门运输也占到12%。但1958年以后，原有管理机构被精简，接取送达服务被取消，再加上10年动乱，铁路集装箱运输的发展被迫停滞。1977 年铁道部决定恢复原来的集装箱运输管理机构，发展集装箱运输，并制订了集装箱运输的发展规划。进入 20 世纪 80 年代，伴随经济发展而来的是货运量的大幅攀升，铁路集装箱运输的优越性越来越被各行各业所认识和接受，给集装箱运输的发展提供了机遇。到 1995 年，我国铁路集装箱年发送量为 285 万 TEU，发送吨为 2293 万吨。1996 年铁道部正式成立了“中铁集装箱运输中心”，各路局同时成立了相应的机构。2004 年为了响应国家深化改革的大政方针，铁道部正式成立集装箱专业运输公司——中铁集装箱运输有限责任公司。公司资产 22 亿元人民币，注册资本 12 亿元，现有股东 15 家，其中铁道部中铁集装箱运输中心占股份 51%，其他 14 个铁路局占股份 49%。公司由总部、分公司、营运部和集装箱办理站组成，下设哈尔滨、沈阳、北京、呼和浩特、郑州、济南、上海、南昌、广州、柳州、成都、兰州、乌鲁木齐、昆明等 14 个分公司。

二、我国铁路集装箱发展中面临的困惑

铁道部有心做大做强铁路集装箱运输业，可是从目前的集装箱运输市场来看，并不乐观。海上集装箱运输可谓一枝独秀，几乎占据了集装箱运输市场的半壁江山，在 45% 的上下浮动；公路集装箱虽然存在不少问题，但受益于近些年高速公路的快速发展，已发展成为陆上集装箱运输的霸主，不仅可以和海上集装箱运输抗衡，而且成为海陆联运中至关重要的战略同盟之一。反观铁路集装箱运输，运量虽有上升，但市场份额却在逐年下降，所占比例不足 10%。从构成来看，铁路集装箱对内陆集装箱运输市场仍然有较强的依赖性，国内箱的比重高达 70% 以上，根据海关总署《关业统字 JG01 表》中的数据显示，铁路进出口集装箱运量占进出口集装箱总运量的比例不足 0.3%。以上数据说明，铁路集装箱运输必须认真思考当前的市场形势和市场需求，只有找准自身定位才能在竞争中突围。

运输业发展至今日，各种运输方式的单打独斗已经无力满足市场的最终需要。整合各种运输资源，通过多式联运提供更高价值的运输服务成为运输业发展的共识。而集装箱恰恰是最适宜于多式联运的运输载体。从某种意义上看，铁路集装箱运输仅仅是集装箱运输方式之一，是多式联运链条上的一个环节。对于铁路集装箱运输而言，如果受限于两条轮轨，仅仅着眼于为该子系统提供封闭的货运服务，就相当于人为割断了连续的运输链条，没有外界环境的物质、信息交流将最终导致自身的萎缩，不仅难以维持原有市场，更有可能被其他替代性运输方式边缘化。一旦脱离了整个大的集装箱运输系统，单凭铁路集装箱一已之力将远远无法满足现代社会对货运的要求。

三、我国铁路集装箱发展的目标市场定位

运输离不开基础网络，集装箱运输也要依赖于网络上的点和线。如图 1 所示，集装箱运输在三类“点”（门、站、港）之间共有六种组织方式，分别是港到港、港到站、港到门、站到站、站到门和门到门。在这六类运输组织中集装箱门到门运输应该是集装箱发挥多式联运效果的最完美表现，但凡是涉及“门”的运输，无论是门到门、站到门、港到门还是门到站、门到港都对运输灵活性提出了很高的要求，通常需要借助公路来完成发、到的运输任务。而港到港的运输主要通过海上运输完成，并且已经发展的相当成熟。那么铁路集装箱的核心运输市场主要集中在站到站运输和港站运输。

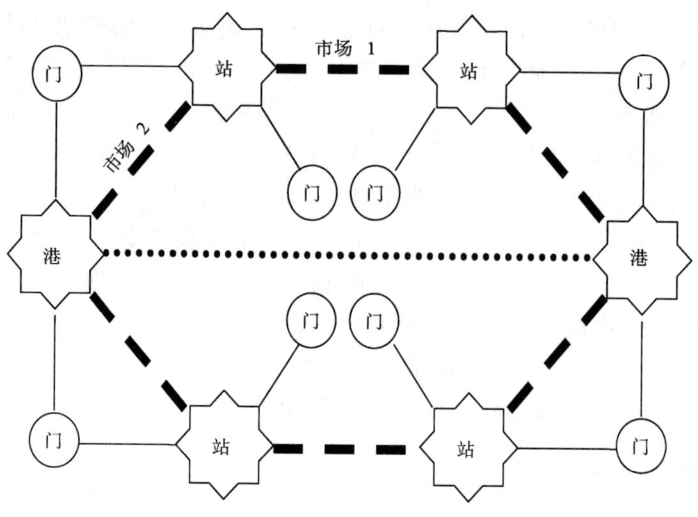

图1 铁路集装箱运输市场分析图

Fig. 1 Market analysis of rail container transportation

（一）站到站的“线”上竞争

从中铁集装箱运输有限责任公司近两年的发展来看，构建十八个中心站以及在上海、北京等地之间开行集装箱班列，都是在努力拓展站到站的目标市场。站到站市场的竞争主要集中在“线”上，谁能提供低价优质满足客户需求的服务，谁就能赢得市场主动权。根据麦克尔·波特的竞争力理论分析，该市场存在多个竞争对手，内河水运和公路运输。表1是采用SWOT方法对三种集装箱运输方式的优劣比较。铁路集装箱运输欲在此市场立足，必须发挥其核心优势，即相对公路运输的成本优势和环境优势以及相对内河水运的时间优势和地理优势。

从技术角度来看，公路运输的经济距离在500公里左右。超过此范围后，随着运输距离的增长，公路运输成本攀升；而铁路运输在长距离运输市场上能够发挥运输距离经济的优势，随运输距离的延长，平均运输成本不断降低。所以只要货源充足、组织合理，铁路集装箱运输完全能够巩固和强化长距离的站到站市场。在和公路产生竞争的中短途运输市场上，铁路集装箱运输要从产品差异化的角度提升竞争力，通过提供特色服务，满足客户多样化的需求和降低整体流通成本等方面吸引更多客户。

铁路运输在环境影响方面的优越性已经得到广泛共识。据统计，铁路货运所产生的空气污染极少，只有一般公路货运的1/6（根据德国联邦统计局和联邦环境局的实证研究结果显示，利用铁路运输100公里1吨的货所需排放的二氧化碳量为2.5kg，但若使用载重卡车的话，同样距离、同样重量的货，就会排放14kg的二氧化碳）；在占地方面，按单位运输量测量，铁路是公路的1/10；能耗方面，铁路每千吨公里耗标准燃料为汽车运输的1/11～1/15。整体上，铁路货运的环境效益要比公路货运高出4～5倍，无论是能源消耗，还是温室气体的排放，铁路货运都占有明显的优势。国际上铁路的复兴和目前我国倡导的可持续发展政策为我国铁路集装箱运输提供了跨越式发展的机遇。

内河水运受制于地理条件约束，对铁路集装箱的威胁较小。而且随着资源密集型产业向资金密集型产业的转变，时间的经济性愈发重要。所以尽管水运在长距离运输市场上成本低于铁路,但考虑综合成本,即运输成本和时间成本,铁路仍具有相当的优势,见表1。

公路、内河水运、铁路集装箱运输优劣势分析 表1

Advantage and disadvantage of different container transportation modes Tab. 1

	优 势	劣 势
公路集装箱运输	①及时性高,随时可以运输; ②可达性高,能够实现"门到门"运输; ③准时性高,准时率能够达到90%以上; ④便利性高,可实现不卸载掏箱装箱; ⑤短距离成本低,不需换装费用; ⑥运输手续简单,运输过程可控性好; ⑦返程空箱费用低; ⑧灵活性高,公路网络覆盖面广	①车辆载运量低,一般需专用平板车; ②运输进入门槛低,竞争激烈; ③受制于道路运输条件,一般公路运输条件差,高速公路路桥费用高; ④企业规模小,运力分散; ⑤安全性较低; ⑥不适宜长途运输; ⑦造成道路拥挤和空气污染
内河水运集装箱运输	①水运成本优势明显; ②运输能力大,具有运量规模经济优势; ③准时性高,准时率能够达到70%以上; ④便利性高,船舶可直接倒装或航行; ⑤集中度高,运力富余; ⑥运输安全性较高	①及时性差,需要集结较长时间; ②可达性差,必须配合公路运输; ③短距离成本高; ④灵活性差,受港口条件和航道条件制约,网络覆盖面低; ⑤运输速度慢,时间长; ⑥船舶陈旧投入大
铁路集装箱运输	①具有中长距离成本优势; ②运输能力大,具有运量规模经济优势; ③网络覆盖面广,可深入内地; ④运输安全性较高; ⑤具有国际大陆桥网络; ⑥对环境损害小,符合可持续发展要求	①及时性差,手续繁琐,需等待较长时间; ②可达性差,必须配合公路运输; ③受铁路运输能力制约,准时性差; ④自备箱回空收费; ⑤服务体系不健全,服务意识差; ⑥铁路集装箱不能参与国际流通,增加倒装成本

(二)港站间"点"的协调

港站之间的运输除了线路上的方式竞争外,更重要的是"点"的衔接,或者说是海运和铁路的接口问题。接口体现软硬两方面,硬件指固定设施和移动工具的衔接,软件主要指管理上的组织和技术保证。

固定设施主要强调"点"的衔接作用。港站间运输必然涉及两种或以上的运输方式,那么多种运输方式的多种运输设备集结在一点,只有相互协调才能发挥最大作用。曾经一度被推崇的铁路线进港的确为集装箱从船到车的快速换装提供了必备的硬件条件,但是在美国已经出现了港口铁路线废弃不用的现象,原因是大批货物抵达港口,如果全部集中在港口进行换装作业会严重影响港口的作业效率和操作空间。所以,美国的专业货场公司是将船上卸下的货物先拖送到港口后方的堆场存放,再装车通过铁路运送出去。该案例说明,"点"内部的协调是动态均衡的,只有结合实际的情况,充分考虑各方面的因素,才能保证"点"运营的高效和畅通。借鉴张国伍教授对枢纽内各种运输方式相互协调的分析框架,各种固定设施通过能力和输送能力的适应性体现在该种运输方式接运的运输量与所需的单元运输工具的能力及数量的相适应上。在直接换装条件下可表示为:$N_a \longleftrightarrow N_c$;在经由库场换装时可表示为:$N_a \longleftrightarrow N_b \longleftrightarrow N_c$,其中$N_a$、$N_c$表示相邻接的运输方式通过能力;$N_b$表示衔接两种运输方式的中间换装设备能力;$\longleftrightarrow$表示能力相适应符号。除通过能力和输送能力的适应性之外,移动工具之间的联通问题也十分突出。由于铁路集装箱不能进入国际流通，导致使用铁路集装箱运输的货物必须到港口倒装，不仅人为打断了集装箱联运的链条，而且增加了运输成本，降低了海铁联运对货主的吸引力，导致该市场上铁路集装箱的发展远远落后于公路集装箱运输。

硬件接口需要配套软件的管理，即一定的组织保证和技术保证。首先是保证运输过程的连续性，即不间断、无延误地完成技术作业过程中的全部必要作业。可表示为：$T \Lambda H \Lambda E$ ---→，其中 T、H、E 表示各种运输方式；Λ 表示结合符；---→表示运输过程连续的符号。第二是各环节的作业时间相互协调，以基本作业环节为目标，前一项作业占用整套设备的时间应小于等于后一项作业占用整套设备的时间，且两者均应小于等于基本作业的相应作业时间。可表示为 $T_f \leqslant T_n \leqslant T_e$，其中 T_f 表示前一项作业时间；T_n 表示后续作业时间；T_e 表示基本作业时间。第三是信息追踪系统支持。很多国际箱不愿意走铁路一方面原因是无法实时掌控集装箱的状态，二是铁路运能紧张，运到期限没有保障，一旦超期羁押集装箱需要支付一笔不菲的费用。所以吸引国际箱的先决条件就是建立和健全完备的信息追踪系统。第四就是必要的组织制度保证。比如铁路集装箱运输班列的开行时间要和班轮协调一致，保证上岸集装箱能够通过铁路系统迅速的运送出去，而不是积压在港口，这样一方面可以为港口分担集装箱集疏的压力，另一方面，定时定点有保障开行的铁路集装箱运输班列对货主的吸引力将远大于公路运输。

四、结论

通过对集装箱六种运输组织方式的分析，涉及“门”的运输多数需要发挥公路集装箱运输的灵活性；而港到港的集装箱运输市场目前已经发育成熟，并基本上被海上集装箱运输方式垄断。铁路集装箱的定位应该集中在站到站和港站间的运输市场，分别表现为“线”上的方式竞争和“点”上的衔接竞争。

针对分析结果，铁路集装箱的市场发展战略核心即巩固并发展站到站的运输市场，并通过港站间运输为铁路集装箱开拓国际市场。其中站到站运输市场要做到：①长距离运输市场：积极防御，稳定货源并逐步提高服务水平；②中短途运输市场：为货主提供特色化服务，满足多样性需求；③对内河水运：以时空服务换成本差异，为货主创造时间效益。而港站间运输市场需要软硬配套双管齐下，为铁路集装箱开拓国际市场：①加强和港口的合作，强调协调性发展；②加快信息追踪系统的建设；③在完备的信息系统支持下鼓励铁路箱和国际箱的互用，努力实现集装箱的无缝运输。

参考文献

[1] 荣朝和. 探究铁路经济问题[M]. 北京：经济科学出版社，2004.

[2] 张国伍. 交通运输系统分析[M]. 成都：西南交通大学出版社，2004.

[3] 荣朝和. 集装箱多式联运与综合物流：形成机理及组织协调[M]. 北京：中国铁道出版社，2001.

[4] 武德春. 集装箱运输实务[M]. 北京：机械工业出版社，2003.

新时期我国铁路编组站合理布局问题探讨

般 勇 杨 燕
（西南交通大学交通运输学院，成都 610031）

【摘 要】 阐述了编组站合理布局的重要性，分析了我国铁路编组站布局的现状以及存在的问题，回顾了国外编组站的发展历程，并总结了对我国铁路编组站发展的借鉴意义，在对新时期我国铁路货流特点及车流组织发展趋势进行分析的基础上，提出了新时期我国铁路编组站布局的发展方向，并给出了几点建议。

【关键词】 编组站 合理布局 车流组织 发展方向

The Rational Distribution of Railway Marshalling Yard on New Issue

Yin Yong Yang Yan
(School of Traffic and Transportation, Southwest Jiaotong University, Chengdu 610031)

Abstract: The importance of the railway marshalling yard rational distribution is described, analysis our current situation and existing problems of the railway marshalling yard layout, review the course of development of foreign marshalling yard, and summarizes the development of China's railway marshalling yard for reference, in the new period China's railway freight traffic flow characteristics and trends in organizational development based on the analysis, the new period of development of China railway marshalling yard layout direction, and gives some suggestions.

Keywords: Marshalling yard Rational distribution Traffic flow organization Development

目前，中国铁路进入一个又好又快发展的时期。为实施这一重大战略决策，铁道部明确提出要全面调整铁路运输生产力布局，这一任务对中国铁路编组站建设与发展提出了很高要求，并将产生重大而深远的影响，要搞好新时期编组站的建设与发展，首先涉及编组站合理布局问题[1]。

铁路编组站的合理布局是铁路运输生产力布局的重要组成部分，是指在铁路网上按车流特点和自然集散规律（车流的产生、消失和集散规律性），正确地选择编组站的位置，并经济合理地确定其规模[2]。编组站的合理布局与分工，对提高运输生产效率和水平，确保路网的安全、畅通，加速机车车辆周转，缩短货物送达时间，提高经济效益和社会效益，促进铁路运输业的可持续发展十分重要[3]。

一、我国铁路编组站布局现状及存在的问题

根据全路编组站在路网中的地位、作用、承担的实际工作量等将编组站分为路网性编组

站、区域性编组站和地方性编组站。全路现有编组站 49 个，其中路网性编组站 15 个、区域性编组站 16 个、地方性编组站 18 个。目前，编组站在布局方面存在的主要问题有：

（一）布局不合理

编组站分布疏密不均，站间距离偏短是目前编组站布局存在的最主要问题[4]。一方面，东北、华北地区编组站分布过密，编组站间距离偏短，车流截流点相对多而分散。另一方面，西南地区编组站较少，车流疏解困难。

（二）分工不明确

由于铁路编组站发展到今天是一个循序渐进的过程，导致同一枢纽设置 2 个编组站，结果造成车流不顺畅，重复作业多，影响效率和运营组织。

（三）改编次数过多

根据 2006 年的统计资料显示[5]，在整个货物运输过程中，货物平均运程 807km，货车全周距 1213km，重周距 855km，货车平均中转距离 153km，货车周转时间 5.07 天，平均一个货车全周距需要 8 次中转，中转距离短、中转时间相对较长。

二、国外铁路编组站的发展及对我国的借鉴意义

国外发达国家编组站的发展历程，对我们分析研究我国铁路编组站今后的发展方向具有重要的参考意义。经济发达国家铁路编组站的建设与发展，大体可分为两个发展阶段：

（一）普遍建设阶段

1825 年至 1950 年这 125 年间，随着各国铁路网的陆续建成，根据当时铁路货运车流组织的需要，大量、普遍建设各自的铁路编组站。这一阶段的编组站建设是无序的，缺少统一规划，造成编组站数量过多[6]。

（二）现代化改造阶段

自 20 世纪 20 年代以来，为了降低运营成本、提高运营效率以及提高铁路的竞争力和吸引力，经济发达国家一方面大量拆除运量少、标准低、成本高、效益差的铁路和站场，另一方面在全国依靠科技进步，优化铁路货运车流组织，大力发展直达运输、集装箱运输、铁公水联合运输，尽力改善铁路编组站在路网上的分工与布局。

国外发达国家编组站的发展历程，对我们分析和研究我国铁路编组站今后的发展方向提供了参考和借鉴。一方面，我们要吸取国外编组站发展的经验教训，注意编组站建设统一规划、实行编组站数量的总量控制，避免盲目发展；另一方面，编组站应向集中调车作业方向发展，取消小型编组站，主要改造大型编组站，提高大型编组站的现代化水平和规模效益。

三、新时期我国铁路货流特点及车流组织发展趋势

（一）五大品类货物运输仍将是铁路货运量的主要构成

在铁路运输品类中，煤炭、冶炼、矿建、石油、粮食五大品类的运输总量已占总运量的 83%，随着远期公路、铁路的进一步分工，铁路在大宗货物运输中的地位和作用将更加突出，大宗货物运输比例将进一步提高。

目前，由于受干支线间牵引定数不匹配的限制、现有运输生产力布局的约束以及货运计划组织体系等方面的制约，大宗货物的直达比重还很低，始发直达车流比例在 23% 左右。而

随着我们运输体制的改革和运输组织的不断强化,其直达比重将会逐步提高。

(二)煤炭运输仍是铁路运输的主要货物

煤炭运输是我国铁路运输的主要货物,运量大、运距长,货源集中,流向集中,主要用于发电、冶炼、居民生活、出口等。由于运量大,通过铁路进行煤炭运输是其他运输方式无法取代的,2006 年煤炭运输占到了铁路总运量的 44.3%。在运输方式上,以开行直达列车为主。

(三)货流的主要方向依然是由北向南、由西向东

我国的铁路运输依然是以资源物资运输为主导,而我国的资源分布及产生地基本集中在我国的东北部和西北部,资源的消耗地主要集中在我国的东部及南部经济发达地区和东南沿海各大港口。由此决定了我国的货流基本走向为由西向东、由北向南。

(四)快捷化货物运输和直达运输比例将逐步提高

随着国民经济的迅速发展、人民生活水平的不断提高以及高附加值产成品运输比例的增长,对货物运输的快捷化要求更高,加之主要干线逐步实行客货分线运输,货物运输能力将得到一定程度的释放,货物运输的列车种类将进一步多样化,以集装箱和行包快运为主的小编组、高附加值快运列车将大量增加。

随着公路、民航等交通工具的进一步发展,公路、铁路和民航的运输市场分工将进一步细化, 500km 以内和 1500km 以上的小批量、高附加值货物将进一步从铁路运输市场中分流出去,从而使得铁路货物运输的有调比例进一步降低,直达比重相应提高。

(五)主要货流集中在大通道上

在哈大、京沈、京广、京沪、京九、焦柳、宝成、陇海、浙赣、湘黔、胶济等大干线,以及大秦、丰沙大、京包、石太—石德、侯月—新月—新兖等运煤线路上,货流集中,有利于开行直达、重载列车。增强这些线路的通过能力是既有路网扩能的重中之重。

四、新时期我国铁路编组站布局的发展方向和建议

考虑到新时期我国铁路货流的特点以及车流组织的发展趋势,在以人为本,全面、协调、可持续发展的科学发展观指导下,根据铁路又好又快发展战略的要求,新时期中国铁路编组站建设与布局的发展方向应是:以集中调车作业,减少编组站数量,提高编组站能力、效率和效益为目标,实现技术装备现代化和运输组织最优化,在中西部地区新建必需、少量编组站基础上,以充分利用和改造既有编组站为重点,大力调整全路编组站布局。为此,提出以下几点建议:

(一)编组站的作用及分工

应将编组站在路网中的作用及分工进行重新界定,以符合新时期编组站发展的要求,具体为:

1. 路网性编组站

位于主要干线的交汇点,衔接 4 个以上干线方向,承担路网中远程车流的解编作业,年度日均出入车 10000 辆以上。路网性编组站间距离一般不小于 500km。

2. 区域性编组站

位于主要干线与一般干线的交汇点,衔接 2 个以上主要干线方向和 2 个以上一般干线方向,负责路网中中、远程车流的解编作业,年度日均出入有调中转车 7000 辆以上。

3. 地方性编组站

位于一般干线的交汇点，衔接3个以上一般干线方向，负责地方上线车流的集结编组和到达地方车流的解体分拨作业，年度日均有调出入车在7000辆以下。

（二）集中化

一个枢纽原则上只设一个编组站，存在多个编组站的枢纽要加强投资导向，通过协调分工，逐步实现调车作业集中化。

（三）能力协调

新线建设和既有线改造要与编组站布局和能力相协调，与主要干线衔接的重要干线的牵引定数要与主要干线相匹配。大宗货物的运输通道要实现牵引定数5000吨系列。

（四）先进的运输组织

以先进的运输组织带动编组站布局的合理优化。推进运输组织改革，减少车流在编组站的技术作业。不断优化货物列车编组计划和货运作业方案，提高大宗货物始发直达比重，最大限度地开行远程技术直达和空车直达列车，减少货车中转次数，延长货车中转距离，压缩货车中转时间，加速车辆中转，提高货车运用效率。

（五）区域均衡发展

调整东部地区、加强和完善西部地区的编组站布局。

参考文献

[1] 吴家豪. 中国铁路跨越式发展新时期的编组站分类与布局探讨[J]. 铁道经济研究，2005,4: 197-212.

[2] 蔡庆麟. 运输布局学[M]. 北京:中国铁道出版社,1991.

[3] 刘其斌,马桂珍. 铁路站场及枢纽[M]. 北京:中国铁道出版社,1999.

[4] 铁道科学研究院. 路网、区域性编组站现状评价及对策研究[R]. 北京:铁道科学研究院运输与经济研究所,2003.

[5] 孙晚华. 铁路运输生产力布局理论及应用[M]. 北京:中国铁道出版社,2006.

[6] 吴家豪. 国外铁路编组站[M]. 北京:中国铁道出版社,1991.

实施桥头堡战略，建设中国昆明国际陆港经济区

刘金鑫

（大湄公河次区域物流研究中心，昆明 650228）

【摘 要】 本文从物流供应链角度，对桥头堡的定义、概念和范围进行界定，介绍安全物流的理念，通过对云南的环境分析，提出实施桥头堡战略建设中国昆明国际陆港经济区的基本设想以及对外开放的合作机制。

【关键词】 桥头堡 安全物流 中国昆明国际陆港经济区

Implementation of Bridgehead Strategy Contributing to the Construction of International Inland Port Economic Zone in Kunming, China

Liu Jinxin

（GMS Logistics Research Center, Kunming 650228）

Abstract: This article gives the definition, conception and scope of the bridgehead from the view of logistics supply chain theory. It introduces the method of Safety Logistics via analyzing the environment of Yunnan. It proposes the basic ideas and the cooperation mechanism of implementing Bridgehead Strategy, Contributing to the Construction of International Inland Port Economic Zone in Kunming, China and also this opening up cooperation mechanism.

Keywords: Land bridge node Safety logistics Continental port economic region of kunming China

一、桥头堡的定义、内涵和范围

2006 年 9 月 6 ~ 11 日，胡锦涛总书记在新疆考察工作时强调推动民族地区发展，“要统筹对内开放和对外开放，努力把新疆打造成我国向西开放的桥头堡和枢纽”。

2009 年 6 月 26 ~ 28 日，胡锦涛总书记在黑龙江省考察工作时提出“要充分发挥地处东北亚腹地中心的区位优势，推动对俄经贸合作，使黑龙江真正成为我国沿边开放的重要桥头堡和枢纽站。”

2009 年 7 月 25 ~ 28 日，胡锦涛总书记在云南考察讲话中指出“尤其要充分发挥云南作为我国通往东南亚、南亚重要陆上通道的优势，深化同东南亚、南亚和大湄公河次区域的交流合作，不断提升沿边开放质量和水平，使云南成为我国向西南开放的重要桥头堡。”

2009 年 10 月 16 日，温家宝总理在第十届中国西部国际博览会上明确表示，“中国将把全面提高西部地区开发开放水平放在更加突出的战略地位，努力把西部地区建设成为现代产业发展的重要集聚区域、统筹城乡改革发展的示范区域、生态文明建设的先行区域，加快

构建具有全局和战略意义的新的经济增长极。”同时温总理进一步强调把西部地区作为新时期开发开放的战略重点。推动西部地区与周边国家的全面合作,推动中国与世界各国共同发展繁荣。

(一)桥头堡的定义

作为战争术语比喻战场的前端防御阵地,原指为守护控制重要桥梁、渡口而设的碉堡或据点(《现代汉语词典》);作为经济术语也喻指政治、经济战线的前沿据点。1994 年 7 月,建设部、国家计委联合印发《陇海兰新地带城镇发展与布局规划(建规[1994]477 号)》,将“东方桥头堡”第一次写入国家文件,并把日照与连云港并列为新亚欧大陆桥东方桥头堡,从而确定了日照和连云港在全国生产力布局中的战略地位。

在陆桥经济研究中,桥头堡是一个具有特定内涵的重要概念,港口的性质、运输线路的便捷和政府部门的定位是确定桥头堡的主要依据;融国际运输中心、金融中心、信息中心为一体的国际商贸中心,是桥头堡的主要功能定位。

“桥”是指陆桥通道;“头”是指窗口、前沿、重要口岸;“堡”是指核心节点城市或地域。从物流与供应链体系上看,桥头堡是以欧亚大陆为基本依托,在战略国际通道或大陆桥中具有控制战略资源能力、处于战略安全物流与供应链节点地位的起点城市或地域。

控制力、发展力、影响力是桥头堡的基本特征。

控制力主要是指安全物流能力,安全物流可从狭义和广义两个方面理解。狭义的安全物流是指在市场开放的条件下,一个国家物流产业的生存和发展以及政府对物流产业的调整权或控制权不受威胁的状态;广义的安全物流是指为保卫国家安全、国际安全和世界安全而进行的物流活动。一个国家安全物流的能力是指控制国家战略资源、控制战略物流通道、控制战略物流节点、控制物流产业供应链的能力。通过与周边国家建立共同控制物流通道、战略资源、物流供应链的机制,达到和睦互信、和谐共处、共同安全、实现持久和平稳定的目的。坚持互信、互利、平等、协作的新安全观,既维护本国安全,又尊重别国安全关切,促进人类共同安全。

发展力主要是指物流通道物流节点建设和物流供应链的构建以及通道经济走廊的发展需要以互利合作为前提,达到共同发展、共同繁荣、和谐发展,实现满足各国发展的利益需求,促进消除安全威胁根源的目的。把促进共同发展作为解决全球发展不平衡和实现可持续发展的重要途径。改革国际金融体系,反对贸易保护主义,推动区域经济合作贸易投资便利化合作,发展中国家应该立足自主发展,探索有利于实现发展、消除贫困的发展模式。发展中国家之间应该扩大贸易和投资合作,相互开放市场,提升南南合作水平。

影响力主要是指通过开放包容,加强自身民族文化建设,积极参与国际合作,巩固周边地缘文化空间,推动地缘文化的整合,实现不同文明和谐相处、共同进步的目的。在承认各国文化传统、社会制度、价值观念的差异,尊重各国自主选择发展道路的权利。积极促进和保障人权,加强对话,消除隔阂。倡导开放包容精神,使不同文明和发展模式在竞争比较中取长补短、在求同存异中共同发展。

(二)桥头堡的内涵

建设国家桥头堡是中央对新疆、黑龙江和云南等边疆省区实施“稳疆兴疆、富民固边”战略的具体要求,是以“和”为核心的积极防御的安全思想的体现。

桥头堡的内涵是：

（1）维护边疆和平安全稳定的基石；

（2）应对高技术条件下局部战争和非传统安全的前沿阵地；

（3）支持少数民族和民族地区加快经济发展的试验田；

（4）开展与周边国家国际区域合作扩大沿边开放的先行示范区；

（5）国家能源中转和储备基地。

从涵盖范围上看，黑龙江沿边开放是指黑龙江地处连接俄罗斯与东北亚的结合部，是第一欧亚大陆桥的中继点，服务于中国东北地区面向俄罗斯和东北亚开发开放；新疆向西开放是指新疆地处承东启西的结合部，是第二欧亚大陆桥的中继点和西大门，服务于中国西北地区面向中亚和欧洲开发开放；云南向西南开放是指云南连接"两洋"，沟通"三亚"，是中国西南地区与中南半岛和南亚次大陆国家结合部，是泛长江三角经济圈和泛珠三角经济圈的起始部，是中国—南亚经济圈和中国—东南亚经济圈的中心地带，既是中国连接印度洋的重要通道，又是大湄公河次区域经济合作的腹地，更是第三亚欧大陆桥和中国西向贸易通道的枢纽所在，服务于中国西南地区面向中南半岛和南亚次大陆的开发开放。黑龙江、新疆、云南三个桥头堡的建设战略正是基于国际地缘格局变动，针对美国为首的西方势力从东北亚、东南亚、南亚到中亚等泛亚地区对我国"C形"包围的"突围"大战略，是与俄罗斯、日本、欧盟、印度建立合作共赢发展的经济战略。

桥头堡的设立着眼于关注地缘战略和国际格局大的变化，本着"睦邻、富邻、安邻"的周边外交原则，主动承担负责任大国的义务；重视深化"走出去"战略实施，扩大对世界经济的参与，密切相互依存，建立共存共赢的周边关系；重视在民族团结与社会稳定前提下，促进多元文化的共同发展进步；重视发展与周边国家的民情、民意和文化价值等方面的民间交流合作，促进民主平等；重视国际话语权的导向，国家形象和经济利益并重；重视维护海外华人、华侨及华商的根本利益；重视战略资源、战略通道、战略产业供应链的共同安全能力；重视建设低碳城市和清洁能源的使用，促进经济社会和谐、稳定、安全、持续的发展；重视在建立和谐世界的新秩序中，与周边国家构建新型伙伴关系，积极主动有所作为。坚决维护公正自由开放的全球贸易和投资体系，努力保持商品、投资、服务自由流通；着眼长远，促进可持续增长；统筹兼顾，倡导包容性增长全面协调，推动平衡增长；只有兼顾发达成员和发展中成员利益和需求，实现双方经济均衡协调增长，才能真正实现世界经济平衡有序发展。

西南桥头堡是中国面向印度洋的前沿阵地，其主要内容是要建设印度洋通道和中国昆明国际陆港经济区。

（三）向西南开放的辐射范围

1. 中南半岛（大湄公河次区域经济合作区）

东南亚是全球重要的农业和矿业产区，同时也是世界上新兴工业化国家最集中的地区。

2. 南亚次大陆（孟中印缅经济合作区）

南亚次大陆是印度洋和阿拉伯海的地缘支点，同时也是中国能源通道安全的现实选择地。

二、桥头堡建设的环境分析

云南地处我国西南边陲，战略位置十分重要。面对极其严峻复杂的国内外环境，做好全力保持经济平稳轻快发展,切实保障和改善民生,扎实推进民族团结进步事业工作至关重要。

(一)发展机遇

(1)胡锦涛总书记对云南的战略定位;

(2)温家宝总理再次明确提升中国西部大开发的战略;

(3)中国—东盟自由贸易区2010年开始实施;

(4)中国经济将首先摆脱金融危机的影响,对亚太经济发展贡献巨大;

(5)美国认可中国在亚太的领导地位,两国集团全球治理的理念萌芽初现,国际秩序在调整中发生积极变化;

(6)印度受金融危机、国际恐怖袭击、民族冲突激烈等因素影响发展;

(7)缅甸局势尚在可控范围,孟加拉国积极推动运输与物流的合作;

(8)老挝与中国建立战略合作伙伴关系;

(9)周边省区发展迅猛,云南面临着在新一轮经济发展中再次被边缘化的危机,区域竞争迫使云南自身对变革的充满渴望。

(二)威胁与挑战

(1)西藏分裂主义势力和极端主义势力;

(2)国际恐怖组织和"东突"恐怖组织;

(3)毒品、拐卖人口等跨国犯罪问题;

(4)国际自然灾害(海啸、地震等)与重大传染性疾病;

(5)战略资源(水、矿产、粮食、橡胶、木材、能源等);

(6)国际争端紧急处置(中印冲突、国际维和、边界难民等);

(7)突发性群众群体事件(民族、宗教、社会矛盾等);

(8)战略通道(昆明—曼谷、昆明—仰光、昆明—河内)。

(三)战略目标

(1)必争:战略资源、战略通道、战略节点;

(2)必保:保增长、保民生、保稳定;

(3)必稳:边疆稳定、民族稳定、社会稳定。

三、西南桥头堡建设的主要内容

(一)中国昆明国际陆港经济区的基本设想

按照窗口、前沿、腹地的规划思路,优化空间布局。

1. 区位优势

陆港经济区处于我国与中南半岛和南亚次大陆的结合部,是泛长江三角经济圈和泛珠三角经济圈的起始部,是中国—南亚经济圈和中国—东南亚经济圈的中心地带,既是中国连接印度洋的重要通道,又是大湄公河次区域经济合作的腹地,更是第三亚欧大陆桥和中国西向贸易通道的枢纽所在。

2. 战略定位

将陆港经济区建设成为中国向西南开放的重要桥头堡,中国面向东南亚、南亚国家开放合作的物流基地、国家重要的能源通道、民族文化旅游基地、商贸基地、出口加工基地、现代农业基地和信息平台和跨境人民币金融服务中心，成为我国沿边开放开发的先行先试示范区。

3. 空间范畴

由昆明、玉溪、楚雄、曲靖四市所辖行政区域以及水富、富宁、磨憨、河口、瑞丽五个物流战略节点所辖行政区域组成，陆地国土面积10.04万km^2，2008年末人口1774.25万人。辐射范围中南半岛和南亚次大陆国家。

4. 空间开发战略

“一极五向”：以滇中城市圈为发展极，按泛长江三角经济带、泛珠江三角经济带、中越昆明—河内经济走廊、中缅昆明—仰光经济走廊、中泰昆明—曼谷经济走廊五个通道方向规划建设。其中，昆明国际陆港包含嵩明保税港区、安宁南亚国际陆港、晋宁东南亚国际陆港、郑和国际空港物流基地、呈贡铁路集装箱物流基地等5大物流基地13个物流园区和若干城市配送中心以及9条物流通道。以安全物流、应急物流、绿色物流为构筑符合社会效益的物流网络体系；坚持港港联动、港区联动、军民一体的原则，服务于满足促进少数民族和民族地区的社会经济发展，保障国家安全稳定的需要。

5. 保税项目

申请国务院批准设立昆明国际陆港型保税港区。

(二)境外经济贸易合作区

(1)缅甸皎漂港经济特区；

(2)老挝万象经济区；

(3)泰国沙敦—宋卡经济区；

(4)孟加拉国吉大港经济区；

(5)柬埔寨西哈努克港经济区。

(三)跨境经济合作区

(1)中越河口—老街经济合作区；

(2)中老磨憨—磨丁经济合作区；

(3)中缅姐告—木姐经济合作区。

(四)建立合作开放机制：滇池泛亚合作

(1)孟中印缅论坛——创建昆明合作组织定位：政府与民间双轨并存的国际组织；

(2)大湄公河次区域经济走廊论坛——组建昆曼公路三方合作机制定位：国际民间组织；

(3)中国—南亚商务论坛定位：经贸合作民间机制；

(4)泛亚金融财经大通道高峰会：跨境人民币金融服务合作机制；

(5)泛亚桥头堡经济战略高峰会：基于国际地缘格局变动战略的高层交流平台；

(6)中国—南亚商品博览会。

对我国城市轨道交通规划的若干思考

顾志兵

（上海市城市综合交通规划研究所，上海　200040）

【摘　要】 研究和分析了我国大城市兴起轨道规划建设"热潮"的原因和其中隐藏的一些问题，就此提出了针对城市化进程中轨道交通规划中需要关注的一些新视点，以及应当注重和避免的一些问题。

【关键词】 轨道交通　规划　城市　发展

Thinking on Urban Rail Transit Planning in China

Gu Zhibing

(Shanghai City Comprehensive Transportation Planning Institute, Shanghai 200040)

Abstract: The paper has analyzed and studied the causes of the urban rail transit planning and construction "boom", and which hide some of the problems in China. On that basis, it proposed some of the new viewpoints for urban rail transit planning, and also gave suggestions to avoid some problems as previously described.

Keywords: Rail transit　Planning　Urban　Development

一、引言

伴随着经济高速增长，我国的城市化水平也日益提高，大城市的实有人口规模不断壮大，机动化水平也在不断上升，给城市的交通系统带来了巨大的压力。尽管一些城市修建了高架路、立交桥，但仍不能从根本上解决车辆的拥挤状况，严重地制约了城市的高效运转。这也引起了城市的经营者、决策者对城市发展与居民出行利益间的关系的反思，因此，在最近几年诸多城市新编制的城市总体规划、综合交通规划等中，多数都提出要调整交通结构、优先发展公共交通，建立起以快速轨道交通网络为骨架的城市客运系统，引导居民更多地采用低碳环保的出行方式，以达到解决交通矛盾的目的。

参考国内外大城市的交通发展历程，发展轨道交通往往可以成为城市土地利用规划和交通规划的双重核心，合理的线网能够发挥城市巨大的经济效益和社会效益，是影响大城市结构与功能发展的重要因素。因而轨道交通线网规划是实现公交战略，提升居民出行品质，优化城市交通结构，缓解交通供需不平衡的重要手段。

二、轨道交通规划"热潮"的背后

在城市壮大、交通拥堵局面日益加重的现实驱动下，许多大城市都将城市交通发展的焦点转移到兴建轨道交通的方向上,因此一股“地铁热潮”正在全国大城市中风起云涌,或在规划,或在报批,或在建设中。

尽管轨道交通作为利国利民的重大工程,从政府到市民大多予以高度重视和支持,但是从目前各城市的规划工作来看,也暴露出以下一些问题。

(一)总体规划修编要求轨道交通规划作出调整

轨道交通规划是基于城市总体规划、综合交通规划的下位规划,其在规模论证、规划布局上都是以总体规划等为重要依据而展开的。但是,作为指导城市未来 20 ~ 30 年城市建设的重要上位规划,城市总体规划在我国许多城市并未能“如约”履行职责,往往是在“履职”5 ~ 8年后就被“推翻”重来。作为城市发展的总纲,城市总体规划是集中了众多专家的建议、认真周密地考虑了各种因素后制定的,具有科学性,是需要严肃对待的问题。但是,在许多城市的总体规划并没有能够很好地体现其严肃性、长期指导性的特点,不可避免地时而被人为转变,尤其是领导者的个人意志。

正是由于城市总体规划的调整变动频率过快,也就导致城市轨道交通的规划也不得不与其适应,并作调整,因此不得不修编,或重新规划。

(二)城市发展过快导致轨道交通规划被迫重新思考

城市总体规划修编频率太快,固然有受决策者影响的因素,但是在一定程度上也是受城市发展过快的影响,不得不重新进行规划。事实上,中国的城市正在经历着一次全球很难找到先例的快速崛起过程和城市化进程,这是由中国国情所决定的。人口的激增给中国的城市带来了诸如住房、交通、基础设施等一系列的问题和“城市病”,而这样的问题往往很难有效预见和控制,因此也就使城市总体规划、轨道交通规划等不得不适时作出调整。

(三)轨道交通作为现代化交通的标志正成为各大城市争取追逐的目标

事实证明,轨道交通的规划建设正成为大城市争相追逐的新的发展点。国务院于 2009 年 12 月,批复了 22 个城市的地铁建设规划,总投资达 8820.03 亿元。至 2016 年我国将新建轨道交通线路 89 条,总建设里程为 2500km。的确,在城市化进程加速,机动车数量增加迅猛,交通拥堵问题日益凸显的今天,建设轨道交通对缓解交通压力确有一定的功效。但是,从城市规划人口、财力水平、交通发展实际需要等逐一分析,或许这 22 个城市未必全都具备轨道建设的条件。也就是说,或许此轮“地铁热”的蔓延,也有部分城市提前“发烧”了,只是不想在与同等城市的竞争中落于下风,而盲目上马的。

(四)轨道交通背负着振兴经济的大任

事实上,在经历了 2008 年肆虐全球的金融危机后,城市的产业发展、就业矛盾等问题也有所凸显。在此背景下,本轮“地铁热”还在一定程度上扮演着拉动城市经济发展,促进就业和消费的关键角色。相关统计显示,轨道交通每投入 1 亿元将可以拉动 2 亿 ~2.6 亿元相关产业的发展,装备制造、工程基建、钢铁、水泥等产业链的重要环节都获得丰厚的订单,还将创造施工、制造等千余个就业岗位。同时,城市地铁是大型工程项目,其开发建设是劳动密集型产业,需要大量的人力,它的兴建将强力带动就业。在这样的利好因素作用下,全国涌起如此大规模的地铁热潮也就不足为奇了。

三、轨道交通规划中需关注的新视点

以往,城市轨道交通规划受制于城市规模、城市财力等影响,规划的视野相对有限,轨道的定位往往是解决城市最关键的2～3条客流大走廊的出行难题，而随着近年来城市化迅速上升，城市呈现了多中心、功能分散，以及区域协调发展等新的格局，因此对于轨道交通规划也提出了新要求。

（一）处理好与城市总体规划间的关系

城市总体规划对于轨道交通规划主要落实发展方向、目标、战略等，其关于轨道交通的规划成果未必完全适用，这是因为轨道交通的开发实施与城市开发过程具有差异，具有一定的不确定性。二者的有效衔接需要处理好轨道交通与土地发展、轨道交通与其他基础设施建设这两个关键性问题。

以往，轨道交通规划对总体规划的依存度较高，而在实际操作过程中发现，随着城市的发展，此两项规划在规划、实施、管理过程中，难免产生冲突与矛盾。这就要求，轨道交通不能单纯地依存于总体规划，应当在编制中对总体规划中的一些不足之处加以弥补，并引导城市开发与发展，并对城市分片控制性详细规划的编制起到关键的指导作用，从而最终起到优化总规的目的。

因此，城市轨道交通规划与城市规划的有效结合，不仅可以增加彼此间的互动关系，还可以促进城市规划的不断完善。

（二）带动轨道交通由单纯服务城市向服务区域方向发展

进入新世纪后，经济发展的趋势显示，以强大的中心城市及其周边临近地域构成的“紧密城市群”已成为提升区域经济竞争力的重要支撑。这就要求城市交通规划工作者加强城乡之间区域一体化的交通研究，促进区域经济发展。长三角、珠三角、环渤海、长株潭、成渝等城市群近几年已经发展成为我国当前板块经济的样本，这得益于核心城市及城际间的交通密集网络，也对发展中的城市轨道提出了更高的要求。

在这样的背景下，轨道交通规划已经突破了原先的“一城”规划，应在市域交通衔接、区域交通衔接上予以充分考虑预留或延伸条件，以满足城市群、区域一体化发展的新要求。

（三）由单纯追求客流效益向网络综合效益发展

在20世纪80～90年代，轨道交通热初始阶段，为了结合国情，多数城市坚持“高运量、低密度”的线网规划原则，对城市轨道交通建设规模适当控制。因此国内早期的城市轨道交通线网规划密度普遍偏低，线网客流强度较高。但在新形势下，城市的实力，居民对乘车舒适性、安全性和便捷性的要求也逐步提高，为此如北京、上海等大城市对客流大的轨道线路采取了增加列车编组和加密线网的方式来提高轨道交通的吸引力、舒适性和安全性。

对于其余的大城市，在吸取国内外轨道交通发展的经验的基础上，以往的规划思路也应适时作出调整，可从以下几个方面考虑：

一是提高线网密度和规模，注重解决城市被江河、铁路分割等历史性跨江难题，在规划线网的密度、规模和过江通道数量上予以重新审视。

二是明晰轨道交通线网的层次和建设标准，根据城市总体规划确定的城市空间布局模式，设置市区轨道线，加密主城线网，适应中心区交通需求，兼顾考虑都市区、都市圈、区域城市群等市域级、城际间轨道通道，并注重各层次轨道间的合理衔接。

三是强化一体化衔接的综合客运枢纽功能。客运枢纽是几种客运方式或几条客运干线交汇并能办理客流运输作业的各种技术设备的综合体，是提高客运网络整体效率的关键节点。随着我国铁路向高铁时代挺进,航空运输大国地位的日益树立,迫切需要为大型综合客运枢纽提供如轨道交通这样具有大客流集散能力的运输体系。这既能使客运枢纽成为轨道交通线网的重要锚固点和客流转换点,提升轨道交通的竞争力和吸引力。

(四)注重对既有铁路资源的利用

从控制拆迁成本的立足点出发,充分利用城市既有的铁路设施进行改造无非是比较经济实惠的。例如上海市轨道交通 3 号线(原称“轻轨明珠线”)就是利用老沪杭铁路内环线和淞沪铁路高架改造而成,是上海第一条高架有轨铁路。

但是值得一提的是,从实际操作过程来看,利用既有铁路设施进行改造,还取决于铁路部门的利益协商,以及是否有多余资源可使用。此外,铁路沿线土地使用性质以工业、仓储用地为主,客流服务范围小,客流零散,若改造为城市轨道交通,那么对沿线用地的控制性详细规划也应有所调整,以保证线路客流效益。

四、轨道交通规划中需要规避的问题

规划建设轨道交通对于城市发展,改善居民出行无非是利好为主的,但是并不意味着轨道的规划中不会暴露出问题或弊端,其概括起来包括以下几个方面,应予以尽量避免。

(一)立足实际,避免盲目跟风

在多个城市兴建轨道交通的过程中,应尽可能简单一些,切忌盲目攀比和奢华之风。现在有的城市把先进放到第一位,贪大求全而大大提高造价,导致运营成本大幅度增加,最后可能是建得起而用不起。如果因此提高票价,老百姓就可能不愿乘坐,也就无法做到缓解城市交通拥堵难题。此外,建造地铁的资金也是十分可观的,往往成为城市财政的巨大负担。据报道,2006 年 9 月,在南京地铁 2 号线东延线专家论证会上,该市财政局官员坦陈,南京市级财政已经无力负担这条线路 23.97 亿元的造价。此前,为建设地铁 1 号线,财政已经投资 84.83 亿元,接着又投资 170 多亿用于 2 号线和 1 号线南延线建设,南京市财政已经不堪重负。经济发达省会城市尚且面临如此压力,其他二线城市地铁投资带来的财政陷阱也可想而知。

因此,地铁建设融资也成为业内关注的焦点。作为政府提供的基本公共服务产品,城市轨道交通存在着投资巨大、运营成本高、经济效益差等特点,因此政府在决策中必须十分慎重,确保城市可以长期负担并经营得起成本昂贵且很难盈利的轨道项目。

(二)为城市算好经济账,避免规模被夸大

我国有十余个城市的轨道交通规划线网规模在 200km 以上,部分甚至超过 300km,近 10 年的建设规划少则 60 ~ 70km,多则 100km 以上。这种情况下,城市的财政负担能否承受?大面积、多点、多条线路工程施工造成的地面交通混乱是否能够解决?建设管理人员的数量、质量能否保证工程安全、优质、高效地进行?尽管城市的决策者可能出自善良的愿望和城市发展的需要,但是历史的发展将会证明,这种急功近利的后患是无穷的。有些城市为了建设规划的顺利上报,往往将客流预测的数字人为地夸大。事实上,目前广州、武汉等正在运营的地铁客运量已经说明了问题。因此,科学测算城市的实际交通需求,并制定城市轨道规模是十分必要的,兼顾城市经济可承受和客流效益,真正为城市的发展算好经济账,避免人为地盲目夸大需求,与兄弟城市盲目攀比等才是轨道规划与决策中应当注重的。

(三)保证规划近期建设的线路先行稳定,不为城市远景过早下结论

从编制年限来看,轨道交通线网规划一般都是依据远景年用地规划开展,其网络实现条件需要30~50年。但是这样的规划年限,由于时间跨度大,往往存在较大的不确定性,因此最终线网很有可能在与城市发展中进行调整。

而事实上,城市总体规划、片区控制性详细规划年限一般在10~15年。在此年限下,城市用地结构基本确定的状态下,可以规划一张较为稳定的基本网络,以保证网络形态与用地的适应性。这样的基本网络规模大约需要20~30年才能完全建成,因此稳定这样一张基本轨道网络图,可以确保城市在可控、可预见的用地水平下最大程度地保证线网与用地的匹配,而且为远景年的线路延建或外围新建线路的调整留有可变空间。因此,在规划过程中,要重点确保近期规划的网络要基本稳定,与城市总体规划、控制性详细规划等相匹配,并确保为城市远景线网的扩张提供可成长的条件。

(四)为城市探寻可持续的经营模式,摒弃单一的政府补助模式

地铁的投资盈利,地铁的商业化运营至今仍是世界性难题,在世界范围内,地铁作为国家经营的公共事业大多处于亏损的尴尬境地。据资料显示,全国各地乃至世界各地已运营地铁几乎全部亏损。但是,这种难题并非是完全不能破解,如香港地铁公司就能实现盈利。香港地铁是按照商业原则进行地下铁路的修建、经营和日常管理。其规划建设的规模受到了严格的论证,保证了地铁效益最大程度的发挥。以每公里地铁载客量计算,香港地铁是世界上使用密度最高的城市铁路之一,也是最繁忙的地下交通系统。除此之外,地铁公司充分利用了地铁沿线地产增值的优势来获取更多的利润。地铁公司通常可以取得地铁站周边用地的土地开发和使用权,建造大型住宅、办公、商业楼宇等,并出售或出租相关物业以实现资金回报,偿还地铁建设中的巨额资金投入。

因此,在地铁规划建设的前期,充分研究和分析国内外城市投融资方面的经验和不足,结合自身特点,研究制订地铁商业化运营的模式,向着实现收支均衡甚至盈利的目标发展,对于城市的可持续发展是十分有意义的。

五、结语

城市轨道交通对于大城市的交通品质的提升具有重要意义,正成为我国各大城市争取立项的大型基建项目。但是,目前的轨道规划也暴露出了“好大、追快、求全”的一些急功近利的问题,因此通过此薄文对轨道交通规划中应关注的一些新视点,以及对规划中的一些需要规避问题的分析,望能够对地铁热潮中的决策者、规划者起到适当“降温”的作用,从城市的实际出发,科学论证和制定城市轨道规划。

参考文献

[1] 王峰.广州城市快速轨道交通的规划与实践[J].城市规划,2006(7):79-84.

[2] 李耀宗.关于我国城市轨道交通规划与规模的反思[J].都市快轨交通,2005(4):83-85.

[3] 上海市城市综合交通规划研究所.哈尔滨市轨道交通线网规划(修编)[R].2010.

黑龙江重大装备江海联运运输组织与中转关键技术

李志建　郑见粹

（交通运输部水运科学研究院，北京　100088）

【摘　要】 总结国内外重大装备水上运输概况，根据黑龙江重大装备江海联运整装运输的特定需求，结合黑龙江、松花江航运与码头港口现状，对江海联运运输组织与中转关键技术进行了研究，制定主要装卸工艺。目前，已完成多批次重大装备的跨境水上运输。

【关键词】 重大装备　江海联运　装卸工艺

The Key Technology about how to Transfer Magnitude Equipment from Land to Heilong River and then put out to Sea

Li Zhijian　Zheng Jiancui

(Waterborne Transportation Institute, Beijing 100088)

Abstract: Summarize the general methods of magnitude equipment water transportation. According to the given circumstance of Heilong river and its wharfs, develop the key technology about how to load magnitude equipment from land to river and how to transfer it from barge to ship. Base on the successful drawing, several magnitude equipments have been put out to sea and reached Japan, Korea and south China.

Keywords: Magnitude equipment　Water transportation　Load technology

一、引言

随着黑龙江省重大装备技术进步，精密度要求不断提高，其半成品或总成产品单件重量和体积在不断加大，有的重达400多吨，直径超过10m。此类重大装备重量大容易破坏轨道或路面，外形大难以通过桥梁、涵洞。所以对于此类重大装备，难以通过铁路、公路运输，水路运输是最佳运输方式[1]-[2]。内陆省份宜采用江海联运方式。

黑龙江省江海联运基本航线是：重大装备自松花江沿线港口装船，沿松花江北上在同江进入黑龙江，沿黑龙江北上至抚远；出抚远后进入黑龙江下游（即俄罗斯境内阿穆尔河），继续北上行至庙街（俄称尼古拉耶夫斯克）出海，南向航行经鞑靼海峡和日本海，运抵日本、韩国或我国沿海港口。江海联运内河和海上运输线路分别如图1、图2所示。

二、国内外重大装备水上运输组织形式

（一）重大装备内河运输组织形式

重大装备内河运输形式一般有甲板驳拖带运输、甲板驳顶推运输和内河自航驳运输三

种方式。这三种运输方式在我国内河均有采用。由于重件货物体积较大且不规范，安全航行要求高，均需要辅助船舶配合航行。

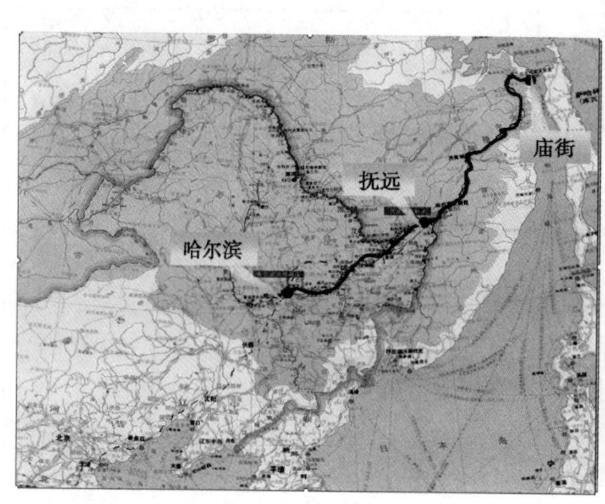

图1　江海联运内河运输路线

Fig. 1　Water transportation river route

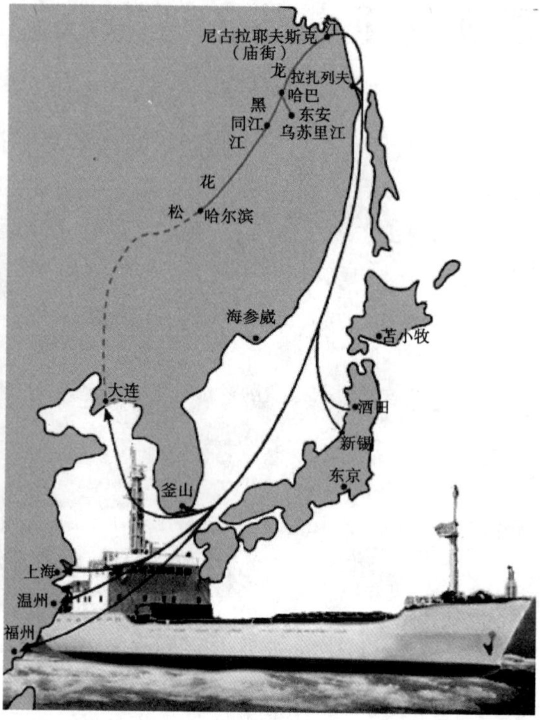

图2　江海联运海上运输路线

Fig. 2　Water transportation sea route

1. 拖带运输形式

拖带运输是以拖船拖带驳船组成拖驳船队运送货物。拖驳船队由作为船队动力部分的拖船和用于装载货物的驳船组成，这两部分可以灵活结解。当船队到达目的港或驳船装卸货物时，拖船可用于拖带别的驳船或从事其他作业。

2. 顶推运输形式

顶推运输形式是以推船和一艘或多艘驳船组成顶推船队进行的货物运输。顶推船队可以灵活系解，推船为船队的动力船，驳船用以装载货物。顶推运输先用于内河航运，并逐渐发展成内河主要运输方式。顶推船队总载运量远超过同样吃水的一艘机动货船，能够克服航道浅、窄的弱点，因而特别适合于内河航运。

3. 自航驳运输形式

自航驳是指具有简单上层建筑的大开口机动驳船。一般为机舱设在尾部的尾机型船，多为吊装式。内河双体船可归于此类。自航驳自重大，吃水深，对航道条件要求高。

图3～图5分别为内河拖带、顶推和自航驳三种运输形式。江海联运内河段是松花江和黑龙江航段。黑龙江航中下段航道条件较好，三种内河运输方式均可采用。目前，松花江中下游航段航道条件较差，航道水深不足，宽度较小，航道弯多弯急，有多处浅滩，不能采用自航驳，宜根据各航段条件，拖带运输和顶推运输相结合，宜推则推，宜拖则拖。

图3 内河拖带运输

Fig. 3 Sail by towboat in river

图4 内河顶推运输

Fig. 4 Sail by pushboat in river

(二)重大装备海上运输组织形式

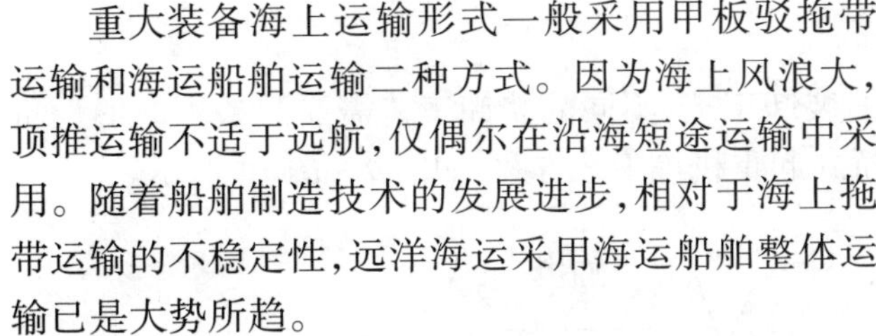

重大装备海上运输形式一般采用甲板驳拖带运输和海运船舶运输二种方式。因为海上风浪大，顶推运输不适于远航，仅偶尔在沿海短途运输中采用。随着船舶制造技术的发展进步，相对于海上拖带运输的不稳定性，远洋海运采用海运船舶整体运输已是大势所趋。

图5 内河自航驳运输

Fig. 5 Self-propelled barge in river

图6～图8分别为海上拖带、沿海顶推和远洋海运船舶三种内河运输形式。江海联运海运段经过的鞑靼海峡和日本海风浪较大，在此海域运输重大装备采用海洋船舶运输比较安全。黑龙江下游河段在俄罗斯境内，为二级航道，航道条件较好，可以采用海运船舶整体运输。因此将重大装备在我国抚运水域完成水→水中转，换装到江海两用船整体运输；经庙街不再换船，直接运抵南方各港。

图6 海上拖带运输

Fig. 6 Sail by towboat at sea

图7 沿海顶推运输

Fig. 7 Sail by pushboat at sea

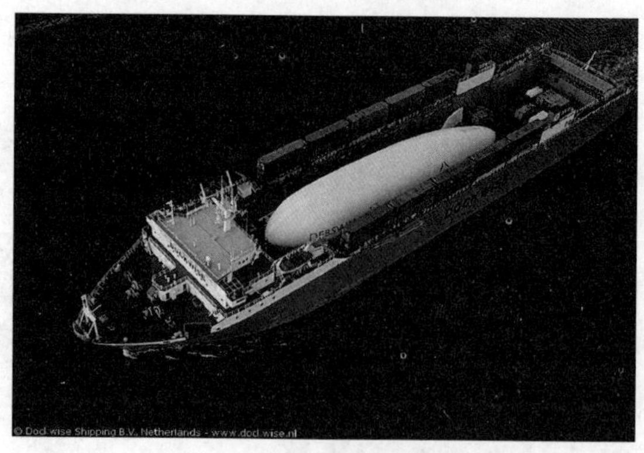

图 8　海运船舶运输

Fig. 8　Ship transportation

三、国内外重大装备中转关键技术

（一）重大装备陆→水中转关键技术

重大装备陆→水中转可以采用不同的装卸工艺，不同的装卸工艺需要配备不同的设备类型。有滚装工艺、浮式起重机、固定式桥式起重机等工艺方案，如图 9 ~ 图 14 所示。

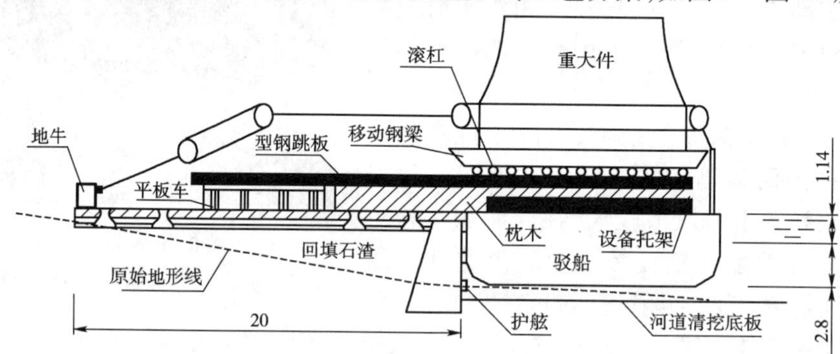

图 9　滚装拖绞工艺方案

Fig. 9　Roll on roll of boat technology

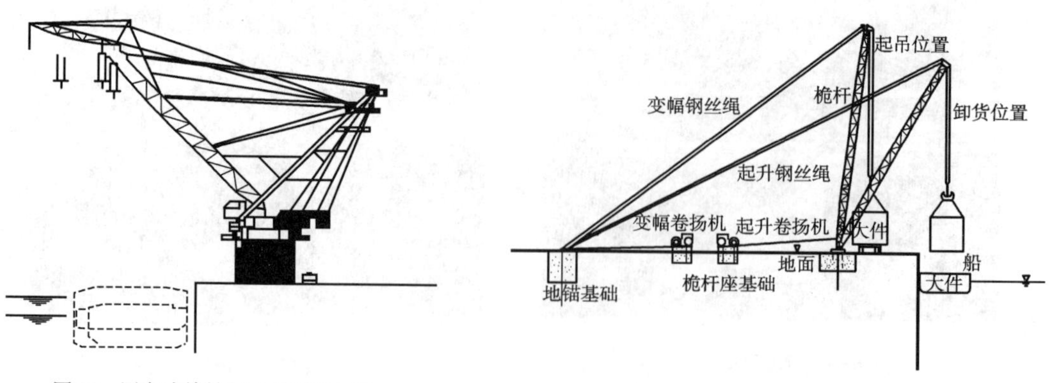

图 10　固定式旋转起重机工艺方案

Fig. 10　Stationary and revolve crane technology

图 11　桅杆起重机工艺方案

Fig. 11　Mast crane technology

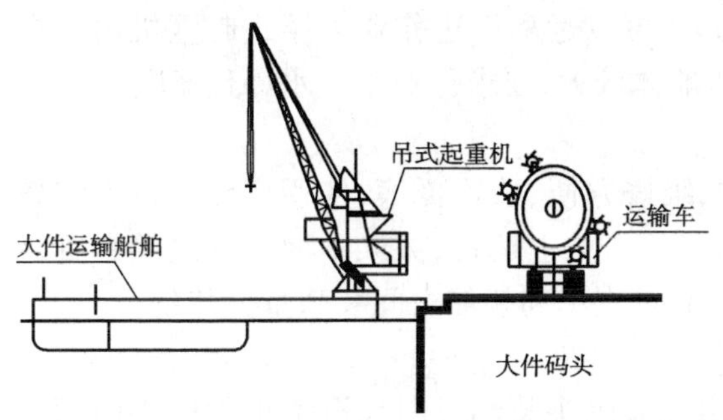

图 12　浮式起重机工艺方案

Fig. 12　Floating crane technology

图 13　桥式起重机工艺方案

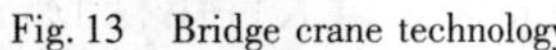

Fig. 13　Bridge crane technology

图 14　斜坡作业工艺方案

Fig. 14　Ramp transportation technology

1. 滚装工艺方案

重大装备陆→水中转滚装工艺需要适宜的港区码头和水文条件，滚装工艺设备投资较小，作业效率低，技术细节繁琐，滚装一件重大装备有时需要数天时间。

2. 动式起重机工艺方案

流动式起重机有汽车起重机和履带式起重机两种。汽车起重机机动性好，但起重量和作业幅度受限制。履带式起重机可以达到很大的起重量，但其自身重量很大，移场麻烦。汽车起重机和履带式起重机一般来讲价格昂贵，不是港口码头常规设备。

3. 定式旋转起重机工艺方案

固定式旋转起重机一般来讲综合性能优越，利用起重大的起升、旋转、变幅机构的运动，可以很方便地将重大件货物卸车装船。但大起重量固定式旋转起重机造价很高，起重机机座对码头的负荷很大，码头基础要求较高。

4. 杆起重机工艺方案

桅杆起重机具有起升和变幅等功能，起重机起升卷扬机构和变幅卷扬机构放置于码头面平台上。该起重机需要将重物运输到桅杆起重机下部平台与岸边之间，利用变幅功能将重物从陆地搬运到江中货船上。重大装备陆→水中转采用桅杆起重机是一种常用的工艺方案。由于桅杆起重机卷扬机构等部件下置，其占地面积较大。

5. 浮式起重机工艺方案

浮式起重机是一种基座安装在船舶上的起重机械，可在水面上浮动，非常适合在港区内装卸作业重大件装备。浮式起重机一般自备动力，可以远离岸边作业。浮式起重机由于有配套船舶装置，一般造价较高。由于浮式起重机船体较大，要求作业水域水深且宽敞。

6. 固定式桥式起重机工艺方案

桥式起重机技术成熟、结构简单、工作可靠、维修方便、造价低廉，使用广泛。重大装备陆→水中转作业的桥式起重机一般在墩柱支撑起的大梁上运行，大梁下面墩柱之间布置载重汽车通道和船舶航道，桥式起重机可方便地在载重汽车和船舶之间装卸重大装备。

7. 斜坡运输

受码头水位与空间所限，重大装备有时采用斜坡码头装卸。斜坡滑道重件码头由两组四条轨道组成，装船时，在两台慢速卷扬机的牵引下，重载货物缆车沿滑道下行至驳船尾部并与其连接固定。重大件由橡胶气囊托垫，从缆车上滚装下车并装船。斜坡滑运输一般用于斜坡式码头。

根据重大装备货源与松花江沿岸港口现状，建设的陆→水中转码头位于齐齐哈尔和哈尔滨两地。齐齐哈尔市富拉尔基港现有泊位不适合进行大件装卸作业，需要新建重件码头，并配套相应设备。综合考虑富拉尔基港重件码头所处位置及嫩江河段的航道环境条件，新建富拉尔基港重件码头采用斜坡式码头形式，大件用斜坡缆车上下运输，气囊滚装作业，其装卸工艺流程：重件运输车→货物托板+斜坡缆车+气囊滚装→内河运输船。

哈尔滨市三棵树港区直立式码头前沿水域基本具备重大装备陆→水中转条件，但港区后方陆域狭窄，现有码头原为件杂货码头承载能力有限。综合分析哈港三棵树港区基本条件并结合上文各种工艺方案施工难度、工程预算、建设周期等综合比较，哈尔滨市重大装备陆→水中转最经济适用的工艺方案为固定式门式起重机工艺方案，即在常规固定式桥式起重机基础上改造，用四个钢支腿代替两个墩柱，称为固定式门式起重机。

（二）重大装备水→水中转关键技术

上节中除滚装与斜坡运输工艺方案外，其他工艺方案均可适用于重大装备水→水中转，其作业程序是先从内河驳船上吊起重大件货物，移开内河驳船，再驶入江海两用船舶，将重大件货物放入江海两用船船舱。由于江海两用船舶上层建筑较高，吃水深度也较大，重大装备水→水中转要求设备起升高度大。

黑龙江省重大装备江海联运水→水中转选定在抚远港水域，抚远港水域常年水深大于3.5m，港区水域面积宽达52700m^2，但抚远港目前尚无重件码头，适合使用浮式起重机[3]进行重大装备内河船舶与江海两用船舶水→水中转作业。

四、黑龙江重大装备江海联运实施方案

重大装备经短途公路运抵哈尔滨或齐齐哈尔，在哈尔滨或齐齐哈尔分别通过固定式门式起重机和斜坡运输工艺完成陆→水中转作业，将重大装备装载于1000t级驳船，采用拖带形式和顶推形式运输，沿松花江北上行船至抚远，在抚远通过500t浮式起重机将重大装备换装到2000t级以上自航江海两用船；江海两用船沿黑龙江下游进入俄罗斯境内，行至庙街出海，南向航行经鞑靼海峡和日本海，运抵日本、韩国或我国沿海港口。图15是哈尔滨三棵树重件码头采用固定式门式起重机完成重大装备陆→水中转作业现场，图16是抚远港水域采用500t浮式起重机完成重大装备水→水中转作业现场。

图 15 哈尔滨固定式门式起重机陆→水中转作业

Fig. 15 Fixed gantry crane load weight from land to barge in Harbin

图 16 抚远港 500t 浮式起重机水→水中转作业

Fig. 16 500t floating crane load weight from barge to ship in Fuyuan city

五、结语

黑龙江重大装备江海联运自 2008 年组织实施以来,已成功完成多个航次重大装备运输,成功解决了黑龙江省重大装备“造的出来,运不出去”的运输难题,为哈大齐重工业带的建设扫清了障碍。

参考文献

[1] 黑龙江省航务勘察设计院. 黑龙江省重大装备(件)水路运输(江海联运)建设项目可行性研究报告[R]. 2007. 1.

[2] 交通部规划研究院, 黑龙江省航务管理局. 黑龙江江海联运发展规划[R]. 2007. 3.

[3] 李志建,等. 黑龙江 500t 浮式起重机的开发[R]. 2009 第五届十三省区市机械工程学会科技论坛,2009. 12.

市郊铁路客流需求预测方法研究

高月娥[1] 刘艳霞[2] 张 伟[2] 王宇萍[2] 张亚平[2]

(1. 中国交通运输协会,北京 100825;

2. 哈尔滨工业大学交通科学与工程学院,哈尔滨 150090)

【摘 要】 随着经济的增长,城市间交通联系日益频繁,城际轨道交通规划和建设已成为都市圈地区交通规划研究的主要内容之一。通过城际运输通道客流需求预测及方式划分研究,探讨市郊铁路客流需求预测思路和方法,结合实例给出不同规划阶段市郊铁路高中低三种客流预测方案,并进行方案选择情景分析。

【关键词】 市郊铁路 客流需求预测 交通方式划分 分担率 情景分析

Study on the Suburban Railway Passenger Flow Forecasting

Gao Yue'e[1] Liu Yanxia[2] Zhang Wei[2] Wang Yuping[2] Zhang Yaping[2]

(1. China Communications and Transportation Association, Beijing 100825; 2. School of Transportation Science and Engineering, Harbin Institute of Technology, Harbin 150090)

Abstract: With the development of economic, inter-city transport links increasing, and the inter-city rail transit planning and construction has become one of the main research of transportation planning in metropolitan area. Base on analysis of inter-city transport passenger demand forecast and modal split, three different projects in different planning stages of suburban railway passenger flow forecasting are given and scenario analysis for project choice is done.

Keywords: Suburban railway Passenger flow demand Transport mode split Contribution rate Scenario analysis

市郊铁路作为城市快速轨道交通的重要组成部分,有利于加强城市与卫星城之间的联系,提高城市之间的通达性。随着城市规模的不断扩大,市郊铁路已经成为大城市调整产业结构、引导卫星城发展、规划居民迁移、提升城市功能、实现经济可持续发展的重要手段。国外很多大城市十分重视市郊铁路的规划和建设。例如,东京首都圈内轨道交通线路里程为2305km,其中市郊铁路2013km,包括 JR(Japanese Railway)线(不包括新干线)887km、私营铁路(包括单轨铁路)1126km(2005 年数据)。巴黎共有 8 条市郊铁路,由 SNCF(法国国营铁路总公司)管理。伦敦大都市中心城内市郊铁路总长 788km(占 26%),车站数高达 321 座,平均站间距为 2.5km,近郊区(50km 交通圈)的市郊铁路总长 923km,车站 254 座,平均站距约 3.5km,远郊区(100 公里交通圈)的市郊铁路总长高达 1360 公里,而车站数仅为 173 座,平均站距约 7.5 km。纽约通勤铁路总长 1632km,中心城 167km,郊区 1465km。通勤铁路网在中心城外80km左右的交通圈内线网密度0.11km/km^2,高于伦敦水平。国内市郊铁路的建设起步较晚,但发展势头很快。2009年由铁道部和上海市共同出资、列入上海市重大工程建设项目的上海金山铁路支线改建工程总投资48亿元,全长56.4km,最高行车速度160km/h,建设工期二年。建成通车后,将成为上海市中心城区连接金山区的一条快速铁路,同时也是全国的第一条快速市郊铁路。北京将在2020年之前建设5条市郊铁路总干线和1条市郊铁路支线,干线网络总长度为360km。

一、市郊铁路客流需求预测思路

客流需求预测是市郊铁路规划建设的依据。市郊铁路交通需求预测主要包括趋势型交通需求、诱增型交通需求和转移型交通需求的预测。趋势型交通需求运量主要是指随社会经济发展而增长的客流量。诱增型交通需求运量是指建成后新产生的客流量。转移交通需求是指从其他交通方式转移来的客流量。

市郊铁路客流需求预测的思路如图1所示。

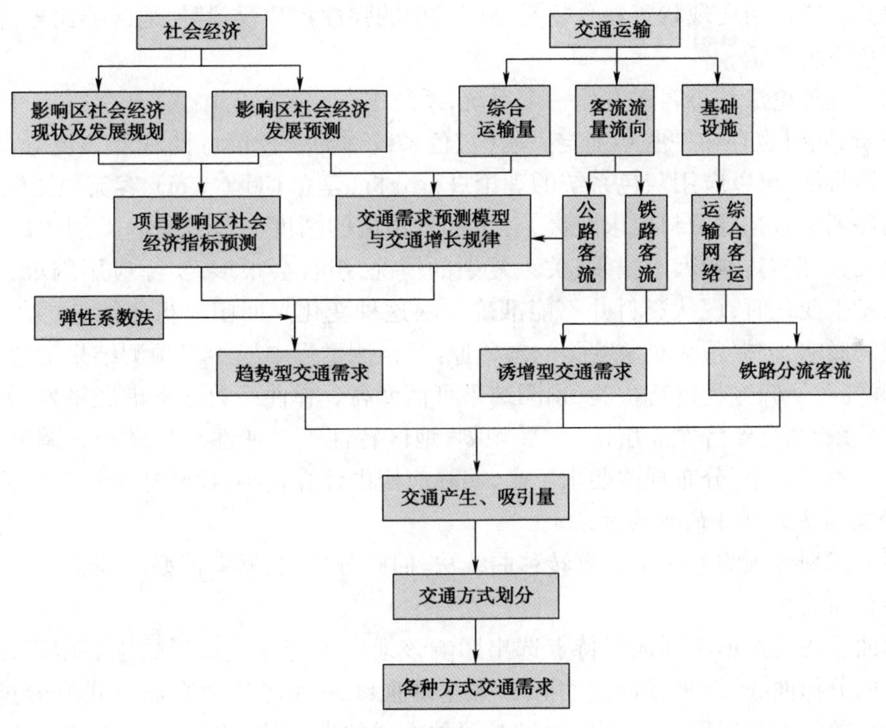

图1 市郊铁路客流需求预测思路

Fig. 1 The program of passenger demand prediction

二、市郊铁路客流需求预测方法

市郊铁路客流需求预测主要包括客流生成及方式划分预测两大部分。

(一)客流生成主要预测方法

城际铁路客流产生量和吸引量预测的常用方法有时间序列法、类别生成法、回归分析法、弹性系数法、灰色系统理论等。

1.时间序列法

时间序列法是利用已有客运量资料对客运量与时间的关系进行分析，进而预测未来的客运量。主要包括移动平均法、指数平滑法、季节指数法、自回归分析法、趋势外推法。

2.类别生成法

类别生成法是由影响客流产生或吸引的主要因素组合成不同客流出行生成类别，统计现状不同类别单位指标的客流出行量，进行生成预测。

3.回归分析法

回归分析法是根据调查资料，建立主要影响因素与客运量之间的回归方程，进行客流发生或吸引量的预测。

4.弹性系数法

弹性系数法是通过确定交通增长率与经济增长率之间的弹性系数及国民经济的未来增长状况，预测交通增长率及未来交通需求。弹性系数的确定应综合分析预测地区的历史、现状、发展趋势，通过历史现状资料分析其不同时期的弹性系数，与其他地区类比分析确定。

5.灰色系统理论

灰色系统理论法是将客运看作一个系统，系统中存在着确定因素（灰色系统称为白色信息），如票价，同时也存在一些不确定因素（灰色系统称为灰色信息），如舒适度等，具有明显的不确定性特征，可以应用灰色系统的理论进行分析，建立 GM（n,m）客流预测模型。

时间序列法对基础资料要求较高，对于远景预测的精度一般较差。类别生成法能考虑多个影响因素，但对影响因素很多、关系复杂的情况，组合会很多，实际应用困难，并且当各影响因素发生变化时，现状资料并不能准确反映这种变化。回归分析法能考虑各因素对客运量生成的影响，把握预测对象变化的本质原因，预测过程中能给出预测结果的置信区间和置信度，并能对回归方程进行检验，预测结果可信度高。弹性系数法考虑经济发展与客流增长之间的关系，结合经济发展层次、发展规划、地区特性等对弹性系数做动态调整。灰色系统理论对样本量大小、分布规律要求不高，实际应用中计算量小，比较适合短时期预测。

（二）交通方式划分的主要方法

交通方式划分预测方法主要有转移曲线法、回归分析法、概率模型法等。

1.转移曲线法

转移曲线法是根据不同地区特点选出影响该地区出行方式选择的主要因素，绘制各种交通方式的分担曲线，未来预测时可以参照这些曲线来确定各种交通方式所分担的比例。常见被选择的因素有居民收入、出行目的、两种方式的费用比、出行时间比、出行距离、服务水平比等。

2.回归分析法

对于各种交通方式而言，都有其固有的特点以及不同范围内吸引力不同的内在规律，因此可以通过回归分析来描述各方式对客流的分担率。如对于不同的出行时间，各种交通方式的分担率不同，且呈一定规律性。

3.概率模型法

模型以各种运输方式所需的时间、费用等构成的交通阻抗大小为基础对各种方式进行选择,以一定的概率关系构造,通常采用概率分布假定建立的预测模型。根据所采用的概率分布函数不同,分为 Logit 模型族和 Probit 模型族。

转移曲线法虽然使分担率的变化直观,但是针对不同的阶层和不同的出行目的,需要将所有的情况都绘制成曲线才能描述不同交通方式对客流的分担情况,而且结论比较粗糙,难以表现复杂的客流变化。回归预测模型,需要大量的调查统计资料才能建立,模型适用范围有限。Probit 模型适用于两种交通方式之间的选择。Logit 模型适用于多种方式选择,而且精度和实际应用时较好。

三、市郊铁路客流需求预测分析

按照市郊铁路客流预测思路对 AB 两市间的市郊铁路进行客流需求预测,预测特征年限定位为 2015 年、2020 年、2025 年和 2030 年。

(一)交通需求发生量预测

1. 交通增长率确定

项目影响区交通发生量的增长率采用弹性系数法预测。弹性系数即交通运输变化率同社会经济变化率的比值,反映了交通需求与社会经济相关关系,计算公式如下:

$$\text{弹性系数 } e = \frac{\text{运输指标变化的百分率}}{\text{经济指标变化的百分率}} \tag{1}$$

确定弹性系数时,采用定性分析与定量计算相结合的方法。分析项目直接影响区 A 市历年来客运运输量与经济指标(GDP)弹性的相关关系,结合 A 市历年来客运弹性发展变化情况和专家意见进行修正,最后确定项目影响区各时期的客运弹性系数,如表 1 所示。

根据项目影响区未来经济发展及弹性系数,计算影响区交通量增长率:

$$R_k = T_k E \tag{2}$$

式中:R_k——未来年项目影响区交通需求增长率(%);

T_k——未来年项目影响区交通需求对经济指标的弹性系数;

E——未来年项目影响区国内生产总值增长速度(%)。

未来年项目影响区弹性系数及客运交通需求增长率如表 1 所示。

未来年弹性系数及交通需求增长率预测结果 表 1

The future elastic coefficient and traffic demand elasticity and growth forecasts Tab. 1

年　份	GDP 平均增长率	弹性系数	交通需求增长率
2010 ~ 2015	11.52%	0.95	10.94%
2016 ~ 2020	8.69%	0.90	7.82%
2021 ~ 2025	7.13%	0.85	6.06%
2026 ~ 2030	6.04%	0.80	4.83%

2. 全方式客流需求预测

采用增长率法预测各交通区未来特征年的趋势型产生、吸引量的方法如下:

$$P_{it} = P_{i0}(1 + R_{ti})^{(t-t_0)} \tag{3}$$

$$A_{jt} = A_{j0}(1 + R_{tj})^{(t-t_0)} \tag{4}$$

式中:P_{it}——交通小区 i 在特征年 t 的交通产生量;

P_{i0}——交通小区 i 在基年的交通产生量;

R_{ti}——交通小区 i 在特征年 t 的交通增长率;

A_{jt}——交通小区 j 在特征年 t 的交通吸引量;

A_{j0}——交通小区 j 在基年的交通吸引量;

R_{tj}——交通小区 j 在特征年 t 的交通增长率;

t_0、t——基年、预测特征年。

未来年全方式客流总量预测结果,如表 2 所示。

客流需求预测结果(人次/日) 表 2

The traffic demand forecast (person-time/day) Tab. 2

年份	A - B	B - A	合计	年份	A - B	B - A	合计
2015	48580	39277	87857	2025	94998	76805	171803
2020	70787	57232	128019	2030	120266	97234	217500

(二)客流出行方式划分

客流出行方式划分采用多元 LOGIT 模型,再结合政策分析、交通设施条件改善、出行成本费用等进行应用和校核。模型具体形式如下:

$$P_i = \exp(V_i) / \sum \exp(V_j) \tag{5}$$

式中:P_i——选择交通方式 i 出行的概率;

V_i——交通方式 i 的综合效用值;

V_j——交通方式 j 的综合效用值($j = 1$、2、$3 \cdots n$);

n——交通方式的种类。

V_i 是由出行时间和出行费用线性组合构成的综合效用值,具体形式如下:

$$V_i = \alpha_1 T_1 + \alpha_2 T_2 \tag{6}$$

式中:T_1——出行时间;

T_2——出行费用;

α_1、α_2——回归参数。

结合现状居民出行方式及居民出行意愿调查结果,采用多元 LOGIT 模型,预测未来年项目所在交通走廊各种方式交通出行分担率,结果如表 3 所示。

未来年项目所在交通走廊出行方式分担率 表 3

The future trip sharing rates of the transport corridor Tab. 3

年　份	出行方式				
	小汽车	长途客车	公交	火车	市郊铁路
2011 ~ 2015	52% ~ 58%	11% ~ 13%	9% ~ 11%	6% ~ 7%	12% ~ 15%
2016 ~ 2020	48% ~ 55%	10% ~ 12%	10% ~ 13%	5% ~ 6%	15% ~ 19%
2021 ~ 2025	46% ~ 53%	9% ~ 10%	11% ~ 15%	4% ~ 5%	19% ~ 22%
2026 ~ 2030	45% ~ 50%	7% ~ 9%	13% ~ 17%	3% ~ 4%	23% ~ 26%

(三)市郊铁路客流需求预测

根据上述交通需求及交通方式划分预测结果,得到 AB 两城市间市郊铁路客流需求低、中、高三种方案,客流预测结果如表 4 所示。

AB 城市间市郊铁路客流出行需求预测结果(人次/日)　　表4

Suburban railway passenger trip forecasting (person-time/day)　　Tab. 4

年份	低方案		中方案		高方案	
	A－B	B－A	A－B	B－A	A－B	B－A
2015	7,287	5,892	7,886	6,677	9,230	7,463
2020	13,096	10,588	14,037	11,733	15,927	12,877
2025	20,900	16,897	22,254	18,433	23,750	19,201
2030	29,465	23,822	30,092	24,795	31,870	25,767

根据低、中、高三个方案预测结果可知,2015年,该市郊铁路断面客流总量分别为13179人次/日、14563人次/日、16693人次/日,高峰小时客流量分别为1279人次/小时、1357人次/小时、1516人次/小时。2020年,该市郊铁路断面客流总量分别为23684人次/日、26244人次/日、28804人次/日,高峰小时客流量分别为3488人次/小时、3802人次/小时、4242人次/小时。2030年该市郊铁路断面客流总量分别为53288人次/日、55463人次/日、57638人次/日,高峰小时客流量分别为7848人次/小时、8091人次/小时、8489人次/小时。

四、市郊铁路客流预测方案情景分析

市郊铁路客流预测应充分考虑未来两市经济、社会发展趋势和土地、资源环境容量等影响因素,以及今后可能的政策引导和铁路运输服务水平的不同。基于此,采用情景分析法进行客流预测方案设计。

(一)情景分析

在情景分析中,主要是依托土地、能源特别是石油资源的消耗与环境的承受能力,分析未来经济发展、小汽车拥有量,以及政策引导和铁路服务水平的不同情景,可能导致不同的市郊铁路运输发展情景和运量需求。

1. 经济发展情景分析

我国经济社会正处在持续、稳定、较快发展中,人民的生活水平在不断提高,消费结构也在不断调整。按照世界银行划分标准,人均GDP突破一万美元处于中等富裕程度。人均GDP突破一万美元显著的经济特征是服务业占比达到一个比较高的水平,经济集约化也将达到一个比较高的水平,还有创新经济在整体经济增长的份额当中也会占有一个很重要的比重。伴随着信息技术、电子产业、智能交通、物联网技术等高端智能产业及相关技术的发展,预计2020年我国绝大多数大中城市的GDP将达到3000亿元,人均GDP有可能超过10000美元。

2. 汽车拥有量情景分析

随着经济持续、稳定、较快的发展,人民生活水平的提高和消费结构的调整,高收入人群中购买小汽车的比例将不断增加。据报道,一些国家的人均GDP超过3000美元时,小汽车开始快速进入家庭。目前,我国城市已进入私人汽车家庭化的快速发展时期。

3. 政策引导情景分析

随着城市经济总量和人均GDP的不断增长,运输需求总量不断增加,特别是未来人们对运输的需求多样化明显增多,对运输质量的需求也会显著提高。居民收入水平的不断提高,使得小汽车快速进入家庭。同时,土地、石油资源、环境的限制使得政府采取多种政策引导,这是满足交通方式均衡协调发展的唯一途径。如果政策趋向抑制小汽车的过快增长,特别是停车费用、燃油税等提高,将引导拥有小汽车的人尽量少使用小汽车出行。另一方面,加快公共交通,特别是轨道交通的发展,为民众提供优质、快速、便捷、经济的公共交通服务,也将引导有车的人群尽量少开车。随着汽车保有量的增加,加快道路、停车场等相关交通基础设施建设和管理,提高排放标准,减少环境污染,是解决城市交通问题的首要任务。

4. 铁路服务水平情景分析

随着铁路运输的快速发展,以及公路与铁路的激烈竞争,铁路客运服务质量将明显提升。通过科学管理和提高业务素质,可进一步提升客运服务水平,构建安全、便捷、经济、舒适的现代客运系统,实现旅客运输文明、人性化。服务质量也是强化市场的重要手段。伴随着旅客需求日益提高,不断创新服务,增强服务特色,树立铁路品牌服务,是今后铁路建设运营的一大课题。

(二)方案选择

以上情景设计分析表明,未来市郊铁路有三种情景可供选择。

情景一:假设根据资源环境的条件,经济发展迅猛,无限制地发展和使用私人小汽车,汽车保有量显著提高,政策引导作用不明显,停车费用和燃油税费用少,铁路服务水平未得到根本改善,则未来市郊铁路客运需求预测采用为低方案。

情景二:假设铁路发展不断加快,私人小汽车的过快增长得到抑制,政策引导作用较为明显,铁路服务水平得到改善,城市公共交通系统发展较完善,停车费用和燃油税费用中等,未来市郊铁路客运需求预测采用中方案。

情景三:假设未来充分发挥政策的引导作用,轨道交通的优势和地位得到加强和凸现,铁路服务水平有较大提升,公共交通系统较发达,停车和燃油税征收较高,则未来市郊铁路客运需求预测采用高方案。

参考文献

[1] 陈孟乔, 施仲衡, 刘建坤. 国外主要城市市郊铁路发展现状分析及启示[J]. 综合运输, 2010.3.

[2] 刘晓锋. 厦深城际轨道交通客流预测研究[J]. 2006.

[3] 王树盛. 都市圈轨道交通客流预测理论及方法研究[J]. 2004.

[4] 孙晚华, 刘钢. 铁路城际客流预测模型的研究[J]. 2005, 29 (3).

[5] 陆化普. 交通规划理论与方法[M]. 清华大学出版社, 2006.

我国煤炭海铁联运物流网络的特性研究

崔　迪

（交通运输部水运科学研究院安全环保工程部，北京　100088）

【摘　要】 本文运用网络复杂性的相关基础理论与基本方法分析我国煤炭海铁联运物流运输网络，进一步结合我国煤炭海铁联运物流网络的实际情况，并重点详细探讨了该网络的复杂性及安全可靠性，旨在提高突发事件发生后，我国煤炭海铁联运的物流供应保障水平和效益。

【关键词】 海铁联运　煤炭物流网络　复杂性　安全可靠性

Analysis on the Characteristics of Coal Sea-Rail Combined Transportation Logistics Networks

Cui Di

(Waterborne Transportation Institute, Safety and Environmental Protection Division, Beijing 100088)

Abstract: The relevant complexity theories and methods have been analyzed the coal sea-rail combined transportation logistics networks in this paper. In order to improve its networks robustness and essential aspects in the operation, the complexity and robustness theories of the coal sea-rail combined transportation logistics networks have been studied in details.

Keywords: Sea-rail combined transportation　Coal logistics networks　Complexity　Robustness

一、引言

煤炭是我国重要的战略能源，在我国一次性能源结构中处于主导地位，对我国经济发展所起到的作用是其他能源无法比及的。但是我国的煤炭储量主要集中在晋陕蒙地区，但是煤炭消费却相对集中在经济发达的东部和南部省份，长期以来就形成了我国煤炭“北煤南运”和“西煤东运”的基本运输格局。这种长距离大量的煤炭运输造成煤炭生产和消费对运输的高度要求。虽然煤炭供需格局的形成取决于资源、生产和消费等要素，而供需格局的平衡则离不开物流运输环节和政府的宏观调控。尤其是运输环节，已成为煤炭供需平衡的关键所在。煤炭的主要运输方式包括铁路、水路和公路，或单方式直达运输，或铁、公、海多式联运。从市场份额看，铁路煤炭运输量约占整个煤炭运输总量的60%左右，水运为30%左右，公路为10%左右。

由于历史原因及煤炭的自身特点决定，煤炭的运输是大部分是依靠铁路完成内陆部分，海运完成调转运输，最终达到降低成本、提高运输资源利用率、满足客户需求的目的。我国现行的煤炭运输体系以海铁联运系统为主,公路运输为辅。据统计仅我国煤炭的运输就占全国铁路和水路年货运总量的45%左右。

二、我国煤炭海铁联运物流网络的特性研究

我国煤炭海铁联运物流过程实质上是物质煤炭流动的过程。该网络本质上具有一个复杂网络的特性,决定了可以将煤炭海铁联运物流网络抽象为复杂网络,进而应用复杂网络的相关理论和方法研究煤炭海铁联运物流网络组织及优化相关问题,加深人们对煤炭海铁联运物流网络系统结构的深入了解,具有非常重要的现实价值。

(一)我国煤炭海铁联运物流网络的节点多

我国煤炭物流网络中的节点主要指煤炭移动过程中的停顿点,多为煤场、港口和货运站等。煤炭产品在开采完毕后要经过物流中心——铁路车站——港口——铁路车站——煤炭物流中心——用户等,在煤炭海铁联运物流网络的港口也作为物流节点。众多的物流节点就需要煤炭物流强化协同运作的效应,取得煤炭海铁联运物流系统的最大增值。但是,过多的节点会导致煤炭价格的增加,所以减少中间的运输环节是十分必要的。目前,我国煤炭海上运输通道的主要下水港为:秦皇岛港、天津港、沧州港、京唐港、青岛港、日照港、连云港。在煤炭海运下水量中,北方七港占全国外贸煤炭发运量的97.78%,内贸煤炭发货量的82.30%。尤其是秦皇岛港、天津港、沧州港和京唐港等四港合计占全部一次下水量的94.7%。其中我国的山西和内蒙古的煤炭主要通过天津港和秦皇岛港下水。陕西的煤炭主要通过天津港和沧州港下水。山东的煤炭主要通过日照港下水转运。

(二)我国煤炭海铁联运物流网络的节点动态演化

我国煤炭海铁联运网络的节点规模是随着港口建设在不断得扩大的。同时,新港口的增加也对老港口的业务量产生一定的影响。例如,唐山港曹妃甸港区建设是河北省第一号工程,最终规模为两亿吨,将接近或超过秦皇岛港目前的规模。唐山港、曹妃甸等港区将凭借其优势,直接与秦皇岛港展开货源与客户的竞争。再如,天津港是我国目前第二大北煤南运中转港,所承担的下水煤炭来源与运输经路与秦皇岛港基本相同,但是陆上运输距离较秦皇岛港略短。天津港通过服务创新、业务创新和管理创新赶超秦皇岛港,成为秦皇岛港的第一层次的竞争对手。由此可见,煤炭海铁联运网络关系随着港口的新业务量的增加而动态演化。

(三)我国煤炭海铁联运物流网络的节点度分布服从幂律分布

我国煤炭海铁联运物流网络的度是指该节点拥有相邻节点的数目,或者说与该节点关联的边的数目。其中,网络中节点的度的分布情况可以用分布函数 $P(k)$ 来描述。$P(k)$ 表示的是一个随机选定的节点的度恰好为 k 的概率。煤炭海铁联运物流网络的度分布如图1所示。节点度服从幂律分布就是说具有某个特定度的节点数目与这个特定的度之间的关系可以用一个幂函数近似地表示。幂函数曲线是一条下降相对缓慢的曲线,这使得度很大的节点可以在网络中存在。对于随机网络和规则网络,度分布区间非常狭窄,几乎找不到偏离节点度均值较大的点,故其平均度可以被看作其节点度的一个特征标度。

$$P(k) = \sum_{i \geqslant k}^{\infty} \binom{i}{k} f^{i-k} (1-f)^k p(k) \tag{1}$$

我国煤炭海铁联运物流网络具有无标度网络的一些重要的特性：大部分节点，即煤炭海铁联运的港口，是孤立的或者只有少数几个连接，而某些节点，如秦皇岛港、天津港、沧州港、京唐港等港口企业，却拥有与煤炭海铁联运物流网络中的其他节点的大量连接。这些遇有大量连接的节点我们就称之为“集散节点”，其所拥有地连接可能高达数十甚至上百。煤炭海铁联运物流网络往往存在一些较大的关键节点（秦皇岛港），一般是信息网络节点或是重要的港口、战略装车铁路站点、物流中心等物流通道节点，对整个煤炭海铁联运物流网络的畅通起着非常关键的作用。

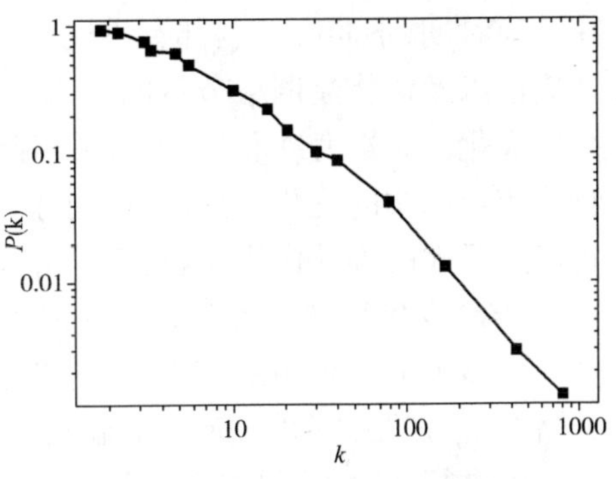

图 1　我国煤炭海铁联运物流网络的度分布

（四）我国煤炭海铁联运物流网络的模块特性

我国煤炭海铁联运物流网络由若干个相互依赖、相互作用的功能网络模块构成，并通过各功能网络群模块之间的相互协助运输以及地方政府发展区域经济来凸显其分布的整体性结构特征。另外，煤炭海铁联运交易具有多样性的特点，使得煤炭海铁联运物流网络间的连接关系变得多样化，包括相对稳定的关系、单次合作关系、多次合作关系、竞争关系等。例如：环渤海湾港口群根据空间分布状况大致可分为三大子港口群：东北港口群（大连港、葫芦岛港、锦州港、营口港、丹东港）；山东港口群（青岛港、龙口港、威海港、烟台港）；京津港口群（天津港、秦皇岛港、唐山港、沧州港）。三大子港口群间形成“三足鼎立”的模块态势，目前由于缺少明确的功能定位和分工，其间既有分工合作又有着激烈竞争。通常来说，已经被广泛接受的群落结构的概念是由 Newman 等人引进的一个衡量网络划分质量的标准——模块度。考虑某种划分形式，它将网络划分为 k 个群落。定义一个 $k\times k$ 维的对称矩阵 $E=(\tilde{e}_{ij})$，其中元素 $\tilde{e}_{ij}$表示网络中连接两个不同群落的节点的边在所有边中所占的比例，这两个节点分别位于第 i 个群落和第 j 个群落。这里所有的边是在原始网络中的，而不必考虑是否被群落结构算法移除。因此，该模块度的衡量标准是利用完整的网络来计算的。设矩阵中的对角线上各元素之和为 $Tre=\sum_i \tilde{e}_{ii}$。它给出了网络中连接某一个群落结构内部各节点的边在所有边的数目中所占的比例。定义每行（或者每列）中各元素之和为 $a_i=\sum_j \tilde{e}_{ij}$。它表示与第 i 个群落结构中的节点相连的边在所有边中所占的比例。在此基础上，模块度的衡量标准有如下的定义：

$$Q=\sum_i(\tilde{e}_{ii}-a_i^2)Tre-\|\tilde{e}^2\| \tag{2}$$

根据公式(2)及我国的 2008 年交通年鉴的统计数据计算得出，我国煤炭海铁联运物流网络的平均模块度为 $Q\approx 0.357$。这说明煤炭海铁联运物流网络的模块度在一定程度上是存在的，同时模块与模块之间的合作性也很强。例如，文中所提到的东北港口群、山东港口群及京津港口群的大批煤炭都是运往我国南方港区（舟山煤炭中转码头、宁波港、东莞港、广州港等），所以这三大港区与我国的南方港区的煤炭海铁联运物流网络的模块度系数很小 $Q\approx 0.213$，最终导致我国煤炭海铁联运物流网络的平均模块度为 $Q\approx 0.357$。

（五）我国煤炭海铁联运物流网络动力学的复杂性

我国煤炭海铁联运物流网络节点自身通常是一个行为主体，其行为会不停地变化，而且在不同时期，不同的节点都有不同行为特征。煤炭海铁联运物流网络自身的动态组织性和适应性以及该物流网络节点的动态选择性和变化性，会不断地推动着煤炭海铁联运物流网络的优化。煤炭海铁联运物流网络结构的优化一方面直接影响煤炭物流产业的演化和煤炭物流产业结构的优化，另一方面对于配套铁路线路和港口线路的运作和相关产业的发展也将产生巨大的推动作用，这也正是煤炭海铁联运物流网络辐射效应的体现。

（六）我国煤炭海铁联运物流网络的安全可靠性分析

2008 年初，我国南方部分省市发生的持续低温冰冻雨雪灾害性的天气使得我国的高速公路网络、铁路大动脉、航空运输陷入瘫痪的状态。许多国计民生的必备物资必须采用水运方式来进行运输，使得本来就很抢手的水运市场更加备受追捧。许多工业原材料和工业能源的水路运输出现拥堵瓶颈。港口的煤炭运输压力增大，南方地区煤炭供应紧张，北煤南运任务迫在眉睫。我国 17 个省市的电厂因为严重缺煤，而导致拉闸限电。有限的煤炭运输能力严重影响并制约着我国工业生产和经济增长。2010 年 1 月的大雪又导致我国的 13 个省市拉闸限电，煤炭运输再次告急。2010 年 1 月 9 日以来，交通运输部接连下发紧急通知，要求各级交通运输管理部门和企业高度重视保民生、保运行工作，精心组织电煤抢运。2010 年 1 月 11 日，交通运输部召开专题会议，再次研究部署电煤抢运工作。

秦皇岛港、天津港和沧州港是我国最重要的电煤输出港，东南部地区电力用煤的60%由此转运。据了解，目前秦皇岛港、天津港、沧州港、唐山港等北方七港煤炭年下水能力达到5.5亿吨，未来两三年还将新增下水能力2.4 亿多吨。港口装卸和船舶运力完全能够满足我国北煤南运的增长需求。在内贸煤炭下水总量中，仅上海、江苏、浙江、福建、广东五省市的煤炭接卸量就占全部下水量的88.5%。上海、江苏、广东的煤炭来源较平均，运量超过 100 万吨的主要来源港口超过五个。浙江、福建的主要来源港口很集中，其中浙江接卸的煤炭主要来自秦皇岛港、天津港两个港口，福建接卸的煤炭主要来自秦皇岛港、天津港、沧州港三个港口。假设把煤炭海铁联运物流网络中的重要港口枢纽作为网络的节点，节点与节点之间的业务往来作为网络中的关联的边的数目，对该网络的安全可靠性进行动态仿真模拟研究。

针对我国煤炭海铁联运物流网络中的节点采取两种去除策略：一是随机故障策略（Random），即完全随机地去除该网络中的一部分节点；二是蓄意攻击策略（Intentional），即从去除该网络中度最高的节点开始，有意识地去除该网络中一部分度最高的节点。假设去除的节点数占原始网络总节点数的比例为 f，可以用最大连通子图的相对大小 S 和 f 的关系来度量煤炭海铁联运物流网络的安全可靠性（图 2）。如果集散节点（如秦皇岛港、天津港）遭受蓄意攻击，也就是说，当某些大型煤炭海铁联运物流枢纽港物遭受破坏（雪灾、地震、恐怖袭击等）撤出该物流网络时，可能会导致整个煤炭海铁联运物流网络一定程度上的瘫痪。认识到煤炭海铁联运物流网络的这一复杂特性，对今后设计出更为有效的网络拓扑结构和连接策略，以提高整体的煤炭海铁联运物流网络的运作效率和安全可靠性将十分有益。

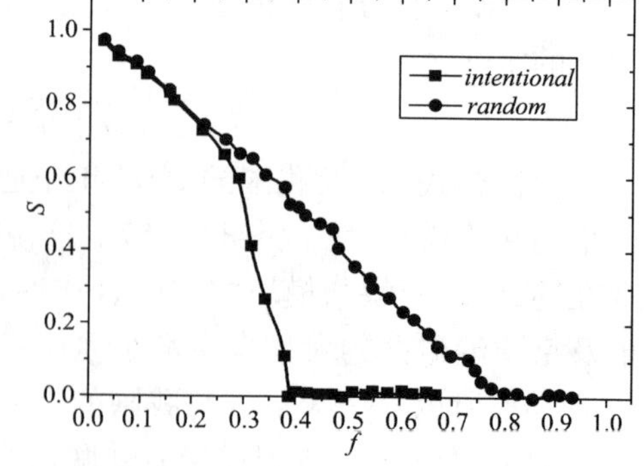

图 2　我国煤炭海铁联运网络在蓄意攻击和随机攻击条件的安全可靠性

安全可靠性业务功能是煤炭海铁联运物流网络最基础的,也是必须具备的功能,物流网络安全可靠性效应则是煤炭海铁联运物流网络最核心的功能。只有在充分发挥好煤炭海铁联运网络安全可靠效应的基础上,才可能形成煤炭海铁联运网络辐射效应,而良好的煤炭海铁联运网络辐射效应(即该网络的运输通达能力)将是我国煤炭海铁联运物流网络合理运作所追求的最高目标。

三、结论与展望

研究我国煤炭海铁联运物流系统网络结构是一个复杂的系统工程。我国煤炭海铁联运物流系统网络结构由若干不同区域系统组成,每个系统又由若干作业环节组成,这些环节和系统相互联系作用,但彼此相对独立。所以,对煤炭海铁联运物流系统网络结构的研究应从对各个环节的管理和控制入手,并针对专门环节进行优化。在此基础上,实现对整体我国煤炭海铁联运物流系统网络结构的优化。煤炭企业应该加快对综合运输理论的研究和引入,建立和完善煤炭海铁联运物流系统网络结构体系。实施煤炭综合运输物流工程,提高煤炭企业的经济效益和市场竞争力,促进煤炭工业可持续发展。

参考文献

[1] 荣朝和.煤炭物流对我国铁路运输的影响和挑战[J].中国铁路,2007(12):31-35.

[2] 徐杰.物流组织网络结构及运作问题研究[D].北京:北京交通大学,2007.

[3] 汤希峰,余静.煤炭物流系统体系结构的研究[J].物流技术,2004(10):16-18.

[4] 2008 中国交通年鉴[M].中国交通年鉴社,2008,10.

[5] Cui D, Gao Z Y. The scale-free property and its weight of construction supply chain networks[C]. 2007, International Conference on Construction and Real Eastate Managemant G0032.

[6] Cui D, Gao Z Y, Zhao X M. Cascades in small-world modular networks with CML'S method[J]. Modern Physics Letters B, 2007, 21(30): 2055-2062.

全球海运集装化历程及集装箱港口演化格局

莫辉辉[1]　王姣娥[2]

（1. 中国交通运输协会，北京　100053；2. 中国科学院地理科学与资源研究所，北京　100101）

【摘　要】 基于对全球贸易、海运集装箱运量和集装箱技术的分析，将全球海运集装化历程分为起步发展、技术扩散、快速成长、成熟完善四个阶段。利用 1970 年～2008 年全球集装箱吞吐量前 100 位港口探讨集装箱港口体系演变格局，发现全球集装箱港口体系经历了"W"型"集中—分散"交替演化过程，首位港由"大西洋组团体系"转向"亚洲组团体系"，并形成了亚洲、西欧和北美三大区域港口体系。亚洲港口体系地位仍在不断提升，中国成为发展的主要动力。

【关键词】 海运　集装箱　集装化　集装箱港口　演化格局

Containerization of Global Sea Shipping and Evolution Pattern of Container Ports

Mo Huihui[1]　Wang Jiao'e[2]

（1. China Communications and Transportation Association, Beijing 100053;
2. Institute of Geographic Sciences and Natural Resources Research, CAS, Beijing 100101）

Abstract: Based on analyzing global trade, sea container transport volume, and container technologies, the development process of global sea container shipping is divided into four stages: beginning development, technology dispersal, rapid growth, and maturity & improvement. The throughput of world top 100 container ports in the period 1970～2008 is used to investigate the evolution pattern of global container port system. A "W" shape alternation of agglomeration and dispersal is founded in the evolution pattern. The primary port transfers from "Atlantic Community" to "Asian Community", and a triangle region system, North America, Western Europe and Asian area, forms the global container port system. Asian container port system is promoted increasingly, which is impelled by China.

Keywords: Sea shipping　Container　Containerization　Container port　Evolution pattern

15～17 世纪"地理大发现"推进了以欧洲为中心的全球贸易扩张，同期也促进了"大航海时代"的来临。20 世纪尤其是第二次世界大战后，全球进入和平发展时代，洲际、地区间及国家间经贸往来不断增长；20 世纪后期伊始的全球化进程催生了新一轮全球性贸易扩张，海运尤其是集装箱运输成为全球贸易的重要基础条件之一，集装箱港口格局随之发生了深度变迁。集装箱降低了货物运输的成本，从而改变了世界经济的形态[1]。据联合国贸易与发展联合会和世界航运公会的数据分析，2008 年全球贸易 90% 以上通过海运完成，其中集装箱货物重量约占全球海运量的16%，货物总价值却高达52%。集装箱运输是现代多式联运的重要方式之一，已成为现代海运和港口发展的重要标志；其发展在改变全球港口格局的同时，也影响了全球贸易及经济的发展格局。

一、全球海运集装化历程

19世纪初，英美等国家出现了集装箱运输的雏形，集装化运输思想也在实践中开始酝酿，然而现代集装箱的发源则来自于20世纪初铁路集装箱的发展。受20世纪前期两次世界大战及世界经济危机的影响，有效需求不足影响了集装箱运输的发展。根据集装箱运量、集装箱技术等情况，结合全球贸易发展进程（图1和图2），将全球海运集装化发展历程分为四个阶段：起步发展、技术扩散、快速成长、成熟完善阶段。

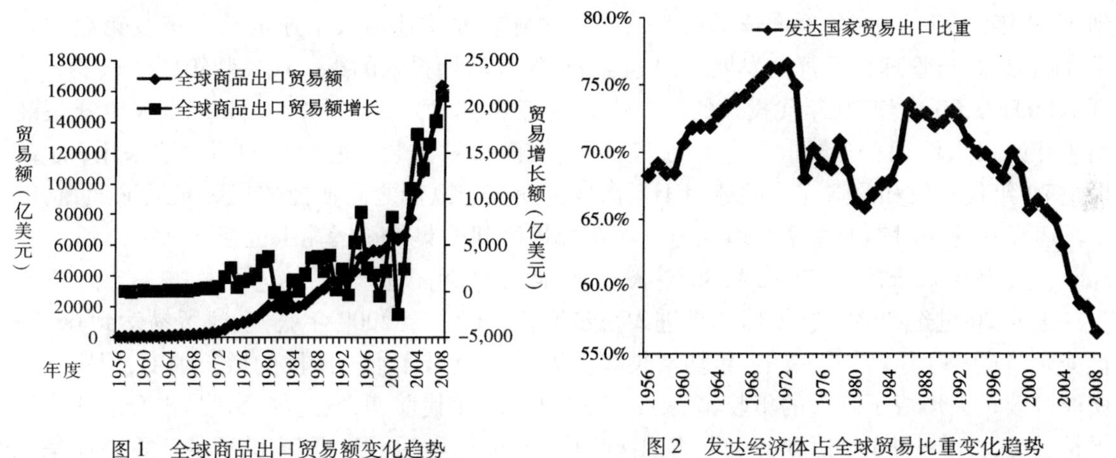

图1　全球商品出口贸易额变化趋势

Fig. 1　Trend of global merchandise exports

图2　发达经济体占全球贸易比重变化趋势

Fig. 2　Exports proportion of developed countries

（一）起步发展阶段（20世纪50年代至20世纪60年代）

1956年，美国泛大西洋船公司开辟了纽约至休斯敦的海陆联运集装箱航线，并取得巨大经济效果，集装箱运输优势凸显；随后，各大航运公司纷纷仿效，揭开了现代集装箱航运的序幕[1]。1956年至1965年，全球贸易额由1101亿美元增长到1995亿美元①，增幅达到81.1%；欧美发达经济体出口贸易总额占全球贸易总额由1956年的67.1%增长到1965年的73.5%，贸易快速增长推动了欧美等发达经济体近海集装箱运输业。然而，作为新兴行业，集装箱船舶、装卸搬运、管理等技术尚未成熟，集装箱船主要来源于改装的散杂货船、油轮等，因此集装箱运输仍存在一定的风险。据测算，1960年全球海运集装箱规模约1.8万TEU，到1965年扩大到5.4万TEU，增长了近3倍；同期，集装箱船队能力扩大到1.6万TEU[2]。我国曾在20世纪50年代中后期进行了大连至上海的集装箱试运，但因货源不均衡而中断[3]。

（二）技术扩散阶段（20世纪60年代中期至20世纪70年代）

20世纪60年代后期，全球商品出口贸易首次突破2000亿美元（1966年），开始进入第二次世界大战后第一轮国际贸易快速增长期；到1980年，全球商品出口贸易达到20769亿

① 本文均采用商品出口贸易额当年值，数据来源于联合国贸易与发展联合会数据库。

美元，增长近10倍，年均增长率高达17.5%。发达国家出口贸易额比重于1972年达到顶峰（76.6%），其后逐渐下降，1980年为66.3%，仍然主导着全球贸易的发展。全球贸易快速增长为集装箱的推广奠定了良好的基础，尤其是发展中国家增长的贸易规模和比重加速了集装箱技术的扩散进程。

1966年，海陆运输公司（原美国泛大西洋船公司）采用全集装箱船开辟了纽约至欧洲的集装箱航线，推动了集装箱技术的全球扩散。随后，资源匮乏而又雄心勃勃的日本抓住机遇，迅速开展与美国、欧洲诸国之间的集装箱运输，成为亚洲地区最早加入集装箱海运行列的国家。我国直到20世纪70年代才开通与日本、澳大利亚、美国等国之间的集装箱航线，开始加入集装箱海运的国际化行列[3]。1970年全球海运集装箱规模达到50万TEU，到1980年扩大到315万TEU，增长近5倍；同期，集装箱船队能力由1970年的14万TEU扩大到1980年的73万TEU，也增长了近5倍[2]。国际贸易快速增长迅速推动了集装箱船舶技术、航运组织与管理技术等的发展。20世纪60年代后期投入的第一代集装箱船装载能力达到1100TEU，20世纪70年代投入的第二代集装箱船能力为2000～3000TEU，全隔舱式集装箱船开始投入使用；与此同时，定期航班、钟摆式航线被集装箱航运公司所普遍采用；而20世纪70年代开放和改造完成的苏伊士运河成为亚洲与欧洲之间便捷的集装箱运输通道，巴拿马运河在这一时期的太平洋地区与美洲东部地区间的集装箱运输中也起到一定作用。

（三）快速成长阶段（20世纪80年代至20世纪90年代）

进入20世纪80年代，全球贸易进入稳步增长阶段。至2000年底，全球贸易达到66629亿美元，较1980年增长了2倍，年均增长幅度为6%，远低于上一阶段的增长幅度，但贸易规模的持续扩大形成了巨大的集装箱需求。20世纪80年代前期，发达国家贸易占全球比重呈增长态势，并于1986年达到历史上第二次峰值73.6%；随后，发达国家的贸易比重整体呈现下降趋势，2000年比重为65.7%。运输放松管制及推行贸易自由化、全球化为20世纪80年代前期发达国家赢得了贸易快速增长的机遇；随着以"亚洲四小龙"为代表的发展中国家持续快速发展，发展中国家的国际经贸地位逐渐上升，为集装箱航线尤其是班轮航线的全球网络化奠定基础。伴随全球贸易自由化进程，绝大部分临海国家都建立了集装箱专业化港口，其腹地也广泛延伸至内陆国家和地区。自1980年到2000年，集装箱货运量由1亿吨上升到6亿吨，占全球海运货运量比重由2.8%提高到10.5%。东亚地区成为全球集装箱运量增长最为迅速的地区，而欧美等发达地区集装箱运量占全球的比重则呈现明显下降趋势，发展中国家不断加入到全球航运网络体系中。

1990年全球海运集装箱规模突破600万TEU，2000年扩大到1480万TEU；同期，集装箱船队能力由1990年的170万TEU扩张到2000年的480万TEU，增长近2倍[2]。20世纪80年代初，经济高效的环球航线开始进入集装箱航运，但联系亚洲和美洲东部地区的巴拿马运河成为环球航线的瓶颈，全球贸易规模不断扩张推动了集装箱运输船舶大型化进程加速。载运能力3000～4500TEU的第三代集装船（Panamax）于20世纪80年代开始投入运营，载运能力4000～5000TEU的第四代集装船（Post-panamax）于20世纪80年代后期开始投入运营，而第五代能力达到6400～8000TEU的集装箱船于20世纪90年代后期开始投入运营；与此同时，全隔舱式集装箱船开始大规模投入使用，2000年全球全隔舱式集装箱船2433艘，运力达到430万TEU，约占全球集装箱船队运力的90%，成为集装箱运输的主力。

（四）成熟完善阶段（21 世纪以来）

进入 21 世纪以来，全球贸易发展进入新一轮高速增长期。2008 年全球贸易额达到 16 万亿美元，较 2000 年增长了 1.5 倍，年均增长率达到 12.1%。发达经济体的贸易比重整体呈现下降趋势，由 2001 年的 66.5% 下降到 2008 年的 56.6%。发展中国家尤其是以中国为代表的新兴工业化国家成为推动全球贸易规模飞速扩张的重要动力。2008 年，全球港口集装箱货运量突破 13 亿吨，是 2000 年的 2.1 倍，占全球海运货运总量的比重提高到 16.1%；该时期 8 年的增长幅度与第三阶段 20 年的发展规模相当，全球贸易空前繁荣成为海运集装化进程加速的内在动力。以中国为代表的东亚及东南亚成为全球集装箱运输的核心，与此同时，南半球作为"金砖四国"成员的巴西开始进入全球集装箱发展的前列，国际集装箱网络开始全球性优化。

2005 年全球海运集装箱规模突破 2000 万 TEU，2008 年扩大到 2800 万 TEU；同期，集装箱船队能力由 2005 年的 700 万 TEU 扩张到 2008 年的 1000 万 TEU；船队基本由全隔舱式集装箱船舶组成，船队规模达到 4276 艘，集装箱运输专业化趋势趋于完善。2008 年集装箱船占全球船舶净载重的比重达到 12.9%，较 2000 年增长了 4.9%。目前，全球共开辟了 400 多条集装箱班轮航线，但巨大的运量规模、经济效益、时效性等仍加速了船舶大型化进程，全球集装箱船队平均载箱量达到 2500TEU。以远东—欧洲航线为例，2000 年典型集装箱船能力为 4500 ~ 5500TEU，到 2007 年变为 5500 ~ 7000TEU，最大服务船舶则由 7500TEU 变为 13500TEU，苏伊士运河成为全球海运集装箱运输通道的瓶颈。第六代（12500TEU）及第七代（14500TEU）超大集装箱船开始服役；继巴拿马运河通道瓶颈之后，全球集装箱大型船队开启了后苏伊士（Post-Suezmax）时代。

二、全球集装箱港口演化格局

集装箱港口演化格局不仅反映国际经济发展的变化格局，且一定程度上成为衡量国家工业化进程的重要指标，因而是现代港口研究领域的焦点之一。

（一）港口集中度趋势

集中度考察港口体系长时间序列的总体变化规律及趋势。本文采用的港口集中度指标 A 如下[4]：

$$A=\frac{\sum_{k=1}^{n}(T_k)^2}{\left(\sum_{k=1}^{n}T_k\right)^2}$$

式中：T_k ——港口 k 的吞吐量占全部港口吞吐量的比重；

n ——港口总数。

集中度 $0 < A \leqslant 1$，指数越大，表示吞吐量越趋于集中在少数港口，反之则趋于分散。

利用该指标对 1970 年至 2008 年全球集装箱吞吐量前 100 位港口（百强港）进行分析发现（图 3）：全球港口先后经历了"分散（1970 ~ 1973）"、"集聚（1974 ~ 1976）"、"再分散（1977 ~ 1981）"及"再集聚（1982 ~ 1995）"的"W"周期变化，变化周期呈现拉长趋势，未来港口吞吐量"分散（1996 至今）"态势仍未见底。集聚高峰年度分别发生在 1970 年、1976 年和 1995 ~ 1997 年，分别位于技术扩散中期和快速成长期后期。

（二）首位港空间格局

首位港不仅是全球贸易网络的重要节点，也是集装箱运输的组织枢纽，其变迁预示着全

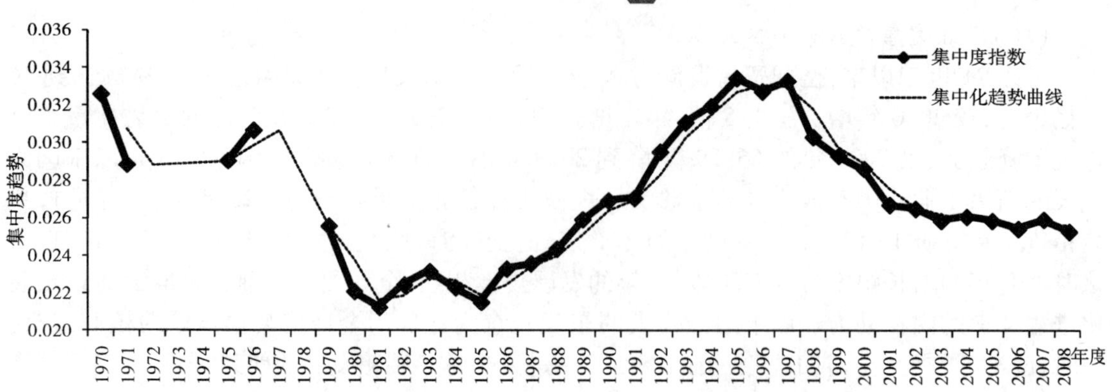

图3　全球集装箱百强港集中度变化趋势

Fig. 3　Aggregation trend of global top 100 container ports by throughput

球港口体系空间整体变化趋势(图4)。自1970年代以来,首位港吞吐量占全球百强集装箱港的比重均在5%以上,1994年~1997年高峰时期香港港的比重达到10%,这与1995年~1997年的全球港口集中度达到顶峰耦合。20世纪80年代中期以前,首位港一直在大西洋两岸徘徊,纽约和鹿特丹先后成为这一时期的首位港,同期国际贸易主要集中在大西洋组团体系。此后,首位港向亚洲转移,香港和新加坡交替成为首位港,亚洲组团体系及其与大西洋组团体系的贸易交流迅速增长;中国、日本、"亚洲四小龙"以及东南亚各国经济快速发展促使首位港变迁,表明目前亚洲成为全球集装箱的重要货源地。

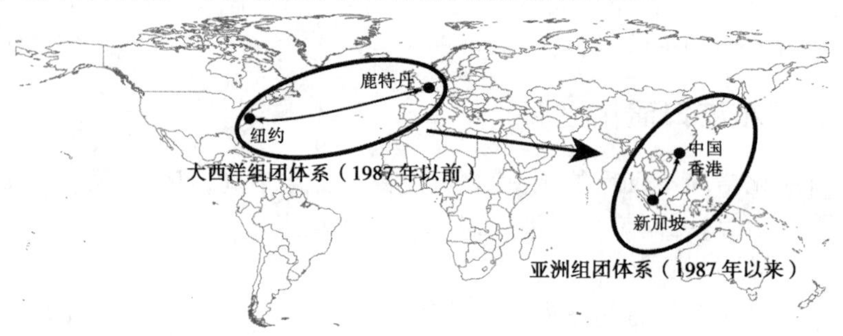

图4　全球首位集装箱港演替格局

Fig. 4　Evolution of global primary container port

(三)区域港口体系格局

在全球海运集装化起步发展阶段,集装箱运输集中在欧美近海地区。随着国际贸易的快速增长及航海运输技术的发展,海运集装箱运输迅速扩张,港口规模和地区分布不断扩大(图5)。1970年,全球集装箱港口达到75个,其中西欧和北美共计54个,占总数的72%,占总吞吐量的84%。大西洋两岸分布了48个港口,其吞吐量占全球的64%;全球吞吐量10万TEU以上港口共有17个,除大洋洲的墨尔本之外,大西洋两岸占据12个,集聚了全球港口集装箱运量的44%;亚洲8个港口中,除新加坡和中国香港外,全部位于远东地区的日本。尽管亚太地区具有一定的运量规模,但全球总体仍形成了以西欧和北美为主导的"大西洋组团体系"。

20世纪70年代,亚洲国家充分利用发达国家向发展中国家转移劳动密集型产业的机会,吸引国际资本和技术,发挥本国的劳动力优势、调整经济发展战略,迅速推动出口加工贸易主导型经济的快速增长,亚洲集装箱运输迅速发展。在1980年百强港中,亚洲占据15席,运量占全球的27.6%,与西欧(28.2%)和北美(24.5%)形成"并驾齐驱"的格局。在吞吐量100万TEU以上的12个港口中,亚洲占据5席,其中远东地区2个,全球港口格局整体形成分散的趋势。到1990年,亚洲占据百强港中的24个,数量规模与西欧(22个)、北美(21个)形成"三分天下"格局;运量比重达到42.8%,超过西欧和北美比重之和。与此同时,在吞吐量100万TEU以上的22个港口中,亚洲占据10席,其中吞吐量达到500万TEU的两个港口(新加坡和香港)均位于亚洲地区,充分展示了全球港口体系由"大西洋组团体系"转向"亚洲组团体系"的动向。

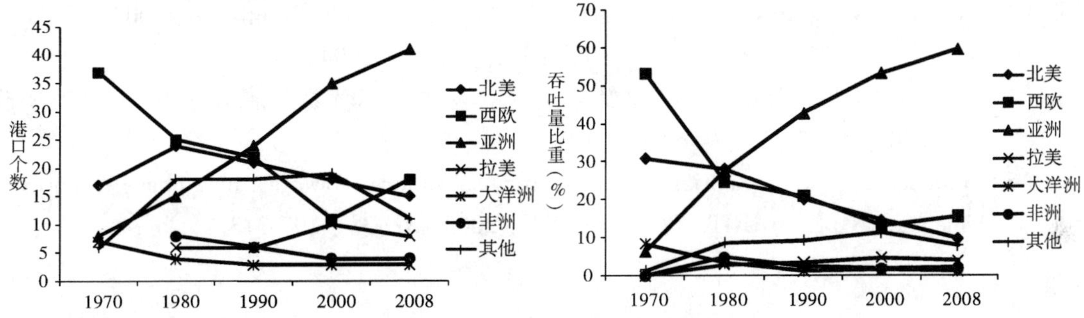

图5 全球前100位集装箱港口区域分布变化格局①

Fig. 5 Distribution pattern of global top 100 container ports

20世纪末及进入21世纪以来,亚洲集装箱保持快速发展态势。在百强港中,亚洲港口数量由2000年35个增加到2008年的41个,集装箱运输比重由53.4%提高到59.7%,形成了"一枝独秀"的格局。在全球主要国家和地区的集装箱吞吐量分布中,除美国外,前六位均位于亚洲,其比重由2001年的41.5%提升到43.5%,中国(不含港台)港口的迅速崛起成为提升亚洲地位的重要动力。2000年至2008年,中国集装箱运量占全球的比重由19.1%提升到24.3%;在百强港中,2000年中国占据9席,运量占全球的9.3%;2008年,中国占据17席,运量占全球的32.4%,占亚洲区的54.8%。目前,中国仍处于工业化中期阶段,其集装箱运量及港口规模仍将保持增长态势。相比之下,欧美、日韩等发达地区的港口体系已进入完善阶段,而拉美、非洲等地区经济大多处于低位,其集装箱港口仍将缓慢发展。未来,中国将领跑亚洲集装箱港口的发展,并将推进港口的地区化(东北亚、长三角、珠三角)进程[5]。尽管亚洲占有较大的集装箱吞吐量份额,但其主要是出口导向,对欧美市场具有较大的依赖性;因此,全球集装箱格局维系了亚洲、西欧和北美三大区域港口体系。

三、结语

伴随全球贸易的规模增长和空间扩张,全球海运集装化先后经历了起步发展、技术扩散、快速成长阶段,目前已经进入成熟完善期。全球集装箱港口吞吐量经历了"W"型的"分散"与"集中"交替演变格局。从全球首位港的空间演化格局分析,首位港从位于"大西洋组

① 西欧包括南欧和北欧,其他地区包括中东、地中海和黑海地区的港口。

团体系"核心的纽约和鹿特丹转向"亚洲组团体系"核心的香港和新加坡，并形成了亚洲、西欧和北美地区三大港口集群体系。欧美、日韩等集装箱港口体系已趋于完善，以中国为代表的亚洲新兴经济体仍将在集装箱体系的地区化过程具有重要作用。中国在全球集装箱港口体系中的地位逐渐提升，将成为未来主导全球集装箱港口演化格局变迁的重要力量。

参考文献

[1] Levinson, M. The Box: How the Shipping Container Made the World Smaller and the World Economy Bigger [M]. Princeton: Princeton University Press, 2006.

[2] Stopford, M. Maritime economics (2nd)[M]. New York: Routledge, 2003.

[3] 卫太夷. 中国国际集装箱水运 30 年[J]. 集装化, 2004,(5-7).

[4] 王成金, 于良. 世界集装箱港的形成演化及与国际贸易的耦合机制[J]. 地理研究, 2007, 26(3): 557-568.

[5] Notteboom, T. E., Rodrigue, J. Port regionalization: Toward a new phase in port development [J]. MARIT. POL. MGMT., 2005, 32(3): 297-313.

上海市货运调查技术方案框架与特点

李耀鼎
（上海市城市综合交通规划研究所，上海　200040）

【摘　要】　本文介绍了上海市第四次综合交通调查分项之一——货运调查的主要内容和技术特点，并对货运调查成果的应用前景、调查过程中存在的缺陷不足进行了相应的论述，最后对加强大都市货运交通管理提出了相应的建议。

【关键词】　综合交通　交通调查　货运交通

Technical Scheme Frame and Characteristic of Shanghai Freight Traffic Survey Project

Li Yaoding
(Shanghai City Comprehensive Transportation Planning Institute, Shanghai 200040)

Abstract: The paper introduced the Technical scheme frame and characteristic of Freight Traffic Survey (FTS), one portion of the Shanghai Forth Comprehensive Transportation Survey, and discussed the functions and problem of FTS , then put forward the propositions for Freight Traffic Management in metropolis.

Keywords: Comprehensive transportation　Traffic survey　Freight traffic

一、调查概况

交通调查是进行交通规划的第一步，也是交通规划成败的关键。上海在进行城市交通规划与管理的过程中对交通调查的重视程度位于全国前列。自 1986 年开展了上海市第一次综合交通调查之后，又于 1995 年、2004 年分别开展了上海市第二次、第三次综合交通调查。三次综合交通调查在时间跨度上、调查规模上都是全国仅有的，调查的成果不仅见证了上海城市发展在交通领域的重要影响，也为上海城市交通规划与管理提供了重要的数据支撑。

随着上海城市社会经济发展的不断加快、交通基础设施的不断完善，上海市综合交通出行特征在近年内发生了较大的变化，以往的调查数据在实际运用中与现状出现了较大偏差，必须予以更新。而在 2009 年这个重要的时间节点上，上海又面临 2010 年世博会期间的交通组织问题、上海综合交通"十二五"规划编制问题、上海国际金融和航运中心建设中交通系统承载力问题等一系列涉及城市综合交通规划与管理的重大问题，对交通基础数据的准确性、全面性提出了更高的要求。因此，市政府决定在 2009 年开展上海市第四次综合交通调查，全面调查上海综合交通体系现状特征，为新形势下的上海综合交通体系规划与管理提供基础数据。货物运输在上海社会经济发展和综合交通体系中具有重要的作用与地位,货运调查被列为上海市第四次综合交通调查23个分项之一,对全市的货物运输展开调查。

二、调查主要内容

货运调查的两大核心内容为物流和车流。由此,本次货运调查主要分为两大部分内容:以物流为核心的货运设施与货物运输量调查以及以车流为核心的货运车辆出行特征调查。

(一)货运设施及运输量调查

货运设施及运输量调查涵盖上海公、铁、水、空四种交通方式的货运场站设施能力、相应的吞吐量/运输量、运输货种调查,主要包括:

1. 货运设施调查

调查了上海公路、铁路、水运港口、机场四种方式的主要货运场站数量、布局、货运设施处理能力,具体内容有:

(1)上海公路集装箱堆场在市域的分布、设施能力;

(2)上海铁路货运站/客货运站在市域的分布、设施能力;

(3)上海沿海码头/内河码头/集装箱专用码头在市域的分布、设施能力;

(4)上海虹桥、浦东两机场货运设施能力。

铁路、水运港口、机场三种方式的货运场站定义明确、管理集约,通过对相关政府部门或经营企业的资料收集就可获得货运设施的具体资料。而公路货运场站定义不清晰、市场门槛较低,政府管理上存在困难,因此仅对在运管登记注册的正规货运场站进行了调查,对于违规未在相关政府部门登记注册的货运场站未作考虑。

2. 货物运输量调查

调查了上海公路、铁路、水运港口、机场四种方式的货物运输量及主要货运枢纽的货运量。与常规统计年鉴中“以本地登记注册运输工具载运”为口径的运输量不同,本次调查以到/发双向实际货运量为统计口径,具体包括:

(1)上海公路年到/发货运量,主要公路货运场站年处理能力;

(2)上海铁路年到/发货运量,所有铁路货运场站年处理能力;

(3)上海沿海/内河年港口吞吐量、集装箱吞吐量;主要港区年港口吞吐量,各集装箱港区年集装箱吞吐量;

(4)上海虹桥、浦东两机场各自的机场货物吞吐量。

3. 货种调查

调查了上海公路、铁路、水运港口三种方式不同货种的货运量。民航机场的货种由于涉及机密,且航空货运量占总货运量中的结构不足1%,因此不纳入调查范围。

4. 载运工具调查

调查了上海公路、水路两种方式的载运工具的种类和数量。统计口径为在上海市运管部门登记注册的车辆或船舶,具体包括:

(1)上海货运车辆分吨位、分车型车辆数量及结构;

(2)上海分船型、分营运范围(内河、沿海、远洋)船舶数量及结构。

(二)货物运输车辆出行特征调查

与铁路、水路、航空三种方式不同,公路货运属于完全市场化的经营体系,政府在公路运输的经营、管理、统计中缺乏有效的抓手，因此，公路货运调查一直是货运体系调查的难点。而公路货运调查的成果又直接影响到公路的规划、建设、管理，是调查的重点之一。本次货运调查以货运车辆出行调查为核心，调查货运车辆的出行特征。

1. 货车整体调查

通过整理上海经营性货车信息库，在上海约 15 万辆经营性货车的母体中，按 10% 的抽样率进行抽样调查。再根据按行政区分层、吨位分层的两级分层，按照相应的比例对样本在区域、吨位上均匀分配。通过调查员联系调查样本的企业、货运车驾驶员，对货运车辆一日出行的特征进行调查。

调查的主要内容包括：货运车辆车牌、车龄、核定吨位、停车地点、一日出行次数、一日出行里程、载货情况、出行起讫时间、出行起点和终点等。

通过调查，从整体上对全市货运车辆的数量、吨位结构、一日出行特征、一日出行分布、停车分布、载货情况有了清楚的把握。

2. 货车重点调查

除货运车辆总体调查外，本次调查还对部分具有典型特征的货车进行了重点调查，具体包括：

(1) 对外货运车辆出行特征调查。针对出入上海市域的货运车辆，在道口进行拦车问询调查，重点调查对外货运车辆市域内外 OD 特征，从而了解掌握上海对外货运的主要枢纽点及其分布。

(2) 货运出租出行特征调查。针对以市内货物运输的货运出租车，重点调查货运出租的车辆总量、出车率、一日载货次数与运输里程，从而掌握上海货运出租车出行特征。

(3) 集装箱卡车出行特征调查。针对集装箱运输车辆港口、出口加工区、堆场“三点一线”的出行特征，重点调查集装箱货源 OD 分布、集装箱卡车出行路径、一日出行里程等指标及一日港区出入集卡车辆特征，从而了解掌握集装箱卡车的出行总体特征。

(4) 机场货运车辆出行特征调查。针对航空货物价值高、体积小、重量轻的特点，重点调查机场货运车辆车型、一日运输里程、出行路径及货源分布等指标，从而了解掌握机场货运车辆的出行总体特征。

三、调查主要特点

(一) 覆盖面广、涉及部门多

本次货运调查覆盖公、铁、水、空四大交通方式，涉及上海市交通港口管理局、上海市交通运输管理处、上海公路运输管理处、上海铁路局、华东民航局、交警等政府主管部门和上海机场集团、上海港务集团、公路货物运输企业、相关信息公司等企业单位。覆盖范围之广、涉及部门之多、协调难度之大都是前所未有的。

(二) 调查手段多样、提高调查质量

本次货运调查覆盖面大、难度高，仅仅依靠传统的调查方法已经完全不能满足调查内容的需要。本次调查采用多种手段，其中不乏科技进步带来的新方法、新技术。

本次调查采用的调查方法主要包括：

1. 资料收集

通过相关政府主管部门统计职责，一方面对既有统计年鉴数据进行收集、整理；另一方面，通过政府主管部门行政命令，再对部分未列入年鉴的数据进行补充调查和统计。货运设施和运输量调查主要采用的就是资料收集的调查方法。

2. 现场拦车调查

在交警、路管部门的协助下，对通过道口进入上海市域的货运车辆进行拦车调查。现场拦车调查方法主要应用于对外公路货运调查中。

3. 抽样问询调查

在上海市交通港口管理局、上海市交通运输管理处和各区县交通运输管理署和多家货运大型企业的协助下，采用抽样调查、调查员问询填写问卷的方式，对上海市货运车辆总体出行特征进行了调查。

4. 射频（RF）卡技术运用

根据上海港务集团的规定，在各主要集装箱港区安装 RF 卡识别器，进入集装箱港区的集装箱车辆必须安装 RF 卡。通过 RF 数据，可以获得一日进入集装箱港口的集装箱卡车的车辆数、牌照、车辆载货状况等多项信息，且人工省、数据全、准确性高，还可调查多日数据。

5. 全球卫星定位系统（GPS）技术运用

本次货运调查对进入港区、机场等海关监管区域的车辆，根据海关要求，必须安装 GPS 系统。随着 GPS 系统的逐渐普及，大型货运企业大型车辆安装 GPS 车辆的比例逐渐提高。采用 GPS 数据分析调查，数据信息量大，准确率高，在本次货运调查集装箱卡车、机场集散车辆的一日出行里程、主要货源点分布、出行路径调查中起到了重要作用。本次调查是 GPS 数据在全市性货运车辆调查中的首次运用。

6. 专家咨询法和现场踏勘法

针对“客车载货”这类不符合法律法规规定范围内的经营行为，配合度差、危险性高，采取常规的调查方法显然不能取得良好的效果。本次货运调查针对这类调查采取了向经验丰富的专家咨询与现场踏勘相结合的办法。通过向专家了解相关的情况，并进行实地踏勘暗访，获得了良好的调查效果。

（三）重点突出、针对航运中心建设

货物运输涉及城市社会、经济的各个方面，在有限的资金、人员和时间的安排下，对各个方面都进行深入的调查是不现实的。针对上海建设上海国际航运中心战略、完善集疏运体系的要求，本次调查重点开展集装箱车辆出行特征、进出集装箱港区车辆特征、机场集疏运车辆出行特征等调查，为后继集疏运优化研究奠定数据基础。

（四）立足区域层面、提高调查应用性

本次货运调查不仅仅调查上海市域内的货运车辆出行，因为有些货运车辆，尤其是大型货运车辆通常是从事省际运输的。对于大型货运车辆，仅仅调查其在市域内的出行特征和分布，既不全面，也不科学。

本次调查立足区域层面，对货运车辆在调查期内的所有出行记录予以调查，保证车辆出行记录的连贯性与完整性，保证数据的可应用性。

四、调查的应用前景

本次货运调查的成果主要应用于：

(一)上海城市货运交通规划

上海是我国的经济中心,拥有国内领先的工业与现代服务业。与此相适应,上海的货运交通系统公、铁、水、空方式齐全,庞大而复杂。货物运输对上海城市社会、经济发展,对上海“两个中心”战略起到了重要的支撑作用。从可持续发展、创造良好经济发展环境和提高城市竞争力角度看,迫切需要对上海城市进行货运交通规划,具体包括货运通道规划、货运枢纽规划、货运政策规划等。本次调查的成果在货运规划制订的过程中将起到重要的理论支撑作用。

(二)上海综合交通模型的完善

上海综合交通模型自1985年开始建立,经过20多年的不断发展,已经成为国际先进、国内一流的交通模型。随着上海城市交通管理对交通模型需求的不断提高,上海综合交通模型也将日益完善。根据上海交通模型二期的项目编制要求,货运模型是上海综合交通模型适应上海城市发展要求的重要改进模块,本次货运调查的成果在上海综合交通模型货运模块的研发过程中将起到重要的数据支撑。

(三)上海国际航运中心集疏运体系优化项目运用

本次货运调查针对上海国际航运中心建设、集疏运体系优化收集了大量数据,这些数据将为日后集疏运体系优化的研究奠定基础。

(四)上海货运交通政策制定

交通政策是交通管理的重要组成部分,好的交通政策能为城市交通管理起到重要的促进作用。本次交通调查成果将为上海货运交通政策制定提供帮助。

五、调查存在不足

(一)与土地利用联系度不高

城市货运交通同城市土地利用规划具有密切的联系。只有考虑城市货运同城市土地的相互影响,才能充分保障城市货运发展过程中在提高运输效率的同时最大限度减少对城市交通等的影响,实现城市货运的可持续发展。

单位土地面积的货运量调查是需要研究单位地块单位时间内货物运进、运出基础资料,这样的调查在市场经济条件下基本无法实现。本次货运调查在与土地利用联系度方面没能获得突破。

(二)未覆盖非经营性货车调查

本次货运车辆出行调查是以上海市经营性货运车辆为母体。所谓经营性货运车辆是指在运输管理部门登记注册,取得合法营运资格的货运车辆。上海经营性货运车辆总数约为15万辆,而在交警登记注册的货运车辆约为21万辆,即约有6万辆非经营性的货运车辆,即不从事经营的货运车辆。这部分货运车辆由于调查主体不明未能纳入本次调查,对其出行特征也无从掌握。

(三)未覆盖外地货运车辆调查

上海有大量外地货运车辆在上海从事货物运输,这些货车的管理权限不属于上海,也无法纳入本次货运调查。

(四)市内配送调查薄弱

上海市民日常衣食住行所涉及的货运都是由市内货运配送来实现的,如商场超市的日常用品、菜场的瓜果蔬菜、新居建材家具和家用电器、日常的生活垃圾等，这些市内货物配送对市民生活具有较大的影响。

本次调查虽然在部分调查中涉及市内配送调查，如小吨位货车调查、货运出租调查，在总体上对市内配送的出行特征、运输量和货种等基本指标的调查还较为薄弱。

六、建议

针对本次货运调查中存在的突出矛盾，对未来上海货运交通系统管理中存在的问题，提出相应的建议：

（一）完善货运市场准入和退出机制，集约化发展现代货物运输

货运车辆出行调查组织实施过程中，许多货运企业是只有一辆车的“单车企业”。这些企业对市场风险的承担能力差，经营管理薄弱，不利于现代货运集约化运输的发展思路。

应逐步完善货运市场的准入和退出机制，将不符合条件的货运企业拒之门外，集约化发展现代货物运输业。

（二）强化信息联动机制，提高数据实时性与有效性

在进行本次货车信息库整理时，存在登记注册情况与实际情况滞后的现象：车辆已经报废却还在车辆信息库中；车辆已运营了还未纳入车辆信息库。这类数据的比例不小。

为了提高数据的实时性与有效性，应加强车辆登记、注销与车辆信息库的联动机制。

（三）构建车辆信息统一信息平台，实现数据共享

还是在进行本次货车信息库整理时，存在市管车辆与各区县运管署信息不通、不共享的问题。市里对各区县货运车辆信息掌握不全，各区县对市里的货运车辆信息更是毫不清楚。

应加速构建全市层面的货运车辆信息统一平台，实现数据共享，并加强与交警、工商等部门的沟通、联络，实现货运车辆的统一、有序管理。

（四）提高货运车辆 GPS 安装率

GPS 技术在本次货运车辆出行特征调查中起到了关键性作用，但存在的问题在于安装 GPS 货运车辆的比例仍然不高，对于全面掌握货运车辆出行特征还有较大障碍。

逐步提高货运车辆 GPS 安装率，加强货运车辆管理。

（五）加强外地牌照货运车辆登记管理工作

外地货运车辆在上海从事货物运输，除交警外，缺乏相关的管理。所以，应加强外地牌照货车在沪的登记管理工作，有利于全面管理上海货物运输车辆。

城市轨道交通功能定位

黄庆潮[1]　池利兵[2]

（1. 东莞市道路运输管理局，广东东莞　523125；
2. 中国城市规划设计研究院，北京　100044）

【摘　要】 城市轨道交通功能定位是城市轨道交通线网规划的关键技术内容之一，本文在借鉴国内相关标准和规范的基础上，采用旅行速度作为分类标准，将城市轨道交通划分为快线和普速线两个层次，并通过对比快线与普速线的功能和运营特征，提出快线和普速线的功能定位。在此基础上，进一步提出了快线和普速线在城市轨道交通线网规划中的规划模式建议。

【关键词】 交通规划　城市轨道交通　功能定位　快线　普速线

Function Orientation of Urban Rail Transit

Huang Qingchao[1]　Chi Libing[2]

(1. Dongguan Road Transportation Administration Department, Dongguan Guangdong 523125;
2. China Academy of Urban Planning & Design, Beijing 100044)

Abstract: The function orientation of urban rail transit is an important content of key contents in urban rail transit plan. The paper classifies urban rail transit to rapid lines and common speed lines by its operation speed, considering the criterion and standard of urban rail transit, and proposes the function orientation of rapid line and common speed line, contrasting the function and operation characteristics between rapid line and common speed line of urban rail transit. And the paper draws up suggestions on planning rapid lines and common speed lines in urban rail transit plan.

Keywords: Transportation planning　Urban rail transit　Function orientation　Rapid line　Common speed line

一、引言

随着城镇化和机动化的快速发展，各大城市规模的扩张，城市交通拥堵日益严重。城市轨道交通作为大运量、集约化的快速公共交通方式，已经成为各大城市缓解交通拥堵，合理引导机动化交通发展的必然选择。

城市轨道交通线网规划已经成为城市综合交通规划中的重要专项规划。近十年来，我国先后有30多个城市编制完成了城市轨道交通线网规划，目前还有10多个城市正在编制城市轨道交通线网规划。

在早期城市轨道交通线网规划中，规划提出的城市轨道交通线网功能层次单一，但随着城市交通需求的多样化发展，城市轨道交通线网的功能也相应地发生了变化，城市轨道交通功能定位逐渐成为了城市轨道交通线网规划的主要内容。

2009 年 11 月 30 日，《城市轨道交通线网规划编制标准》正式颁布，并于 2010 年 4 月 1 日起开始实施。在该标准明确提出在城市轨道交通线网规划中，应划分城市轨道交通线网功能层次。

因此，在城市轨道交通线网规划中，如何合理确定城市轨道交通的功能定位，已经成为了城市轨道交通线网规划的关键技术内容，成为引导城市轨道交通建设标准选型的基础。

二、城市轨道交通功能层次划分

（一）城市轨道交通层次划分标准选择

在《城市公共交通分类标准》（CJJ/T114 - 2007）中，将城市轨道交通划分为地铁系统、轻轨系统、单轨系统、有轨电车、磁浮系统、自动导向轨道系统和市域快速轨道系统等。这种分类方式综合考虑了城市轨道交通的轨道形式、牵引力类型以及速度等多项建设标准，有利于指导城市轨道交通的建设。

城市轨道交通线网规划的目标是提出城市轨道交通走廊以及站点分布，确定城市轨道交通线路的线、站位，而城市轨道交通线路的线、站位是由城市轨道交通的服务水平决定的。《城市公共交通分类标准》中的城市轨道交通分类标准较多，并未完全按照服务水平进行分类，因此对城市轨道交通线网规划的指导性并不强。决定城市轨道交通服务水平的主要指标有运量等级、速度、站间距等指标。

综合考虑《城市公共交通分类标准》选取的城市轨道交通分类标准指标和城市轨道交通服务水平指标，建议选取速度作为划分城市轨道交通功能层次的主要指标。城市轨道交通的速度又可以分为最高运行速度和旅行速度，最高运行速度往往与车辆选择有关，而旅行速度主要与站间距和最高运行速度有关，是乘客最终感受的服务指标。因此我们选择旅行速度作为城市轨道交通功能层次划分的主要指标。

（二）城市轨道交通功能层次划分

按照城市轨道交通旅行的速度，可将城市轨道交通划分为快线和普速线两个层次。快线对应于城市轨道交通分类标准中的市域快速轨道系统，其旅行速度较高，普速线对应与城市轨道交通分类标准中提出的地铁系统、轻轨系统，单轨系统、有轨电车、自动导向轨道系统等，其旅行速度相对快线要低。

1. 城市轨道交通车辆最高速度、站间距与旅行速度分析

在《城市轨道交通工程项目建设标准》（建标 104 - 2008）中，分析了不同最高速度的城市轨道交通车辆在不同站间距下对应的旅行速度，具体见表 1。

在《城市公共交通分类标准》中，提出市域快速轨道系统的最高运行速度在 120 ~ 160km/h，因此对应于表 1，可以看出旅行速度应在 50km/h 以上。

2. 国内城市轨道交通快线运行特征分析

目前，国内多条城市轨道交通线路普遍被认为是快线，例如大连的 3 号线、天津的津滨快轨、广州的 3 号线和 4 号线。

城市轨道交通车辆不同最高速度对应站间距的旅行速度　表1

The travel speed of urban rail transit in different maximum velocity and station spacing Tab. 1

平均站间距(km) / 车辆最高速度(km/h)	1.0	1.5	2	2.5	3.0
70(动力50% ~75%)	30 ~33	35	-	-	-
80(动力50% ~75%)	-	38	40	45	50
100(动力50% ~75%)	-	40	45	50	55
120(动力75% ~100%)	-	-	50	55	60

由表2可以看出,城市轨道交通快线中大部分快线的最高运行速度并没有达到《城市公共交通分类标准》中要求的最高运行速度,主要原因各城市在建设快线时,国内城市轨道交通高速车辆的技术还未完全国产化,车辆购置成本较高,因此各城市选择了最高速度在120km/h以下的车辆。在这种情况下,各条城市轨道交通快线通过调整站间距,保障了线路的旅行速度,由表2看出,各条快线的旅行速度都不低于50km/h。

国内城市轨道交通快线运营指标分析　表2

The operation index of rapid lines of urban rail transit　Tab. 2

运营指标 / 线路	车辆最高速度(km/h)	平均站间距(km)	旅行速度(km/h)
大连3号线	100	4.9	60
津滨快轨	100	3.5	60
广州3号线	120	2.1	54
广州4号线	90	3.4	52.7

3. 快线和普速线层次划分界限

经过以上分析,建议快线和普速线的旅行速度划分界限为50km/h,小于50km/h的线路为普速线,反之为快线。

三、城市轨道交通功能定位

(一)城市轨道交通功能层次划分与运营指标

借鉴我国快线的实际运营特征,综合考虑城市轨道交通车辆节能运营管理经验,建议快线最高的最高速度不小于100km/h,合理站间距应在2km以上,5km以下①;普速线的最高速度应在100km/h以下,合理站间距为1 ~3km,线路长度一般不超过35km。②

城市轨道交通功能定位与运营指标　表3

The function orientation and operation index of urban rail transit　Tab. 3

运营指标 / 分类	旅行速度(km/h)	车辆最高速度(km/h)	平均站间距(km)
快线	≥50	≥100	2 ~5
普线	35 ~50	80 ~100	1 ~3

① 城市轨道交通快线的最大站间距,主要通过分析区域城际轨道交通与城市轨道交通快线的功能以及车辆选择所决定,限于本文篇幅,不能具体展开。

② 在《城市轨道交通工程项目建设标准》中,提出了城市轨道交通线路(不包括市域快速轨道系统)长度不宜超过35km。

（二）快线与普线功能对比分析

快线与普线的功能区别主要体现在服务对象、服务范围以及客流规模和车辆舒适程度等几个方面，具体见表4。

在服务范围方面，快线的服务范围比普速线的服务范围要大，快线的服务范围通常为市区或者市域范围，普速线的服务范围较小一般为市区或者中心城区范围；在服务对象方面，快线的服务对象主要针对长距离的出行者，而普线的服务对象主要为市区内的中长距离出行者；在客流规模方面，快线承担的客流规模比普线要低，通常属于中运量系统范畴，而普线承担的客流规模较大通常为高、大、中运量系统；在车辆舒适度方面，快线由于乘客乘坐时间较长，通常会安排较多的座椅，提高车辆的舒适度。

城市轨道交通快线与普速线功能对比　表4

Contrast the function between rapid line and common speed line of urban rail transit　Tab. 4

对比方面 / 分类	服务范围	服务对象	客流规模	车辆舒适度
快 线	较大，通常为市区或市域范围	长距离出行者	较低，通常为中运量系统	较好，乘客座椅较多，站立面积较小
普速线	较小，通常为市区或中心城区范围	中长距离出行者	较高，通常为高、大、中运量系统	一般，乘客座椅较少，站立面积较大

四、快线与普速线协调规划建议

（一）快线规划模式建议

快线通常应用在城市用地规模较大的城市，尤其适用于多组团式空间布局的城市，通常用来快速联系外围各组团与城市中心区，快线的布局模式主要有两种，一种为贯穿模式，一种为衔接模式。

贯穿模式主要指快线穿越城市中心区，直接联系外围组团与中心区，该模式有利于加强城市中心区与外围组团的快速联系。

衔接模式主要指快线不穿越城市中心区，而是通过与市区内的普速线路换乘衔接，实现外围组团与中心区的联系。

（二）快线与普线协调规划模式

由于快线服务水平与普线的服务水平不同，因此在城市轨道交通线网规划中，应根据城市公共交通客流走廊特征以及城市轨道交通发展目标合理协调快线与普速线的走廊布局。

在城市轨道交通线网中，应加强城市轨道交通客流走廊的分析，客流较大的走廊应首先规划为普速线的走廊；快线如果采用贯穿模式应尽量避开主要客流走廊，在市区内除了设置于普速线的换乘车站外，应控制设站的数量；快线如果采用衔接模式，应尽量衔接区域交通枢纽和城市综合交通枢纽，并尽可能的加强与普线的衔接，避免出现首末站集中换乘的现象。

五、小结

本文提出的按照旅行速度将城市轨道交通划分为快线和普速线两个功能层次，并提出两个层次线路规划指导建议，在一定时期内，对城市轨道交通线网规划以及建设标准选择具有一定的指导作用。但随着我国城市轨道交通车辆技术的发展，城市轨道交通线路的功能必然向多元化方向发展，城市轨道交通的功能定位也将向复杂多元化方向发展。

参考文献

[1] 李凤军. 解读《城市轨道交通线网规划编制标准》. 城市交通[J]. 2010,8(3).
[2] 中国城市规划设计研究院. 东莞市轨道交通网络规划[R]. 2004.
[3] 中国城市规划设计研究院. 合肥市城市轨道交通线网规划[R]. 2009.

基于新贸易理论的区域土地利用双层模型

赵小强[1] 李瑞敏[1] 陆化普[1] 苗 蕾[2]
(1.清华大学交通研究所,北京 100084;2.北京外国语大学国际商学院,北京 100089)

【摘 要】 随着中国区域经济的迅速发展,对于区域层面的土地利用研究极为迫切。现有的土地利用模型大都针对城市内部,对区域层面上的研究则比较少。本文首先利用新贸易理论构建区域土地利用的模型,然后运用区域土地利用模型的结果对城市土地利用模型外生变量参数进行修正,城市内部的土地利用采用格林—劳瑞模型。

【关键词】 技术外溢 外部效应 格林—劳瑞模型 劳动力共享

A Bi-level Regional Land-Use Model Based on New International Trade Theory

Zhao Xiaoqiang[1] Li Ruimin[1] Lu Huapu[1] Miao Lei[2]
(1. Institute of Transportation, Tsinghua University, Beijing 100084;
2. School of international business, Beijing Foreign Studies University, Beijing 100089)

Abstract: With the rapid development of China's regional economy, the study of regional land-use is extremely urgent. Most of the existing model is Focus on urban land-use, models concerted on the regional scale is relatively seldom. In this paper, new international trade theory are employed to Establish the regional land-use model, and then the results of the regional land-use model is used to modify the Value of the exogenous variables which is used in urban land-use model. Green-Lowry model are chose as the urban land-use model.

Keywords: Technology spillover Externalities Garin-Lowry model Regional land-use model

一、引言

交通需求是由出行者的各种各样的本源需求产生出来的派生需求。不同的土地利用形态有不同的本源需求,商场产生购物的本源需求、餐馆产生就餐的本源需求,这些本源需求进一步产生了交通行为这种派生的需求。所以,土地利用的形态在研究交通问题中占有十分重要的地位。

对于现有的土地利用模型,汉森模型、劳瑞模型、凯因模型等,都是针对一个城市内部的选址行为进行研究的,对于区域范围内的土地利用模型,很少有人涉及。本文研究的内容就是对区域内的土地利用进行建模。

国际贸易理论对国家之间的贸易行为产生的原因、机理进行解释。克鲁格曼认为:"国家既占用一定的空间,又是在一定的空间内存在的,这种倾向如此的根深蒂固,以至于我们几乎没有意识到忽略了这个事实。一个理解世界经济运行的最好方法是从研究国家内部的发生的情况开始。如果我们想理解世界各国增长率的差异,最好从研究地区之间的差异开始;如果我们想要研究国际分工,最好从研究地区分工开始。"[1]对于区域之间的研究,广义上包含了对于国际之间的研究;对于区域之间分工协调选址的机理,广义上包含了国际贸易的理论。一些地区之间的距离比国家之间的距离更远,上海到北京的距离比伦敦到柏林的距离要远。

在国际贸易理论中,去掉关税等复杂的外部条件,建立了国际贸易理论的模型,这些模型不仅仅能够说明国家之间贸易,也同样可以说明区域内部各个部分之间的作用机理,进而用于解释区域内部土地利用。

二、基本内容

在区域内部,对于土地利用模型建立的逻辑是这样的:首先,对生产性的企业进行地区间的选址行为。例如,要建制袜厂,选择在诸暨建厂还是在义乌建厂,这一部分可以运用国际贸易理论进行选址。

然后,选择好了建厂的城市之后,生产性的企业将会在城市内部进行选址,然后会派生出服务性行业的需求,商场、饭馆、旅馆等等,这一部分用到劳瑞的土地利用模型。理论框架如图 1 所示。

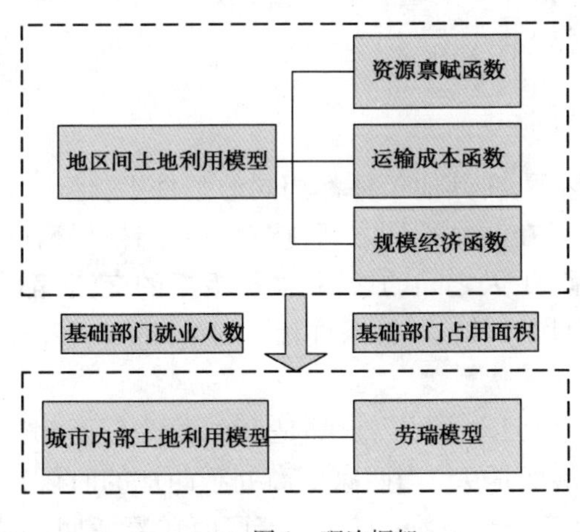

图 1　理论框架

Fig. 1　Model framework

三、具体模型的建立

(一)地区间选址模型

在第一层次的土地利用模型中,假设区域是由许多不同的部分(这些部分大都是城市或者县城)组成的,不同的部分有不同的历史、地理、文化、资源禀赋。首先研究的是如何在这各个部分之间进行选址,假设区域部分的空间形式就是一个点,城市内部的运输费用为零。

研究的思路是从简单的模型到复杂的模型。从单一的模型到多个模型的结合。国际贸易的模型在说明区域内部选址行为时候需要注意的是,在国际贸易模型中,劳动力在两国之间不能进行流动,但是在区域各个部分之间,应该放松这部分约束,区域内部劳动力是自由流动的。

1. 地区资源禀赋函数

$$R = f_1(hr, er, sr) \tag{1}$$

式中：hr ——人力资源；

er ——能源资源；

sr ——特殊资源。

在这个模型中，人力资源可以用现在每年吸引的高科技人员等来量化。能源资源用该地方的石油、天然气、煤炭的储量来定量；特殊资源是具有特定的资源所加的外部变量。

2. 地区间的运输成本函数

$$T = \sum_i a_i x_i + \sum_j b_j y_j \tag{2}$$

式中：a_i——第 i 种位原材料的运费；

b_j——产品第 j 个销售地点的单位运费；

x_i——第 i 种原材料的使用量；

y_j——第 j 个销售地点的销售量。

3. 技术外溢、劳动力共享、中间投入品

工厂在选址的时候会考虑企业周围的环境，诸暨的制袜厂为什么能够形成规模，无锡有更好的资源，更好的交通条件为什么要选择在诸暨设厂？为什么袜厂的工人愿意在诸暨工作而不愿意去无锡的袜厂工作？

考虑 3 个原因：

（1）技术外溢

假设现在有人想投资建袜厂，在其他条件都相同的条件下，他为什么要选择在诸暨建厂，诸暨现在具有很大规模的袜厂，在这些袜厂之间，技术不是严格保密的，技术总会通过各种途径在诸暨的各个袜厂之间传播，工人之间的谈话，老板饭桌的交流，都会引起织袜新技术的传播，这种传播是具有正的外部性的，其他外部条件相同的条件下，厂商都会选择在诸暨建厂。

（2）劳动市场共享

假设地区有两家厂商，对于劳动力的需求都是 100，每个厂商都会经历繁荣期和低落期，繁荣期劳动力需求为 125 低落期是 75，当两家厂商处于两地的时候，繁荣期和低落期都会由于劳动力不足导致损失，现在考虑厂商在一起，一家厂商在繁荣期，一家厂商位于低落期，那么他们的劳动力正好可以周济余缺，企业的风险就更小一些。

（3）中间投入品

现在考虑当其他条件一样的时候，厂商在一个已经具有相当大的产业规模的地区 A 是在另外的不具有产业规模的地区 B 进行生产，对于地区 A，由于产业规模已经形成，产业所需的中间投入品的配套产业已经形成，对于 B，这种中间品的产业没有形成，当厂商选择 B 的时候，独立的生产中间投入品必然是企业的成本加大，而地区 A 由于已有中间品产业，厂商的成本就较小。

模型的建立

$$G_{i,k} = f_2(c_k z_{i,k} + d_{i,k} z_{i,k} + e_{i,k} z_{i,k}) \tag{3}$$

式中：c_k ——第 k 个行业的技术外溢指数，高科技行业的比较大一些；

$z_{i,k}$ ——区域 i 的 k 产业的产业规模；

$d_{i,k}$——第 i 个地区 k 个行业的劳动力市场共享指数；

$e_{i,k}$——第 i 个地区 k 个行业中间投入品的影响指数。

4. 第一部分的总体模型为，即区位优势：

$$f_i = R_i + G_{i,k} - T_i = f_1(\mathrm{hr},\mathrm{er},\mathrm{sr}) + f_2(c_k z_{i,k} + d_{i,k} z_{i,k} + e_{i,k} z_{i,k}) + \sum_i a_i x_i + \sum_j b_j y_j \tag{4}$$

(二)城市内部选址模型

1. 内部选址

在城市内部进行选址，现在我们第一部分模型中关于把区域部分当作一个点的假设就要放松。首先运用凯因模型来进行选址，然后对格林—劳瑞模型中基础产业的数据进行修改，再迭代计算。

首先，在城市内部，我们认为工厂的选址主要考虑的是地租的原因，工厂选择那些地租比较小的小区。

$$R_l = d_l A \tag{5}$$

式中：R_l——工厂选址在第 l 个小区的地租；

d_l——第 l 小区的单位面积租金；

A——企业的占地面积。

其次，我们对劳瑞模型中第 l 个小区的基础部门就业人数和基础部门占用面积进行修改，然后通过计算修改过后的劳瑞模型进行迭代计算，从而计算出各个小区的土地利用模式。

2. 劳瑞模型的修正

劳瑞模型在假定研究对象地域为与外界不存在人员流动的封闭的城市地域的前提下，采用对各土地利用间的相互作用进行定量表达的关系式，对决定各交通小区土地利用模式所需的住户及就业者的分布加以确定的模型，通过上面区域土地模型的计算对城市内部的劳瑞模型参数进行修正。

$$A_j = A_j^U + A_j^B + A_j^R + A_j^H \tag{6}$$

式中：A_j——交通小区 j 的面积；

A_j^U——不可使用面积；

A_j^B——基础产业部门利用面积；

A_j^R——非基础产业部门利用面积；

A_j^H——住户利用面积。

非基础产业部门

$$E^k = a^k N \tag{7}$$

式中：E^k——非基础产业部门第 k 组的就业者数；

a_k——维持一个家庭的必须人数（人/户）；

N——总户数。

$$\varphi_j^k = b^k\left[\sum_{i=1}^{n}\left(x^k \frac{N_i}{D_{ij}^{a_k}}\right) + y^k E_j\right] \tag{8}$$

式中：b_k——为使潜力满足而引入的修正系数；

N_i——分区 i 对分区 j 的潜在市场的影响由分区 j 的住户数；

E_j——在分区 i 工作的就业者数；

D_{ij}——分区(i,j)间的时间距离；

x_k, y_k——住户数与总就业人数的权重，对所有分区为一定值。

$$\sum_{j=1}^{n}\varphi_j^k = 1 \tag{9}$$

$$E_j^k = \varphi_j^k E^k \tag{10}$$

式中：E_j^k——第j分区的非基础产业部门中k的就业者数按此潜在市场的比例进行分配。

$$E_j = E_j^B + \sum_{k=1}^{m} E_j^k \tag{11}$$

式中：E_j——表示分区j的总就业者数可以表示为基础产业部门与非基础产业部门的和。

$$A_j^R = \sum_{k=1}^{m} e^k E_j^k \tag{12}$$

式中：e_k——若非基础产业部门中k的就业者人均土地面积；

A_j^R——分区j中非基础产业部门的面积为各组面积的总和。

住户

$$N = f\sum_{j=1}^{n} E_{\mathrm{j}} \tag{13}$$

式中：N——表示总户数总就业者数的f倍。

$$\psi_{\mathrm{j}} = g\sum_{i=1}^{n}\frac{E_i}{D_{ij}^{\beta}} \tag{14}$$

式中：E_i——分区j的潜在家庭随分区j中可供住宅开发用面积的增多而提高，分区i对分区j的潜在家庭的影响取决于分区i的总就业人数，以及ij间的时间距离。

$$\sum_{j=1}^{n}\psi_j = 1 \tag{15}$$

ψ_j——表示住户依据此潜力大小向各分区分配

$$N_j = \psi_j N \tag{16}$$

约束条件

$$E_j^k \geqslant Z_j^k \ or\ E_j^k = 0 \tag{17}$$

$$N_j \leqslant Z_j^H A_j^H \tag{18}$$

$$A_j^R \leqslant A_j - A_j^U - A_j^B \tag{19}$$

四、面临的问题

区域土地利用模型的建立，需要对区域间相互作用的机理有深刻的认识，区域土地利用受到各种如：外来人口、政府决策、国际热钱、历史和地理等等其他因素的影响，所以，如何对这些复杂的影响因素进行建模，是现在面临的最大问题。

参考文献

[1] 克鲁格曼. 发展、地理学与经济地理[M]. 北京：北京大学出版社，2000.

[2] 克鲁格曼. 贸易与地理[M]. 北京：北京大学出版社，2000.

[3] 陆化普. 交通规划理论与方法[M]. 北京：清华大学出版社，2006.

[4] 克鲁格曼等. 国际经济学[M]. 北京：中国人民大学出版社，2005.

[5] 藤田昌久等. 集聚经济学[M]. 成都：西南财经大学出版社，2004.

供应链管理引导中国港口转型

买又红
（交通运输部水运科学研究所水运发展研究中心，北京　100088）

【摘　要】21世纪商品流通领域的竞争将是物流供应链之间的竞争。虽然我国港口具有良好的物流基础设施条件和港口腹地广阔的特点，但是港口物流功能作用还未充分发挥，严重制约港口与全球物流供应链的融合。因此，未来物流供应链的建设将成为我国港口功能转型的目标。目前，我们需要探索适合我国港口物流在全程供应链中的发展模式，制订我国港口物流在供应链中的发展战略规划，降低物流成本和时间成本，以引导我国港口由装卸、搬运和仓储等运输基本功能向综合物流服务功能转型。

【关键词】港口　转型　物流　供应链　管理

Supply Chain Management to Guide Transformation of Chinese Ports

Mai Youhong
(Waterborne Transportation Institute, Ministry of Transportation, Beijing 100088)

Abstract: Competition in the 21st century will be a competition between the logistics supply chain. Port logistics in China has good infrastructure and vast port hinterland, but the function of port logistics in China has not fully played and seriously restricted the integration between port and the global logistics supply chain. To this end, the construction of the logistics supply chain will become an important opportunity for the port functions transformation. At present, we need to probe into the construction suitable to China port logistics supply chain, make port logistics supply chain strategic planning, reduce logistics costs and time, thus to guide our port transform form the basic storage function to global supply chain function.

Keywords: Port　Transformation　Logistics　Supply Chain　Management

一、背景及问题的提出

（一）背景

从20世纪80年代至今，世界发达国家现代物流业发展迅速。我国自改革开放尤其是加入WTO以来，中国经济领域的各行业都在加快物流业发展。我国对外开放港口是改革开放时间较早、对外开放水平较高的产业之一，也是我国发展现代物流服务业最早的产业之一。我国港口特别是沿海对外开放港口，是我国内陆地区的出海门户、水陆交通枢纽。它既是现代物流的主要节点，也是全程供应链中最主要的物流枢纽环节。近年来，我国沿海主要港口都在大力布局规划和建设“内陆无水港”并加大对港口物流通道的建设，使我国港口在全程物流供应链中的地位更加凸显,所起的作用更加明显,而对港口综合物流业建设也提出了更高的要求。目前我国港口企业在总结"十一五"物流发展经验的基础上,根据《物流业调整和振兴规划[国发(2009)8号]》以及国家的发展现代物流业方针政策,编制"十二五"港口现代物流规划,以适应后金融危机时代我国港口现代物流业的发展。

(二)问题的提出

我国拥有400多个港口和3万多个生产泊位,规模以上港口完成货物吞吐量76.57亿吨。港口吞吐量和集装箱吞吐量已连续七年位居世界第一,并涌现出20个亿吨大港。近日,交通运输部宋德星局长在《拓展物流功能　港口转型的迫切需要》一文中,介绍了我国物流呈现的四大特点。第一,目前,我国现代化港口基本形成,其中强调大型化和专业化港口设施建设取得显著成就,基本形成了煤炭、石油、铁矿石、粮食、集装箱五大运输系统;第二,港口物流规模不断扩大,已经形成了长三角、珠三角、环渤海、东南亚沿海、西南沿海五大区域港口群。第三,港口功能不断拓展,由传统的业务向增值业务延伸;第四,港口物流对推进区域经济协调发展正在发挥着巨大作用。由此可见,我国港口的物流发展具有较好的硬件设施基础。但是,我国港口物流发展的软环境还需要完善,目前还存在着以下问题:

(1)港口物流业发展规划思路不清晰,如港口物流业发展未能与国际物流供应链衔接;港口综合物流系统缺乏统一规划,如港口物流资源还有待于充分利用和整合。

(2)港口物流服务功能还比较弱,由传统的运输服务向高品质物流服务转变,其过程较长。

(3)港口作为水陆交通枢纽,与铁路、公路、航空、管道多种运输方式衔接具有较大的优势,然而港口与这些运输方式的衔接和配合还有待于完善,要搭建安全、畅通、便捷、高效和低成本的港口综合物流运输平台,还需要做大量的工作。

(4)目前我国港口已初步形成与港口外部信息互联互通。但是,要搭建与港口综合物流系统相适应,尤其是要建立与客户远程快速反应的现代物流信息,仍有许多工作要做。

总之,随着港口通过能力日趋饱和,港区内陆域、水域和岸线资源受到严重的制约,不仅区域内港口同质化竞争普遍,而且趋于激烈化。在这种情况下,我国港口还局限于现有的港区内资源的发展,或指望几个主要货类装卸业务的市场占有率的提升,已远远不能适应港口自身发展的要求和国际物流发展的新趋势。因此,我国港口功能的转型,必须由供应链管理来引导。

二、物流供应链管理的地位和作用

港口的物流供应链主要包括两个层面:一是港口内部物流的各种资源的整合,包括运输、装卸、搬运、仓储、货代、流通加工、包装、配送和信息处理等环节的资源,以及港口内部物流产业部门间的合作;二是参与全球和国内物流供应链运作的环节,发挥港口在物流供应链中的货物集散中心、延伸内陆腹地及海域腹地的物流结点的重要作用,积极主动参与和组织与港口物流相关的货品供应商、制造商、销售商以及最终用户形成的供需网络,实现物流一体化运作的目的。港口的物流供应链管理是对上述港口上、下游供需的链状结构中,物流货物的运输和信息通道以及客户网络的组织、计划、协调与控制,其目的是提高供应链物流的整体效率,以最便捷的方式、最快的速度和最低的成本传送到消费者手里,最终实现供应链中所有成员整体获益的目的。

（一）国际物流供应链全球化对我国港口物流发展的影响

目前，全球港航企业间的竞争正演变为供应链间的竞争。跨国航运公司如马士基航运、地中海航运、达飞航运和美国总统轮船等国际航运巨头，以及国内的中远和中海及中外运物流也在加快发展中。他们都已成为国际和国内的物流供应链的领军企业，凸显了物流供应链在全球和国内物流竞争中的重要地位。跨国公司的全球供应链战略涉及供应链的速度、成本、效益等因素，而选择合作的国家侧重点各不相同，由于我国港口的国际航运地位十分重要，这就为我国港口物流供应链提供了很好的发展平台。

中国是世界制造业中心和国际重要的航运中心。目前，我国港口物流像雨后春笋般蓬勃发展起来。随着我国产业结构的调整，沿海港口与内地腹地的交通、仓储等环节还不能满足我国经济的发展，造成了我国物流供应链的物流成本的增加。如今供应链之间的竞争已由价格竞争转向品牌、管理、技术、人才、资本和售后服务的竞争，而以我国港口物流系统为龙头的供应链的发展还在起步阶段，与世界发达国家物流供应链的业务，即物流供应链流程的全球化功能，都不在一个量级上。随着我国港口物流业在全球物流供应链中地位的提高，国外先进物流理念的引进，为适应全球物流供应链的竞争环境，应站在全程物流供应链的高度，引导我国港口转型，以港口物流为龙头，走我国水路物流供应链发展之路。

（二）中国港口企业正朝着自主创新型方向发展

为了适应全球化物流供应链的竞争环境，我国物流正由被动地适应和执行向自觉地融入全球化物流供应链的阶段发展；由低成本制造向自主研发创新的阶段发展。因此，我国港口物流供应链要适应我国自主研发转型战略，港口企业由简单完成装卸运输阶段向自主创新、提高服务质量的阶段发展，提供良好的物流供应链服务。其中包括提高产品流通的效率，加快转变港口运输方式，优化港口产业结构，建立现代港口企业制度，建成大型港口物流企业，形成全程供应链的核心企业，起着带动、组织和控制的作用。

（三）中国港口将朝着综合物流产业集群方向发展

港口尤其是对外开放港口，是境内外多种货物品类的汇集地，按主要货物品类规划建设若干个物流园区，相应拓展货物品类服务功能，通过园区物流运作，为境内外用户提供层面化和个性化物流服务；同时，港口作为多种运输方式衔接点和水陆交通枢纽，既可经营水路物流业务，也可结合公路、铁路物流业务。因此，我国港口既要规划建设水路物流园区，也要考虑公路和铁路物流园区建设规模，这样中国港口将会形成全程供应链中规模最大、技术含量最高的港口物流产业集群。

通过上述三个主要方面的分析可见，中国港口综合物流系统在全程供应链中的地位和作用是显而易见的。

三、我国港口如何做，才能很好地融入国际物流供应链之中

（一）加快建设供应链中的港口物流业，制订物流供应链战略规划

物流供应链的原则是要求供应链的所有参与者完全融入供应链整体，以供应链的整体利益为最高原则，以整合资源和需求并减少供应链成本为核心，以准确的实时信息系统为主要手段，建立上下游链接和沟通的完善物流供应链体系。要实现上述供应链体系，我国港口

物流加快融入物流供应链全程建设之中,并提高其运行效率。目前,缺乏有效的物流供应链战略规划,是造成港口物流成本居高不下的重要原因。因此,港口首要问题是制订物流供应链战略规划。

物流供应链战略规划是强化港口企业核心能力的战略规划,它有利于提升港口企业的竞争能力和生存能力,主要体现以下几个方面:第一,强化港口内部物流业的发展,建设港口物流园区,拓展港口物流功能;第二,优化运输、仓储、供应链网络等物流资源,规划以港口为核心的物流供应链一站式服务方式;第三,由于物流采购和配送的全球化,在国际物流供应链中,我国港口应制订全球性的物流供应链战略规划,其中信息化系统是提高港口物流供应链效率的根本。因此,对于港口而言,物流供应链战略规划主要从以下几个方面入手:

1. 树立全程物流供应链上的大港口大物流理念

为了充分发挥港口综合物流系统在全程供应链中的核心作用,首先要树立全国港口在国际物流供应链和国内物流供应链中的龙头的理念。与此相适应还要树立大港口、大物流和发展绿色物流的理念。在此基础上,加强整体观念,积极参与到国际物流供应链管理之中,不断优化港口在供应链中的物流服务功能。

2. 加强港口综合物流园区的规划和建设

按现代物流理念,我国各港口依据各自的具体情况,其中主要包括港口货物品类的具体情况,在现有的基本服务功能基础上,拓展港口物流服务功能,主要是增值服务功能,优化物流园区运作流程,为境内外客户提供优质的绿色物流服务。由于港口是货物运输的重要集散地,要根据不同的具体情况,规划不同性质及特点的物流园区,这是实现全程物流供应链中龙头的重要体现之一。

3. 发展供应链中的港口绿色物流

既然有制造业绿色逆向物流,也就缺少不了在物流供应链中的港口绿色物流服务功能。由于不同产品的性质和特点决定绿色物流过程,逆向物流可分为退货、终端使用退网、商业退回、维修退回、生产报废和副品以及包装等类别。因此,港口绿色物流将要参与产品回收、分类、检修、分拆和再加工、报废处理等环节,这将成为在我国物流供应链中的综合港口物流发展的重要内容之一。

4. 优化港口物流信息技术

港口优化各自的物流信息系统,实施供应链智能化管理。搭建物流供应链信息平台,是在以港口为结点的物流供应链中实现的,它是以节约时间为前提,与供需双方的零距离同步信息整合,以及在整个供应链中港口与其他合作伙伴的信息共享,从而解决供应链物流环节中存在的问题,降低供应链的物流成本和时间成本。港口通过建设物流信息网,实现港口物流运作之间的信息互联互通,以提高港口物流枢纽运作效率。

(二)探索在供应链中的我国港口物流发展模式,建设港口物流领军企业

在我国物流供应链中,浩浩荡荡的物流企业不断涌入市场,而港口作为物流供应链中的重要结点,如何发挥港口综合物流在物流供应链中的地位和作用,还需要不断探讨和摸索。

我国港口在物流供应链中,首先要对港口物流资源进行整合,优化港口产业结构。在此基础上,通过资产重组和结构调整,采用股份制,以港口物流企业占较大股比,吸纳航运、公路、铁路、航空、仓储和代理等企业参股,放大港口现有的物流企业资本功能;建立和完善现

代企业制度，加强港口物流企业自主创新，促进港口现代物流企业优化升级，加强对全程供应链的控制力、影响力和带动力，形成全程供应链的核心企业，即全程供应链的“链主”，实现对全球和国内物流业务的经营。

我国港口企业要在整个物流供应链条之中，确立其重要地位，首先要作为物流供应链的龙头企业，需要与船公司、货代、口岸、制造商等精诚合作，整合物流供应链上游的各个环节的资源，关注市场发展并服务于下游合作伙伴，这样才能很好地融入国际物流供应链之中。

（三）适应全球物流发展方向，绿色物流供应链将是未来竞争的砝码

港口绿色物流供应链，将成为衡量港口企业综合竞争能力和持续发展能力的重要标准。随着全球环保公约的签署，绿色供应链服务，不仅需要制造企业、流通企业的强化绿色管理和服务协同，而且还需要港口企业提供绿色的物流服务。港口既是全程供应链中的物流枢纽，又是全程供应链中发展绿色物流的重要环节。在港口供应链的各个环节都存在着保护环境问题。货品从原材料获取到产品的制造、运输、使用过程都会产生废弃物，对环境造成严重的污染，威胁人类的健康和生态平衡。因此，在港口绿色供应链管理中，须加强低碳排放的发展战略规划，它主要体现在以下几个方面：第一，港口对港区内的集装箱、货盘、运输包装、货物包装等处理，可满足物流环保技术装备等要求；第二，不同性质货物逆向物流服务功能，可满足制造业绿色物流服务的需求；第三，港口与多种运输方式的衔接，以水运为主，降低排放技术指标，可满足节能减排的要求。所以，我国港口企业需要加强绿色物流供应链管理建设，及早融入全球绿色物流供应链之中。

总之，港口物流供应链的建设需要制订物流网络战略规划、合理布局港口物流园区的服务功能；加强与航运、公路、铁路、民航、管道、仓储和代理物流合作伙伴“无缝”衔接，搭建全程供应链运输平台；要利用公用信息网和专业信息网资源，搭建全程供应链管理信息平台；满足供需双方的市场需求，加强港口绿色物流供应链管理，实现港口物流对全程供应链的综合管理。

四、结论及建议

我国港口物流尚处在发展阶段，物流市场不发达、不规范，但是可开发、可利用的港口物流资源潜力巨大。这需要加强港口在供应链中综合物流的建设以及物流供应链管理的建设。我国港口功能的转型，是打开国内外物流供应链市场的良好开端，是港口再次变革的发展机遇，也是港口企业实施国家可持续发展的战略举措。因此，要解放思想，高度认识国际和国内物流供应链与我国港口长远发展的依存关系。由于物流供应链是港口内部和港口与外部企业的所有物流活动和商业活动的集成，港口又作为物流供应链的重要结点，具有独特的地理及组织、协调、管理等优势。为此，我们建议我国港口在供应链中要发挥其重要地位和作用，还需要国家和地方政府的规划及相关政策的支撑，具体建议如下：

（1）国家与交通运输部要做好全国港口现代物流发展的规划和政策引导，培育若干个大型港口物流企业，使之在物流供应链中起到核心作用。

（2）地方政府以及地方交通主管部门也要相应做好本地区港口综合物流规划和政策引导，扶持本地区港口物流及早成为供应链中的龙头企业。

（3）海关，出入境检验、检疫，银行，保险，税务，国土，信息，环保等相关部门要给予大力

支持和配合。

(4)我国港口企业纳入国内外物流供应链集群的首要任务,是制订物流供应链战略规划,提出供应链网络规划及优化,物流链流程再造和优化,最终形成完整的港口物流供应链管理,实现由传统的港口基本功能向国际、国内物流供应链中的港口综合物流功能转变。

参考文献

[1] 天津港现代物流发展规划[R].交通运输部水运科学研究所,2008.

[2] 拓展物流功能　港口转型的迫切性需要[N].中国交通报,2010.

长三角区域交通一体化推进研究

邵　丹

（上海市城市综合交通规划研究所，上海　200040）

【摘　要】　为贯彻落实国家长三角区域发展规划的推进指导意见，本文研究分析上海与长三角地区综合运输体系在规划、建设和管理等方面存在的问题，并提出推进长三角区域交通一体化发展的对策及建议。

【关键词】　交通战略　区域交通规划　交通政策　长三角交通　一体化

Research on Regional Integrated Transportation in the Yangtze River Delta

Shao Dan

(Shanghai City Comprehensive Transportation Planning Institute, Shanghai 200040)

Abstract: In order to carry out and implement the national guiding opinion on the Yangtze River Delta development, this paper analyzes and studies the problems of planning, construction and management on Shanghai and the Yangtze River Delta integrated transport. It also has suggestion on promoting the Yangtze River Delta integrated traffic development.

Keywords: Transport strategy　Regional transportation plan　Traffic policy　The Yangtze River Delta transport　Integrated transportation

国务院《关于进一步推进长江三角洲地区改革开放和经济社会发展的指导意见》对长三角区域联动发展提出了更高的要求。以贯彻落实指导意见为契机，尽快推进区域交通一体化进程，意义重大。

一、基本情况

（一）长三角区域协调机制初步建立

目前，长三角已形成三层次区域合作机制。第一层为两省一市书记和省（市）长参加的座谈会，是该机制的最高决策机构。第二层为长三角各城市常务副市长主持，发改委牵头负责的沪苏浙经济合作与发展座谈会，负责区域重大事宜的长效协调和落实。第三层为长三角16个城市的经济协调会议，是早期区域合作机制，以项目或专题形式开展区域合作事宜。区域交通联动发展作为其中一个重要子项，经过两省一市相关部门多次协商，已经建立了道路运输管理、公路建设和管理、铁路建设、民航发展与建设、港口和航运发展5个专业协调小组，分别开展工作，同时，建立了两省一市交通厅（委）层面的协调机制。目前在异地联网售票、一卡通互通实验、沪甬班线联盟等方面取得进展和突破。

（二）区域交通设施部分领域规划初步制定

两省一市交通部门于2004年合作编制完成了《长三角都市圈高速公路网规划方案》。

2005 年交通部编制完成了《长江三角洲地区现代化公路水路交通规划纲要》、《长江三角洲地区高等级内河航道网布局规划》、《长江三角洲地区港口建设规划》。2008 年国家发改委颁布实施《进一步推进长三角地区改革开放和经济社会发展的指导意见》。长三角区域协调机制开展了《长三角道路运输一体化合作规划纲要》的提纲编制工作。上述规划为长三角地区实现交通基础设施一体化，建立区域现代化综合运输体系建设提供了依据。

（三）基础设施快速推进

经过多年的建设，长三角地区已初步形成公路、水运、铁路、航空等多元运输方式构成的交通运输框架。随着苏通大桥、杭州湾大桥、浦东机场二期、洋山港等设施的相继建成，沿海高速、申嘉湖高速、杭甬运河、沪崇长江隧桥、虹桥枢纽相继开工，长三角区域基础设施正逐步向网络化阶段迈进。

二、存在问题

（一）缺乏总体协调的区域宏观经济发展规划指导

区域产业布局和城市发展定位缺乏总体协调，近年来伴随经济迅猛发展，长三角城市产业同构化倾向明显。特别是随着区域交通设施的发展，上海周边地市与上海的产业布局同构现象更为严重，缺乏互补性。如紧邻上海的江苏昆山花桥商务区，其核心区总建筑面积达到 360 万 m^2，项目开发后可能使跨区域交通衔接问题进一步复杂化。

（二）缺乏综合统筹的综合交通规划指导

受制于国家交通管理体制，目前的区域交通设施规划侧重于各交通系统的分项规划，不同交通系统的总体平衡和统筹规划相对滞后。一是公铁发展失衡，铁路运能严重不足。上海铁路局铁路客运密度为全国的 1.9 倍，且客货混跑，铁路运输的紧张状况为世界之最。二是内河发展滞后，长三角四级及其以上内河航道不足 10%，内河万吨级以上泊位仅占 20%，专业化程度低。三是港口、机场等区域设施呈现粗放式发展，功能定位不清。长三角区域内的港口泊位超过 11 万个，各地仍在纷纷规划建港，引发低价竞争，货源不足等问题。长三角机场密度较高，但规划建设仍持续升温，机场间航线资源竞争加剧，一些地方机场已陷于航班少、客源少、亏损大的困境之中。

（三）缺乏国家层面的交通发展协调机制

既有交通发展协调机制，主要基于两省一市层面的协调与沟通，缺乏中央层面的参与机制，导致各省市在交通基础设施规划、建设、管理过程中，更多的从地方行政区域的经济发展要求出发。

（四）设施管理不统一

一是道路交通管理政策不统一。如高速公路收费口过多，车辆收费标准不同；各地对道路交通的执法标准不统一，对法规、规章的理解，以及违法行为的事实认定和查处幅度上差异较大，稽查信息缺乏共享。目前，全国高速公路正在统一标识地方城市信号灯、交通标志等道路交通管理设施设置不一致。二是内河航道联运管理不统一。如各地内河航道等级、船型标准、过闸收费系统不一致。三是设施用地难以实现集约化，如同一地区高速公路管理相关的公安、市政等机构设施均为独立设置，两省一市更无法系统整合。

（五）运输管理不统一

一是客运管理政策不统一。如公路长途客运网络与铁路网络缺乏整合，导致铁路与公路长客的客流竞争越来越激烈；热门线路存在恶性竞争现象，在公路客运市场上，一条线路往往有10多家企业竞相经营；公路客运联网收费尚未全面开展；客运企业规模小，品牌度差；各地交通卡基本不互通。

二是货运管理政策不统一。如集装箱运输基本为“一运到底”，没有转运配送，根据高速公路收费站的统计数据，上海集装箱运输卡车中空车率高达1/3；两省 市对车辆规费征收的标准不一样，上海标准往往要高于苏浙两省；货运企业入市门槛较低、规模小、品牌度差，在沪货运企业货车平均拥有货车4~5辆；区域间长途运输与市内短途配送缺乏有效衔接，加之城市道路长期实行的限货通行政策，不利于货运交通的一体化发展；货运供需信息交流不畅，缺乏真正意义上的大型公共信息平台来实现货运信息的共享。

（六）城际融合区域的交通衔接问题突出

区域交通一体化衔接更侧重于城际间的高速公路、铁路等骨干设施的衔接，而对于城际融合交界区域的交通衔接问题重视程度不够。如城际间支次路网的规划衔接，城市间轨道交通线网的整合，城际融合区域的长途公交城市公交化运营等方面均受体制障碍，存在无法联通的问题，不利于城际融合区域的一体化发展。

三、应对思路

（一）区域交通发展总体上仍将维持竞争多于合作的格局，协调机制的建立和完善是区域交通一体化的基础

国家大部制改革解决了交通领域内的系统整合问题，但对区域发展的协调统筹能力有限。受行政体制限制，都市圈发展过程中总体利益与地方利益的冲突矛盾在短期内还将存在，区域交通发展在近期总体上仍将维持竞争多于合作的格局。为加速推进长三角区域交通的一体化发展，长三角更应该从自身出发，尽快建立和完善一体化发展的协调机制和平台。

（二）基础设施网络对接过程中上海始终比临近省市承受更大压力，发展中更要统筹考虑稳妥应对

上海区位优势显著，是长三角地区的核心交通枢纽，在区域通道的衔接上必须充分考虑整个区域的协调发展要求。加之上海土地、环境资源有限，在项目操作流程规范性、市民法制意识等方面相对较好，使得上海在区域基础设施网络的衔接过程中始终比临近省市承受更大的压力。从目前的发展形势和设施建设周期看，今后的5~10年依然是提升长三角区域交通基础设施网络化和功能的重要建设时期，因此铁路、公路、内河、机场、港口等各类区域设施的衔接博弈仍将长期存在，在发展中更要统筹考虑，稳妥应对。

（三）现有管理标准和政策难以满足日益增长的交通需求，近期宜以管理中矛盾突出的重要问题为突破

随着区域社会经济的一体化发展，“十一五”及到2020年期间，长三角地区交通运输需求总体呈持续增长态势，城际交通联系更趋频繁。与之相对应，对区域设施、客货运管理中的配套政策、法规、标准等方面的互联互通要求越来越高，既有的各自为政的标准和政策日益无法满足管理需求。政策环境的磨合不可一蹴而就，目前应就管理中矛盾较突出的集装箱运输、长客运输、交通执法、稽查、高速公路收费、交通付费管理等方面寻求突破。

四、具体策略

长三角一体化既面临体制环境方面的宏观性问题，也面临操作层面利益攸关的微观问题，在推进策略的制定上，应体现差别，明确阶段发展目标。对于近期无实施条件的，应明确发展方向，尽量避免矛盾扩大加深。对于近期有操作条件的，应以具体项目为抓手，制定分期目标，协调推进。

（一）加快完善长三角交通一体化发展的协调机制

为推进设施规划、建设及运营管理的一体化，首先必须突破体制瓶颈，建议在既有三层次协调机制的基础上，进一步提高协调机制的权威性和科学性。一是要在两省一市厅（委）层面的协调机制的基础上，力争中央部委的支持和参与，提高决策平台的权威性。二是在联系会议和专业协调小组的基础上，积极争取专业性的决策咨询机构的参与和支持，提高决策的科学性。

（二）加快编制长三角区域综合交通规划

统筹平衡的长三角区域综合交通规划是指导下阶段区域交通基础设施建设的重要依据，必须尽快落实。一是明确规划编制牵头人和责任主体，尽快争取中央部委的支持与参与。二是明确编制要求和原则，应处理好区域交通基础设施与城市交通基础设施的衔接关系，并统一规划建设标准。三是提升区域综合交通规划的法制地位。编制好的长三角区域综合交通规划应作为法规制度确定下来，确保各地区统筹安排跨区域交通设施的建设计划。

（三）持续完善区域交通基础设施建设配套政策

区域交通基础设施建设时间较长，应持续完善配套政策。一是科学落实用地、环保等配套政策。在用地政策上，优先确保区域交通走廊、枢纽等设施的用地指标，部分建设时机尚未成熟的区域，应做好规划控制和用地预留。在环保政策上，优先确保节能降耗的运输服务项目审批。二是完善区域交通设施投融资机制，积极吸引地方、社会资金，通过构筑多元化的区域交通基础设施投融资体制，充分发挥地方、社会积极性，以投资体制的改革带动管理体制的优化。

（四）持续整合区域交通运营、管理和服务

区域交通运营、管理和服务的完善也是一个逐步完善的过程，应持续整合推进。一是面向区域交通一体化，修编设施管理、运输管理等方面法规政策。二是优化交通运输网络，提升网络效率，打造公铁互补、多式联运的客货运网络和一体衔接的交通出行环境。三是积极培育骨干运输企业，以点带面提升行业专业化水平。四是以口岸通关、货运、客运、稽查等方面信息整合为切入点，构建统一的信息平台，提高综合交通体系效率。

（五）持续提高上海对长三角城市的交通辐射能力

上海是长三角区域发展的重要一级，但上海在区域基础设施建设及其配套集疏运体系上仍不完善。港口建设方面要实现长三角港口资源互补，搞好错位经营。航空枢纽建设方面要完善综合交通配套，扩大对长三角地区的服务面，明确两场分工，加强两场联系。高速公路方面要加快公路对接力度，融入区域路网。城际客运方面要加快城际铁路和长途客运通道复合通道建设。

下篇

Part B Logistics and Logistics Technical Equipment

物流与物流技术装备

关于物流园区发展规划功能和布局问题的思考

王德荣　孙综国
（北京中交协物流研究院，北京　100825）

【摘　要】 在经济全球化、地区经济一体化背景下，现代物流的发展对经济全球化将起着重要的支撑作用。在激烈的国际市场竞争环境下，高效率的物流服务系统正成为实现全球化经营及地区国际商贸有效运作的必要条件。物流园区作为各种物流企业和物流活动运行的载体，从萌芽起步阶段开始走向理性发展阶段。本文就物流园区发展规划中关注的基本原则、功能定位、物流需求预测、布局设计等方面的问题进行探讨，对我国物流园区规划提供一些建议。

【关键词】 物流园区　发展规划　功能定位　布局设计　信息化平台　政策措施

Issues Research on Logistics Park Development Plan on the Function and Layout

Wang Derong　Sun Zongguo
(China Communications and Transportation Association,
Institute of Logistics Research, Beijing 100825)

Abstract: Under the background of economic globalization and regional economic integration, the development of modern logistics will play an important supporting role on the economic globalization. In the fierce international market competition environment, efficient logistics services system is becoming necessary conditions for globalized operation and region business areas or effective operation. As a variety of carrier of logistics company and logistics activities, Logistics Park is from the embryonic stage to rational development stage. In this paper, the development of logistics plans in the basic principles of attention, function, logistics forecasting, layout design and other issues to discuss, on China's logistics park planning to provide some suggestions.

Keywords: Logistics Park　Development program　Layout design　Information platform　Policy direction

在经济全球化的推动下，以机场、港口、铁路、高速公路等物流节点建设的物流园区，有力地带动周边地区经济的快速发展，促进本地及周边区域经济的整体提升。同时，我国经济社会快速发展，地区经济协调发展，产业结构进行战略性调整，继续对外开放，我国“物”的流动将大幅度增加，这都需要高效完善的物流园区提供支撑。目前，我国大部分城市及地区都已认识到物流园区的规划建设是现代物流发展的关键之一，纷纷进行物流园区的规划和建设。但部分地区由于缺乏经验，在物流园区规划、建设与运营中出现诸多问题。因此，有必要对我国物流园区发展规划关注的几个问题进行研究探讨,对今后指导我国物流园区的发展具有重要的意义。

一、物流园区规划的基本原则

物流园区规划是一项复杂的系统工程,在编制物流园区发展规划中,应遵循以下基本原则:

(一)规模合理,风险预防原则

物流园区能否吸引物流企业是决定园区规划成败的关键。在物流园区选址和确定规模时,必须依据物流发展现状分析和物流需求预测,按照服务和辐射空间范围,综合考虑各种影响因素,选择最优地址,合理确定规模。同时,应充分利用既有土地和设施等资源,提高规划方案的可操作性。由于物流园区的建设投资规模大、周期长、风险较大,必须进行风险评估,提高园区规划的可行性和风险预防性。

(二)产业集群,整合资源原则

产业集群是区域经济增长的重要源泉,产业集群的发展离不开物流园区的支持。只有产业集群在空间上聚集大量的外部需求,才有必要建设物流园区。物流园区规划要根据当地经济发展、产业结构、区域结构等特点确定产业集群的类型,引导相关产业在物流园区聚集,增加区域竞争力。在物流园区规划时必须充分注意利用和整合资源,合理规划园区的新建、改建物流基础设施,最大限度地发挥物流服务功能。

(三)远近结合,弹性发展原则

目前我国物流园区发展还不够完善,园区规划应采取近期和远期发展相结合原则,确定规划的阶段性目标,建立阶段性评估制度,以保证规划的最终实现。物流园区规划阶段的工作关键是物流园区启动区的建设,这对全局推进具有重要的示范性影响。物流园区在规划建设过程中,必须充分考虑今后发展预留足够的土地供应,为入驻企业预留一定的发展空间。

(四)市场化运作,产权明晰原则

物流园区规划建设,既要由政府牵头统一协调规划,又要坚持市场化运作的原则。政府按照市场经济要求转变职能,企业按照主导型市场化运作模式,真正建立起与国际接轨的物流服务体系。物流园区的运作实施也应市场化,产权明晰,这些都要靠园区良好的基础设施和高效服务来吸引物流企业和投资者共同参与,使物流园区真正成为公平、公开和公正竞争的发展平台。

(五)统筹兼顾,协同发展原则

物流园区的规划应以城市的总体规划为依据,顺应城市产业结构调整和空间布局的变化,与城市功能定位和远景发展目标相协调。物流园区规划布局应从城市整体发展的角度来统筹兼顾。同时,物流园区规划应与城市总体规划、土地利用总体规划及其他有关规划相协调,符合城市物流用地空间的统一布局和协同发展。

(六)保护环境,可持续发展原则

物流园区规划的主要目的之一是缓解城市交通压力,减轻物流作业对环境的不利影响,这体现“以人为本”的规划思想。保护环境原则还体现在物流园区选址,如果以解决市内交通拥挤、缓解城市压力作为重点考虑建立物流园区,将其建在城乡结合部。如果以物资仓贮、集散为重点考虑建设物流园区,则可以将其建在交通产品生产与销售的集散地区。物流园区的规划建设为经济社会提供良好的运行环境,物流园区规划坚持可持续发展原则,大力发展绿色物流。

二、物流园区的功能定位

物流园区作为物流服务系统中重要的物流运作基础设施，它对物流节点城市来说，不仅可以在本地区物的流动方便的地点，为众多物流企业运作提供公正、公平的物流运作用地，同时与物流企业分散布局相比，可最大限度地节省土地资源和投资。对物流企业来说，由于集中布局在物流园区，不仅可以减少物流企业的投资，同时还可以在最短距离内实现物流企业间的优势互补，共同发展。因此，物流园区作为现代物流发展到一定阶段的物流服务系统中重要的物流运作基础设施，它的建设受到了国内外各级政府的高度重视。

（一）园区功能分类

物流园区根据物流节点城市的区位状况、服务的对象和作业的内容不同，其功能各异，大致可分为：

(1)根据是否服务国际物流活动可分为：具有国际物流服务功能的园区和服务国内物流的园区；

(2)根据物流节点城市在交通运输网中的区位，其物流园区与港口、机场、铁路、公路的衔接状况，其功能定位也有所区别；

(3)根据服务用户的不同，其功能定位也不同，如服务制造业、流通业、储存业等。

在具体规划中，多数物流园区有可能具有一种或两种以上的功能为主，兼有其他功能，这在规划中应认真分析确定。

（二）园区的功能设计

园区功能设计包括两个层次。一是园区总体功能的设计，二是园区主要功能区的设计。

1. 园区总体功能的设计

在分析物流节点城市的区位特征，城市物流园区主要联运线路设施，即物流活动主要运输通道状况，物流园区服务主要对象的基础上，确定物流园区功能。要明确物流园区服务对象。如果是国际贸易服务型，以进出口货类为主，主要考虑保税、中转联运功能；如果是商业服务型，要考虑商贸功能；如果是综合服务型，考虑综合服务功能等。

2. 园区主要功能区设计

根据园区的总体功能和物流运作的主要对象，确定园区内实现主要功能的区域布局。如不同功能的园区，仓储区、堆场区，交通运输设施功能的布局也不同。结合物流园区的公共物流基础设施，设计物流园区具体功能，提高设施的利用率。

三、物流园区物流需求预测

（一）物流需求预测的目的和作用

园区物流需求是园区规划的基础和依据。从宏观角度而言，进行物流园区需求预测的目的在于合理确定园区建设规模，以满足社会经济发展对物流的要求，使社会物流活动保持较高的效率和效益；而从微观角度而言，进行物流园区需求预测将有利于物流企业准确把握物流流量和流向，为园区今后发展创造空间。

（二）物流需求预测的方法和内容

对物流园区需求的预测，首先分析和预测社会经济发展水平，立足于当地的社会经济现状及发展特点，结合区位优势和产业优势，通过定性、定量等多种方法分析，对物流需求量的发展水平作出合理预测。从企业角度分析，主要调研重点企业的营业额、产量、货物周转量和库存需求等因素，预测区域经济对物流园区产生现实和潜在的需求。然后，预测物流运输基础设施的需求量，包括公路、铁路、水运、管道的货运量，港口货物吞吐量和集装箱吞吐量以及外贸集装箱生成量等。最后，预测物流园区的需求量。

四、物流园区的布局设计

物流园区的布局设计主要是根据园区的发展战略和功能定位，考虑园区物流需求，在合理选址的基础上，按照从货物的进入、组装、加工等到货物运出的全过程，合理配置和分配人员、设备和物料所需要的空间，以获得最大的经济社会环境效益。

（一）布局原则

（1）城市发展及产业发展需要；

（2）符合近期经济发展要求；

（3）园区布局应与周边城市建设现状与规划协调；

（4）功能布局应合理、严谨；

（5）应注重布局的可操作性和可实施性；

（6）科学规划、节约建设；

（7）注意环境影响。

（二）布局方案

在土地利用总体规划、城市总体规划确定的城镇建设用地范围内，按照符合城市发展规划、城乡规划的要求，考虑地形、地貌等自然条件，充分利用已有的运输场站、仓储基地等基础设施，合理布局。区域层次上，根据区域交通设施、物流分布特征，以及园区相互之间的关系，对物流园区进行布局设计。微观层次上，分析园区本身物流量的分布、流向、规模等，充分考虑大通道、各种运输方式衔接及配套工程，根据功能需求，合理布置集装箱堆场、停车设施、办公、展示交易、重大装备、综合服务等设施。同时，考虑货物品种、数量及储存等特性，以及园区交通影响分析，设计物流园区内各类企业的空间布局及相关的公共服务设施和货运通道的布局。再者，分析物流园区的工艺流程，流程设计包括集装箱服务、生产原材料供应和配送、生产资料采购和配送流程、保税物流作业等工艺流程。最后，进行多功能布局方案比较，确定园区的最佳功能布局方案。

参考文献

[1] 王德荣. 我国物流未来20年发展战略研究报告[R]. 原国家计委重点课题，2005.

[2] 牛慧恩. 关于物流园区规划几个基本问题的再认识[J]. 城市规划学刊，2009，6：35-38.

[3] Achim W, Thilo A Muller, Gabriele H, Thomas R. Functions of indusrial supplier relationships and their impact on relationship quality [J]. industrial Markting Management, 2003, 32：159-168.

[4] 冯卫东. 国外物流园区开发策略[J]. 市场周刊，2009，1：36-37.

城市物流需求分析及划分方法研究

张　锦　李国旗　刘思婧
（西南交通大学物流学院，四川成都　610031）

【摘　要】 城市物流需求受多种因素影响，在不同的条件下会呈现不同的分布形态。从城市产业结构、城市区位条件、城市宏观形态三个方面对物流需求分布进行了研究。基于此，提出依据物流需求量、物流需求点的距离、物流需求点的相似度，进行物流需求层的划分，有助于为城市物流园区、物流中心的选址、规模确定及功能定位提供决策参考。

【关键词】 物流需求　区位条件　物流需求层　相似度　物流需求区

The Urban Logistics Demand Analysis and its Division Methods

Zhang Jin　Li Guoqi　Liu Sijing
(School of Logistics, Southwest Jiaotong University, Chengdu Sichuan 610031)

Abstract: The urban logistics demand is affected by many factors, the distribution form is changing with different conditions. From three aspects of the city economy and industrial structure, urban geographic conditions, urban macro form, urban logistics demand distributions are studied. Based on this, the division methods of the urban logistics demand area are proposed according to demand, distance, similarity and layer of demand points which can provide convenience for the location, scale and functional localization.

Keywords: Logistics demand　Geographic condition　Logistics demand layer　Similarity　Logistics demand area

一、引言

城市物流需求派生于社会经济活动，具有复杂性、时效性、地域性的特点。物流需求与空间环境有密切的关系，不同的自然环境、社会环境、经济环境会决定不同的物流特征与规律。从经济环境中的产业结构、自然环境中的区位条件与城市宏观形态出发，对物流需求的分布进行了研究，并提出了物流需求层的划分方法。

二、城市物流需求的分析

受到产业结构、区位条件及城市宏观形态的影响，城市物流需求在城市的空间上会呈现一定的分布规律，在来源上会表现出一定的外部形态。这些规律既有普适性、又有特殊性，需要综合考量。

(一)根据不同的产业结构

按照第一、二、三产业占的比例不同,城市的产业结构可以被分为三种类型:倒三角型、鼓型和哑铃型。不同类型的产业结构,会使物流需求呈现代表性的分布特征。

1. 倒三角型

倒三角型的三次产业的比重在1:4:5左右,服务业占主导地位。物流需求的分布特点为需求量大、集中分布;分布区域以城市的边缘区为主,城市的中心外围区为辅。服务范围主要是为外部区域提供物流服务,内部的物流需求量不大。倒三角型的产业结构及对应的物流需求如图1所示。

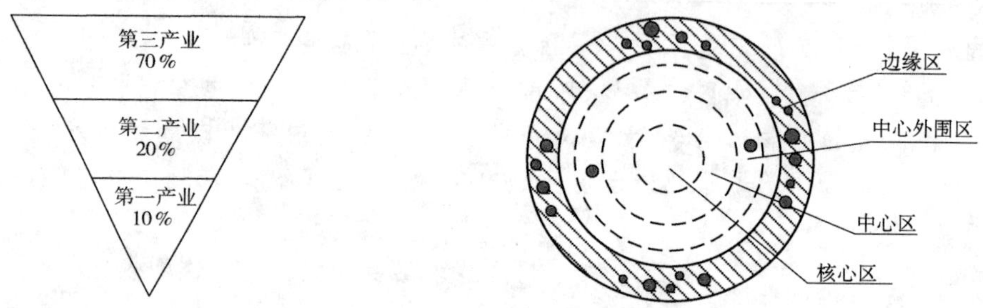

图1　倒三角形产业结构下的物流需求分布形态

Fig. 1　Logistics demand distribution form under the inverse- triangular type of industrial structure

2. 鼓型

鼓型的三次产业的比重在1:6:3左右。以工业为主导,农业和服务业为辅。物流需求的特点为需求量较大、分布分散、服务水平较低;分布区域主要集中在城市的中心外围区,鼓型的产业结构及对应的物流需求如图2所示。目前有很多一些老的工业城市属于这种鼓型经济产业结构。

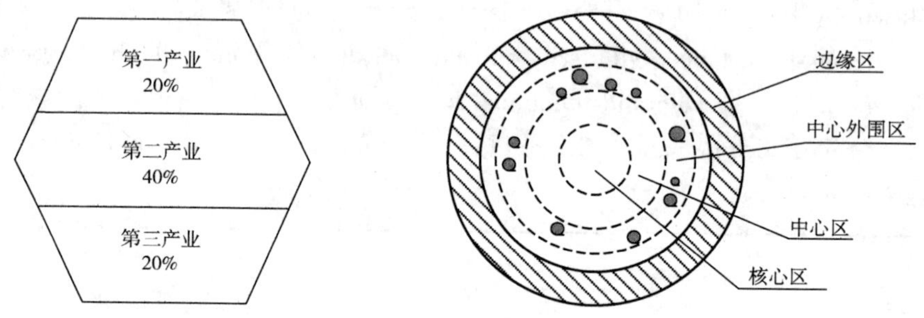

图2　鼓型产业结构下的物流需求分布形态

Fig. 2　Logistics demand distribution form under the drum type of industrial structure

3. 哑铃型

哑铃型的三次产业的比重在4:2:4左右。以农业和服务业为主导,工业为辅。物流需求的特点为需求量较小、分布分散、服务水平较高,分布区域主要在城市的边缘区,哑铃型的产业结构及对应的物流需求如图3所示。目前,一些刚发展起来的生态城市、旅游城市可能属于这种哑铃型经济产业结构。

(二)根据不同城市宏观形态

城市的宏观形态与城市所处的地理环境有着密切的关系,一般情况下,平原地区的城市形态较为规整,山区城市形态受地形、地貌条件的限制,不同地区差别较大。当然,政治、经

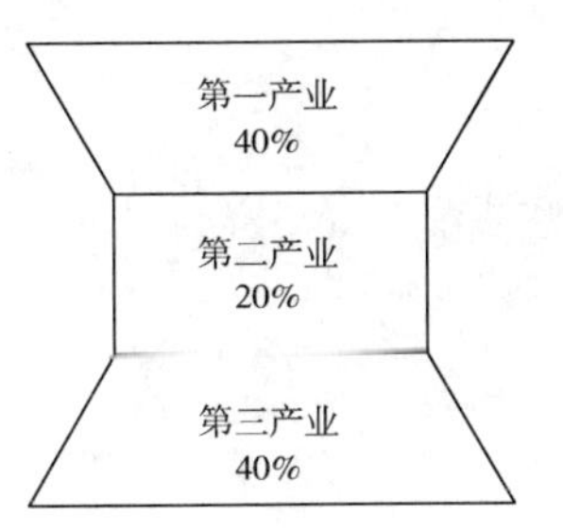

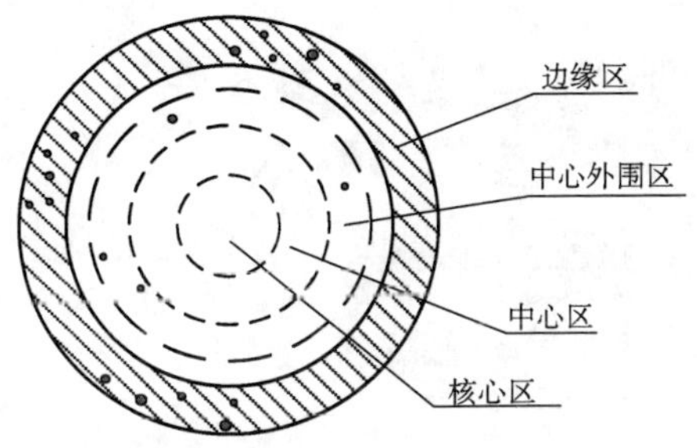

图3　哑铃型产业结构下的物流需求分布形态

Fig. 3　Logistics demand distribution form under the dumbbell type of industrial structure

济和文化因素对城市形态也有影响。不同的城市宏观形态说对应着不同的物流需求特点。

1. 集中型

集中型城市大多在开阔和完整的平原,优点是便于行政领导和管理,节省投资,便于集中设置较完善的生活服务设施,方便居民生活,缺点是环境污染集中。物流需求一般集中在城市的中心外围区和边缘区。

2. 组团型

组团型城市大多地形崎岖不平、不完整,又位于河流交汇处,优点是生产生活上分散可减轻了环境污染,缺点是用地分散,联系不便,建设投资相对较高。物流需求一般集中在各个组团的中心外围区和边缘区。

3. 条带型

条带型城市大多位于黄河谷地,依山傍水,优点是各部分接近郊区,接近自然,环境污染小,缺点是集中于两个方向,建设投资大,不便于行政管理。物流需求一般集中在条带的两端。

4. 放射型

放射型城市大多受地形、河流、交通等条件的影响,优点是各部分接近郊区,接近自然,环境污染小,缺点是集中于多个方向,各部分联系不便,建设投资大。物流需求一般集中在各条放射分支的两侧。

以上四种城市宏观形态下的物流需求分布如图4所示。

(三)根据不同的区位条件

区位条件是决定城市物流需求的客观因素,不同的区位条件,城市的物流需求的来源可分为三种类型:内生型、贯穿型与综合型。

1. 内生型

内生型区位条件代表该地区的区位条件一般,既不靠海也不靠河,也不是铁路及公路枢纽,其物流的需求主要来自内部。这种类型的物流需求分布形态主要存在鼓型产业结构的城市。

2. 贯穿型

贯穿型区位条件代表该地区主要承接外来的物流需求,自身的物流需求较少,主要存在于临港型城市,而且是铁路和公路枢纽所在地,在内陆的铁路或公路枢纽也有分布。这种类型的物流需求分布形态主要存在哑铃型产业结构的城市。

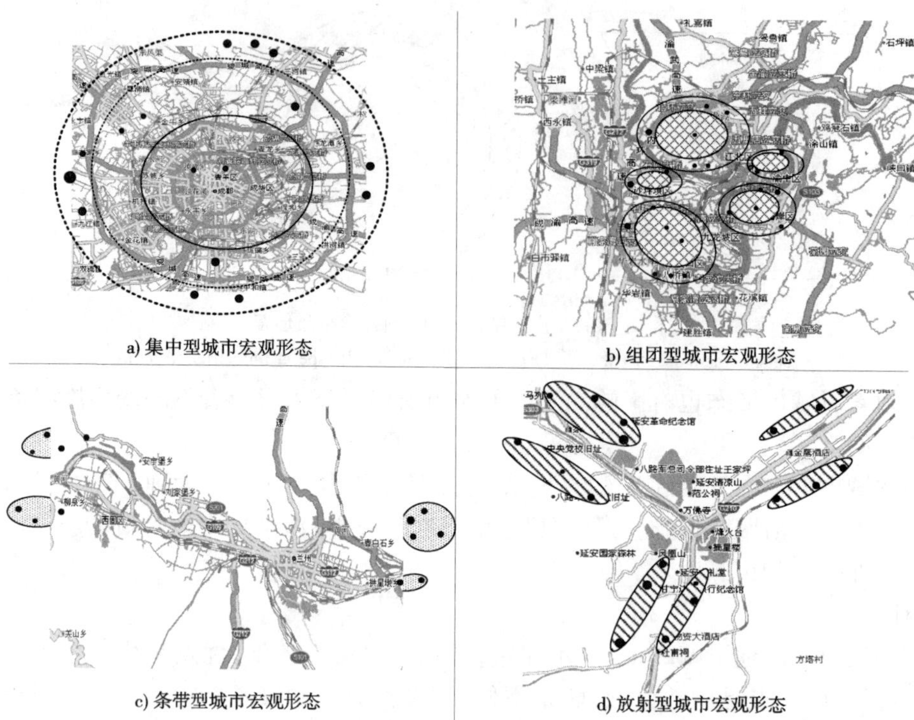

a) 集中型城市宏观形态　b) 组团型城市宏观形态

c) 条带型城市宏观形态　d) 放射型城市宏观形态

图 4　不同城市宏观形态下的物流需求分布形态

Fig. 4　Logistics demand distribution form under the macroscopic pattern of different cities

3. 综合型

综合型型区位条件代表该地区的区位条件较好，可能是临港城市、铁路枢纽、公路枢纽，而且自身的物流需求旺盛，既承接外来的物流需求，又承接自身的物流需求。这种类型的物流需求分布形态主要存在于服务业和工业较发达的倒三角型、鼓型产业结构的城市。

以上三种区位条件导致的物流需求形态如图 5 所示。

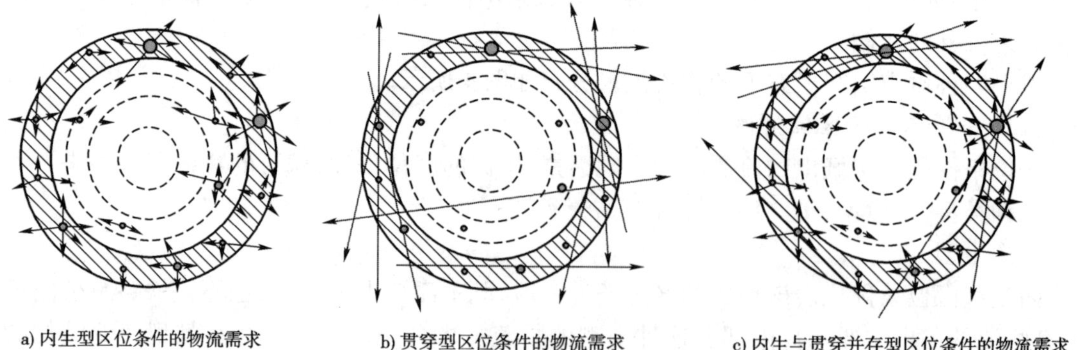

a) 内生型区位条件的物流需求　b) 贯穿型区位条件的物流需求　c) 内生与贯穿并存型区位条件的物流需求

图 5　不同区位条件下的物流需求分布形态

Fig. 5　Logistics demand distribution form under the different location conditions

从以上三方面的分析可以看出，城市物流需求的来源特征与空间分布受多种因素综合影响。总体而言，城市物流需求的分布形态存在三种情形。第一，边缘性物流需求分布形态。主要存在于综合区位条件好、现代物流业发达,服务业为主导地位的港口城市,物流需求的特点是贯穿性,物流需求主要分布在城市边缘区,受到城市用地形态的制约,有可能表现集中性、组团性的分布特征。第二,外围性的物流需求分布形态。主要存在于区位条件较好、工业占据主导地位的内陆城市,物流需求的特点是内生性,物流需求主要分布在城市外围区,受到城市用地形态的制约,有可能表现出多种分布特征。第三,中心性的物流需求分布形态。主要存在于区位条件一般,第一、三次产业较为发达的旅游城市、生态城市,物流需求的特点是内生性,物流需求主要分布在城市中心区,受到城市用地形态的制约,会表现出放射性的分布特征。

三、城市物流需求层的划分方法

城市物流需求的空间分布特征及需求来源特性,决定了城市物流需求会呈现一定的层次性,这种层次性,可以用物流需求层来定义,并利用一定的划分方法来确定。

(一)基于物流需求点的距离的需求层划分

在城市物流规划中,物流需求点会因产业结构、区位条件及城市形态的不同而呈现自身的特点,利用诸如SPSS、SAS等统计软件,以距离作为判别标准,通过聚类分析,可以得到相应的物流需求层,并可以推算出每个物流需求层的服务半径,为物流基础设施的选址提供参考。

(二)基于物流需求量的需求层划分

以物流需求量作为判别依据,通过聚类分析,可以清晰地辨明不同层次的物流需求状况,即高物流需求层、一般物流需求层、弱物流需求层,为物流基础设施的规模确定提供依据。

(三)基于产业特征的需求层划分

从物流需求的角度看,在城市范围内,产业之间的关联程度可以用物流需求点之间的物流交换量的大小来衡量,两点之间的交换量越大,可以认为两者之间的产业关联度较高。交换量大,且属于高物流需求层的物流需求点,在产业链中处于主导地位,并可以导出产业链,为物流基础设施的服务对象确定提供依据。以上三类城市物流需求功能区得到的物流需求功能区如图6所示。

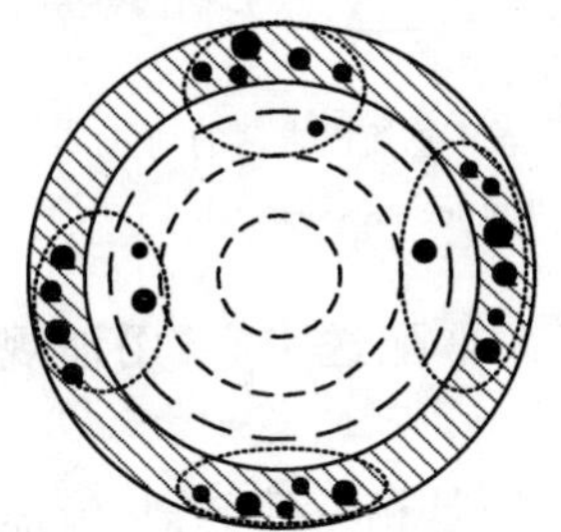

a) 基于物流需求点的距离的需求功能区

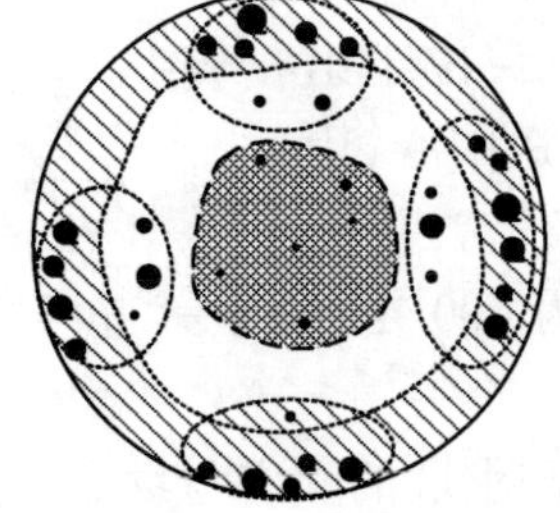

b) 基于物流需求量的需求功能区

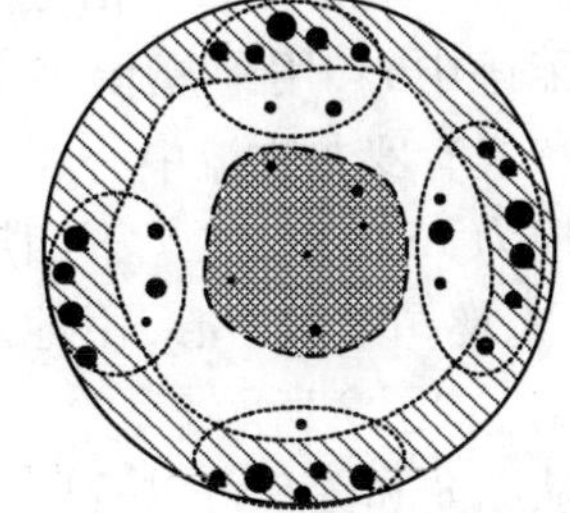

c) 基于产业特征的物流需求功能区

图6　物流需求功能区的划分方式

Fig. 6　The partition mode of logistics demand area

四、实例分析

以宜宾市现代物流规划中的物流需求调查数据作为依据,进行物流需求层的划分。在物流需求调查中,按照行政区划,将宜宾市的翠屏区、宜宾县、屏山县、长宁县、高县、珙县、江安县、筠连县、南溪县、兴文县依次划分为1~10个小区,2008年每个小区的物流发生量与吸引量及具体分区情况如图7所示。

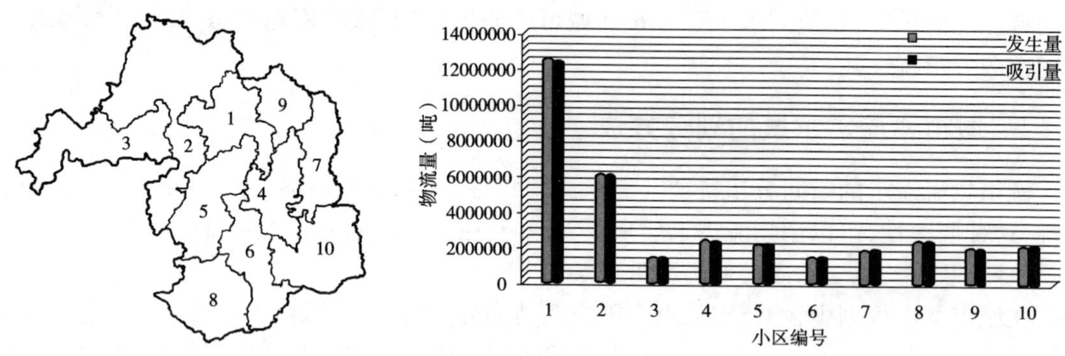

图7 物流需求区的划分及物流发生量与吸引量分布

Fig. 7 The partition result of logistics demand area and the distribution of occurrence and attraction amount

此处,取城市的地理中心为圆心,按照等距离同圆心放大,得到5个层次的物流需求层,如图8所示。每个层次的物流发生量与吸引总量的大小关系分别为2>1>3>4>5,其中,第二层为高需求层,第一层、第三层为一般物流需求层,第四层、第五层为弱物流需求层。

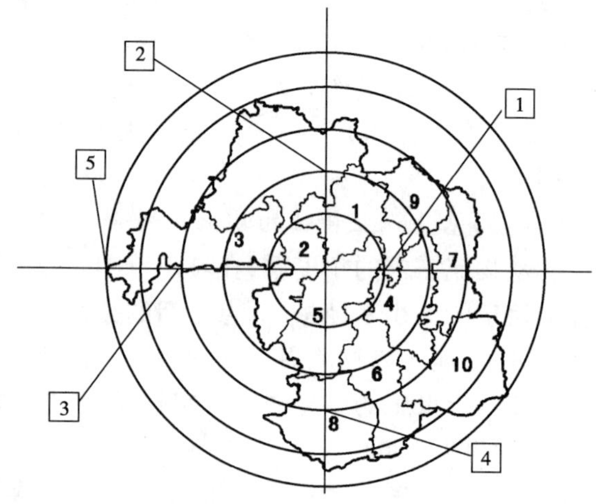

图8 宜宾市城市物流需求区的划分

Fig. 8 The partition result of logistics demand area in Yibin Gty

在宜宾市物流节点总体布局中,位于需求二层布置有志城物流园区、象鼻物流中心、吊黄楼、宗场配送中心,用地规模为3107亩;位于需求一层布置有天柏、巡场物流中心、高庄桥配送中心,用地规模为2537亩;位于第三层布置有罗龙物流中心、长宁配送中心,用地规模为1331亩;位于第四层布置有江安配送中心、巡司配送中心,用地规模为600亩;位于第五层布置有太平配送中心,用地规模为300亩。如图9所示。

从图8和图9可以看出,物流需求层的强度与物流节点的布局是相一致的,物流需求层的划分有利于物流节点的总体布局。

五、结论

通过研究城市物流需求的空间分布特征,提出了基于物流需求点的距离、物流需求量、

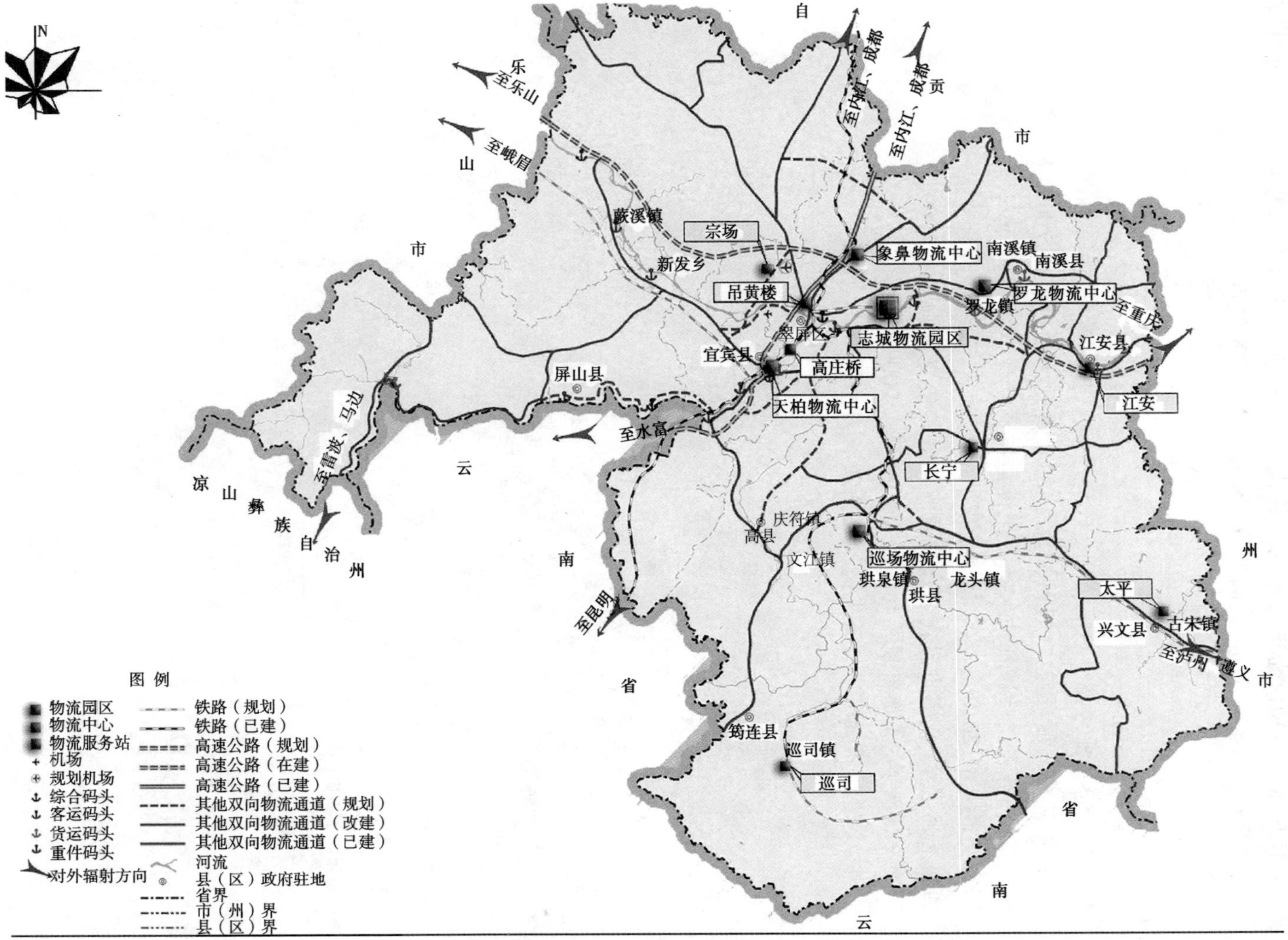

图 9　宜宾市城市物流节点总体布局

Fig. 9　The general layout of Logistics nodes in Yibin City

物流需求点之间的关联程度来进行物流需求区的划分方法,并以宜宾市为例对物流功能区划分的方法进行了实例分析,为物流需求划分提供了一种便捷的实现途径。未来,还应该研究多因素综合作用下城市物流需求分布的演化机制,并将其与城市物流需求区域的划分有效结合,通过大量的城市实证分析,提高划分方法的科学性、系统性与实践性。

参考文献

[1] 杨公朴,等.产业经济学教程[M].上海:上海财经大学出版社,2002.
[2] 张锦.物流规划原理与方法[M].成都:西南交通大学出版社,2009.
[3] 李国旗.具有多属性特征的城市物流设施布局优化研究[D].博士学位论文,成都:西南交通大学,2010.
[4] 西南交通大学.宜宾市现代物流发展规划修编研究报告[R].2009.
[5] 西南交通大学.成都市现代物流规划修编[R].2008.
[6] 王炜.交通规划[M].北京:人民交通出版社,2007.

“双动力”汽车及电气化公路研究

陈利明

（江苏八达重工机械有限公司，江苏新沂　221400）

【摘　要】 我国从经济大国走向经济强国的过程中，还有许多发展瓶颈需要突破，其中物流产业就是重要的一环。为了实现高效、低碳、节能、环保型公路运输的目的，作者认为，现代化的物流产业需要现代化的装备，现代化的装备则需要现代化的先进技术。迄今为止，我国在公路上运行的大型商用汽车已超过 220 万辆，每年约消耗燃油近 1 亿吨，所排放的 CO_2 高达 3.19 亿吨。如何科学、经济地解决这种既大量消耗不可再生资源，又严重污染环境问题？为此，本文对开发新型“双动力”汽车及电气化高速公路项目进行了可行性分析和研究，旨在为我国乃至世界的公路运输产业，像电气化铁路一样，提供一种油改电的驱动形式，从而实现低碳、节能的目的。

【关键词】 双动力汽车　电气化公路　节能环保技术

Research on “Hybrid” Vehicles and Electric Road

Chen Liming

(Jiangsu Bada Heavy Industry Machinery Co., Ltd., Xinyi Jiangsu 221400)

Abstract: China's economic power in the direction from the process of economic power, there are many development bottlenecks to overcome. In order to achieve high efficiency, low carbon, energy saving, environmentally friendly highway transportation purposes, the authors believe that modern logistics industry needs modern equipment, modern equipment requires a modern advanced technology. So far, the road running our large commercial vehicles have more than 2.2 million, each year nearly 100 million tons of fuel consumption, CO_2 emissions up to 319 million tons. How to scientifically and economically to address this not only consume a lot of non-renewable resources, but also causes serious environmental pollution problem? Therefore, this article on the development of new “dual power” highway motor vehicles and electrification project feasibility analysis and research, aimed at our country and the world's road transport industries, the same as the electric railway, providing a driving power to change the form of oil in order to achieve low-carbon, energy-saving purposes.

Keywords: Hybrid　Electric road vehicle　Energy saving technology

一、项目研究的必要性和战略意义

（一）项目概况

该项目的系统构成包括：①开发一种既有内燃机驱动又可以从电网中取电，选用电动机驱动的“双动力”汽车;②将类似城市无轨电车或电气化铁路的供电网络架设到高速或专用公路上;③设计一套电气化高速或专用公路运行管理系统。

这种有内燃机和电动机两种动力交替驱动的汽车,在一般公路上行驶时,可采用内燃机驱动,而当驶入架有电网系统的高速公路或专用公路时,可在服务区方便地伸出集电杆,从电网中接通电源后,关闭内燃机,启动电动机,选用电力驱动汽车运行。当汽车驶出高速公路后,又可方便地关闭电动机、收回集电杆,启动内燃机继续驱动汽车运行,实现门到门的物流服务,从而克服目前国内外各种混合动力汽车所存在的各种不足。鉴于高速公路具有封闭性、网络性的特点,将供电系统架设在其中,在技术上是可行的,另外开发“双动力”汽车在技术上也是可行的。项目建设工作的内容主要体现在整合相关现有技术和资源,实施局部关键技术攻关(如架空电网中的超导技术,车辆行驶过程的超车技术等),争取国家基础产业政策,采取商业模式,吸引各有关方面共同参与,实现项目经济效益和社会效益的最大化。

目前,关于“双动力”汽车已有基本设计构思和原理,作者在此前已申报并获得了专利保护,如图1、图2所示。

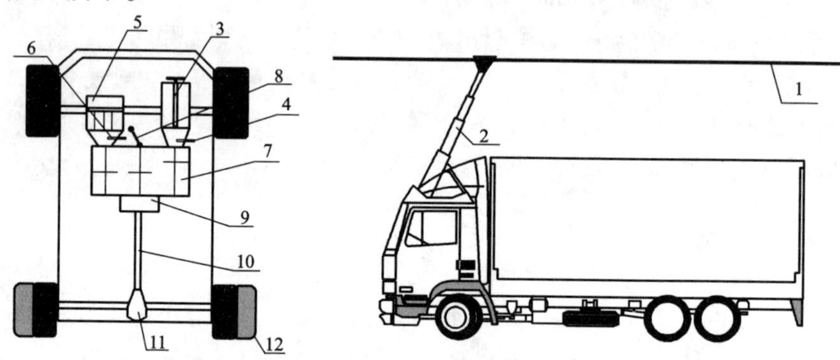

图 1

1-电网线;2-取电杆;3-内燃机;4、6-离合器;5-电动机;7-集动箱;8-分动杆; 9-变速箱;10-传动轴; 11-驱动桥;12-轮胎

Fig. 1 1-Power line; 2-Take pole;3-Internal combustion engine; 4、6-Clutch;5-Electric motor;7-Fixed box set;8-Sub-lever; 9-Transmission;10-Transmission shaft;11-Drive axle;12-Tire

(二)项目研究的必要性

2008年爆发的世界性石油危机,基本上导致了我国公路运输业半瘫痪,如持续下去其后果将不堪设想。目前看来,无论这场石油危机是国际霸权主义国家操纵的伎俩,还是真正的石油危机,但石油属于不可再生资源,而且在地球上的储量已急剧下降,枯竭的那一天将很快来临的事实却是不容置疑的。抽干了石油,是否就是等于抽干了地球这部机器润滑剂,或是这个生命体的血液,究竟将对地球寿命产生多大影响,目前人类也许还认识不到。但是我们至少已清楚地认识到石油从采集 — 提炼 — 消耗的过程中,所产生的环境污染是极其严重的,今天生产及消耗1升石油所产生的正面及负面效应,与100年后、500年后生产和消耗1升

图2 双动力汽车在电气化高速公路上行驶的模拟示意图

Fig. 2 Electric hybrid vehicle on the highway driving in the simulation schematic

石油所产生的正面及负面效应是截然不一样的。换句话说，我们现在可以大量地消耗黄金，但我们却不应大量地消耗石油。努力减少石油的采掘和消耗，是低碳生活的典型表现，是地球和人类得以延年益寿的最好办法。因此，尽早开发新型双动力汽车和电气化（高速）公路项目的意义是非常重大的。

（三）项目研究的战略意义

据《中国交通60年》文献统计，目前我国的汽车总产量已进入世界第三，截至2008年底，其中大型和中型载客汽车243.58万辆、中型和大型载货汽车450.57万辆。我国的高速公路总长位居世界第二，公路货运总量逐年增长，因此对石油的需求量也逐年大幅增加。今后的石油资源将会越来越紧张，价格总体上也将越来越高，我国在交通运输行业中对石油这种不可再生能源的依赖性已越来越严重，以致在国民经济建设中，断油如断血。

从环境角度分析，随着石油消耗量越来越大，造成的大气污染将越来越严重，所导致的各种自然灾害也将越来越频繁。

另外，在经历了去年世界性的经济危机所造成经济滑坡的关口，实施这一基础工程建设，可拉动连环的经济增长。一是研制"双动力"汽车及其产业化，是汽车工业的一次大型技术变革和产业升级；二是新型电气化高速公路改造或专用公路的建设，也将是一项重大的交通基础建设，它对拉动经济增长的作用和意义是不言而喻的；三是可拉动电力工业建设的投入和发展，如有几十万辆重型卡车在公路上采用电网供电驱动行驶，其新增用电总量将是几个核电站的装机总容量，这对电力工业来讲无疑是一个巨大的消费市场，要满足这一新增供电容量，发电厂建设和电网工程建设对拉动国家经济又将是一个巨大的建设工程。由此分析可见，实施该项目的整体建设，无疑是一个可拉动国家经济尽快走向蓬勃发展的又一个有效的"绿色通道"。

综上分析，实施"双动力"汽车研究和电气化公路建设，对促进我国汽车产业的革命性转变，并形成自主知识产权意义重大；对减少石油的消耗和依赖意义重大；对减少环境污染、实现低碳经济意义重大；对拉动我国多个领域的共同发展意义重大。

二、国内外技术现状及趋势

（一）国内技术现状

无轨电车是德国人冯·西门子发明的，并于1911年在英国的布雷德福特市开始运营。我国于1950年由天津市电车公司研制了第一辆电车，并于1951年7月1日在天津开始运行。随着我国石油产量的不断提高，以及出于对城市景观要求的提高，自20世纪90年代后期，城市无轨电车便逐步被燃油型公共汽车所替代，其运行保有量已越来越少。然而近年来，随着人类对保护"地球村"环境认识的不断加强，国际社会对环保要求已越来越高，特别是自去年"哥本哈根"会议中提出的低碳生活概念后，我国政府已加大了对"混合动力"型汽车技术开发及产品应用的力度，广大汽车制造厂商纷纷开展了对电动汽车技术的研发和应用，特别是比亚迪开发了DM双模电动汽车，采用控制发电机和电动机两种混合力量相结合的先进技术，不仅大大降低了油耗及排放，更极大提高了动力和操纵性能，实现了既可充电、又可加油的多种能量补充方式，实现了双动力混合系统将"低碳"这一概念发挥到极致，并获得了市场的青睐及认可，其股票市值也得到大幅提升。

除此之外，从2009年开始，我国实施了"十城千辆"新能源汽车示范工程，宇通、金龙、安凯等国内知名企业全面开展了新能源汽车的研制,其中以东风汽车公司牵头研发的混合动力城市客车在2010年召开的国家科学技术奖励大会上获得了二等奖。国家"863"支持的"混合动力工程机械"等项目都开展了这方面的研究,并取得了初步的成果。

综上调查分析,我国汽车产业在上述技术研发和产品应用方向是正确的,但实际效果还需作进一步的测量和验证。例如采用蓄电池充电技术,目前只能应用在小排量的轿客车中,分析其在运行中所减少的碳排放量与其在生产这种汽车和电池,以及处理这些报废电池过程中所产生的污染和成本是否科学、环保、经济,还需进一步总结、分析和改进。如何真正地选用电网供电这种清洁的、直接的能源作为驱动力,实现真正意义上的"油、电双动力驱动"技术,应是我国科学、经济地研究"混合动力"驱动技术的方向和趋势。

基于上述原因,江苏八达重工机械有限公司于1993年便开始研究利用工业电网中的电源和内燃机动力相接合的"双动力"全液压驱动技术,并将这种机(油)-电互通、互锁,可自由、方便地进行转换,驱动行驶和作业的技术,成功应用在汽车起重机上,该技术于1994年曾获得了我国第一项有关油-电混合驱动技术专利。

近年来,八达重工已将这种技术进行了多次改进和提升,并形成了多项自主知识产权,而且已广泛的应用到了挖掘机和轮胎式起重机等工程机械产品上,为推行双动力汽车和电气化公路项目的研究工作,积累了一些基本思路和经验。

(二)国外技术状况调查

据上海市公用事业研究所郑祖庆先生编译的《欧洲混合动力无轨电车》中介绍,1899年8月德国齐曼斯在柏林国际汽车展览会上,展出了一辆特殊形式的公共车辆,它既不是电车,也不是公共汽车:在有轨道的路段可作为城市电车运行,由架空线供电,并通过驾驶座前的接触轴与轨道中央的导轨保持接触,车上另有200只蓄电池被同时加以充电。在没有轨道的地段集电器降下,借助充了电的蓄电池驱动车辆行驶。该车的各个车轮上装了5.45kW的电动机,而省去了差速齿轮装置。制动方式为短路制动。据称,由架空线供电试运行的车速客达28km/h,可是这一车辆始终未能越出试运行或演示范畴,城市交通中未予采用。一百年前就有了可称之为今天的混合动力无轨电车的"概念",令人钦佩不已!

同时,介绍中还指出,大约自1950年以后,借蓄电池或内燃机作为辅助动力的混合动力无轨电车问世,德国人称之为(duo-bus),意谓:拥有两种能源和两个独立驱动系统的公共车辆。通过驾驶室内的操作,可在有架空线的路段内作为电力驱动的无轨电车运行,而在无架空线的路段切换到借蓄电池或柴油发动机运行。1980年后,在德国联邦技术研究部的协助下进行了混合动力无轨电车的试运行。奔驰总公司选中了斯图加特市东南10km、跨内卡尔河(Neckar River)两岸的郊外城镇埃斯林根(Esslingen)作为试验地。这里还遗留着古老的木结构房屋和石板路,是一个以生产酒闻名的美丽都市,系德国目前少数行驶无轨电车的城市之一。该地区的特征是:城市近郊住宅区的乘客较多,又地属丘陵地带,有7%的坡度和3处U字形急转弯,对柴油机来说有点难以胜任,而采用电力驱动是再合适不过了。于是人们选择了石油能源的替代品——电能,自1980年以来,先后进行了架空线/蓄电池供电方式、架空线供电/柴油发动机发电方式两种混合动力无轨电车的试运行。可是,由于蓄电池的使用寿命和维护费问题,单纯使用电能的方式已中止试验。在架空线供电/柴油发动机发电方式中,尽管集电杆系统与分动器等是故障多发部位,但经过改良的奔驰0405GTD型铰接式混合动力无轨电车自1990年9月开始了试运行,并延续至今日。在斯图加特市区尽头的内林加·林代车站由驾驶员在驾驶台上自动操作集电杆的升降,切换驱动方式,乘客不必换车可直抵邻市,深获人们的好评。现在混合动力无轨电车已在欧洲的12个城市里运行了。

除上述典型代表外,还有美国联邦快递公司在小型卡车上、日本本田思域轿车和丰田普锐斯轿车的技术中,都在争先恐后地实施这项战略工程。

特别是日本丰田公司在其普锐斯型产品中应用了油电混合动力技术,自2009年日本政府实施节能环保车型补贴政策后,其销售量大幅提升,当年完成了年销20万辆的市场业绩。

据铁甲工程机械论坛资料介绍,为了克服混合动力中蓄电池技术及其应用所带来的诸多问题及不便,德国的siemens公司生产的大型矿用电动汽车,专门用于从矿区到铁路货运枢纽间的往复运输,为彻底克服普通汽车排废所造成的环境污染,以及为节能、环保型公路交通提出了新的概念,如图3所示。

图3　南非ISCOR公司Sishen铁矿电气化公路运输系统

Fig. 3　South ISCOR Sishen iron ore electric road transport system

南非ISCOR(南非钢铁公司)的Sishen铁矿在1979年时,由于油价飞涨和南非政府呼吁减少矿物燃料的使用,建造了7.7km的辅助供电线路,并于1982年初完成了66台170t的卡车的改造。由于此矿山的使用需要,这个系统在以前经验的基础上进行了重新的设计,使车辆能在任何地点进入或退出架线运行状态,并且相关电力设备的可移动性增强,系统供电线路的电压为1200V。

经过对国外有关"混合动力"和电动汽车的技术研发及产品应用分析,足以证明世界各经济大国和汽车产业大国,均对"双动力"汽车和电气化公路投入了早期的研发和试行,并已经具备了一定的基础,取得了初步的成果。但是,由于研究这一项目的世界各国分别受到资源、领域、自然条件、应用市场和规模、运行成本和效益、各相关产业难以形成链接等等方面的因素制约,以致现有的研究也都存在着一些问题和不足。首先,凡采用蓄电池作为动力的汽车,都存在着概念性强,但经济性不突出以及蓄电池处理不仅消耗能源同时也污染环境等瓶颈问题;德国Siemens公司所采用柴油机发电作为"混合动力"的技术,其柴油机发电后再转化为电驱动过程中存在着功率衰减和结构复杂等不足;城市中采用纯电力驱动的无轨电车又存在着两端自由度(行驶路线)受到很大限制,以及遇电网故障只能就地瘫痪等等,都是制约这类技术不能得到广泛应用的瓶颈问题。

据此分析,我国无论在汽车产业、物流产业、公路交通、资源开发应用、人口和污染等方面,都是大国或超级大国,无论是在研发、应用、形成产业链、实现经济效益和社会效益等方面,都具备实施该项目建设的条件和能力。因此,应充分借鉴世界各国已有的经验和不足,努力开展该项目的研发和建设,并在该领域保持世界领先地位。

三、项目研究的目标、方案及推进工作计划

(一)项目研究的目标

1. 具有内燃机和网络垂直供电的"双动力"交替驱动型汽车技术的研究、开发及其安全、

技术标准的制订;

2. 研究超导输电材料,设计输变电及公路电网系统技术;

3. 研究、改进在利用电网驱动过程中的超车功能;

4. 研究、制订电气化公路交通规划及其相关安全法规;

5. 研究电气化公路运行建设及管理办法;

6. 研究如何利用商业模式,联合技术及资源各方实现项目研究、开发及建设和运营的联盟体。

(二)项目研究方案及进度工作计划

因该项目牵扯面宽、关联度大,且在多个领域有较深的技术研究内容,总体具有投入大、建设期长等问题,所以实施项目建设有一个较漫长的过程,这也是有些企业及政府部门对该项目在战略上赞同,而在具体行动上观望的原因。如何让有关各方能积极主动地参与该项目前期的研究工作,首先是得到国家立项,而得到国家立项的前提是以经济效益、社会效益及可行性为前提的。以上分析表明,该项目在节能、环保、高效、低耗和低碳等方面的经济效益和社会效益是明显的、巨大的,项目关键是如何实施问题。对此,本研究提出实施路线推进工作计划如表1所示。

项目研究工作计划　　表1

时间	内容
2011年~2012年	研制双动力汽车样机及专用的架空电网供电系统,进行模拟行驶、超车、提速及进、出网和内燃机、电动机转换试验
↓	
2013年	分析存在问题及不足,研究制定解决问题方案,再次实施验证、改进和完善,最终形成完整的项目管理方案及阶段性科技成果(自主知识产权)
↓	
2014年~2016年	选定合作目标,确定小段公路实际运行方案,实施从矿山至码头或铁路货运站专门运输线建设,开展实际运行试验(包括提速、爬坡、转弯、超车、故障处理,电网及收费管理、安全运行规程及进、出网形式等)
↓	
2017年	分析存在问题及不足,研究制定解决问题方案,再次实施验证、改进和完善,最终形成完整的项目管理方案及成熟的科技成果
↓	
2018年	进行小段电气化高速或专用公路建造及试营(如北京—天津),并完成改进、改造,形成完善、可靠的运行模式后,进一步扩大应用范围,实现已有的高速公路上进行电气化改造,最终实现项目的总体目标

四、项目经济效益及社会效益分析

(一)经济效益分析

从经济角度分析,目前大宗物流运输成本最低的是水运,其次是铁路运输,而成本最高的则是公路运输(空运由于总量太小,忽略不计),而且排废和噪声造成的污染也属公路运输最大,也是石油资源最大的消耗用项。据中国汽车工业协会统计,2008年我国生产的重型卡车约为60万辆。在公路上运行的大型卡车和大型客车总量约为220万辆,每年消耗石油约9450万吨,总成本约为6804亿元。分析采用电力驱动汽车运行的直接成本约是用油的40%,如果本项目能够得以实施,在10~15年内,将全国20%的大型卡车采用电力驱动行驶，为此国家每年将减少1100万吨用油量，减少碳排放约3600万吨，其运输能耗总成本每年将下降800亿元。

据国家发改委统计资料显示，从2006年至2008年的三年中我国物流费用总额所占GDP总值的比例分别为18.3%、18.4%、18.1%，平均为18.27%，比发达国家的9.5%～10%高出了近一倍，从经济效益角度分析，物流成本与GDP的比例每下降0.1个百分点，就意味着增加了900亿元的经济效益。这些数据充分表明，我国在物流领域中的技术提升与装备制造水平进步的空间非常大，实施该项目建设非常必要，其发展前景也非常广阔（详见国家发改委公布的统计分析，如图4～图6所示）。

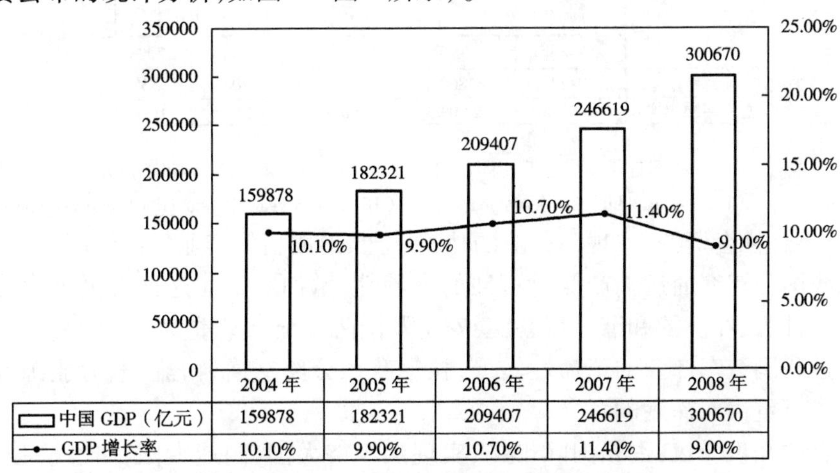

	2004年	2005年	2006年	2007年	2008年
中国GDP（亿元）	159878	182321	209407	246619	300670
GDP增长率	10.10%	9.90%	10.70%	11.40%	9.00%

图4　中国近年GDP总值及其增长情况（2004～2008年）

Fig. 4　GDP and GDP growth in China in recent years（2004～2008）

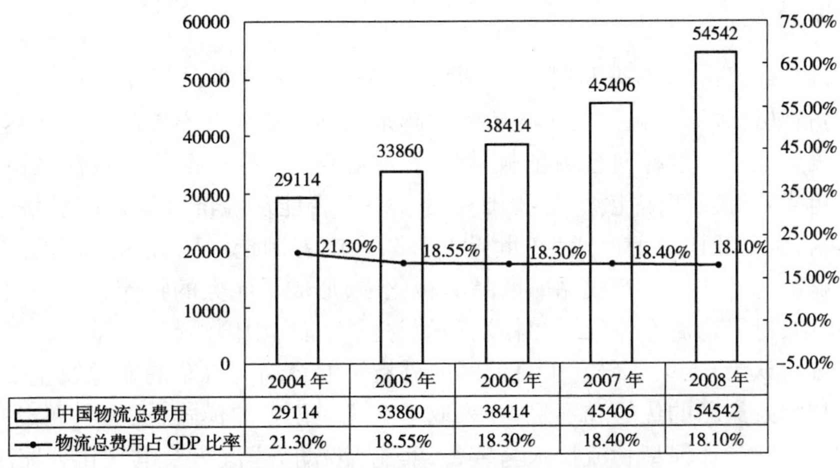

	2004年	2005年	2006年	2007年	2008年
中国物流总费用	29114	33860	38414	45406	54542
物流总费用占GDP比率	21.30%	18.55%	18.30%	18.40%	18.10%

图5　我国近年物流总费用及在国家GDP中所占比重

Fig. 5　The total cost of logistics in China in recent years and the proportion of national GDP

（二）社会效益分析

新型双动力汽车及电气化公路项目的实施，将会带来巨大的社会效益：

1. 真正降低碳排放，完成国家节能减排指标要求，实践国际承诺，提高国际形象，达到经济社会发展与生态环境保护双赢的一种经济发展形态；

2. 摒弃传统经济增长模式，应用创新技术与创新机制，通过低碳经济及节能、环保和商

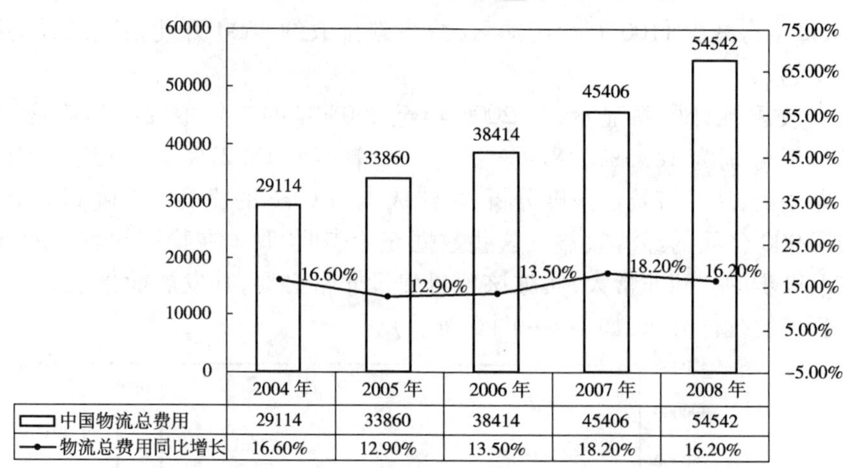

图 6　我国近年物流总费用同比增长率以及与 GDP 增长率的对比分析

Fig. 6　The total cost of logistics in China in recent years, with GDP growth year on year growth and comparative analysis

业运行模式，整合社会资源，实现跨行业的战略联盟，形成新的产业经济体制；

3. 降低我国公路交通运输产业对石油的依赖性，增加对石油这种不可再生资源和战略物资的储备，对国民经济的和谐运行、社会安定及国防安全意义重大；

4. 对促进我国汽车产业的革命性转变，拉动我国公路交通、物流、电力能源等多个产业的共同发展具有重大而深远的意义；

5. 形成自主知识产权，占领国际市场，实现从经济大国、制造大国，向经济强国、制造强国发展的战略目标。

五、意见及建议

随着我国社会经济的快速发展，以及世界经济的再次复苏，能源的消耗量将会越来越大，特别是对石油这种不可再生资源的依赖性越来越强。如人类不能尽快摆脱这种依赖性，未来的经济发展及人类生存便会由依赖性转变为灾难性。尽快摆脱对石油经济的依赖，提倡多利用可再生资源及清洁能源，是我国社会经济是否能从经济大国迈向经济强国进程中的关键因素，特别是我国目前已成为“世界工厂”，在朝着制造大国方向迈进的过程中，其制造过程从原材料—半成品—产成品—商品的转化中，形成了庞大的物流产业。可以预见，在未来的 10 年中，世界物流产业的增幅板块和效益板块将在中国浮起。

经综合分析认为，本项目研究了目前国内外有关混合动力汽车的能源及主要驱动形式，分析了各种技术及产品的优势和不足，并采取了集优 + 创新的模式，提出了在走向低碳生活的过程中，开发节能、环保型物流技术与装备，实施“双动力”汽车及电气化公路项目是可行而且非常迫切的。鉴于公路运输业作为最快捷、最直接，可提供门到门服务的大物流中最重要的一环，如能借鉴电气化铁路建设经验及成果，实施“双动力”汽车研发及电气化公路建设，无论其经济效益或社会效益，都是巨大的。因此，希望借助泛亚部长会议及物流技术装备合作国际论坛，加快推动该项目的研究和政府立项，并早日实现项目应有的经济效益和社会效益，为我国物流技术与装备的进步和提升，为我国和世界的低碳、节能、高效型物流产业的发展作出应有的贡献。

物流园区物流信息平台规划研究

邓新峰　张　喜

（北京交通大学交通运输学院，北京　100044）

【摘　要】 物流园区信息平台的建设是构建现代物流园区的中枢神经，通过信息在物流系统中快速、准确和实时地流动，可以使企业能动地对市场做出积极的反应，并指导企业调整经营活动。本文提出了物流园区的信息平台的规划建设方案。分析并探讨了园区信息平台的功能和体系结构。

【关键词】 物流园区　信息平台　规划

Research on the Planning of Logistics Information Platform in Logistics Park

Deng Xinfeng　Zhang Xi

（School of traffic and transportation，Beijing Jiao Tong University，Beijing 100044）

Abstract：Logistics park information platform for building is the central nervous system of modern logistics park，through information quickly，accurate and real-time flow of enterprise，logistics systems can dynamically make a positive market response，and guide the enterprises to adjust their business activities. In this paper，the information platform for logistics park planning and construction program is proposed and the functions of the park information platform and architecture are analyzed and evaluated.

Keywords：Logistics park　Information platform　Plan

作为大型的物流园区，迫切需要一个物流信息平台的支持，通过这个平台整合行业已有资源，实现行业资源共享，发挥区域物流的整体优势，将会从根本上改善物流行业分散运作的现状，利用物流信息平台可以方便部门间的协调合作，为物流系统的发展提供保障。

一、物流园区物流信息平台建设的必要性分析

（一）相关政府管理机构的物流信息需求分析

政府管理机构是物流行业的管理者，通过园区物流信息平台实现与各管理部门电子信息系统对接以及与物流企业的信息交换，最终提高物流运作效率。相关政府部门作为物流信息系统的宏观控制层和行业管理层，主要负责现代物流业发展的宏观指导、管理及物流及其行业间的协调，需要利用物流信息协同平台提供的信息支持。

海关、检验检疫、工商、税务等进出口贸易监管单位，对进出口货物的实际数据，收货人、发货人企业资质，税费及监管费的交纳，有时进行信息传递的需要。交通局、公安局、工商管理局等部门希望可以借助一个公共的平台向企业发布政务信息、传递政策规定内容等。在

最短的时间内发挥政务平台的优势，将政策信息下达到相关企业单位，以提高办事效率。对于行业管理部门希望通过物流信息平台获得企业信息、需求总量、供给能力、运输方式的运营状况等，通过所需信息及时预测今后的发展方向，为政府宏观决策提供依据；同时利用物流信息平台提高管理部门的办公效率，方便企业进行具体运作；还可以利用物流信息平台发布行业管理政策，为企业提供良性的发展空间。

（二）物流企业的物流信息需求分析

物流企业是物流信息平台的主要使用者，对于物流园区内的物流企业来说，物流信息平台能促进物流业自身发展。企业能够从客户的需求中获得直接、丰富、准确的信息。建立物流信息平台，可以将零散的各个行业和物流企业内部的物流信息系统有效联结。

（三）商户的物流信息需求分析

对物流信息平台的需求，随着进驻市场交易区的商户的自身特点的不同会有较大差异。但一般而言，对于商户来说，其需要物流公共信息平台来实现的目标主要有以下几个方面：控制库存的适当化；有效调节需求与供给；缩短从订货到发货的时间，提高物流效率；有效进行基于活动的物流成本核算与控制，降低物流总成本。作为商户除了选择合适的物流供应商外，还应强调对企业内部物流系统全过程的管理，协调物流的各功能环节，并不断对各环节进行调整和完善，实现企业内部物流的信息化，才能取得最好的经济效益。

二、物流公共信息平台的总体框架

物流园区信息平台规划的关键是确定信息平台的体系框架，基于园区内外物流企业、商户企业和政府部门的功能需求，进行技术分解，确定各子系统之间的衔接要求，明确信息组织方案等。根据信息属性和技术可实现的方案，物流信息平台的体系结构自下而上地分为：安全保障层、基础设施层、技术支持层、应用系统层、客户端五个层次（图1），按照以上体系结构的划分，定义物流信息平台的具体功能。

安全保障层：安全保障环境对整个系统提供对抗攻击、防止或避免非法入侵的作用。这一环境对信息平台的计算机系统、网络和应用系统提供安全保障，以确保信息平台安全稳定运行。

基础设施层：以公共信息网络基础设施，作为支撑物流信息平台建设的基础，主要包括通信网络基础设施、物理平台、数据库、数据管理服务。

通信网络基础设施主要指电信交换网、光纤宽带网、无线通讯网等，通信网络基础设施是信息平台能够正常运行的基本条件，通过通信网络基础设施为平台提供底层通信服务、系统运行的网络平台。

数据库和数据管理服务各类物流信息的相关数据进行收集、组织、存储、更新和维护，并进行相应的存取权限管理，保证与政府部门、港口、保税区、银行和物流企业等相关部门的数据交换。

技术支持层：技术支持系统层是基于基础设施平台层上的物流服务技术应用平台，为成员客户提供物流信息平台的技术应用功能。主要包括数据交换系统、GPS全球卫星定位系统、GIS地理信息系统、条形码数据采集管理系统、射频数据采集管理系统和ASP软件租赁系统等子系统。

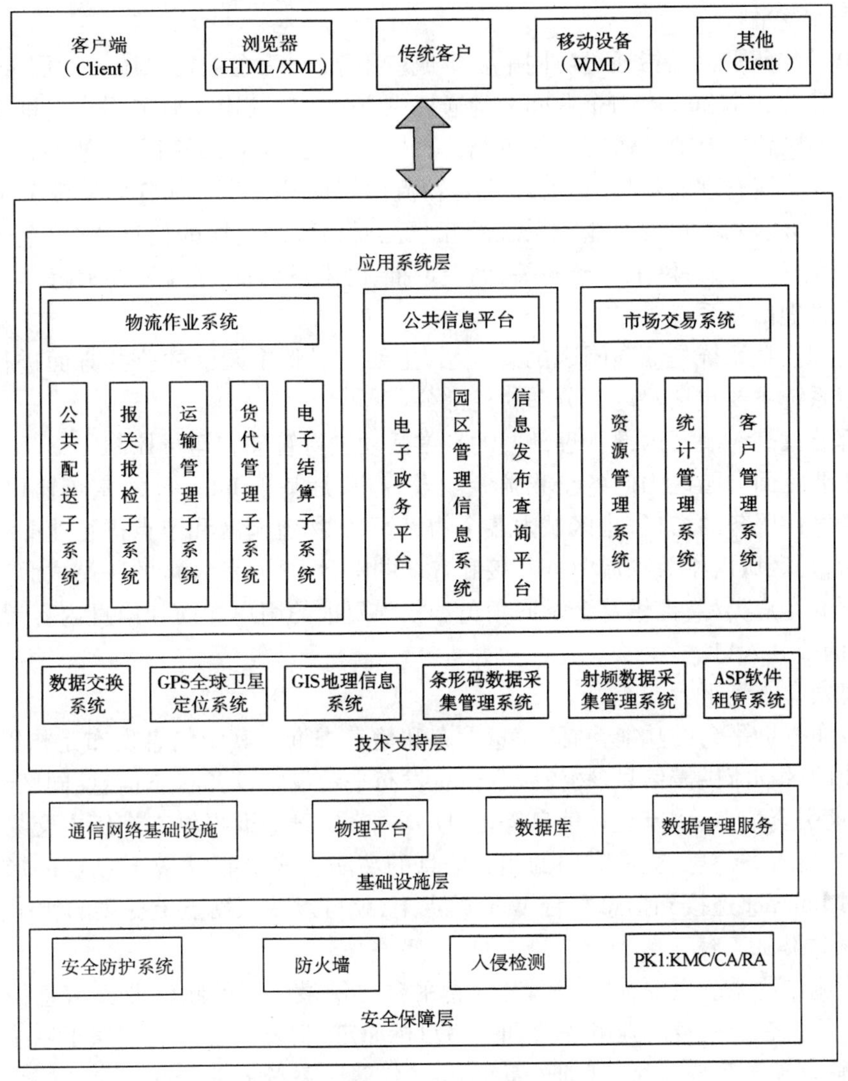

图1　物流信息平台的总体结构

Fig. 1　The general structure of the logistics information platform

应用系统层：针对园区各类物流企业的商务模式和业务信息需求，该层可以渐进性地提供应用系统支持，应用系统支持层是基于技术支持系统层上的物流应用服务信息平台，在这些平台上可根据客户在不同时期的不同要求开发不同的应用系统。应用系统平台包括：公共信息平台、物流作业系统和市场交易系统三个主要系统。

三、物流信息平台的功能

(一)公共信息管理平台

物流公共信息管理平台主要承担物流信息门户、物流公共信息发布、社会物流资源整合、政府相关政务职能提供和面向企业的信息服务等功能，是物流行业及其相关政府部门、企业进行物流公共信息查询和办理相关物流业务的窗口。

1. 电子政务平台

物流电子政务平台是指通过协同平台集成应用系统,为企业提供统一的服务窗口,为政府部门间信息的共享和政府与企业间的沟通提供方便。物流电子政务平台有助于政府职能部门与物流园区建立有效的协同工作机制,减少企业办公环节,提高办事效率;同时,实现政府职能部门与物流管理的对接,提升政府对物流宏观调控力度。依托电子政务平台与区内海关、工商、税务、检验、检疫等业务系统的互联互通和数据交换的信息整合,企业可完成以下业务:网上报税、交税;网上电子报关;网上审批;网上投诉;网上工商注册等。

2. 园区管理信息系统

园区管理信息系统是面向园区的管理层,主要是对整个园区的公共方面进行管理。园区管理信息系统主要包括对内部分和对外部分:

对内部分就是对园区内部管理部门的日常活动进行管理和运行控制。

对外主要是面向园区内的各个物流企业及客户,是基于 Internet 的宣传窗口,同时也是业务开展和客户服务的窗口,是区域内各个物流场站、物流园区和节点进行业务操作和业务协调的平台,是区域内相关物流业务对接和查询的平台,是服务公众的一站式服务平台。门户针对不同的客户类型,提供符合不同角色和权限要求的用户界面和信息内容,是区域物流对内、对外的统一入口。

3. 信息发布查询平台

信息发布查询平台的功能包括:信息发布和信息查询。其中信息发布是指以 Web 的形式发布物流园区物流供需信息、物流园区信息发布平台设施设备状态信息、同区经营管理信息、园区招商引资信息、物流统计信息等信息的功能;信息查询提供查询历史交易记录、物流业务信息、物流服务信息、交易对象的相关信息的功能。该功能以 Web 站点的形式实现,企业只要通过 Internet 连接到信息平台 Web 站点上,就可以获取站点上提供的物流信息。

(二)物流作业系统

园区物流作业系统主要为物流园区信息平台提供最底层的物流业务信息,它的建设主要由园区内物流企业自身的业务需要和战略目标而定,主要包括公共配送子系统、报关报检子系统、运输管理子系统、货代管理子系统、电子结算子系统五部分。

1. 公共配送子系统

公共配送子系统按照实时配送的原则,在多购买商并存的环境中,快速反应客户的需求信息,以最大限度地降低物流成本,提高运作效率为目的,通过在购买商和供应商之间建立实时的双向链路,构筑一条顺畅、高效的物流通道,为购买、供应双方提供高度集中、功能完善和不同模式的配送信息服务,提供一种效率最高,成本最省的配送模式。该系统主要有 3 大功能:查询统计分析;资源管理;业务管理。配送系统合理组织与管理可提高企业专业化、集约化的经营程度,降低企业的经营成本。其直接经济效益主要体现在企业和用户上;其社会效益是以降低资金占用,提高资金使用效率表现出来。

2. 报关报检子系统

报关报检子系统是集货物进出口报关、商检、卫检、动植物检疫等功能的自动信息管理于一体,满足客户跨境运输的管理系统。报关报检子系统,主要包括以下几个功能:报关/报检;签证通关;电子转单;计收费处理与查询;检验检疫公告;后续的检验检疫信息传递;公告与信息发布及查询等。

3. 运输管理子系统

作为物流操作的核心，运输的有效运作，将会为需要服务的企业节约大量成本，同时也会为物流企业带来丰厚的利润。对所有可以调度的运输工具进行调度管理，提供对货物配载的计算、最佳运输线路的选择。运输管理子系统支持全球定位系统（GPS）和地理信息系统（GIS），协调各种运输方式，优化运力资源，提高车辆的运输效率，从而实现运输的最佳路线选择和状态调配。运输管理子系统主要包括以下几大功能模块：运输管理；车辆维修；查询报表；油物料管理；车辆成本管理；实现车辆的运行监控、车辆调度、成本核算。并提供网上车辆以及货物的跟踪查询。

要通过运输管理政策和物流园区的有力协调，使各运输系统环节能进行合理化组织、统一调度、能力调节平衡，达到用较少的运输劳动消耗，取得较好的运输经济效益，特别是积极发展物流园区的多式联运系统，建立各种运输方式的内在经济联系，提高园区的运输组织化水平。

4. 货代管理子系统

货代管理子系统主要指按照资源最大化和服务最优化的原理，满足代理货物托运、接取送达、订舱配载、联运服务等多项业务需求以及物流的全程化管理。货运代理的基本职能是接收委托人的委托或授权，代办各种因贸易、运输所需要服务的业务，进行揽货、中转、装卸、仓储、报关、签发提单、代收运费等各项工作。主要功能包括：进出口业务操作，即对每一笔进出口业务的接单、制单、进口箱信息查询、报关、报检、签单等操作；客户服务管理、财务结算管理及统计分析。

5. 电子结算子系统

电子结算子系统的主要功能为：充分利用本平台系统的服务功能和计算机处理能力，以大幅降低结算业务工作量、提高结算业务的准确性和及时性为目的，为物流企业的自动结算提供一套完整的解决方案，做到快速、准确、自动地为客户提供各类业务费用信息。现代化的电子结算子系统，根据商流和物流的运行情况在各企业、消费者、银行、保险公司间进行资金的往来结算，具体的物流活动则根据情况由不同的主体实现。

（三）市场交易子系统

市场交易子系统主要是面向园区的市场交易区和商品展示区，作为园区内部的经济活动的主要载体，通过市场交易子系统，可以对园区的经济活动、商品贸易活动、产品展示活动进行有效的管理。

1. 资源管理子系统

资源管理系统主要是对物流园区内市场交易区和商品展示区的各个区间、设备进行合理布置，包括仓储、设备、运力在内的各种资源进行虚拟管理，以反映系统内各类物流资源的实时状况，提高资源利用率。

在市场交易区内，主要是处理货物的布局及商户的摊位分布；对交易的货物种类、数量进行统计。通过合理布置与摊位的合理分配，使得市场交易的顺利有序进行。在商品展示区内，常年提供展示柜台和展示厅，便于客户在物流园区内参观和调试商品的样品，资源管理子系统主要是对商品的种类、数量、占地面积以及商品的布局进行合理配置和管理分布。

2. 统计管理子系统

统计工作是企业管理的基础,统计管理子系统主要是按照物流行业的标准,针对平西物流园区内的经营管理活动情况进行统计调查、统计分析以及提供统计资料和实行统计监督,从而对企业的经营状况进行量化管理。主要的功能如下:统计处理、数据查询以及报表管理。

3. 客户管理系统

通过对客户资料的全方位、多层次的管理.使物流企业之间实现流通机能的整合。物流企业与客户之间实现信息分享和收益及风险共享,从而在供应链管理模式发展下,实现跨行业界限的整合。

主要功能包括:服务于入园企业及商户的基础信息服务;客户单证管理;客户的货物状态和位置跟踪;交易跟踪;交易统计;客户资信评估;ISP 服务以及 CA 证书认证申请和管理和用户主页服务等功能。

四、结语

物流信息平台是汇接物流园区内各相关物流行业、各种物流运作设施以及物流企业的信息平台。它既是园区内物流信息资源的汇接中心,也是国内外了解物流园物流信息资源的窗口。因此,建设信息平台,不仅对完善现代物流功能具有重要的现实意义,而且对发展跨行业、跨区域、跨国度的现代物流具有深远的历史意义。

参考文献

[1] 蔡淑琴. 物流信息系统[M]. 北京:中国物资出版社,2002. 125-183.

[2] 赵英姝. 区域物流信息平台功能规划研究[J]. 中国市场,2007,(41):41-42.

[3] 徐伟,赵嵩正,蒋维扬. 基于功能的区域物流信息平台体系结构研究[J]. 情报杂志,2008,(7):32-34.

[4] 董千里. 区域物流信息平台与资源整合[J]. 交通运输工程学报,2002,2(4):59-62.

[5] 崔南方,刘英姿等. 区域公共物流信息平台系统设计[J]. 科技进步与对策,2004(8):144-146.

物流业交通运输环节收费问题研究

李　辉

（北京中交协物流研究院，北京　100825）

【摘　要】 运输成本在整个物流系统中所占的比重很大，因此降低运输成本是降低物流业成本的关键。本文通过对我国物流业交通运输环节收费状况的调查，分析目前存在的收费问题，提出合理的、可行的降低物流业运输环节费用的措施建议，从而促进我国物流业健康发展。

【关键词】 物流　运输成本　公路收费　燃油税

Research for Transportation Charges of Logistics

Li Hui

(China Communications and Transportation Association, Institute of Logistics Research, Beijing 100825)

Abstract: Transportation costs occupy a large proportion in the logistics system, thus reducing transport costs is the key to reducing logistics costs. Based on the surveys of transportation charges of logistics, it analyzes the existing problems, and puts forward the reasonable and feasible advices to reduce transportation costs of logistics, thus promotes the healthy development of logistics industry.

Keywords: Logistics　Transportation costs　Toll roads　Fuel oil tax

运输功能是现代物流七大基本功能之一，运输成本在整个物流系统中所占的比重很大，运输成本的有效控制对物流总成本的节约具有举足轻重的作用。数据表明，我国物流业在物流总成本中库存成本占36%左右，管理成本约占4%，运输成本占60%左右，因此降低运输成本是降低物流业成本的关键。本文将通过对我国物流业运输环节的费用问题进行分析，提出降低物流业运输成本的措施建议，从而促进我国物流业健康发展。

一、现状分析

（一）通行费

据近日公开的资料显示，全世界收费公路14万公里，其中有10万公里在中国，占全世界70%。我国高速公路收费站点多，收费标准高，不仅增加了物流企业运营成本（过路过桥费一般占物流业运输成本的30%～40%），也影响到车辆正常通行，降低了物流效率。2009年2月12日，世界银行专门发布了一份有关中国高速公路的研究报告，该报告披露，德国目前货车平均每公里过路费是0.15美元，中国是0.12美元至0.21美元，而在车辆通行费所占人均 GDP 的比例中，中国以超过 2% 居首位，超过美日德等发达国家。在当天与中国交通部举行的研讨会上，世行专家明确表示：中国高速公路通行费较高，而且中国的通行费可承受性是全世界最低的几个国家之一。

（二）燃油税

目前，世界上有 130 多个国家和地区开征了燃油税。国务院决定自 2009 年 1 月 1 日起实施成品油税费改革，取消原在成品油价外征收的公路养路费、航道养护费、公路运输管理费、公路客货运附加费、水路运输管理费、水运客货运附加费等六项收费，逐步有序取消政府还贷二级公路收费。费改税在一定程度上改善了道路运输市场经营环境，恶性竞争得到一定抑制，对道路运输企业有一定的积极作用，但同时也加大了物流企业的运输成本。

通过对物流企业的走访调查，得知在燃油税出台前，对于燃油成本所占运输成本的比例，总共有近 3/4 的物流企业认为燃油成本占地运输成本的一半以下。数据显示，35% 的被调查企业表示，在未实施燃油税前，燃油成本占运输成本的比例在 40% 以下，39% 的企业燃油成本占运输成本的 40% ~49% 之间，只有 4% 的企业占到 60% 以上。

对于燃油税出台后，给物流企业带来的压力，51% 的企业表示燃油税出台使得运输成本增高，16% 的企业认为客户已经定好的运价不好上调，而认为社会运力减少的占 14%，不知如何消化高油耗的货车的企业占 13%，另有 6% 的企业则认为是其他压力。

总之，燃油税的征收所带来的影响，各方的反应是不一的，但总体上多数人是持肯定态度的。

二、存在问题

（一）收费标准高，收费站点多

1984 年国务院做出的“贷款修路，收费还贷”的决定，目的是为了加快公路建设。我国收费公路建设政策的出台，提高了地方交通主管部门和国内外经济组织修建公路的积极性，在我国公路建设史上功不可没，但是在执行方面出现了一些乱收费、乱设站的现象。交通运输部规定 40km 设一个收费站，而有些地方政府规定，高等级公路每 20km 甚至更短路程就可设 1 个收费站。尽管我国决定从 2009 年起到 2012 年年底前，东、中部地区逐步有序取消政府还贷二级公路收费，使全国政府还贷二级收费公路里程和收费站点总量减少约 60%，西部地区是否取消政府还贷二级公路收费，由省（区、市）人民政府自主决定，但我国公路的发展模式越来越受到人们质疑，争议的焦点主要集中在如下三方面：

1. 高额收费阻碍了经济发展与地区交流

如世界银行报告认为，中国高速公路通行费的可承受性是全世界最低的几个国家之一。通行费可承受性，是私人汽车行驶 1600km 所付通行费在车主收入中所占的比例。美国的通行费可承受性远低于 0.5%，中国的这个数字超过了 2%。

2. 高额收费有碍社会公平

高额过路费造成了重大社会经济成本，妨碍了社会公平，有损营销环境，对成本消化能力有限的农业和中小企业来说负担更加沉重。

3. 收费期限问题

贷款或集资款结清后仍继续收费，给运输企业增加了负担。如京石高速公路北京段，在

2005 年时已累计收费 17 亿余元,偿还贷款等款项后还剩余近 6 亿元,但仍在收费。

(二)超载现象严重

由于政府在市场准入、运力和运价的宏观调控、运输组织方面缺乏有效的监管和政策指导,运输市场基本处于放任、自发的状态,使道路运输市场处于运力盲目增长,供大于求、竞争过度、无序竞争、运价严重偏离运输成本,甚至低于平均运输成本的混乱状态,为了赢利使车辆超载超限,造成了交通安全隐患。

三、措施建议

(一)实施计重收费

2009 年随着国家政策和道路运输法,有效的治理重载、超载等问题。一些高速公路、收费站、治理超限点等等,都实行按总重量收费的标准。实施计重收费有助于规范运输行为,完善运输市场,打击、限制超限运输,促进区域经济的发展,提高运输的效率。目前,我国已经实施计重收费的省份以过半,从效果看,这一收费方式有效遏制了货车超限超载运输,特别是严重超限超载现象,表明计重收费是治理超限超载运输有效的经济手段,可积极稳妥地推广,通过经济手段,消除超限超载车辆的非法利润。计重收费克服了原车型收费中同类车识别不准和同型车中重车、空车收费标准相同导致的不合理现象,真正体现了"多用路者多交钱,少用路者少交钱"的要求,确保了车辆交纳通行费的公平合理,保证了守法的道路运输经营者的合法利益,遏制了运输市场的恶性竞争,合理的增加了通行费收入,规范了道路运输市场,促进了物流业健康发展。

(二)全面取消二级收费公路

随着城镇化进程加速,城镇间的联络也日益迫切,经营性二级公路已经成为区域经济发展的拦路虎。因此,全面取消收费二级公路势在必行。在燃油税与公路收费"双轨制"的情况下,通过合理的政策设计,压缩不合理收费的制度空间,逐步有序的全面收回经营性收费二级公路的经营权,实现低成本、快捷高效的运输迫在眉睫。

(三)清理收费站点

对高速公路在用收费站点进行一次全面清理,进一步控制收费公路规模,撤并收费站点;根据政府财力情况,陆续回购繁忙路段经营权,减少收费站点;对一时难以撤并的站点,在三年规划期内降低收费标准;大力推行不停车收费系统,加快车辆通行速度。另外可尝试推出新的通行费优惠政策,在高速公路上行驶里程超出 100km 的部分可优惠 25%,超过 200km 则超过部分可优惠 30% 等。

(四)改善公路收费体系,适时减免高速公路通行费

收费公路大大提高了区域经济间的物流成本,它阻碍了区域间经济的互补,影响了公路的利用率和运输效率。公路特别是高速公路在我国经济社会发展中越来越具有杠杆作用,降低收费标准可以采取延长收费还贷的期限的方式,要针对不同空间,不同季节,不同时段制定不同的收费标准,完善收费的法规体系。

当前我国公路运输物流费用的两个主要构成部分,一是燃油,二是公路通行费,燃油价格应遵循市场化原则进行调整,除此以外就是降低公路过路费,我国物流的道路通行费占物流总成本的 20%,因此降低公路过路费是有效降低物流费用的核心。

日本37条高速公路的50个路段自2010年6月28日开始试行免收费通行费，这项新措施有助于提振日本旅游业、削减物流公司的运输成本。我国的高速公路一旦通行费偿还完贷款后，高速公路就可以试行免费通行。当然，有的收费公路在偿还完贷款后仍继续收费，其原因是为保证通行能力，如机场高速。但这种收费也应当降低收费标准并严格监管，或者由第三方机构来收费或监管，收益归社会所有。

参考文献

[1] 樊沙沙.费改税对道路运输企业的影响分析[J].交通科技与经济,2009.6.

[2] 杨柳.燃油税征收对交通运输业影响的经济分析[J].科学之友,2010.3.

[3] 高博.公路计重收费标准确定理论与应用研究[D].长安大学,2009.4.

[4] 刘剑锋,高月娥.收费政策和特许经营制的研究[J].黑龙江交通科技,2003.10.

[5] 赵惠卿.高速公路计重收费的比较研究[D].长安大学,2009.4.

云南口岸物流与大通道建设分析研究

朱建安　陆化普

（清华大学交通研究所，北京　100084）

【摘　要】 随着中国与东盟及南亚自由贸易区往来的不断深化，云南对外物流正迎来新的发展机遇，而口岸物流则是其发展的关键节点。长期以来，云南口岸物流综合水平在国内边境省份中并不十分突出，究其原因，主要在于支撑口岸物流的运输大通道还未建立，立体运输网络还未形成。本文首先分析了云南省口岸物流和运输条件现状，说明了建设支撑口岸物流综合运输体系的必要性，并结合云南省情探讨了大通道的构成和主要发展方向。

【关键词】 物流　口岸　大通道　支撑

Study on the Port Logistics and Great Passage Construction of Yunnan Province

Zhu Jian'an　Lu Huapu

(Institute of Transportation Engineering, Tsinghua University, Beijing 100084)

Abstract: As the relationship among China, ASEAN and South Asian Free Trade Area strengthening, foreign logistics in Yunnan Province has been facing to a new development opportunity, while port logistics is key point. However, the comprehensive level of port logistics in Yunnan is not very prominent comparing with other border provinces, because of lacking support from great passage and transportation network. This paper analyzes the port logistics and transport conditions in Yunnan province firstly, and then explains the necessity of comprehensive transportation system to support port logistics. Finally, we discuss the structure of great passage and main development direction according to the provincial conditions.

Keywords: Logistics　Port　Great passage　Support

口岸是指国家设定掌管对外经济贸易和国际交往进出活动的场所，是人员、货物和交通运输工具出入国境的港口、车站或者通道等。按照出入境通过的场合属性，可分为水、陆（包括铁路口岸、公路口岸）和空港口岸。口岸的主要功能有交通运输、边防检查、检验检疫、服务供应、对外贸易等等，其中，口岸物流是口岸功能的一个重要组成部分。口岸物流是指与其他国家或地区的商品、服务和技术等交换产生，并经由口岸出入境的国际物流。一般来说，口岸物流包括商品贸易物流和服务与技术贸易物流两部分。

一、云南口岸物流现状及特点分析

云南地处我国西南边陲，与越南、老挝和缅甸接壤，边境线长达4060km，同时紧邻泰国与印度,是东亚直接面向东南亚及南亚地区,中国连接东盟和南亚自由贸易区的陆路门户,具有显著的区位优势和战略地位。

目前,云南总共有20个对外口岸,其中一类口岸13个,包括2个机场口岸、2个水运口岸、1个陆路(铁路)口岸和15个陆路(公路)口岸,总体规模在国内各边境省份中排第五,初步形成立体综合发展的口岸分配格局。

云南省一类口岸概况列表 表1

Overview list of the first-class port in Yunnan Province Tab. 1

口岸名称	口岸类别	所处地区	相邻国家
昆明巫家坝国际机场	空运	昆明市官渡区	
西双版纳嘎洒国际机场	空运	西双版纳州景洪市	
景洪港	水运	西双版纳州景洪市	缅甸
思茅港	水运	普洱市澜沧县	缅甸
河口	陆路(铁路)	红河州河口县	越南
瑞丽	陆路(公路)	德宏州瑞丽市	缅甸
金水河	陆路(公路)	红河州金平县	越南
天保	陆路(公路)	文山州麻栗坡县	老挝
磨憨	陆路(公路)	西双版纳州勐腊县	缅甸
畹町	陆路(公路)	德宏州瑞丽市	缅甸
猴桥	陆路(公路)	德宏州腾冲县	缅甸
打洛	陆路(公路)	西双版纳州勐海县	缅甸
孟定	陆路(公路)	临沧市耿马县	缅甸

根据云南省商务厅的官方数据,2005~2009年,云南全省口岸的货物量运行状况如下:

云南全省口岸货运量运行状况(2005~2009年) 表2

Statistics of the cargo port operation in Yunnan Province Tab. 2

年份	2005	2006	2007	2008	2009
货运量(万吨)	431	460	651	465.3	634
运输工具(万辆)	162	166.8	190.4	194.6	260.1
进出口额(亿美元)	21	26.9	32.7	31.1	40.6

从宏观数据上来看,由于2008年受国际金融危机的影响和冲击,曾经出现了货运量和进出口额的下降,但2009年货运量和进出口额很快就得以反弹。而口岸运输工具的通关一直都呈现快速增长趋势,年平均增长额超过10%,2009年增长率更是高达33.7%。

与相邻国家的口岸物流方面,中缅、中越、中老边境口岸进出口额分别占全省口岸的42.8%、25.5%和5.9%,即74.2%的口岸物流是与缅甸、越南、老挝3国进行的。其余25.8%的口岸物流则是经由昆明、西双版纳两个空港口岸和景洪、思茅两个水运口岸通过。

从数据中可以看出,口岸运输工具通过量的增长势头最为明显,而中缅、中越之间物流总量和陆路口岸物流量则是全省口岸的重点。因此,若要满足持续增长的口岸物流需求,陆路交通通道,尤其是中缅和中越的陆路交通通道尤为关键。

二、云南口岸运输通道现状分析

由于云南地形环境复杂险峻，高山连绵、峡谷纵横、江河湍急，所以云南交通基础设施一直十分薄弱，公路、铁路通车里程和运营等级均滞后于全国平均水平，只有航空运输相对较强，初步形成以昆明为核心的云南民用机场和民航支线网络结构布局。

以铁路和公路为例。目前云南省只有河口口岸有铁路通行，但现有铁路仅为单线铁路、等级低、通行能力差，而且还是窄轨，大量机车和车厢无法在该线上使用，整条线路都没有融入整体的国家铁路网系统中，铁路经济辐射能力弱。在公路方面，还没有一个口岸有高速公路能直达昆明，只有瑞丽、磨憨等少数几个口岸通有国道。整体来看，云南各口岸普遍存在道路等级低、路况差、安全系数不达标、货车通行困难等问题。

长期以来，运输通道基础设施一直是制约云南口岸迅速发展的重要因素之一。铁路运力不足、运输速度慢、轨距和国铁轨距不统一；公路弯多坡陡、路况差、满足大型货车通行的路段有限；水运通航区段仅为 6 级航道标准、险滩多、通航能力低；民航国际机场口岸数量有限，运量小、运输成本高，不能作为口岸物流主要运输手段。因此，合理统筹各种运输方式结构，打通省内与各口岸的运输大通道迫在眉睫。

“十一五”以来，随着云南省经济条件的改善，全省大力推进大通道运输体系的建设，高速公路通车里程已突破 2500km，基本形成以昆明为中心的高速公路放射网络；铁路总里程达 2327km，电气化率突破 50%，复线率达到 6.3%；民航方面 11 个省内民用机场与昆明巫家坝国际机场都已开通定期航线；水运也正在推进澜沧江的河道整治工作。

但就目前取得的成绩而言，离支持面向东盟乃至印度洋市场的口岸物流运输大通道还有很长的距离。一是全省大部分高等级路网都集中在昆明附近，真正离边境口岸地区还十分遥远；二是全省路网还仅是简单的放射状，各口岸之间缺少良好的运输互动平台；三是作为物流运输主力的铁路运输网还远未形成，目前还仅有一个口岸有铁路覆盖，而且还是窄轨铁路；四是内河运输阻力大，航道标准难以提高，水运口岸辐射范围小；五是受市场影响，航空口岸也仅与缅甸、泰国、越南、印度、孟加拉国的几个大城市有少数航班往来，影响力弱。

三、支撑云南口岸的大通道发展思路和方向

云南省省长秦光荣曾提出建设第三亚欧大陆桥的远景设想与规划蓝图。要达到这一目标，就必须要先形成以通信为先导、公路为基础、铁路为骨干、航空为辅助、水运为补充，集多种运输方式和信息网络于一体的物流基础设施，并通过全省各口岸形成强大的对外辐射运输大通道。

通信为先导，是指充分利用现代通信和网络技术手段，将各口岸和连接口岸的运输通道纳入到统一的智能运输调度监管控制系统中，加快口岸物流信息化程度，提升口岸物流和大通道运输的秩序和效率。

公路为基础，是指进一步提升全省公路路网密度和安全系数、提高道路等级和通行能力，并以昆明——文山/红河、昆明——景洪（昆曼国际物流通道）、昆明——瑞丽三大运输主轴为核心，打造面向东盟和南亚地区的高速公路运输生命线。与此同时，进一步建设和改造所有口岸的道路系统，确保各通道之间的畅通和衔接。

铁路为骨干，是指借助国家中长期铁路网规划建设的历史机遇，一举扭转云南省铁路的弱势地位，加快推进大理——保山——潞西——瑞丽、昆明——玉溪——普洱——景洪的新线建设，对广大铁路段进行电气化和复线改造，对滇缅铁路进行标准轨距和电气化复线改造，充分挖掘昆明铁路物流集装箱中心的潜力，强化昆明在西南铁路的枢纽地位和云南面向东南亚、南亚陆路大通道的门户和桥头堡地位。

航空为辅助，是指加强航空基础设施建设，完善正在新建的昆明小哨国际机场集疏运架构，针对不同物流需求和效率，尝试直飞和由昆明航空到口岸再陆路出境的新联运模式，扩展提升物流服务质量及物流速度，形成面向东盟、南亚乃至世界的国际航空物流网络，打造云南口岸物流的品质效益。

水运为补充，是指在现有河道水运的基础上，尽可能扩大航道通行能力和水运口岸的通关能力，与昆明——景洪（昆曼国际物流通道）配合联系，将昆明、玉溪、普洱和景洪这四大云南经济活力点串联起来，形成贯穿云南南北的大通道，利用水运优势降低物流的运输成本。

云南拥有其余西部省区不具备的区位优势。按照云南省物流发展战略与经济走廊合作发展纲要的基本要求，需要对现有及规划通道和运输网络进行功能上的统一组合与协调，以昆明为物流集运核心，以河口、景洪和瑞丽等口岸为对外物流基本节点，以三大国际大通道为主轴进行综合规划，逐渐形成省域物流和国际物流相结合，运输大通道及相关节点基础设施为支撑的云南省现代物流综合体系，进一步打开云南对外的市场，提升云南在泛亚物流的枢纽地位，也为第三亚欧大陆桥的建立奠定坚实的基础。

参考文献

[1] 中国物流学会. 中国物流学术前沿报告(2008~2009)[M]. 北京:中国物资出版社, 2008.

[2] 杨杰. 拓展区域合作空间与共同构建中国通向印度洋国际大通道[J]. 中共云南省委党校学报, 2010(1).

[3] 张静. 云南口岸物流发展初探[J]. 中国集体经济, 2009(5).

[4] 赵萍. 云南物流网络节点地区等级划分的实证研究[J]. 云南财经大学学报, 2005(3).

沃尔玛在中国的物流配送体系探讨研究

杜海晖　张　喜

（北京交通大学交通运输学院，北京　100044）

【摘　要】 物流配送已经成为一个企业发展的必不可少的环节，它不仅能够提高企业运作的工作效率，还能为企业降低成本，使企业最大程度的获利。本文是描述了沃尔玛的物流配送体系在美国的成功经验，分析了沃尔玛配送体系在中国的运作遇到的问题，提出相应的解决对策以及对中国零售业的建议。

【关键词】 沃尔玛　物流　配送　中国

Discussion on Wal-Mart's Logistics and Distribution System in China

Du Haihui　Zhang Xi

(School of traffic and transportation, Beijing Jiao Tong University, Beijing 100044)

Abstract: Logistics distribution has become an indispensable part of the development of enterprise . It can not only improve the efficiency of business operations, but also reduce the costs for enterprises to maximize profits. This is the description of the Wal-Mart's logistics and distribution system's successful experience in America, the analysis of the problems encountered in the operation of the Wal-Mart's distribution system in China, putting forward the corresponding solutions, as well as the recommendations of the Chinese retail industry.

Keywords: Wal-Mart　Logistics　Distribution　China

沃尔玛在20世纪60年代便开始投资建设自己庞大的物流系统，如今，沃尔玛的物流系统的先进程已经是世界公认的了，它的ERP、配送中心、GPS导航系统都是信息技术与物流完美结合的产物，这使得沃尔玛在美国乃至全球范围内的发展走在前列。沃尔玛之所以能够迅速增长，并且成为现在非常著名的公司，是因为沃尔玛在节省成本以及在物流运送、配送系统方面取得了一些成就。在美国，沃尔玛的物流配送体系做得相当成功，尤其是它的统一采购与统一配送为沃尔玛在零售业的竞争中增添了优势，但是在中国却没有做到这样的效果。许多专家认为沃尔玛在中国的业务开展不开很大的原因就是过于僵化的统一采购与统一配送。强大的沃尔玛最具竞争力的物流配送体系来到中国后其强大的竞争优势就没办法充分发挥出来，反而成为其发展的阻碍。

一、沃尔玛来到中国遇到的问题

(一)难以降低物流系统成本

高度自动化的物流系统在高效的信息系统的协同作用下产生的效应使沃尔玛最大限度

地降低了商品库存和在途时间,有效压缩了营运成本,其配送中心从收到店铺的订单到向生产厂家进货和送货,只需要两天时间。其中,对这一体系起到关键作用的是美国四通八达的高速公路以及沃尔玛在美国3000多家门店和布局合理的配送中心,但是,沃尔玛中国却是在这里遇到了困难。对于高速公路,我国的发展水平还是比较低,这使得沃尔玛的配送效率大打折扣。

在配送中心上,沃尔玛的配送中心非常少,这使围绕一个配送中心密集建店的做法无法在中国实施。利用配送中心的规模效应来降低成本的优势无法发挥出来,反而增加了沃尔玛的物流成本。沃尔玛现在遇到的主要困难就是在全国配送的成本太高。

以沃尔玛在深圳蛇口的配送中心为例:如果要在国内销售,除了生鲜等食品类商品,其余要将货送至深圳的沃尔玛配送中心;如果想做出口,则由沃尔玛设在深圳的全球采购办公室操作。因此,该配送中心还只是一个货物的中转站,其功能无法与美国沃尔玛的高效物流配送中心相提并论。据调查,沃尔玛南方区远没有达到能够发挥出其连锁优势的规模,因此配送中心的功能处于半闲置状态,市场价格也相应地不能完全压下来[7]。

(二)无法显示信息系统的优势

沃尔玛领先高效的信息系统备受业界推崇。借助自己的卫星,沃尔玛实现了信息系统的全球联网。通过这个网络,全球4000多家门店可在一小时之内对各种商品的库存、上架、销售量全部盘点一遍。内外部信息系统的紧密联系使沃尔玛能与供应商每日交换商品销售、运输和订货信息,实现商店的销售、订货与配送保持同步。另外,从1980年末开始,沃尔玛就开始强制供应商与其进行信息系统对接,这也是沃尔玛信息系统能在美国发挥作用的重要因素[1]。

我国的商业环境却束缚了沃尔玛这一优势的发挥。国内大多数供应商信息化水平较低,只能和沃尔玛进行简单的数据交换。同时,由于受政策的限制,沃尔玛的卫星通信系统在我国无法发挥作用,其全球采购系统、全球物流系统的有效共享在我国市场也不能达到预期的效果,后台物流系统各环节同样不能做到像在国外那样严密配合,无法发挥应有的效率。跨地区的连锁配送难以实现,极大地影响了沃尔玛在我国低价政策的实施。

(三)统一配送率低,运作难度高

零售连锁超市原本的配送量波动就大,订货频率高,时间要求相对也比较严格,而零售业的销售量又受随机因素和其他人为因素影响较大。对于仓储空间等资源有限的门店,一般要依靠提高配送频率来满足需求,有些小型便利店甚至要求一天送货两次,而且配送过程都要有时间限制,如限定某个时段到货。在沃尔玛这种时间限制就相当的严格,如果有供应商的送货迟到,这就又可能导致重新订货。同时,目前零售业连锁超市,统一配送率低,缺乏高效率的物流配送,导致物流成本高,商品物流成本占销售额的比例在百分之十几甚至更高。运作难度的增大,使传统的以单一运输和仓储为主业的物流企业难以适应[2]。

(四)中心城市的过度膨胀

许多大型连锁企业大都集中在经济发达的一线城市,虽然这是零售业发展的需要,但是对物流配送而言,问题就出现在其布点过度集中在一线城市。由于一线城市的过度城市化,使得人口与私家车过度膨胀,导致了严重的交通堵塞,然而这对大型连锁超市来说就是一场噩梦。同城物流配送的顺畅与否与一个城市的交通息息相关,一堵就是几个小时,这对同城物流配送而言是不能承受的实效与成本之重。深圳一家物流公司曾为深圳一家大型外资建材商超做深圳的同城配送，为此，该物流公司还专门购置了十几辆箱式小货车，结果没出半年，该物流公司就放弃了。

沃尔玛来到中国，正是由于这严重的交通堵塞，使其高效的物流配送体系得不到发挥，达不到所定制的目标，所以沃尔玛的物流配送体系不适应中国物流行业的发展，最终导致沃尔玛在中国的业务发展困难。

沃尔玛的物流配送体系在北美国家零售业中发挥出了它的竞争优势，但是在中国，并没有体现这样明显的作用，这就说明了沃尔玛的物流体系存在一定的局限性，它并不适用所有的国家，毕竟每个国家的物流业发展水平是不同的，不只在中国，在日本、德国等国家沃尔玛同样遇到了难题。

二、沃尔玛物流配送体系在美国的成功经验

(一)沃尔玛的物流配送中心

物流配送中心不只是货物周转的区域，它还是仓库。商品在这里可以运到不同的门店，根据门店的要求调剂商品的余缺，自动补进货物，同时它还可以根据门店的订单来进行配货，提供增值服务。配送中心一般业务流程如图 1 所示。

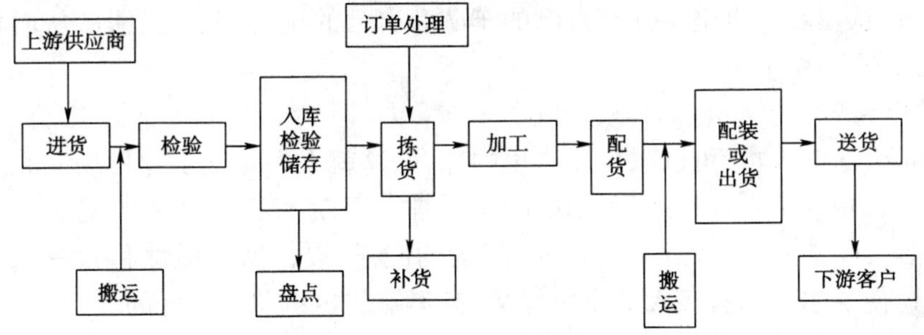

图 1　配送中心一般业务流程

Fig. 1　General business processes of the distribution center

沃尔玛的集中配送中心是非常大的，而且都是在一层当中，这是因为沃尔玛希望产品能够流动，沃尔玛希望产品能够从一个门进从另一个门出。如果有电梯或其他物体，就会阻碍流动过程。因此，沃尔玛所有的这种配送中心都是一个非常巨大的一层的配送中心。沃尔玛使用一些传送带，让这些产品能够非常有效地进行流动，对它进行的处理不需要重复，只需一次。

沃尔玛的配送中心是根据自己的计算机系统获取各门店的销售情况，然后生成订单，发给供应商进货，通过检验后入库储存。再根据门店发来的订单进行拣货、加工，为不同的门店配货、补货。

(二)沃尔玛物流配送体系的优势

1. 设立高效的配送中心，降低物流成本

沃尔玛很早就意识到有效的商品配送是保证公司达到最大销售量和最低成本的存货周转及费用的核心。建立自己的配送中心是使公司获得可靠供货保证及提高效率的途径，包括送货车队和仓库，不仅可以使公司大量进货，而且可以要求供应商将商品集中送到配送中

心,再由公司统一接收、检验、配货、送货。

灵活高效的物流配送使得沃尔玛在激烈的零售业竞争中取得优势。沃尔玛能够保证,商品从配送中心运到任何一家商店的时间不超过48小时,沃尔玛的分店货架平均一周可以补货两次,而其他同业商店平均两周才能补一次货;通过维持尽量少的存货,沃尔玛既节省了存贮空间又降低了库存成本。

2. 采用先进的配送作业方式,提高货物流通效率

配送中心的一端是装货的月台,另外一端是卸货的月台,两项作业是分开的。沃尔玛在配送运作时,大宗商品通常经铁路送达配送中心,再由公司卡车送达商店。每店每周收到1~3卡车货物,60%的卡车在返回配送中心的途中又捎回沿途从供应商处购买的商品,这样的集中配送为公司节约了大量的资金。商品在配送中心停留不超过48小时,沃尔玛要卖的产品有几万个品种,吃、穿、住、用、行各方面都有。尤其像食品、快速消费品这些商品的停留时间直接影响到使用。

3. 实现配送中心自动化,保持灵活度

沃尔玛配送中心的运行完全实现了自动化。每种商品都有条码,通过几十公里长的传送带传送商品,激光扫描器和电脑追踪每件商品的储存位置及运送情况,每天能处理20万箱的货物配送。许多大连锁公司像凯玛特,都是将运输工作包给专业货运公司,以为这样可以节约成本,但沃尔玛一直坚持拥有自己的车队和自己的司机,保持灵活度从而为各家商店提供最好的服务。

4. 具备完善的配送组织结构,减少成本

每家店每天送1次货,可以减少商店里的库存,这就大大降低了零售场地和人力管理的成本。沃尔玛公司为了更好地进行配送工作,非常注重完善自己企业的配送组织。一个重要的举措就是公司建立了自己的车队进行货物的配送,以保持灵活性和为一线商店提供最好的服务。这使沃尔玛拥有极大的竞争优势,其运输成本也总是最低的。

沃尔玛的思想就是要把最好的东西用最低的价格卖给消费者,这是它成功的所在。像凯马特一般只有50% 的货物进行集中配送,而沃尔玛百分之九十几是进行集中配送的,只有少数可以从加工厂直接送到店里去,这样成本与对手就相差很多了。

(三)沃尔玛物流配送体系中运用的系统

整个物流配送体系并不是一种成本,它实际上是节省了成本,而沃尔玛把这些费用节省下来,让利给消费者。一个比较合理的物流配送可以使运作成本更低、效率更高。沃尔玛采用最现代化、最先进的系统,像"无缝点对点"的物流系统、自动补发货系统、零售链接系统、采购系统、运输系统等等,通过使用电脑系统和配送中心,使得零售业更加成功。

三、针对沃尔玛中国物流配送的不足提出对策

(一)物流配送体系实现本土化

沃尔玛最大的缺点就是其过于僵化的统一采购与统一配送,虽然在北美这是它的优点,但在中国这却成了它发展的一大阻碍。沃尔玛成为全球性的连锁零售企业,在不同的国家开门店,并没有考虑到不同国家物流业的发展及一些客观原因,仍是采用原来的中央配送,导致了它的水土不服。沃尔玛来到中国后并没有像其他国家那样一下子占据主导地位,在

中国发展的道路一直很不顺畅,使沃尔玛引以为荣的配送中心陷入尴尬的局面。高额的运输费,又要确保平价不失竞争优势,使沃尔玛的销售额一直跌到最低点。

现今中国零售业的激烈竞争主要集中在北京,上海,天津等大城市,而在各省会以下的中小城市大部分中是以当地的零售为主。而且这些城市都存在过度膨胀的问题,严峻的交通堵塞,不能适应物流配送的运输。当这些大型零售商在大城市争的你死我活的时候,那些中小城市的零售业却稳稳的掌握着本地的零售业。在中国,大城市的数量毕竟有限,而中小城市数量较多,人口数量大,总的购买力强,所以沃尔玛应该避开锋芒,在区域发展上突破,利用其连锁、价格、物流配送等优势进军中小城市市场,迅速建立起其优势地位。其实,沃尔玛在美国的发展也是从本顿维尔等中小城市开始的,沃尔玛可以根据此经验实现其在中国的区域突破。

(二)构建第四方物流与第三方物流相结合的配送模式

沃尔玛来到中国后,并没有像在美国那样建立高效的物流配送中心,建立了几个零散的配送中心,但是门店过于分散,所以这两个配送中心并没有发挥出它本身的作用。正因为这样,沃尔玛只能采用将物流业务外包给第三方物流服务提供商来压缩成本。但是我国的物流业发展比较滞后,要找一家软硬件与沃尔玛相符合的第三方物流企业还是很困难,这就需要继续刺激市场对第三方物流的需求,鼓励生产、销售企业通过外包物流压缩成本,获取利润。同时,可以采用第四方物流与第三方物流相结合的模式。第四方物流既可以辅助连锁超市选择合适的第三方物流,解决供应链上的库存、输送问题,还能帮助解决采购问题,协助管理超市与供应商之间的关系。以第四方物流为核心的配送体系,不是单纯的外包模式,而是将外包与自营配送结合在一起,是一种混合策略。通过第四方物流企业,超市资源、供应商资源、第三方物流企业以及其他社会物流资源加以整合,密切合作,在统一的指挥和调度下,以最合适的模式达到最好的服务和最低的成本。

(三)用供应商直送的模式代替集中配送

沃尔玛一贯运用的集中配送能够大大地节约成本,但是却不能适应中国现今物流业的发展。在中国,由于路途等原因,商品的到货速度很慢,这样,不仅不能降低成本反而会使成本增加,还有可能在货架上出现"此商品暂时缺货"的小条,所以在中国可以采用以供应商直送为主的商品配送方式。供应商直送的模式可以相对的提高送货速度,因为供应商基本都集中在同一个城市,上午订货下午就可以到达,大幅度降低商品缺货造成的失销成本。同时,供应商直送模式还便于逆向物流,商品的退换货是零售企业处理过时、过期等滞销商品的最重要手段,这样零售商与供应商的联系与接触非常频繁,因此商品退换货处理也非常迅速。

四、结语

随着经济全球化和知识经济的到来,物流配送在企业管理中得到普遍重视。21 世纪的竞争不是企业和企业之间的竞争,而是物流配送之间的竞争。企业通过有效的物流配送,能够大幅度地增加收益或降低成本。物流配送管理得到越来越多的人重视,成为当代国际上最有影响力的一种企业运作模式。沃尔玛重视了物流配送管理与运作,重视了物流配送在企业间的竞争,才使其在连锁零售业中脱颖而出,成为零售业的龙头企业。虽然沃尔玛进驻中国后它的物流配送体系并没有发挥优势,但它仍在不断的改进,相信不久的将来它也能发挥出本身的作用,实现自己的目标。

参考文献

[1] 殷志平.连锁超市物流管理模式研究[J].价值工程,2006(8):94-96.

[2] 马大龙.沃尔玛本土化战略研究[D].山东大学,2006.43-46.

[3] 王健.现代物流概论[M].北京:北京大学出版社,2006.

[4] 刘联辉.配送实务[M].北京:中国物资出版社,2008(6):3.

[5] 魏才.沃尔玛在华十年成败启示[J].经济导刊,2006(1-2):78-80.

[6] 陈程摘.沃尔玛的经验与启示[J].决策与信息(下半月刊),2008/2(38):66-68.

基于风险价值方法的随机多目标供应链设计方法

蔚欣欣[1]　蒋冰蕾[1]　陆化普[1]　苗　蕾[2]

（1. 清华大学交通研究所，北京　100084；2. 北京外国语大学国际商学院，北京　100089）

【摘　要】 本文对风险条件下的供应链设计问题进行了研究，建立了一个多目标随机规划模型。这个模型考虑了消费者、供应商、运输和存储环节的变量，并假设这些变量是服从一定的分布。这个多目标规划包含了三个目标函数：i）最小化建设成本和运输、存储和扩张成本；ii）最小化预期成本的风险价值。最后，本文给出了一个算例，证明了该模型的实用性。

【关键词】 风险价值　多目标　供应链　目标逼近方法

A Mulit-objective Stochastic Programming Approach for Supply Chain Planning with VAR

Yu Xinxin[1]　Jiang Binglei[1]　Lu Huapu[1]　Miao Lei[2]

(1. Institute of transportation engineering, Tsinghua University, Beijing 100084;
2. School of international business, Beijing Foreign Studies University, Beijing 100089)

Abstract: This study deals with the problem of supply chain planning with risk management. A new multi-objective stochastic programming model is proposed. Demands, supplies, transportation, shortage and capacity expansion costs are considered as uncertain parameters in supply chain investment decision. This multi-objective model includes: (i) the minimization of the sum of current investment costs and the expected future processing, transportation, shortage and capacity expansion costs; (ii) the minimization of the VaR (Value-at-Risk) of the total future cost risk. Finally, a numerical example is given to illustrate the ability of the proposed model to supply chain planning.

Keywords: VaR　Multi-Objective　Supply chain　Goal programming method

一、引言

供应链是由供应商、制造工厂、仓库和分销渠道组成的网络。供应链管理对于减少意外事件在网络中传播非常重要。但传统的供应链设计的方法尚存在许多缺点，如只以降低成本或利润最大化一为单一目标。为开发一种鲁棒模型，我们必须考虑在供应链问题中的风险。

Timpe 和 Kallrath（2000 年）优化供应链设计方法是基于确定性的方法。Mir Hassani 等（2000 年）考虑了一种对供应链网络多阶段容量规划的两阶段模型。在两阶段的随机优化方法中，不确定参数被视为按相关概率分布的随机变量，决策变量分为两个阶段。Alonso-

Ayuso 等(2003 年)提出了一种分支—确定启发式方法求解两阶段随机供应链设计问题。本文中,我们将考虑在供应链设计的风险管理。

本文的内容组织如下:在第二部分中,我们介绍考虑风险的多目标供应链设计问题;在第三部分,我们解释了解决多目标的问题的目标逼近方法;第四节给出了计算实例;最后,我们在第五部分得出结论。

二、多目标随机优化模型的构建

(一)符号定义

N——节点集合,包含供应商集合 S,运输节点集合 P 和消费者集合 C;

y_i ——二元变量, 如果建设第 i 个设施,则 $y_i = 1$ 否则是 0;

x_{ij}^k ——网络中第 k 种产品从节点 i 到节点 j 的流量,其中 $(ij) \in A$;

z_j^k ——在第 j 个中心的产品 k 的缺口;

K——供应链网络 SC 中产品流量的集合;

A——弧段的集合;

G——供应链网络, 表示为 (N, A);

c_i ——第 i 个设施的建设成本;

q_{ij}^k ——每单位第 k 种产品在 i 节点的制造成本或者在弧段(ij)上的运输成本;

h_{ij}^k ——每单位第 k 种产品在不能满足用户需求是产生的罚成本;

VaR——风险价值;

δt ——微小时间段;

$\beta(\cdot)$ ——标准正态分布的累计概率分布的反函数;

cl——概率分布的置信区间;

c_a^f ——需求和运行的未来产生的成本;

σ_a —— c_a^f 的标准差;

μ_a —— c_a^f 的漂移项;

ρ_{ij} ——i 与 j 的相关系数。

(二)传统的确定性设计模型

首先描述传统的确定性问题的模型如下:

$$\min \sum_{i \in P} c_i y_i + \sum_{k \in K} \sum_{ij \in A} q_{ij}^k x_{ij}^k + \sum_{k \in K} \sum_{j \in C} h_j^k z_j^k \tag{1}$$

$$s.t. \quad y \in Y \subseteq \{0,1\}^{|P|} \tag{2}$$

$$\sum_{i \in N} x_{ij}^k - \sum_{l \in N} x_{il}^k = 0 \qquad \forall j \in P, \forall k \in K \tag{3}$$

$$\sum_{i \in N} x_{ij}^k + z_j^k \geqslant d_j^k \qquad \forall j \in C, \forall k \in K \tag{4}$$

$$\sum_{j \in N} x_{ij}^k \leqslant s_i^k \qquad \forall i \in S, \forall k \in K \tag{5}$$

$$\sum_{k \in K} r_j^k \left(\sum_{i \in N} x_{ij}^k \right) \leqslant m_j y_j \qquad \forall j \in P \tag{6}$$

$$x_{ij}^k \geqslant 0 \qquad \forall ij \in A, \forall k \in K \tag{7}$$

$$z_j^k \geqslant 0 \qquad \forall j \in C, \forall k \in K \tag{8}$$

（三）z_j^k 的随机特性描述

由于预测的需求具有不确定性，所以供应链上的流量也就具有不确定性。因为需求的不确定也就导致了缺口是一个随机变量。本文假设缺口 z_j^k 服从如下随机过程：

$$dz_j^k = \mu_j z_j^k dt + \sigma_j z_j^k \sqrt{dt} \tag{9}$$

其中，$\sqrt{dt}$ 服从 Wiener 过程。

（四）使用风险价值度量不确定性

风险价值广泛应用于金融风险管理领域，这种方法给定时间内给定置信水平下的最大损失来描述风险。在本文的模型中使用给定时间内给定置信水平下的最大缺口来描述风险。

$$VaR = \beta(1-cl)\delta t^{\frac{1}{2}}\sqrt{\sum_{j=1}^{M}\sum_{i=1}^{M}\sigma_i\sigma_j\rho_{ij}z_i^k z_j^k} \tag{10}$$

（五）多目标随机供应链设计模型

使用风险价值方法构建随机多目标供应链设计模型如下：

$$\min \sum_{i\in P} c_i y_i + \sum_{k\in K}\sum_{ij\in A} q_{ij}^k x_{ij}^k + \sum_{k\in K}\sum_{j\in C} h_j^k z_j^k \tag{11}$$

$$\min \quad VaR = \beta(1-cl)\delta t^{\frac{1}{2}}\sqrt{\sum_{j=1}^{M}\sum_{i=1}^{M}\sigma_i\sigma_j\rho_{ij}z_i^k z_j^k}$$

$$s.t. \quad y \in Y \subseteq \{0,1\}^{|P|} \tag{12}$$

$$\sum_{i\in N} x_{ij}^k - \sum_{l\in N} x_{il}^k = 0 \quad \forall j\in P, \forall k\in K \tag{13}$$

$$\sum_{i\in N} x_{ij}^k + z_j^k \geqslant d_j^k \quad \forall j\in C, \forall k\in K \tag{14}$$

$$\sum_{j\in N} x_{ij}^k \leqslant s_i^k \quad \forall i\in S, \forall k\in K \tag{15}$$

$$\sum_{k\in K} r_j^k \left(\sum_{i\in N} x_{ij}^k\right) \leqslant m_j y_j \quad \forall j\in P \tag{16}$$

$$x_{ij}^k \geqslant 0 \quad \forall ij\in A, \forall k\in K \tag{17}$$

$$z_j^k \geqslant 0 \quad \forall j\in C, \forall k\in K \tag{18}$$

目标函数式（12）是总成本最小化，目标函数式（13）缺口的风险价值函数。通过多目标函数的求解我们可以得到一组最优解。

三、算法

（一）使用 Monte Carlo 方法求解风险价值

使用 Monte Carlo 方法生成随机数来描述 c_a^f 。假设服从正态分布，使用计算机程序生成不同情境，从而获得风险价值。

（二）目标逼近方法

目标逼近法的基本原理是使目标函数逼近目标值 $\mathrm{f}^0 = (f_1^0, f_2^0, \ldots, f_m^0)^T$，所以多目标问题可以转化为使 f(x) 与 f^0 之差最小化的问题，可以标达成如下问题：

$$\min_{x\in X} d_p(\mathrm{f}(\mathrm{x}), \mathrm{f}^0, \omega) \tag{19}$$

其中 $1 \leqslant p \leqslant +\infty$ ，且 f^0, ω 由使用者设定。ω_i 越大表明该目标函数越重要。在这个问题中，我们假设 $p = +\infty$ ，将目标函数转化为：

$$\min_{x \in X} \max_{1 \leqslant i \leqslant m} \{ \omega_i \mid f_i(x) - f_i^0 \mid \} \tag{20}$$

这个问题等同于：

$$\min t \tag{21}$$

$$s.t. \quad \omega_i(f_i(x) - f_i^0) \leqslant t, i = 1,2,\ldots,m \tag{22}$$

$$x \in X, t \geqslant 0 \tag{23}$$

就本模型而言，

$$\min t \tag{24}$$

$$s.t. \quad \omega_1[\sum_{i \in P} c_i y_i + \sum_{k \in K} \sum_{ij \in A} q_{ij}^k x_{ij}^k + \sum_{k \in K} \sum_{j \in C} h_j^k z_j^k - f_1^0] \leqslant t \tag{25}$$

$$\omega_2 \beta(1 - cl) \delta t^{\frac{1}{2}} \sqrt{\sum_{j=1}^{M} \sum_{i=1}^{M} \sigma_i \sigma_j \rho_{ij} z_i^k z_j^k} - f_2^0] \leqslant t \tag{26}$$

$$s.t. \quad y \in Y \subseteq \{0,1\}^{|P|} \tag{27}$$

$$\sum_{i \in N} x_{ij}^k - \sum_{l \in N} x_{il}^k = 0 \qquad \forall j \in P, \forall k \in K \tag{28}$$

$$\sum_{i \in N} x_{ij}^k + z_j^k \geqslant d_j^k \qquad \forall j \in C, \forall k \in K \tag{29}$$

$$\sum_{j \in N} x_{ij}^k \leqslant s_i^k \qquad \forall i \in S, \forall k \in K \tag{30}$$

$$\sum_{k \in K} r_j^k (\sum_{i \in N} x_{ij}^k) \leqslant m_j y_j \qquad \forall j \in P \tag{31}$$

$$x_{ij}^k \geqslant 0 \qquad \forall ij \in A, \forall k \in K \tag{32}$$

$$z_j^k \geqslant 0 \qquad \forall j \in C, \forall k \in K \tag{33}$$

四、算例

假设供应链网络如图1所示，F和G是消费者，原材料供应商在A、B、C、D，E是工厂建立的备选地。

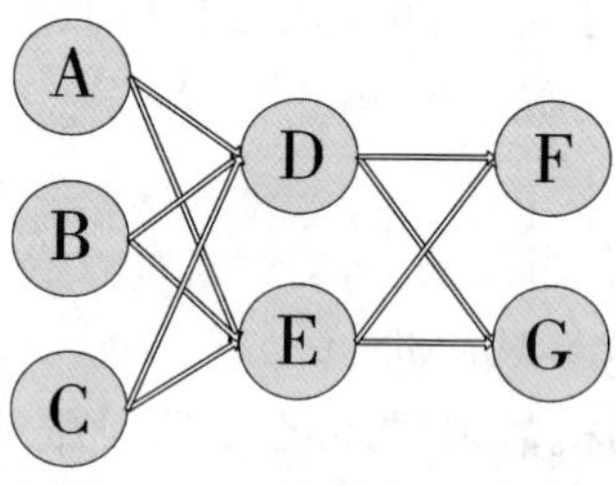

图1 供应链网络

网络的特性

表1

项目 / 特性	需求		单位生产成本	
	F	G	D	E
期望	200	300	800	600
标准差	50	100	100	100

帕累托最优解　　表2

No.	D	E	Z_1	Z_2(VaR)
1	1	1	423612	6998.4
2	1	1	409889	14954.7
3	1	1	382384	21887.3
4	1	1	364926	29189.1
5	1	1	353687	32981.6
6	1	0	332944	35973.3
7	0	1	299836	42312.7

五、结论

本文研究并提出一个最小化期望总成本和未来需求不足的VAR的多目标模型,以设计鲁棒的供应链网络。目标逼近方法用于解决多目标随机规划问题和生成帕累托最优解。该模型可以推广到不确定的市场条件下多个阶段的供应链网络。

参考文献

[1] Alonso-Ayuso, A., Escudero, L. F., Garin, A., Ortuno, M. T., Perez, G., An approach for strategic supply chain planning under uncertainty based on stochastic 0-1 programming[J]. Journal of Global Optimization 2003,26,97-124.

[2] Bok, J. K., Grossmann, I. E., Park, S., Supply chain optimization in continuous flexible process networks[J]. Industrial and Engineering Chemistry Research 2000,39, 1279-1290.

[3] Timpe, C. H., Kallrath, J., Optimal planning in large multi-site production networks [J]. European Journal of Operational Research 2000, 126, 422-435.

[4] Mir Hassani, S. A., Lucas, C., Mitra, G., Messina, E., Poojari, C. A., Computational solution of capacity planning models under uncertainty[J]. Parallel Computing 2000,26, 511-538.

[5] 徐玖平,李军.多目标决策的理论与方法[M].北京:清华大学出版社,2005.

发挥交通辐射作用，打造南方物流中心

熊　江

（广东省农工商职业技术学校，广东湛江　524091）

【摘　要】 21世纪物流将成为中国经济发展的一个重要产业和新的经济增长点。本文以物流的核心功能要素——运输为切入点，分析了广东湛江海、陆、空和管道运输的立体交通运输网络。独特的区位优势，广阔的经济腹地，发达的运输网络，为湛江打造成为未来中国南方区域物流中心奠定了坚实的基础。

【关键词】 交通　物流中心　南方大港

Play Traffic Radiation, Make the Southern Logistics Center

Xiong Jiang

(Guangdong nong-gong-shang of vocational and technical schools, Zhanjiang Guangdong 524091)

Abstract: The 21st century logistics will become China' s economic development is an important industry and the new economic growth point. Based on the core elements of logistics transport, —Zhanjiang, Guangdong profound analysis of the sea, land, empty and pipeline network. The unique geographical advantages, the vast hinterland of the economy, the transportation network is developed, zhanjiang, build the future of south China regional logistics center laid solid foundation.

Keywords: Traffic　Logistics center　Southern port

湛江市是全国沿海主枢纽港之一、全国45个公路枢纽城市之一和广东4大铁路枢纽之一。2010年1月5日，《广东省主体功能区规划（2010～2020年）》（征求意见稿）正式提交至广东省委十届六次全会审议，该规划确定广东省广州、深圳、湛江三个城市为全国性综合交通枢纽城市，将进一步提升湛江市的地位，湛江海、陆、空和管道运输的立体交通运输网络，为湛江工业立市、以港兴市、打造大西南黄金通道的经济建设规划，描绘出崭新的发展蓝图。

一、引言

2003年4月，胡锦涛总书记视察湛江时指出"湛江最大的优势在港口"，"湛江应该充分利用港口的优势，加快经济发展"。在交通部公布的《全国沿海港口布局规划》中，湛江港被确定为全国五大港口群中西南沿海港口群的主要港口，成为唯一被规划在珠三角港口之外的枢纽港。

2004 年 6 月，泛珠三角区域合作与发展正式启动。湛江交通运输强大的辐射作用，为湛江物流发展带来机遇与挑战。

2006 年 9 月，《全国沿海港口布局规划》出台，我国将形成环渤海、长江三角洲、东南沿海、珠江三角洲、西南沿海 5 个规模化、集约化、现代化的港口群体，强化群体内综合性、大型港口的主体作用，并在主要货类的运输上，形成煤炭运输、石油运输、铁矿石运输、集装箱运输、粮食运输、商品汽车运输及物流、陆岛滚装运输、旅客运输八大系统。

2008 年 5 月，广东省实施产业转移和劳动力转移"双转移"工程，广东省从 2008 ~ 2012 年五年时间里，将安排 400 余亿元资金，从八个方面进行扶持。"双转移"为湛江发挥交通运输辐射作用，加速弯道超车，提升经济社会发展后劲，提供了千载难逢的发展机遇。

2010 年正式启动的中国—东盟自由贸易区拥有 18 亿消费者，是世界上人口最多的自由贸易区。湛江应充分发挥深水良港和大西南出海通道优势，进一步整合以港口运输为主体，公路、铁路、水运、管道、航空等相配套的立体交通运输网络，提高物流集疏运能力，拓展物流发展空间，构建以港口为核心、面向东南亚、辐射大西南的区域物流中心。

湛江的发展定位是打造区域性重石化钢铁基地和大型物流平台，工业立市、以港兴市、打造大西南黄金通道。由此可见，充分发挥交通运输辐射作用，大力打造区域物流中心，是湛江经济社会发展的一个重要的研究课题。

二、湛江独特的区位优势和广阔的经济腹地

1947 年，一份《新港口计划》中曾经写道，湛江"得天独厚，地理环境居我国海岸线最南端，与海南岛隔海对峙，遥作屏障，海港深阔，堪与香港、越南争短长，无论军事、商业、运输，均有其相当价值。时人高瞻远瞩，辟作商海港连接铁路，贯通内地，其吐纳腹地，深达粤、桂、滇、黔、川、甘、陕等。"

当时的国民政府曾计划建设由广东湛江为起点，经广西柳州通四川重庆出甘肃兰州到新疆伊犁的"马歇尔铁路线"，使湛江成为我国大西南、大西北的出海口。有专稿论述道，"有了马歇尔铁路线，那时的湛江，不唯是纯粹我国商港，而将是国际的军事、经济、交通中心。"这一庞大的计划，由于种种客观和历史原因没有实施，但这一计划的制订和设计，可以看到湛江地理位置之重要、港口条件之优越、经济腹地之广阔。

（一）独特的区位优势

湛江三面环海，海岸线长达 1556km，湛江拥有万吨级至 5 万吨级泊位 29 个，另有中国大陆最大的 30 万吨级原油码头、华南地区第一的 20 万吨级铁矿石码头和华南地区最深航道，与世界 100 多个国家和地区直接通航。

湛江东出南海，西临北部湾，南隔琼州海峡与海南岛相望，北靠大西南。居粤、桂、琼三省交汇点，是海南岛通往大陆的唯一陆路通道和必经之地。湛江在国际上，地处东亚和东南亚这两个当今世界经济增长较快的经济板块之间；在国内，是大西南与国际联系的出海通道，是沟通我国东部、西部的桥梁。

泛珠三角区域合作和中国—东盟自由贸易区启动后，湛江港的区位优势将进一步加强。

湛江处于太平洋与印度洋的航运要冲，是中国大陆通往东南亚、南亚、西亚、非洲、欧洲、南美洲、大洋洲距离最近的深水海港。因此，湛江有潜力发展成为中国内地与世界市场之间

的最重要物流通道。

（二）广阔的经济腹地

腹地方面，湛江以大西南、华南、中南为主要经济腹地。湛江海、陆、空及地下输油管道运输发达，内联"三南"，外通"五洲"。尤其渝湛高速公路全线通车后，湛江与拥有 260 万 km、超过 2.5 亿人口的大西南联系更为便捷。西部大开发和中部崛起为湛江经济第二次腾飞提供了契机。洛湛铁路南北大通道的开通，利用湛江的港口条件，通过发展海铁联运和海陆直运，湛江把物流的腹地从华南沿海进一步深入扩大到中南、西南各地。近年来，每年经湛江港进口的石油、铁矿石及粮食、化肥均占全国同类商品进口总量的 1/10。

湛江不仅能成为中国国内商品，特别是大西南地区的商品的出海口，而且也能够成为海外商品和劳务进入国内市场的登陆点。湛江位于太平洋西岸，亚洲大陆东岸，界于新、马、泰和粤、港、澳两个经济圈之间，在东南亚和亚太经济圈中，具有重要的战略地位。

中东石油经过马六甲海峡进入中国，距离最近的港口是湛江港；澳大利亚以及巴西的铁矿石等进入中国最近的港口仍是湛江。湛江将成为泛珠三角矿石、化肥、油品的集散地以及中国—东盟自由贸易区的海上桥头堡，湛江港成为华南乃至东南亚最大的石油、铁矿石、粮食和化肥等大宗货物集散地、中转地和贸易中心。湛江的定位是打造区域性重石化基地和大型物流平台。

湛江在整个亚太经济圈枢纽位置的地缘、海缘优势，使湛江成为中国东、中、西部与东盟海洋运输的重要节点和中转贸易中心。

三、国家规划中的公路网、铁路网、港口骨架

（一）公路网

国家规划中的以高速公路为主的公路网骨架——"五纵七横"中，有"二纵"在湛江经过：同江—上海—广州—湛江—三亚；重庆—贵阳—南宁—湛江。

（二）铁路网

国家规划中的铁路发展主通道——"八纵八横"中，有"二纵一横"在湛江交汇："东部沿海通道"（沈阳—大连—烟台—上海—杭州—厦门—广州—湛江）；"大湛通道"（大同—太原—焦作—洛阳—石门—永州—梧州—湛江）；"西南出海通道"（昆明—南宁—黎塘—湛江、成都—重庆—贵阳—柳州—湛江）。

（三）港口骨架

湛江港是新中国第一个自己设计和建造的现代化深水大港。湛江港是国家重点建设的八大外贸枢纽港口之一，是中国的"南方大港"，可辟为年吞吐量 1.5 亿吨以上的国际大港。

四、湛江运输网络主要由港口群、铁路网、公路网、航空网、管道网构成

（一）港口群

湛江港是新中国第一个自己设计和建造的现代化深水大港。1955 年 7 月 4 日，国务院全体会议第 14 次会议通过《关于建设湛江港的决定》。1956 年 5 月 1 日湛江港投入使用。1974 年 7 月 11 日，全国第一个 5 万吨级油码头在湛江建成并交付使用。湛江港面向太平洋，背靠大西南，自 1956 年开港以来，经过 50 年的建设与发展，已成为我国华南、西南和中

南地区共用的重要外贸口岸及海洋运输的主枢纽港，是中国沿海十大港口之一。整个湛江港区水深港阔，具有天然的深水航道，适宜建设深水码头，容易形成规模经营，是世界上少有的现代化深水良港，可辟为年吞吐量1.5亿吨以上的国际大港，目前正朝着多层次、多形式、多功能的综合性国际贸易港口的方向发展。

湛江面对广阔的南海，拥有1556km的海岸线，约占广东省海岸线总长的2/5，占中国海岸线总长的1/10，发展空间巨大。湛江港内港岸线长241km，为世界第一大港鹿特丹的3倍，其中有适于建深水港的海岸线97km，水深26～40m的深水岸线6.5km，可建30万吨货运码头和50万吨级油码头。目前，湛江港拥有30万吨级码头3个，20万吨级码头1个，15万吨级码头1个；7万至10万吨级码头9个，5万吨以下码头若干，码头的结构更加合理，功能更齐全，亿吨大港的能力格局初步形成。

湛江港建成了石油、矿石、煤炭、化肥、粮食、木材、集装箱等专业化泊位和专业化设施，特别是相继建成了我国最大的30万吨级陆岸油码头、亚洲人工开挖最深的25万吨级航道和华南地区规模最大、专业化程度最高的20万吨级铁矿石码头，湛江港发展成为华南地区通航条件最好的港口，对中西部地区的辐射作用不断加强，水路中转业务覆盖到东南沿海地区。

抓住国家实施西部大开发战略的契机，以互利互惠互补为原则，实施腹地战略，推进湛江港口与大西南铁路、高速公路沿线腹地的共同开发、共同建设，与周边港口和腹地城市建立长期伙伴关系，争取更广阔的经济腹地。要积极实施外拓东盟的战略。中国—东盟自由贸易区建设启动后，区域内的商品和货物的流动成倍增加，湛江港是我国大陆通向东南亚航程最短的港口，也是西南地区货物进出口的主通道，湛江需要努力搭建好港口物流和商贸平台。

“十一五”期湛江将投资超100亿元，重点建设10项港口码头、航道工程，包括续建雷州流沙港货运码头，新建湛江港宝满集装箱码头一期工程、散装化肥码头、通用散货码头、成品油码头，在原有25万吨级深水航道的基础上继续疏浚至30万吨级，建设湛江钢铁基地铁矿石码头、煤码头，东海岛中石化储备油库接卸码头，徐闻10万吨级油码头和海安新港码头一期工程等。2008年超1亿吨，“十一五”期末达到1.3亿吨，力争达到1.5亿吨；集装箱吞吐量达到100万标箱，真正确立南方大港和大西南出海主通道的地位。到2010年，建成层次分明、布局合理、优势互补、协同发展的以湛江港为中心、环雷州半岛港口群，初具区域性中心大港规模，成为全球海洋运输和贸易网络中的一个重要节点，向我国西南沿海和环北部湾国际航运中心的地位奋进。逐步完善和提升湛江主枢纽港的功能，通过竞争发展使港江港口成为华南乃至东南亚最大的石油、铁矿石、粮食和化肥等大宗货物集散地、中转地和贸易中心。至“十一五”期末，湛江新增生产性泊位42个，新增泊位吞吐能力1.35亿吨，建成南方大港。

（二）铁路网

1997年，国家铁路枢纽站湛江火车站新站投入使用，规模列粤西第一、广东第三。未来的湛江，将是我国的南方铁路枢纽。湛江铁路网络建设，需要突出四大干线：

1.南向：粤海大通道

由广东湛江通往海南特区的铁路，于1998年4月20日正式动工，现已投入营运。粤海铁路通道北起广东省湛江市，在海安火车轮渡站跨越琼州海峡至海南省海口市，再沿海南西部到达三亚市，全长542.6km，设计通过能力1000万吨/年。粤海铁路通道，对湛江、海南物流具有重要意义。湛江作为中国最大的经济特区——海南同中国大陆联络的咽喉枢纽的地位，具有不可替代的区位优势。

2. 西向：黎湛复线

黎湛铁路1954年9月25日正式动工，1955年黎湛铁路全线建成通车，全长315.8km。黎湛复线在湛江交通运输中占有重要的地位，它西经南昆线（广西南宁—云南昆明）、焦柳线（广西柳州—河南焦作）、黔桂线（广西柳州—贵州贵阳）等铁路连接大西南腹地，对湛江的经济腹地的延伸，具有重要的作用。使湛江与拥有260万km、超过2.5亿人口的大西南联系更为便捷。1999年8月18日黎塘至河唇段复线工程全线投入营运，年运力可达2000万吨，对于加快大西南出海通道的建设，加强沿海与内陆腹地的经济联系，促进粤西和大西南发展有重大意义。

3. 北向：洛湛铁路

洛湛铁路是未来大湛南北通道（山西大同—广东湛江）的组成部分。洛湛铁路的修建，开通了一条南北走向的由华南地区辐射和牵动中西部地区的南北大通道，为湛江打造中国南方物流中心，增加更为强劲的动力。

4. 东向：广湛铁路

广湛铁路是湛江联系广州及珠江三角洲的通道，使湛江真正成为广东发达地区联系广西、海南及大西南的结合部，成为三省区之间的交通运输枢纽。1959年，河茂铁路（湛江河唇—广东茂名）建成通车。1990年三茂铁路（广东三水—茂名）修通，全长322km，与广佛线、河茂线联结一体，至此，湛江至广州的广湛铁路连成一线，使湛江能更方便地承接珠三角及港、澳、台等东南沿海发达地区产业的转移。

（三）公路网

湛江的公路网建设，正日新月异，蓬勃发展。目前，湛江公路运输网的主骨架主要由两条国道和三条高速公路构成。

1. 承东启西：国道325线（广东广州—广西南宁）

国道325线虽然在广东湛江境内只有70km，但它是广东、广西、海南三省货物运输的主要通道。

2. 纵贯南北：国道207线（内蒙古锡林浩特—广东湛江海安）

纵贯湛江南北的207国道，是湛江的交通动脉，它是海南省汽客渡通往大陆的必经之路，也是海南、广东与中南地区、华北地区等内陆北方地区的主要通道。

3. 高速公路网：广湛高速、渝湛高速、湛徐高速

2000年底广湛高速公路湛江段建成通车，它是国家计划2010年完成的“两纵两横”公路主骨架的一部分，是粤西与珠三角经济联系的重要通道。

渝湛高速公路，由大西南的重庆为起点，经贵阳、柳州、南宁，最后到达终点广东湛江，渝湛高速公路的建成通车，为大西南的物流发展提供了旺盛的市场需求和新的发展空间，同时也为湛江打造和建设现代物流中心提供腾飞的翅膀。

湛徐高速公路，由湛江市至湛江徐闻县海安，在琼州海峡与海南高速公路对接。它的开

通将对加速海南货物北运提供了契机。

广湛高速公路、渝湛高速公路、湛徐高速公路三大高速公路干线贯通后，湛江与海南、珠江三角洲、广西及大西南经济腹地的公路网相连接，将进一步加强湛江与这些地区的经济联系，有利于湛江经济腹地的进一步拓展。

(四)航空网

1952 年湛江民航机场首次恢复通航，开通湛江至广州航线。1984 年，湛江民航机场第三次扩建，能降 737 等大型客机。1997 年第四次扩建后，湛江民航机场可日夜起降波音 757 等大型客机。现有航线 20 余条，可与广州、北京、香港、汕头、成都、海口、三亚、长沙、重庆、昆明、贵阳、武汉、深圳、上海等大中城市通航。

(五)管道网

1980 年 10 月 1 日，湛江至茂名输油管道全线建成投入使用。全线长 115km，年输油能力 500 万至 1000 万吨，长度居全国第 5 位。

2004 年，中国石化投资 30 亿元铺设珠三角成品油管道。该输油管道以湛江为起点，以茂名为枢纽，以深圳为终点。全长 1135km，覆盖阳江、江门、肇庆、佛山、中山、珠海、广州、东莞等八大城市，设计能力为每年输油 950 万吨。这将是由湛江海港为起点的横贯广东的能源大动脉。目前，广东省的油品主要靠海运，而海运受天气、航班等因素影响较大，远没有管道运输方便、快捷和安全。

珠三角的管道网还将以湛江和茂名为连接点，与 2005 年底投入使用的西南成品油管道相连接，届时，将形成一条长约 3000km 的“蓝色大动脉”。广西、贵州、云南、四川等地的成品油，可通过管道经湛江、茂名源源不断地抵达珠三角腹地，缓解珠三角油荒。

五、发挥湛江运输网络优势，打造未来的中国南方区域物流中心

21 世纪，物流将成为中国经济发展的一个重要产业和新的经济增长点。物流产业的发展和壮大，对我国经济的可持续发展，提高经济运行质量、优化资源配置、促进改革和发展有十分重要的意义。湛江认清自己独特的区位优势、广阔的经济腹地，充分发挥湛江的交通运输网络优势，发展大港口、大工业、大物流，成为承东启西、通南贯北的运输大枢纽。

汽车零部件企业的采购管理
——以重庆 Teleflex 公司为例

王昌林
（华东交通大学经济管理学院，南昌　330013）

【摘　要】 本文通过对重庆 Teleflex 公司的供应商选择和评价、采购质量管理、采购成本控制等行为分析的基础上，分析了 Teleflex 公司采购管理存在的弊端：与供应商多为短期目标型或买卖关系模式；采购信息沟通不充分；库存成本居高不下；管理供应商的相关条款不能有效执行等。并结合汽车零部件行业特点，提出了进一步提升 Teleflex 公司采购管理的策略：准时采购、全球采购、联合采购以及与供应商建立合作伙伴关系等解决策略。

【关键词】 采购管理　供应商　Teleflex 公司　汽车零部件企业

The Purchasing Management of Automotive Parts Company—— A Case of Chongqing Teleflex

Wang　Changlin
（School of Economics and Management East China Jiaotong University, Nanchang 330013）

Abstract: According to the process of supplier choice and evaluation, supplier quality management and purchasing cost control of Chongqing Teleflex company, this paper describes the deficiency in purchasing management of Teleflex: short – term target or trading relationship with suppliers, inadequate communication in purchasing information with suppliers, high inventory levels, and ineffectively implementing related articles of supplier management. Combined with auto parts industry characteristics, we propose strategy tactics to further enhance the Teleflex's purchasing management: purchasing on time, global purchasing, joint purchasing, and establishing partnership with supplier.

Keywords: Purchasing management　Supplier　Teleflex　Automotive parts company

在经历了企业独立经营、纵向一体化管理阶段之后，自 20 世纪 80 年代以来，以快速响应市场、增加企业柔性、降低成本为目的供应链管理思想已被全球商界及管理学界广泛接受并在实践中取得了巨大的经济效益。在这个企业竞争激烈的时代，汽车零部件企业通过增强 SCM（供应链管理）来增加竞争力的势头越来越强。而采购作为完成企业生产经营目标的源头管理，对于提高最终产品的质量，减少库存投资，降低单位成本，应对小批量多品种的市场需求，最终树立汽车零部件企业核心竞争力具有不可低估的作用。汽车零部件企业如何在以供应链间竞争为特点的市场中取得优势、立于不败之地，下面以重庆 Teleflex 公司为例来对汽车零部件企业的采购管理内容与方法进行深入探讨。

一、重庆 Teleflex 公司概况

重庆 Teleflex 公司系由美国 A 公司与重庆本地 B 公司共同合资组建，于 2002 年 12 月正式挂牌投产。美国 A 公司是一家年产值 20 多亿美元的多元化经营的跨国企业集团，分设有汽车部、航空部、医疗部、船舶部，其中汽车部是全球汽车换挡器、踏板及控制拉索最大的供应商之一，产品主要供给北美、欧洲、日本和中国汽车制造商，A 公司在全球拥有近百家子公司，拥有独立的研发中心，在汽车零部件产品上拥有多项专利。随着汽车工业浪潮向新兴市场的涌入，A 公司的汽车业务跟随着主机厂也来到了中国，分别于 2000 年前后在沈阳和上海建立了合资企业，重庆 Teleflex 公司即其在西南设立的又一家控股企业。重庆 B 公司是一家重庆本地的民营企业，年产值 5000 万元左右，在合资前主要产品是汽车控制拉索、摩托车零部件产品。合资后的重庆 Teleflex 公司主要为国内知名汽车制造厂提供换挡器总成、拉索总成、电子可调踏板及电磁阀等，部分产品销往国外。

二、重庆 Teleflex 公司供应商的选择与评估

(一)选择原则

在供应链管理环境下，供应链合作关系的运作需要减少供应源的数量，相互的连接变得更专有，重庆 Teleflex 公司在一定区域市场范围内寻找最杰出的供应商。重庆 Teleflex 公司供应商选择依据汽车零部件企业供应商选择基本准则“QCDS”原则，也就是质量、成本、交付与服务并重的原则。在这四者中，质量因素是最重要的，其次是成本与价格。供应商分为两个层次：重要供应商和次要供应商。重要供应商是少数的，与公司关系密切的供应商；而次要供应商是相对多的，与公司关系不很密切的供应商。供应链合作关系的变化主要影响重要供应商，而对次要供应商的影响较小。

在实际运作中，汽车零部件企业应根据不同的目标选择不同类型的供应商。对于长期需求而言，要求供应商能保持较高的竞争力和增值率，因此最好选择战略性供应商；而对于短期或某一短暂市场需求而言，只需选择普通供应商满足需求则可，这样可以保证成本最小化；而对于中期需求而言，可以根据竞争力和增值率对供应链的重要程度的不同，选择不同类型的供应商。

(二)供应商选择流程

重庆 Teleflex 公司供应商的选择和评估流程大致可划分为四个阶段：准备阶段、收集信息及了解阶段、接洽阶段、竞标和决策阶段。

1. 准备阶段

在这一阶段主要工作包括明确企业的战略目标和经营目标，在此基础上确定供应商选择的目标，制定供应商评价标准，最后成立评价小组。评价小组主要由采购部门、技术部门、品管部门等相关部门负责人员组成。

2. 收集信息及了解阶段

这一阶段主要包括以下工作：研究供应商提供的资料；向有意向的供应商发放调查问卷，并确定供应商群体；实地考察供应商；供应商资质初步评审。

3. 接洽阶段

这一阶段主要包括以下工作：与供应商进行初步谈判；向供应商发放采购询价书；供应商提供项目供应报告；供应商竞标前综合评审。

4. 竞标决策阶段

通过以上的过程，我们可以选定有资格参与投标的供应商名额。并组织进行竞标选择供应商。

（三）重庆 Teleflex 公司对供应商的评审体系

根据汽车零部件企业供应商选择原则并结合汽车行业供应商的实际情况，建立了以供应商品质保证能力为核心，同时兼顾供应商生产管理、物流管理、技术能力、持续改善和能力提升等评估因素的重庆 Teleflex 供应商评估体系。汽车零部件企业对供应商的评估共分为两个阶段：

（1）在了解基本情况下进行的供应商资质初步评审，从总体的工程技术能力、项目管理特长、材料计划/安排、生产技术/能力、持续改进承诺、质量体系/工具、商业结构和管理层质量承诺这几个方面进行评审，主要是判定潜在供应商是否具备称为重庆 Teleflex 供应商的资质；

（2）在与初步选择的供应商进行进一步接洽基础上，对潜在供应商的各方面进行详细和具体的供应商投标前的综合评审。包括内容如下：

①总要求，审核项目包括：供应商质量体系状况、批量生产准备、培训/教育/资源、过程控制、变更管理、设备/检具管理、异常管理、采购/物流/包装、不合格品管理、纠正/预防措施管理、文件资料管理等；

②相关行业技术审核要求：机加冲压、热处理（参照 FORD 热处理审核标准）、注塑、表面处理、电子、橡胶等。

三、重庆 Teleflex 公司的采购质量管理

（一）质量体系认证要求

重庆 Teleflex 要求供应商必须通过 ISO9000 认证，同等条件下优先考虑获取 TS16949 认证的供应商，作为特例，供应商能提供不可替代的产品，即使在选点阶段未通过，但也要求供应商要有相应的认证计划，在最终被纳入为重庆 Teleflex 的供应商后进行批量供货前必须通过 ISO9000 认证。

（二）质量问题处理

在处理具体的供应商质量问题时，公司采用多种质量分析工具和分析方法："鱼刺图"、"五个为什么"、"G8D"等等。在具体的实施过程中，重庆 Teleflex 要求运用"三现主义"和"五原则表"工具展开工作。"三现主义"即现场、现物、现实，它是一种工作态度，要求检证人员带着疑问、找出问题的心境在现场观察人、物、机械等，分析差异和变化点，准确把握事件的本质。"五原则表"的作用是为了品质管理的持续改进，在不良发生的时候，依据三现主义对事实进行良好的观察、把握，实施适当的对策，防止同样的问题再次发生。"五原则表"由五个重要的部分组成：事实的调查、把握；原因究明；对策措施；对策效果的确认；源流改善的反馈，即措施的固化和标准化。

（三）例行审核和持续改进

由 STA 指定年度例行审核计划，根据供应商实际情况实施不同频次的现场审核，是以制

造过程为主要对象进行的质量保证能力提升,找出供应商在过程中存在的潜在质量问题,同供应商一起制作行动计划并监督实施,持续改进。

(四)日常考核

重庆 Teleflex 对供应商的日常管理考核包括进料检验合格率、交付达成率、质量投诉、过程合格率、售后服务等指标。采购部门根据各供应商指标的得分情况进行月度评价排序管理,并定期向供应商反馈。

四、重庆 Teleflex 公司采购成本控制

成本始终是重庆 Teleflex 供应链管理中的重要的一环,重庆 Teleflex 采购成本控制的主要途径有:招标、集约采购、配套体系整合、批量折扣、现金折扣等。重庆 Teleflex 在财务部建立了独立的价格室以加强成本管理工作,定期进行采购成本分析和制作成本监控报告,为持续降低成本提供帮助。价格室的主要工作是适时提供的主要原材料市场价格分析、采购零件的成本分析、月度采购金额趋势图、每月成本降低实绩与成本降低目标差异图;形成公司采购零件的成本数据库,为采购和销售提供有力的成本参考数据。就目前而言,重庆 Teleflex 控制采购成本的主要措施有:未降价配件的解决;通过配套体系整合提高采购批量;同类配件供应商整合分析;招标管理等。

五、重庆 Teleflex 公司采购管理存在问题

重庆 Teleflex 公司在采购管理方面根据公司的发展战略一直在积极的探索和调整,以期达到流程标准化,对公司的利润指标做出更多的贡献。经过几年的发展,从采购资源、渠道、供应等级、供货质量、综合成本控制等方面取得了明显的提升,但仍然存在如下问题:

(一)与供应商多为短期目标型或买卖关系模式,少有伙伴型供应商

供应商合作伙伴关系是指企业与供应商之间达成的高层次的合作关系,它是指在相互信任的基础上,由双方为着共同的、明确的目标而建立起来的共享信息、共担风险、共同获利的战略联盟,是一种长期的合作关系。然而由于重庆 Teleflex 公司忽视采购管理对企业可持续性发展的重要性,造成了在采购的过程中主要关注短期采购价格对利润的贡献,尤其在企业建立初期,往往通过价格竞争而选择供应商的短期合作关系,加上对供应商关系的投入又十分有限,所以造成了同供应商的关系逐渐弱化、双方不完全信任、有限的信息沟通的局面。虽然重庆 Teleflex 公司有几十家主要供应商,但是大部分仅为可接受的供应商,好的供应商为数不多,而且能够称得上优秀和合作伙伴的供应商更是屈指可数。这种情况使公司在控制采购总成本的长期层面上和新项目开发的顺利实施上受到限制。

(二)采购信息沟通不充分

有关采购的信息是否完整、及时和有效的沟通与交流对于采购的顺利进行有着重要的影响。采购信息的沟通一般包括三种情况,即:公司内部流向采购部门的信息、公司外部流向采购部门的信息和从采购部门流出的内部信息。由于缺乏统一的采购信息管理,因此在具体的信息传递与反馈方面存在诸多的问题。有一次,因同供应商签订的采购合同在描述零件版本号上没有更新(是针对材料的一次设计变更),虽所供货物一直是最新版的产品,但有一次因批次材料问题而导致所供产品不合格(外观检查不能排除)带来公司成品更换等损

失,却给公司在对供应商进行质量索赔时让供应商有充分免赔的理由。

(三)库存成本居高不下

一般来说,持有一定数量的库存是为了确保生产所需的物料的不间断供应。过去公司认为材料库存代表供料安全,而一旦造成主机厂装配线停产,其罚金则以每分钟数千元的方式来计算,为避免停线造成的高额损失,因而常常将库存维持在一个比较高的水平,造成了库存成本偏高,具体内容包括:储存成本、缺货成本、价格变动成本等。

(四)管理供应商的相关条款不能有效执行

重庆 Teleflex 公司制定了相应的采购通则,每一个为公司提供原材料和零部件的供应商均要求签署,通则规定了通用性的供应商质量要求、质量索赔、货款支付、物流要求等细则。然而,受到种种因素的制约,总不能很好的全面落实到每件事情的处理上。因重庆 Teleflex 公司在整个汽车产业链上属于为主机厂配套的从属地位,面对主机厂越来越严格的要求几乎没有任何话语权,只能跟随和遵从。而面对下级供应商,尤其是一些实力强、规模大的原材料、电子类产品的供应商时,当把相关的一些要求也转嫁出去的时候,这些二级供应商并不买账,主要集中在价格、交付、货款支付等上面,公司只能通过艰苦的谈判尽量找到平衡点。对个别实力较弱的零件供应商,公司虽然有能力操纵、并以本公司来主导供应关系,但采购金额通常较低,供应配合难以到位,再加上同供应商关系较为松散,实施质量索赔等手段时往往有断供等风险。这种局面是由公司在供应链中所处的地位和公司管理策略决定的。

六、提升重庆 Teleflex 公司采购管理的对策

根据现代采购管理的发展趋势以及从重庆 Teleflex 公司采购管理现状出发,提出重庆 Teleflex 公司进一步提升采购管理的思路,即全面引进 ERP,准时采购和联合采购为重点,利用最新的信息技术全面提高自身的反应速度,进一步强化公司的综合竞争力,在与供应商实现双赢的基础上,为增加公司的总利润作出更大的贡献。

(一)准时采购

准时采购是一种先进的采购模式,它的基本思想是:在恰当的时间、恰当的地点、以恰当的数量、恰当的质量提供恰当的物品。它是从准时生产发展而来的,是为了消除库存和不必要的浪费而进行持续改进。要进行准时化生产必须有准时的供应,因此准时采购是准时化生产管理模式的必然要求。重庆 Teleflex 公司在准时采购的方面将着重强调下列方面:

(1)供应商的数量较少,绝大多数是独家供应商;

(2)对供应商的要求较高,在进行供应商评估时,要对包括质量、价格、服务等综合因素进行考察;

(3)要求供应商交货严格按规定时间进行;

(4)供需双方实现信息共享,确保信息的准确性、及时性和适用性;

(5)减少生产批量,采用小批量采购。

(二)联合采购

在通用性高、用量大的相同或类似零件或原材料的采购上,联合采购可以带给企业谈判时更强的话语权和主导力。重庆 Teleflex 公司应进一步充分联合国内的兄弟公司甚至国外的兄弟公司的实力,形成采购力强的团队,在各种塑料颗粒、钢丝绳、直丝管等的原材料采购

上能得到批量折扣,可为企业节省可观的成本。

(三)全球采购

全球采购在地理位置上拓展了集中采购的范畴,它打破和淡化了时间、空间的限制,实现了跨国间的询价、报价、样品传递、订单下达、关税上报等操作,企业可以在全世界范围内寻找原材料和零部件来源。这种采购形式是企业间相互依赖、相互作用和相互制约特征日渐明显的产物,有利于重庆 Teleflex 公司实现全球化战略的目标。公司将对全球采购提出以更少的资金采购质量更好、技术更先进、交货期更短的零部件的“最佳采购原则”。全球采购将成为重庆 Teleflex 公司迅速提高竞争力的一条捷径,使公司能够与供应商进行优势互补而获得共同发展的空间。

(四)重庆 Teleflex 公司与供应商建立合作伙伴关系

随着产业的发展和日趋成熟,汽车供应链上的企业越来越意识到,对于供应商应该市场化运作,根据零部件获取程度以及对相互关系的重要性等条件,采取混合供应商关系管理,包括正常交易、市场竞争型模式和合作伙伴型模式。对于一些易于从市场上买到的物资,主要是备品备件及一些辅料,主要从价格和采购成本上考虑,实行买卖供应商关系模是比较合适的,在关系管理上也是比较容易的。而对于生产性零件供应商,由于切换成本高、时间长(新供应商的零件需重新提交 PPAP,总成也需通过系列实验来验证),同供应商的关系模式必须是一般合作或伙伴型关系,这是供应链不断整合的结果和企业提高竞争力的必然趋势。

通过实践摸索,不断总结经验和教训,重庆 Teleflex 供应商关系管理采取了一些具体措施,主要用于零部件供应商关系的维护和优化:建立与采购战略适应的供应商管理组织结构;使战略供应商早期参与产品开发设计;促进合作伙伴间企业文化融合;做好质量保证体系与第二方认证;评价战略供应商关系管理绩效,建立激励约束机制。

参考文献

[1] 黄海,徐岩.日本汽车制造厂商的供应链管理带来的思考——以丰田汽车株式会社和铃木株式会社为例[J].中国制造业信息化,2007(3):6-9.

[2] Gullu R. Onol E. Erkip N. Analysis of an inventory system under supply uncertainty[J]. International Journal of Production Economics, 1999(59):377-385.

[3] Fiorito Susan S. Giunipero Larry C. He Yan. Retail buyers' perceptions of quick response systems[J]. International Journal of Retail&Distribution Management, 1998, 26(6):237-246.

[4] 李艳成.采购管理的新趋势[J].中国物流与采购,2003(11):44-45.

[5] 李忠飞,解琨.基于供应链管理的我国汽车零部件产业发展对策[J].物流技术,2006(3):165-167.

[6] Kevin Piotrowski.汽车供应链的七大趋势[J].现代物流,2006(2):58-59.

[7] 石涛.我国汽车业供应链管理研究[J].汽车工业研究,2005(7):6-10.

[8] 彭俊松.汽车行业供应链战略、管理与信息系统[M].电子工业出版社,2006.

集装箱码头搬运设备集成优化调度研究

魏　众

（中国交通运输协会，北京　100053）

【摘　要】 近年来，随着我国集装箱吞吐量的不断攀升，如何提高物流作业效率已经成为集装箱码头亟待解决的热点问题之一。基于集装箱码头物流作业实践和相关研究成果，笔者提出码头搬运设备集成优化调度模式，为调度管理人员提供决策参考，以此达到降低船舶周转时间，提高码头核心竞争力的目的。

【关键词】 集装箱码头　搬运设备　集成调度　作业效率

Research on Integrated Optimization Scheduling of Container Terminal Handling Equipments

Wei Zhong

(China Communications and Transportation Association, Beijing 100053)

Abstract: In the recent years, as the throughput of the container terminal is increasingly climbs, it is one of the hot problem to be solved urgently how to promote logistics operating efficiency in container terminal. On basis of logistics operating practice and related research, we propose integrated optimization scheduling model of container terminal to provide reference for decision-making, and then attain the goal of reducing turnover time and promoting core competence of terminal.

Keywords: Container terminal　Handling equipments　Integrated optimization scheduling　Operation efficiency

一、引言

自20世纪60年代运输行业使用集装箱以来，集装箱以其独特的运输方式与功能，已经成为水上运输最重要的运输工具[1]。近年来，随着经济全球化和市场国际化的进程不断加快，我国与世界各国之间经贸往来日趋频繁，集装箱吞吐量逐年攀升。2001年，我国集装箱吞吐量为2653.3万TEU，2009年吞吐量为12082万TEU，年均增长率为20.86%[2]。由于集装箱船舶的不断增大，客户服务质量要求的不断提升，船公司、集装箱码头、客户均需要提高码头物流作业效率，来降低运营成本，提高经济效益。但受集装箱码头基础设施和搬运作业流程的影响，目前的作业调度模式很难进一步提高码头作业效率。

二、集装箱码头现行搬运设备调度模式

在集装箱装载作业过程中，龙门吊作业→拖车作业→桥吊作业构成了有序的集装箱物

流作业链(图1)。通常情况下,码头调度管理人员指派龙门吊作业把搬运的集装箱放置在拖车上,拖车按照作业人员规定的路径把集装箱运输到岸边桥吊处,桥吊按照船舶配载计划图把集装箱装载在指定的货舱或甲板上,卸载过程反之。

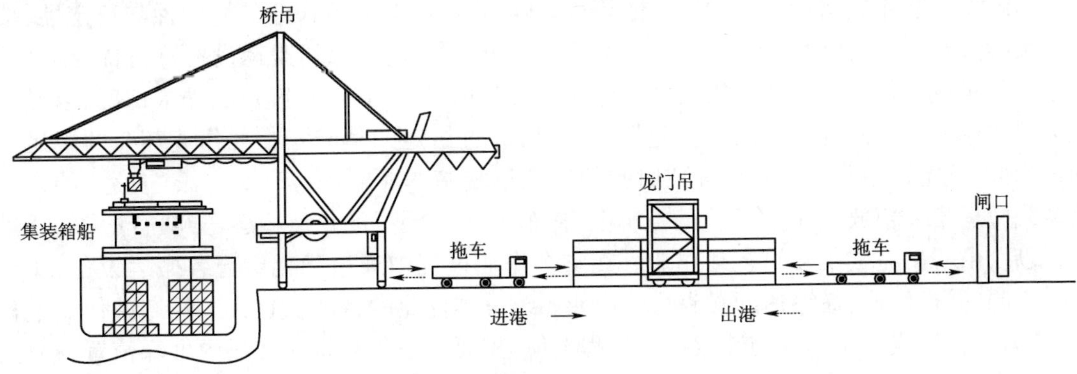

图1　集装箱码头物流作业流程

Fig. 1　Operation process of container terminal logistics

目前,我国集装箱码头搬运设备调度以“推拉式”为主。在集装箱码头物流作业过程中,码头调度人员把岸边为集装箱船舶提供搬运作业服务桥吊的数量定义为若干条作业线,按照每条桥吊作业线进行调度指派龙门吊、拖车与桥吊搬运作业。具体码头物流作业搬运设备调度流程如图2所示。

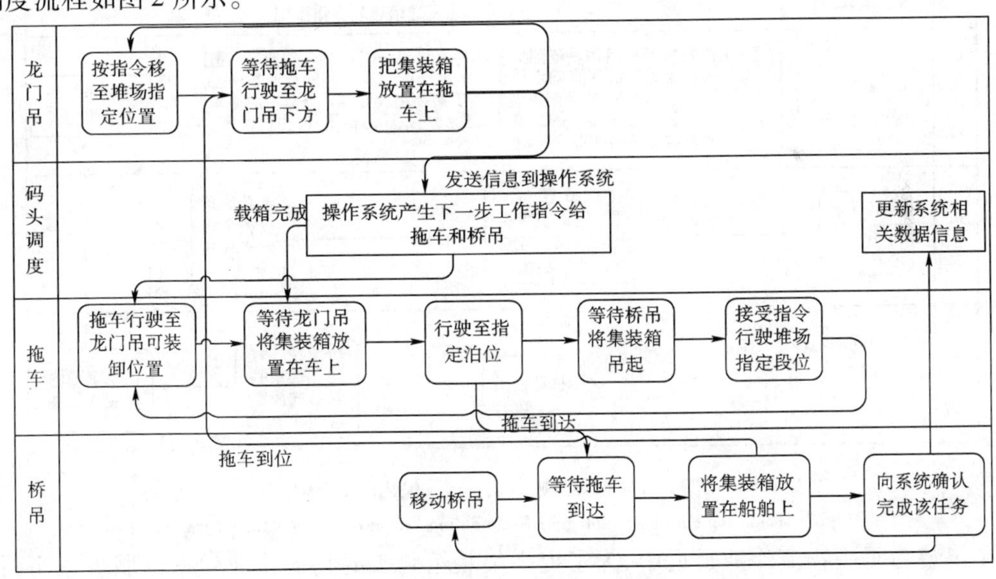

图2　集装箱码头搬运设备调度架构

Fig. 2　Handling equipment scheduling framework of container terminal

在集装箱码头物流作业过程中,拖车作业与龙门吊作业相互约束,桥吊作业与拖车作业相互约束。在作业过程中,受码头调度管理人员自身主观能动性的影响,指派搬运设备作业的随机性较大。如果搬运设备的调度方案不科学、不合理,在码头物流作业过程中就会出现某种搬运设备作业堵塞,而其他搬运设备作业闲置的现象,如果搬运设备之间相互等待时间过长,不通畅的物流作业将会降低集装箱码头的作业效率。

三、集装箱码头搬运设备集成优化调度模式

（一）搬运设备集成优化调度定义

为降低集装箱搬运设备之间互相的等待时间，提高码头物流作业的协同性与稳定性，按照装载/卸载集装箱作业链的方向，应用集成的思想对作业链上的搬运设备进行优化调度。搬运设备集成优化调度是结合码头物流作业的实际情况与船公司、客户的需求情况，以最小化装船作业完成时间为目标函数构建调度模型，通过给定的集装箱在各作业环节的搬运时间估测值，确定最小化桥吊作业完成时间的装载集装箱作业顺序；然后，指派“合适”的龙门吊装载搬运集装箱放置在“合适”的拖车上，拖车再把“合适”的集装箱运送到“合适”的桥吊处；最后，由桥吊完成集装箱装载作业。在整个作业过程中通过优化组合各搬运设备，实现联运联调，并行作业，最终达到码头物流作业系统整体优化的目的。在集装箱卸载作业过程中，搬运设备集成优化调度与装载作业过程类似，需要考虑集装箱在堆场内堆垛位置与龙门吊搬运作业的衔接。

在集装箱码头物流作业过程中，结合普通的集装箱码头搬运设备调度模式，给出集装箱码头搬运设备集成优化调度模式（以船舶装载作业为例），如图 3 所示。

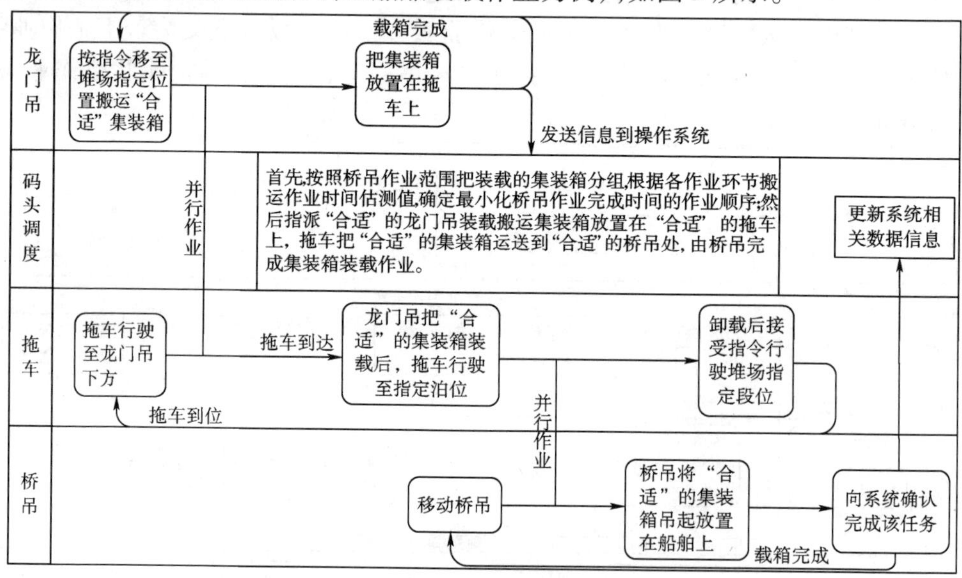

图 3　集装箱码头搬运设备集成优化调度架构

Fig. 3　Handling equipment integrated scheduling framework of container terminal

在集装箱码头物流作业过程中，为了提高集装箱码头的物流作业效率与服务水平，便于码头调度管理人员进行科学决策，量化船舶装卸作业与码头设备资源利用率等作业指标因素，为管理人员提供决策参考。

（二）搬运设备集成优化调度原则

1. 最小化船舶周转时间

集装箱船舶的周转时间为船舶等待与靠泊时间、卸载/装载时间与离开时间之和[3]。通常情况下，装卸时间是船舶周转时间的主要组成部分，集装箱的搬运装卸效率对于集装箱船舶的周转时间起着决定性作用。

$$T = min\sum_{i=1} Wt_i + UL/Lt_i + Dt_i \qquad \forall i$$

式中：Wt_i ——集装箱船舶 i 的等待与靠泊完成时间；

UL/Lt_i ——船舶 i 的卸载与装载完成时间；

Dt_i ——集装箱船舶 i 的离开泊位时间，满足船舶在时间窗（ $arrive_i$，$depart_i$ ）内开始与结束装卸船舶作业。

2. 最优靠泊原则

在作业繁忙的集装箱码头，最优靠泊原则可以解决拥挤的集装箱码头船舶靠泊问题，最小化码头靠泊船舶等待时间：

$$\min\{W_1(j) + W_2(j) + ... + W_n(j): \quad j \in f(N)\}$$

式中：$W_i(j)$ ——第 i 艘船舶在排队 j 中的等待成本[4]。

3. 最大化搬运设备使用率

集装箱码头有许多物流作业指标因素，除以上提及的码头物流作业指标原则外，与码头的船舶周转时间紧密相关，另一类重要的绩效指标为码头搬运设备使用率，包括桥吊使用率、龙门吊使用率和拖车使用率。

$$桥吊使用率 = \frac{桥吊对集装箱的搬运作业时间}{桥吊的总作业时间} \times 100\%$$

在集装箱码头物流作业过程中，桥吊的总作业时间为桥吊搬运集装箱作业时间、桥吊堵塞时间与桥吊闲置时间之和。在集装箱码头桥吊作业数量不变的条件下，通过提高桥吊使用率可以提高单位时间内集装箱搬运作业量。

同理：

$$龙门吊使用率 = \frac{龙门吊对集装箱的搬运作业时间}{龙门吊的总作业时间} \times 100\%$$

$$拖车使用率 = \frac{拖车对集装箱的运输作业时间}{拖车的总作业时间} \times 100\%$$

4. 其他调度原则

（1）最小化拖车卸载进出口集装箱的等待时间；

（2）最小化拖车在桥吊与龙门吊处的等待时间；

（3）最小化桥吊等待拖车的时间；

（4）最小化码头堆场内的非生产作业量。

由于上述物流作业调度指标因素均可以转化成船舶周转时间的子函数，因此，通常以最小化船舶周转时间为目标函数进行集装箱码头物流作业搬运设备集成优化调度研究工作。

四、普通调度模式与集成优化调度模式比较分析

在集装箱码头物流作业过程中，以装载作业为研究对象，讨论普通调度模式的装船作业与集成优化调度模式的装船作业问题。

（一）普通调度模式装船作业

目前，常用的集装箱码头物流作业调度模式以“推拉式”为主。在集装箱码头物流作业

调度过程中，调度人员充分发挥自己的主观能动性，按照桥吊装载船舶的作业线，调度作业线上的桥吊、拖车与龙门吊等搬运设备，直到装载集装箱作业完成。

（二）集成优化调度模式装船作业

集装箱码头物流作业搬运设备集成优化调度模式是一种"主动式"的调度模式，在装载船舶物流作业过程中，首先按照每个桥吊的作业范围把装载的集装箱分组，以每组装载的集装箱最小化桥吊作业完成时间为目标函数，通过相关算法确定每组集装箱最优装载顺序，然后按照相关原则调度搬运设备进行船舶装载并行作业，直到整个船舶装载作业完成。

表1 普通调度模式与集成优化调度模式比较分析

Tab. 1 Comparative analysis of ordinary and integrated scheduling mode

原则＼模式	普通调度	集成优化调度
调度原则	以"推拉式"为主，按照作业线进行调度管理	"主动式"，按照集装箱装载物流作业链，集成优化调度搬运设备
装船作业原则	不同作业线同时开始装箱作业； 由海侧到陆侧，由下向上，直到整个集装箱船舶装载作业完成	集成优化调度为集装箱船舶进行装船作业的龙门吊、拖车、桥吊等搬运设备。 由下向上，根据各环节预期作业时间，按照桥吊作业范围分组，以最小化桥吊作业完成时间为目标函数，构建搬运设备集成优化调度模型，通过相关算法求解调度模型，确定每组集装箱最优装载顺序，集成优化调度各搬运设备并行作业，直到整个集装箱船舶装载作业完成
优点	整个调度过程较简单，出错率较低，对调度管理人员要求不高	调度方案制定科学、合理，能够提高搬运设备使用率，降低集装箱船舶装载作业时间，提高了码头物流作业效率
缺点	受调度人员主观性及装卸船作业顺序的影响制约，在物流作业过程中搬运设备闲置等待现象较多，码头物流作业效率低下	整个调度过程复杂，易出错，对调度管理人员与作业条件要求较高

五、结语

（1）在作业日趋繁忙的集装箱码头，集成优化调度码头搬运设备对于降低船舶周转时间，提高码头作业生产率，增强集装箱码头核心竞争力具有重要的现实意义；

（2）对集装箱码头搬运设备集成优化调度，在一定程度上能够提高码头作业生产的安全性与解决突发事件的能力，便于码头调度人员统一管理，为今后集装箱码头物流作业系统的战术层面与战略层面的管理提供决策基础；

（3）基于作业层面累积的元数据，对各船型舱位及其各段位的集装箱搬运作业时间数据统计分析，为今后提高码头搬运设备集成优化调度的精确性提供数据支持。

参考文献

[1] Dirk Steenken, Stefan Voβ, Robert Stahlbock. Container terminal operation and operations research-a classification and literature review [J]. OR Spectrum, 2004, 26: 3-49.

[2] 中国交通年鉴社. 中国交通年鉴[M], 2002-2009.

[3] 彭传圣. 集装箱船舶作业效率的度量和比较[J]. 港口装卸, 2005, 2:3-5.

[4] 宋德星. 排队论在集装箱码头设计中的应用[J]. 水运工程, 1995, 2:17-21.

长江中上游集装箱码头前沿装卸工艺系统研究

任良成　郑见粹
（交通运输部水运科学研究院，北京　100088）

【摘　要】 本文描述了长江中上游集装箱码头各种码头形式的基本特点，计算并分析了各种码头形式配备不同的前沿装卸机型的效率；总结出不同通过能力的码头所宜采用的形式和装卸机型。

【关键词】 长江中上游　集装箱码头形式　装卸工艺　装卸效率　通过能力

The Research on Middle-upstream of The Yangtze's Container Terminal's Handling Craft System

Ren Liangcheng　Zheng Jiancui
(Waterborne Transportation Institute, Beijing 100088)

Abstract: The basic characteristics of different terminal types on middle-upper reaches of Changjiang River are described in this article. Different types of terminals equipped with different kinds of handling cranes' efficiency are computed and analyzed. The appropriate terminal type and handling crane is generalized according to different terminal transmissivity.

Keywords: Middle-upper reaches of Changjiang River　Container terminal style　Handling craft　Handling efficiency　Transmissivity

长江中上游河道水位与码头岸面落差较大，枯水与涨水季节水位变化也很大。这使得处于该水域段的内河集装箱码头的设计与下游宽阔水域和海港集装箱码头的设计差别很大，码头设计难度与灵活性大幅度提高。为了提高长江中上游码头的装卸效率并降低建设成本，并考虑到与全球水运的融合，实现可持续发展，各码头经营体必须根据码头自身的特点因地制宜，开拓思维，合理建设。

一、长江中上游可采用的码头形式

长江中上游集装箱码头主要有斜坡式、高架栈桥式和直立式 3 种基本形式，以及由这 3 种基本形式的组合或变形组合。针对这 3 种不同的码头结构形式，形成不同的码头装卸工艺系统及其装卸设备机型。

较早的集装箱码头为斜坡式，采用前沿配置旋转浮式起重机、中间配置斜坡缆车、码头口配置轨道式集装箱门式起重机并兼作堆场设备的工艺方案，这种方式投资较省，但通过能力较低，如图 1 所示。斜坡式集装箱码头前沿的装卸效率对整个系统的作业效率影响最大，为了提高码头前沿装卸效率，可以采用回转式组合臂架浮式起重机（图 2）、浮式桥式起重机（图 3）、双旋转折臂式浮式起重机（图 4）作为前沿装卸设备。

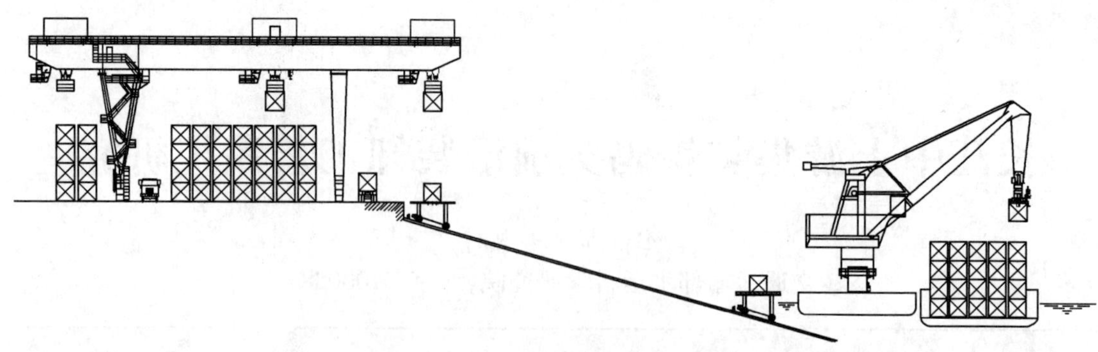

图1　斜坡式码头采用旋转式多用途浮式起重机装卸工艺

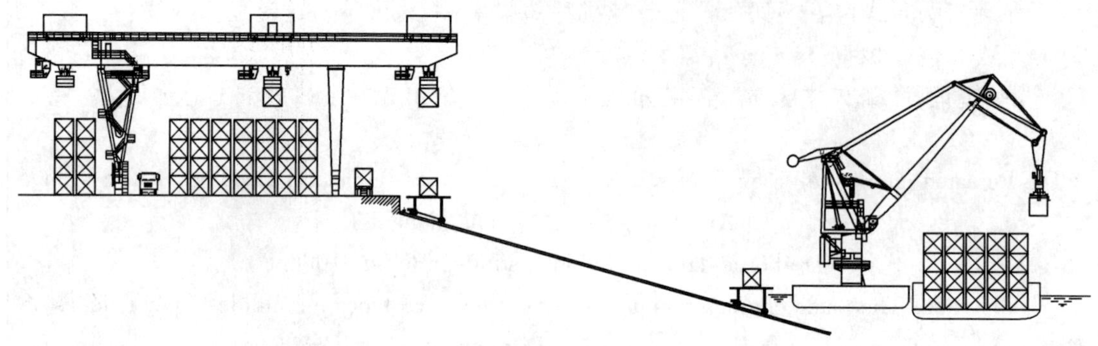

图2　斜坡式码头采用回转式组合臂架浮式起重机

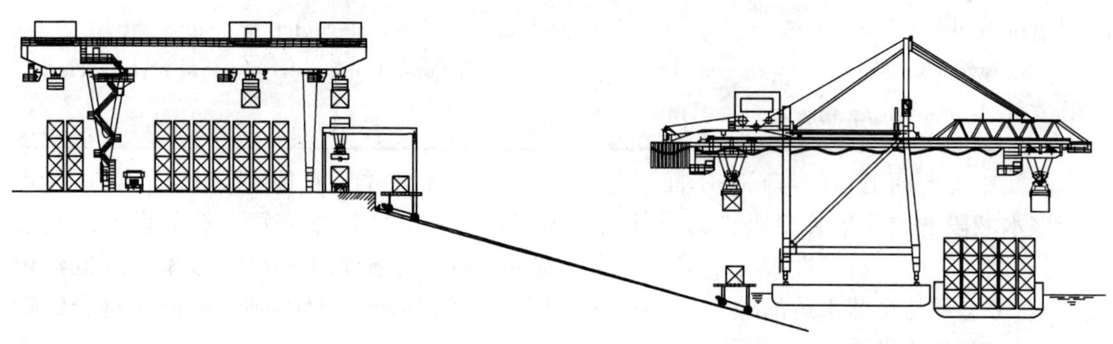

图3　斜坡式码头前沿装卸采用桥式浮式起重机

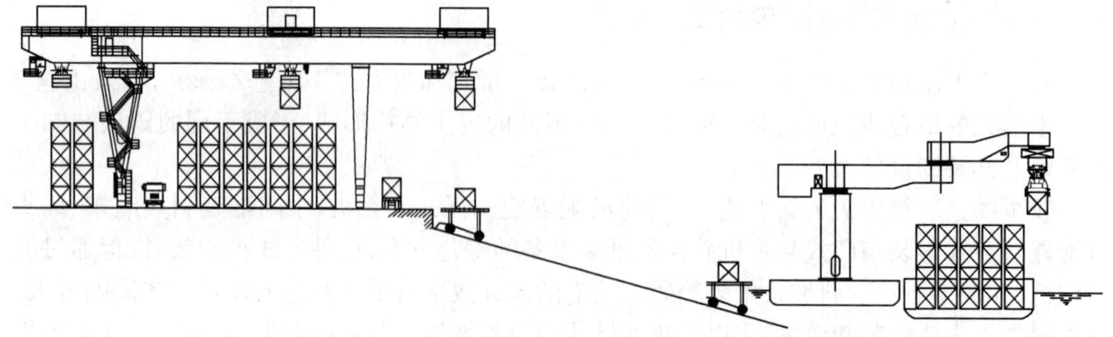

图4　斜坡式码头前沿装卸采用双旋转折臂式浮式起重机

近年突破传统设计，开始在内河上游大水位差港口建设直立式集装箱码头，并取得了初步成功，如重庆寸滩一期工程，这种码头前沿配置特殊设计的内河型岸边集装箱起重机，堆场设备采用轨道式集装箱门式起重机，码头前沿与堆场间运输采用集装箱拖挂车组，这种工艺系统通过能力较大，但需要集装箱拖挂车组爬坡运行，且码头投资巨大，如图5、图6所示。

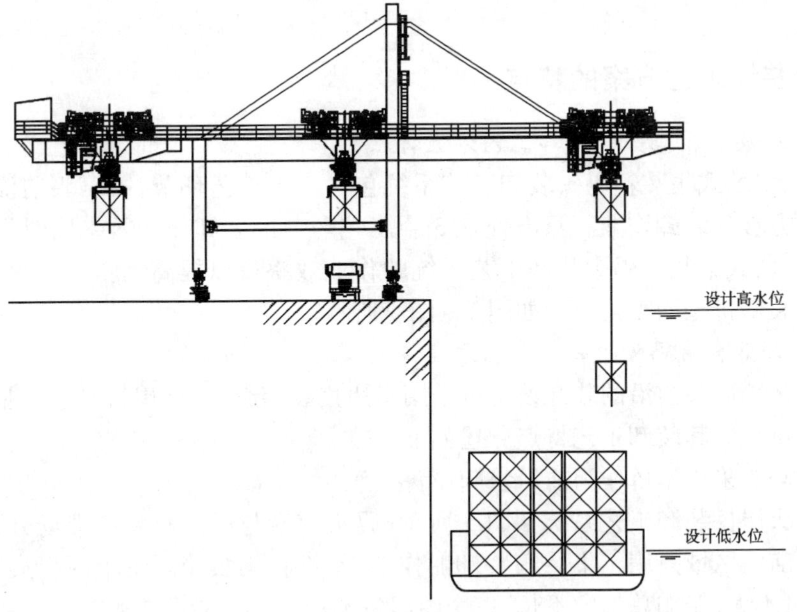

图5　直立式码头采用岸边集装箱桥式起重机

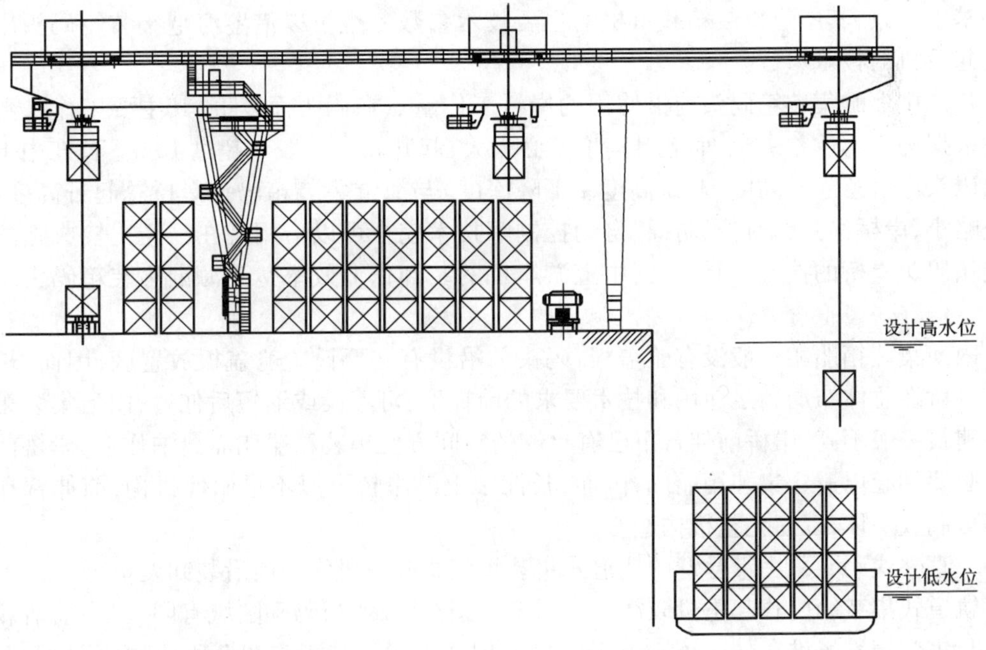

图6　直立式码头采用集装箱门式起重机

长江上游还有一种称之为高架栈桥结构的集装箱码头形式，其前沿设备采用通用桥式起重机，堆场设备也为通用桥式起重机，码头前沿与堆场间运输采用集装箱拖挂车组，这种工艺系统通过能力介于斜坡式集装箱码头和直立式集装箱码头之间，投资不大，但目前这种高架栈桥结构的集装箱码头系统尚不太成熟，没有配套的专用集装箱装卸设备，如图7所示。

二、各种装卸工艺方案的特点

（一）斜坡式集装箱码头的装卸工艺方案特点

一般来讲，斜坡式集装箱码头装卸工艺系统包含3个工艺环节，即码头前沿装卸作业、斜坡运输和后方坡顶装卸作业。只有使这3个工艺环节的装卸作业效率同时提高，且相互匹配，才能使斜坡式集装箱码头装卸工艺系统的作业效率得以提高。斜坡式集装箱码头配备不同的前沿装卸机型的工艺布置如图1～图4所示。

（二）直立式集装箱码头的装卸工艺方案特点

直立式集装箱码头前沿的装卸设备可采用岸边集装箱起重机（岸桥）或带悬臂的轨道式集装箱门式起重机。其装卸工艺特点分述如下。

1.直立式码头采用岸桥作为前沿装卸设备

直立式码头岸桥装卸工艺系统如图5所示，码头前沿与后方集装箱堆场分开时可采用此方案。码头前沿区域只用于集装箱装卸船作业，不堆存集装箱。由于内河集装箱船舶船型较小，载箱量不大，船舶总长度不长，一个内河集装箱泊位不能摆放太多的设备，配置1～2台岸边集装箱起重机已经能够满足要求。图5所示装卸工艺系统的集装箱装卸工艺与海港码头基本一致，其岸边集装箱起重机的主要技术参数完全可以借鉴海港集装箱码头岸边集装箱起重机的技术参数。

长江中上游集装箱码头前沿使用的岸桥工作重点在码头面以下，其主要工作参数下降深度根据码头水位差决定，而起升高度不必太大，起升高度一般不超过10m。长江中上游集装箱码头岸桥总起升高度（起升高度+下降深度）与海港集装箱码头岸桥总起升高度相当，甚至略小，岸桥吊具的对位、防摇、自动控制等技术完全可以借用现在已经比较成熟的海港集装箱码头岸桥的技术，而使长江中上游岸桥的装卸作业效率达到海港集装箱码头岸桥的水平。

内河集装箱船舶一般没有舱盖板，码头前沿没有必要设置舱盖板放置区，因而，长江中上游岸桥在总体布局满足使用和技术要求的前提下，可不设或缩短后伸臂；内河集装箱船舶上层建筑一般不高，岸桥前伸臂下已有足够的空间方便集装箱船舶靠离泊作业，岸桥前伸臂没有必要仰起以避让集装箱船舶，因而，长江中上游岸桥可以不设俯仰机构，前伸臂和后伸臂等可制成一体，以简化整机构造。

2.直立式码头采用带悬臂的轨道式集装箱门式起重机作为前沿装卸设备

轨道式集装箱门式起重机装卸工艺系统如图6所示，当码头陆域有限，码头前沿装卸船作业与集装箱堆场堆存作业统一考虑时可采用此方案。基于与图5所述的原因，一个内河集装箱泊位不能摆放太多的设备，配置1～2台轨道式集装箱门式起重机已经能够满足要求；但是，本方案中轨道式集装箱门式起重机要兼顾码头前沿集装箱装卸船作业和集装箱堆场堆存作业，配置轨道式集装箱门式起重机时要综合考虑码头前沿集装箱装卸船作业和集装箱堆场堆存作业的需要。

目前，我国港口大多将轨道式集装箱门式起重机作为在集装箱堆场使用的专业机型，以充分利用此机型堆场利用率高的优势，但将轨道式集装箱门式起重机作为前沿装卸设备的在长江干流港口还不多见。事实上，轨道式集装箱门式起重机可制造成带悬臂形式，可方便地作为内河集装箱港口前沿的装卸船设备。

轨道式集装箱门式起重机作为集装箱堆场设备已使用多年，技术上逐渐成熟，实践证明，轨道式集装箱门式起重机是一种效率较高的集装箱装卸设备。图 6 所示轨道式集装箱门式起重机兼顾码头前沿集装箱装卸船作业和集装箱堆场堆存作业，其起升高度应根据堆场堆存需要确定，而下降深度应根据码头水位差决定，总起升高度满足码头前沿集装箱装卸船作业和集装箱堆场堆存作业需要。轨道式集装箱门式起重机前伸臂长度视集装箱运输船舶宽度确定；而其轨距取值比较灵活，根据码头陆域及堆场作业工艺条件，可在一个较大的范围内选取，轨距最大可达 40m 以上，内置 12 列集装箱，2 条车道，或更多车道和集装箱摆放也比较灵活。

轨道式集装箱门式起重机前伸臂或轨距较大时，整机结构变形控制和大车运行同步问题，将是影响整机性能的重要问题，它们也制约了轨道式集装箱门式起重机的大型化。

（三）高架栈桥式集装箱码头的装卸工艺方案特点

高架栈桥式码头桥式集装箱起重机方案如图 7 所示，此方案码头前沿分上下两层布置，行车在高架栈桥上移动，完成集装箱的装卸船作业；集装箱拖挂车在下层平台上运行，接运集装箱。此方案一个泊位一般只能布置一组高架栈桥，配置一台行车。

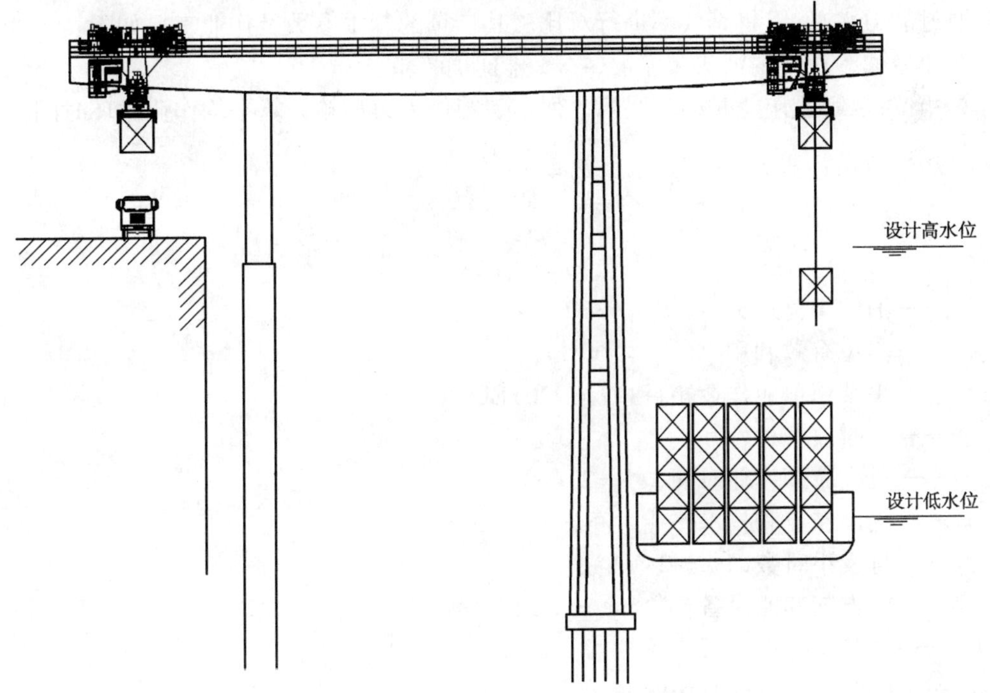

图 7　高架栈桥式码头桥式集装箱起重机（行车）方案

行车装卸船作业时,集装箱长度方向与码头前沿平行;集装箱拖挂车在进入码头前沿时,其运行方向一般与码头前沿垂直。因此,为提高集装箱装卸作业效率,本方案要求集装箱拖挂车运行的下层平台前沿宽度至少能够满足一列集装箱拖挂车调头,以便使集装箱拖挂车在下层平台前沿其长度方向与集装箱长度方向一致。否则,行车吊具就必须具备旋转功能(至少旋转90°)。事实上,高架栈桥式码头在我国内河上游(特别是珠江上游)件杂货码头上早有应用,也装卸过集装箱船舶,只是这种件杂货码头上配置的行车为通用设备,只能带吊钩作业,装卸作业集装箱时,需要人力辅助使集装箱旋转90°,装卸作业效率受到影响。

高架栈桥式码头桥式集装箱起重机(行车)方案中,行车轨距是影响码头结构和装卸作业工艺及效率的主要参数。行车是一种非常普通的机型,如果其轨距不太大,其设备构造非常简单,设备价格也不高,但行车运行距离有限,装卸船作业时需要移船配合,下层平台上运行的集装箱拖挂车也不能调头;如果加大行车轨距,可以解决或部分解决移船问题,使下层平台上运行的集装箱拖挂车能够调头,但将导致设备价格的大幅提高。

该布置方案中,集装箱运输船舶在高架栈桥下的系泊比较困难,需要采取特殊措施解决。在高架栈桥下设置专门的系泊趸船可以解决内河集装箱运输船舶的系泊问题,但使高架栈桥的悬臂加长。

三、三种不同形式码头及装卸工艺系统的通过能力比较

针对斜坡式、高架栈桥式和直立式3种基本的码头结构形式,取相同的计算工况,按目前所能达到的平均设备技术参数水平,按相同的计算方法来研究3种基本的码头结构形式各自的通过能力水平,以将其效率进行对比。其计算的基本参数及作业工况如下:

作业船型:220TEU内河集装箱船,4×5排列集装箱。

计算箱位:取卸船作业时第3层第3列集装箱作为典型箱计算平均作业循环时间。

集装箱泊位通过能力:

$$P_t = \frac{T_y A_\rho}{\dfrac{Q}{pt_g} + \dfrac{t_f}{t_d}} Q$$

$$p = np_1 K_1 K_2$$

式中:T_y——泊位年营运天数,T_y = 330天;

A_ρ——泊位有效利用率,A_ρ = 60%;

Q——集装箱单船作业箱量,Q = 220TEU;

p——船时效率;

t_g——昼夜装卸作业时间,t_g = 23(h);

t_f——辅助作业和技术作业时间,t_f = 2.5(h);

t_d——昼夜小时数,t_d = 24(h);

n——前方装卸船设备台数,n = 1;

K_1——集装箱标准箱折算系数,K_1 = 1.6;

K_2——装卸船设备同时作业率(%),K_2 = 1;

p_1——装卸船设备的台时效率,p_1 = 10.2自然箱/台时。

采用上述计算方法，各种码头形式及其配备的前沿装卸机型的通过能力计算结算，见表1。

不同码头形式配备不同装卸机型的工艺系统通过能力比较　　表1

序号	技术指标	集装箱码头形式及前沿设备						
		斜坡式				高架栈桥式	直立式	
		旋转式通用浮式起重机	回转式组合臂架浮式起重机	浮式桥式起重机	双旋转折臂式浮式起重机	桥式集装箱起重机	岸边集装箱起重机	轨道式集装箱门式起重机
1	作业循环时间(s)	353	238	187.6	204.8	165.7	141.0	182.8
2	每小时循环次数	10.2	15.1	19.2	17.6	21.7	25.5	19.7
3	船时效率(TEU/h)	16.3	24.2	30.7	28.1	34.8	40.8	31.5
4	船时效率比率	100%	148%	188%	172%	213%	250%	193%
5	通过能力(TEU/年)	63040	87220	104777	97983	114829	128644	106811
6	通过能力比率	100%	138%	166%	155%	182%	204%	169%

由以上计算结果可知，前沿配置岸桥的直立式集装箱码头可以达到最高的年通过能力，配置1台岸桥的内河直立式集装箱码头通过能力可达128644TEU/年；而直立式集装箱码头一个泊位可方便地配置1.5～2台岸桥，则其通过能力可达192966～257288TEU/年。

直立式集装箱码头前沿配置轨道式集装箱门式起重机是一种经济型的装卸工艺方式，其装卸作业效率比配置岸桥略低，配置1台轨道式集装箱门式起重机的直立式集装箱码头通过能力可达106811TEU/年；而直立式集装箱码头一个泊位可方便地配置1.5～2台轨道式集装箱门式起重机，则其通过能力可达160216～213622TEU/年。

对于斜坡式集装箱码头和高架栈桥式集装箱码头，如果前沿装卸设备机型和参数配置得当，也同样可以达到较高的通过能力，如配置浮式桥式起重机的斜坡式集装箱码头，其通过能力可达104777 TEU/年；配置桥式集装箱起重机的高架栈桥式集装箱码头，其通过能力可达114829 TEU/年，均与配置1台轨道式集装箱门式起重机的直立式集装箱码头的通过能力相当。但斜坡式集装箱码头和高架栈桥式集装箱码头一个泊位一般只能配置1台前沿装卸设备，限制了其通过能力的提高。

四、不同通过能力的长江中上游集装箱码头所宜采用的码头形式及装卸工艺系统

经过上述分析，并将长江中上游各种不同通过能力的集装箱码头进行分类，其适宜建设的码头形式及装卸工艺系统的布置总结如下。

（一）多用途泊位及较小通过能力的专业化泊位（<10万TEU/年）

1. 高架栈桥式方案

高架栈桥式码头桥式集装箱起重机（行车，可带吊钩）方案如图7所示，该方案中，桥式集装箱起重机（行车）跨度（轨距）参数是影响码头结构和装卸作业工艺及效率的主要参数。桥式起重机（行车）是一种非常普通的机型，如果其轨距不太大，其设备构造非常简单，设备价格也不高。

2. 斜坡式码头配备回转式组合臂架浮式起重机方案

这种集装箱码头装卸工艺系统(见图2)设备通用性强,投资省,是一种经济实用的装卸工艺方案。对长江上游集装箱码头,在装卸量不大的港口,这种作业方式基本上能满足使用要求。

(二)中等通过能力专业化泊位(10 万~20 万 TEU/年)

1. 高架栈桥式方案

2. 直立式码头配备带悬臂的轨道式集装箱门式起重机方案

带悬臂的轨道式集装箱门式起重机装卸工艺系统如图 6 所示。

轨道式集装箱门式起重机,技术上逐渐成熟,是一种效率较高的集装箱装卸设备。带悬臂的轨道式集装箱门式起重机可以兼顾码头前沿集装箱装卸船作业和集装箱堆场堆存作业。起重机前伸臂长度视集装箱运输船舶宽度确定;其轨距取值比较灵活,根据码头陆域及堆场作业工艺条件,可在一个较大的范围内选取,轨距最大可达 40m 以上,内置 12 列集装箱,2 条车道,或更多,车道和集装箱摆放也比较灵活。

3. 斜坡式码头配备浮式桥式起重机方案

岸桥已经成为一种成熟的机型,使用广泛,是目前在集装箱码头前沿普遍使用的高效装卸设备。将岸边桥式集装箱桥式起重机移植到趸船上构成浮式桥式集装箱起重机在技术上完全可行。斜坡式码头浮式桥式集装箱起重机作业工艺方案见图 3。

(三)长江中上游码头前沿窄小条件下的装卸工艺方案

推荐采用高架栈桥式方案。

(四)较高通过能力专业化泊位(>20 万 TEU/年)

推荐采用直立式码头配备带悬臂的轨道式集装箱门式起重机方案。

五、结论

内河高架栈桥式集装箱码头结构简单,投资省,其装卸工艺系统简单明了,码头通过能力较强。这种装卸工艺系统的装卸设备为集装箱专用桥式起重机,尽管这种机型还没有得到应用,但技术成熟,建议作为长江中上游集装箱码头的一种推荐机型。

内河直立式集装箱码头前沿采用带悬臂的轨道式集装箱门式起重机也可达到较高的通过能力。

内河直立式集装箱码头前沿配置岸桥,因设备投资大,尤其是码头结构投资较大,码头前沿利用率不高等原因,不推荐采用。

参考文献

[1] 张华勤,郑见粹,杨建中.内河大水位差集装箱码头前沿装卸工艺及码头形式探讨[J].中国港口,2006(2).

[2] 交通部水运科学研究院.西部交通建设科技项目:长江集装箱运输系统优化与相关技术研究专题之三《长江中上游集装箱码头装卸工艺系统研究》研究报告[R].2009.5.

[3] 交通部水运司.港口起重运输机械设计手册[M].北京:人民交通出版社,2001.

[4] 李永兴.长江港口集装箱码头发展趋势与设备选型[J].港口装卸,2001.

物流设备在综合运输体系建设中的应用与发展

张德文
（交通运输部水运科学研究院，北京　100088）

【摘　要】 在简要介绍物流设备基本概念的基础上，详细分析了物流设备在综合运输体系建设中的应用，对如何提高集装箱起重机作业效率、RTG节能环保改造技术、起重机能量回馈与谐波治理技术、带式输送机减电机运行节能改造技术、煤炭仓储和散装集装箱技术等创新成果进行了总结，同时对设备安装运输使用过程中的安全问题、自动化码头系统与设备、翻坝工艺与设备、海上溢油处置技术与设备、水面漂浮物打捞设备、绿色低碳设备应用、设备使用寿命评估等一系列迫切需要解决的问题提出了建议。

【关键词】 综合运输体系　物流设备　应用　技术创新　建议

Application and Development of the Logistics Equipment in the Construction of Comprehensive Transportation System

Zhang Dewen
(Waterborne Transportation Institute of the Ministry of Transport, Beijing 100088)

Abstract: On the introduction of basic concept of logistics equipment, the application of the logistics equipment in the construction of comprehensive transportation system is analyzed in detail. The innovations of how-to-lift efficiency of the container cranes, energy saving and pro-environment technology for RTG, energy feedbacking and harmonic filtering for cranes, motor-decreasing working for bulk yard belt conveyors and containerized coal handling technology are summarized. Advice on the urgent technology and equipment such as safety problem of equipment's handling, transporting and using, automatic terminal and port machinery, new technics and equipments for ship's passing dam, oil spill on the sea disposing equipment, salvaging equipment for water garbage, using green low-carbon equipments and new method of life evaluating for the equipments are suggested.

Keywords: Comprehensive transportation system　Logistics equipment　Application　technical innovation　Advice

改革开放30多年，尤其是最近十年，我国国民经济和交通运输业取得了举世瞩目的辉煌成就。目前我国港口总吞吐量、集装箱吞吐量、煤炭吞吐量、铁矿石吞吐量等多年来一直保持世界第一；2009年我国有6个港口进入集装箱吞吐量世界前十大港口中；我国高速铁路通车里程和最高时速均为世界第一；高速公路通车里程世界第二，并有望在几年内达到世界第一；汽车、船舶产销量世界第一。这些辉煌成就的取得，离不开我国物流设备的飞速发展。

一、基本概念

物流设备是完成物流各项活动的工具和手段。物流设备伴随着物流的发展与进步不断提升和发展,反过来又促进物流效率与质量的提高。物流设备在国民经济各行业都有广泛应用,如机械制造、交通运输、冶金、化工、电力等等。本文主要介绍应用于综合运输体系铁路、公路、水路、航空和管道五种运输方式设备设施建设中的各种物流设备。

物流设备按功能可分为载运工具、装卸与搬运设备、仓储设备与设施、包装和流通加工设备等。其中载运工具包括火车、汽车、船舶、飞机和管道等五种交通运输工具,是物流系统重要的基础性的构成,主要承担运输任务。装卸与搬运设备主要包括起重机械、连续输送机械、装卸搬运车辆等,是实现多种运输方式之间"无缝衔接"和"零换乘"的最重要设备。

二、物流设备在综合运输体系建设中的应用

物流设备在交通运输各个行业应用广泛,是现代化综合运输体系建设中不可缺少的重要组成部分。尤其港口是各种装卸搬运设备(又称港口设备)应用最为集中的场所,而且设备技术含量最高,基本代表了物流设备的最高发展水平。

运输船舶大型化的发展趋势推动了港口机械大型化和高效化的发展,港口装卸机械已能满足对8000~15000TEU的超巴拿马型集装箱船、20万~30万DWT散货船和30万DWT以上油轮的装卸作业要求。

(一)在港口集装箱码头与铁路集装箱货场的应用

港口集装箱码头装卸工艺系统包括集装箱船舶装卸、集装箱水平运输和集装箱堆场三个环节。在我国新规划建设的18个铁路集装箱中心站中,有9个中心站与港口集装箱码头有衔接关系。铁路集装箱中心站设备较港口简单,与港口集装箱堆场和水平运输设备具有较大的一致性。

大型专业化的集装箱码头均采用岸边集装箱起重机(简称岸桥)实现集装箱船舶的装卸作业,目前大型高效岸边集装箱起重机起重量可达100~120t,外伸距达60~75m,单机平均装卸效率达50TEU/h以上;最近十几年国内新研制的各种轻型岸边集装箱起重机在内河港口和沿海支线港口得到很好应用,可装卸巴拿马型集装箱船舶;在内河中小型码头或一些业主码头,集装箱吞吐量较少,为降低设备投资,有的采用门座起重机装卸船舶。

集装箱堆场设备的种类很多。在集装箱码头广泛采用轮胎式集装箱门式起重机(简称RTG)和轨道式集装箱门式起重机(简称RMG)等高效堆场设备,集装箱正面吊运机和集装箱跨运车也有少量应用,空箱集装箱堆场目前多采用集装箱叉车作为堆高机。在新加坡集装箱码头还采用了一种高架桥式起重机进行堆场作业,以提高设备的作业效率。

RTG是一种标准化程度较高的产品,因其转场灵活,在早期的集装箱码头上得到大量应用。近几年,由于国际油价不断攀升和人们对环保要求不断提高,在新建的集装箱码头大多选用节能、环保、高效的RMG进行堆场作业。在我国18个铁路集装箱中心站中,除昆明站采用集装箱正面吊运机外,其余全部采用RMG进行堆场作业。RMG的使用,不但大大提高了作业效率,而且工艺自动化水平大大提高,能耗显著降低,环保性能改善,场地利用率更高。

在集装箱码头和铁路集装箱货场内，集装箱的水平运输大多采用集装箱半挂车，国外一些集装箱专用码头采用先进的自动导引车（AGV）或梭动小车，可实现无人操作。

（二）在港口煤炭和矿石等大宗散货装卸码头的应用

港口煤炭和矿石等流动性差、不需要防水的大宗散货装卸工艺系统具有船舶装卸、散货输送、堆场、装卸火车或汽车、转水等功能，可实现水运、铁路、公路运输方式的无缝衔接。

货物流向不同，码头装卸工艺和设备也不同，因此可按照货物流向将大宗散货码头分为散货出口码头、进口码头和转水码头。转水码头兼具出口和进口码头的一些特点。

1. 大宗散货出口码头

以世界最大的煤炭出口港秦皇岛港为例。秦皇岛港自20世纪80年代初开始建设煤一期，以后陆续建成煤二期、煤三期、煤四期和煤五期，成为典型的大宗货物综合运输枢纽。来自大秦重载铁路的煤炭进入秦皇岛港区后，通过卸车→堆场输送→堆场→取料→装船输送→装船的基本流程，完成煤炭的装船出口作业。

大宗散货卸火车作业从最初的人工卸车方式发展到现在的机械化作业方式，经历了链斗卸车机、螺旋卸车机和火车翻车机的发展过程。翻车机是目前广泛应用的高效卸车作业方式，按照每次可翻卸车厢数量分为一翻、二翻、三翻和四翻，而且翻车机可以不解列卸车，作业效率高；室内作业，扬尘污染小。

煤炭卸车后通过带式输送机输送到堆场，然后通过悬臂式堆料机、斗轮取料机或斗轮堆取料机完成堆料和取料，再通过带式输送机将物料输送到各个装船泊位。码头的装船作业采用大型高效的连续式装船机。

秦皇岛港煤五期翻车机与堆场输送系统额定能力为7200t/h，装船输送系统与装船机额定能力为8000t/h，为目前国内外最高水平。

2. 大宗散货进口码头

大宗散货进口码头的输送与堆取料设备与出口码头类似，其最大不同在于散货卸船设备，目前应用最为广泛的是桥式抓斗卸船机，生产率可达2000～3000t/h，国外最大可达5000t/h。另外带斗门座起重机、链斗卸船机、悬链斗卸船机、斗轮卸船机等也有一些应用。

（三）在港口散粮、水泥等筒仓储运系统的应用

对于流动性好、需防水的散粮、水泥、粉煤灰等物料，其装卸工艺与煤炭矿石等大宗散货完全不同，一般采用筒仓进行储存，可实现水运、铁路、公路运输方式的无缝衔接。

以港口散粮筒仓系统为例。散粮由各种连续卸船机（包括波状挡边带式卸船机、埋刮板式卸船机、螺旋式卸船机、压带式卸船机、气力式卸船机等）或抓斗卸船机卸船，然后经过各种连续输送机和连续提升机将散粮输送到筒仓内储存。筒仓内散粮经过连续输送设备输送到装车楼，经过计量后装汽车或火车。筒仓分为水泥筒仓和钢板筒仓两大类，其中钢板筒仓是目前国内外散粮储运的首选设备。

在散水泥筒仓储运系统中，带式输送机、空气斜槽和斗式提升机等作为输送和提升设备应用极为普遍。

（四）在其他沿海和内河港口的应用

1. 通用件杂货码头：一般采用门座起重机装卸船舶，港内用全挂或半挂牵引车实现水平运输，叉车、轮胎起重机等流动机械实现库房内或露天堆场作业。

2. 内河中小型港口码头：针对内河大水位差码头特点，突破过去传统单一的斜坡式码头的观念束缚，开始尝试建设直立式、分级直立式、高架式等多种形式的码头，并推出了一系列适合于内河作业特点的新型高效装卸设备，缩短了内河港口设备与海港港口设备的差距。

3. 黑龙江和松辽水系大件内河运输：2009 年由交通运输部水运院研制的 500t 固定门式起重机和 500t 浮式起重机分别应用于哈尔滨港和抚远港，解决了哈尔滨地区大件运输的瓶颈制约问题，标志着黑龙江省江海联运迈向了新水平。

4. 石油、液化天然气专业码头：采用储液罐储存，以管道输送为主，采用输油臂完成船舶装卸作业。

（五）在船舶、汽车、火车和飞机等交通运输设备制造业的应用

进入 21 世纪以来，我国造船业走上了快速发展的轨道，超过韩国、日本，成为世界第一造船大国。我国造船业的巨大发展，离不开造船起重机的飞跃发展。自 2000 年起，我国大型造船门式起重机进入了一个集中建造的黄金时期，起重机的起升能力由 600t 上升到 1000t，最大到 1200t，跨度由 100m 左右增加到最大 239m，可满足 50 万吨大型运输船舶和航空母舰的制造要求。用于造船企业的大型门座起重机近几年也有很大发展，主要有单臂架门座起重机、四连杆门座起重机和锤型门座起重机三种结构形式，起重量一般在 100t 以下，最大起重量达到 300t，最大工作幅度超过 100m。

汽车、火车和飞机等产品属于典型的批量化产品，自动生产线和自动化立体仓库等设备在这些企业应用极为普遍。

（六）在交通基础设施建设中的应用

物流设备在公路、铁路、桥梁、隧道、管道、市政交通、机场、车站等基础设施建设中发挥了不可替代的重要作用，为我国交通运输业的发展作出了巨大贡献，如铁路、公路桥梁建设中广泛使用的桥箱梁运送车辆，高铁桥梁建设中的架桥机，管道铺设施工中的履带起重机等，以及应用极为普遍的塔式起重机、汽车起重机、轮胎起重机、门式起重机等，无不发挥了巨大的作用。虎门大桥钢箱梁吊装用的缆索起重机，杭州湾跨海大桥建设中的大型钢箱梁运输起吊安装船等，为我国特大型桥梁的建设积累了成功的吊装经验。

另外，在沿海和内河航道疏浚工程施工中，耙吸式挖泥船、链斗式挖泥船、绞吸式挖泥船、铲斗式挖泥船、抓斗式挖泥船等各种疏浚设备应用广泛。

（七）工程船舶

1. 过驳系统：在港口建设的初级阶段，港池内泊位水深不足，大型船舶无法靠岸装卸作业，只能停泊在外海深水区进行过驳作业。目前我国港口已经完全可以满足各种船舶的装卸专业要求，基本不再需要过驳作业，而像印尼、印度等一些港口建设较为落后的国家，过驳系统仍有较多应用。

2. 浮式起重机：浮式起重机在大型设备安装、船舶装卸、打捞救助等方面具有重要作用，目前我国 ZPMC 公司研制的浮式起重机最大起重量已达 7500t，10000t 浮式起重机正在研制中。

3. 大型设备滚装运输船舶：除汽车滚装、火车轮渡外，大型起重设备、连续装卸设备、发电设备等的整机或大部件滚装运输已成为较为广泛的运输方式，可以确保大型设备的制造质量和制造周期，降低运输成本。

（八）电梯、登机桥、登船桥、摆渡车、滚装连接桥等物流设备

物流设备在机场、火车站、汽车站、客运码头、滚装码头等交通枢纽场站得到广泛应用，如各种升降电梯、扶梯、自动人行道、摆渡车、飞机登机桥、汽车滚装连接桥等，发挥了重要作用。尤其近几年登船桥在客运码头得到了应用，提升了客运船舶的服务质量。

三、物流设备的技术创新

（一）提高集装箱起重机作业效率

集装箱船舶的大型化、高效化发展，迫切要求提高集装箱起重机的作业效率。为此新研制的集装箱起重机各机构运行速度越来越高；另外在岸桥上双40英尺吊具、三40英尺吊具、双小车技术得到了很好的应用；新的集装箱吊具减摇技术（如电子防摇技术、八绳起升双向防摇技术）、自动对箱技术等也得到了推广使用，使起重机的作业效率进一步提高。

（二）RTG节能环保改造技术

随着国际油价的攀升，以柴油机为动力的RTG能耗高，尾气排放和噪声污染严重的问题引起了广泛关注。RTG的超级电容器技术、"油改电"技术、柴油机油门调节技术、油电混合动力技术等得到了研发与应用。尤其"油改电"技术获得巨大成功，节能效果达到70%以上，目前国内使用RTG进行堆场的大型集装箱码头大部分已经完成了"油改电"节能改造，取得了非常可观的经济效益和社会效益。

（三）大型起重机能量回馈与谐波治理技术

大型起重机如集装箱起重机、造船起重机等能耗普遍较高，多采用高压上电，其起升机构属于典型的位势负载机构，起升时需要消耗大量电能，下降时能够产生电能（即发电），因此在大型起重机上越来越多地安装了能量回馈系统。近几年，在380V低压上电起重机上也开始研发与采用能量回馈系统。为抑制电能回馈对电网的污染，起重机还安装了谐波治理设备。

（四）大宗散货堆场长距离带式输送机减电机运行节能改造技术

港口作为能耗大户，目前起重设备的节能问题已经得到普遍重视，并取得了许多可喜的实用成果，而占有港口半边江山的散货连续输送设备的节能问题却没有得到足够重视。在港口大宗散货系统各种输送设备中，长距离堆场带式输送机能耗最大，但在堆取料过程中当输送机上有料段长度较短和取料输送机配煤作业工况时，输送机需要的驱动功率很小，甚至只需要满负荷运行状态的30%，存在严重的"大马拉小车"现象，造成了输送机无功功率高，能耗大，功率因数低。

长距离堆场带式输送机一般采用3～4大功率电动机驱动，根据实际需要功率的大小，通过采用自动切换的减电机运行方式，可大大降低输送机的能耗，同时提高系统的功率因数，经济效益非常显著。

（五）煤炭仓储和散装集装箱技术

我国大多数港口和电厂的煤炭码头毗邻城区，为减少煤炭露天堆放时的扬尘污染，一些电厂新建了穹顶式储煤仓，水泥筒仓和钢板筒仓的储煤技术也取得了成功应用。同时为减少煤炭运输过程中的扬尘污染，实现煤炭运输的"门到门"增值服务，我国北方一些港口近年来开展了煤炭筛分散装集装箱业务，取得了良好的经济效益和社会效益。

(六)物流设备配套件国产化

通过原始创新、集成创新或引进消化吸收等技术攻关,我国物流设备配套件如集装箱吊具、减速器、制动器、电缆卷筒和防风装置等的国产化研制工作取得重大突破,并大量配套整机出口,推动了民族工业的发展。

四、物流设备的发展建议

我国物流设备取得了很大成就,但仍有一些迫切需要解决的问题。

(一)重视设备制造、安装、运输和使用过程中的安全问题

近年来,我国大型物流设备在制造、安装、运输和使用中的安全事故时有发生,大型、特大型设备(如岸桥、造船门式起重机、门座起重机等)在海上船舶运输中发生翻船、沉船事故,安装过程中发生倒塌事故等,造成了重大的人员伤亡和设备损失。因操作使用不当等原因,2008 年上海、山东蓬莱先后发生了两起三台 600t 造船门式起重机的倒塌事故,甚至砸坏在建船舶,造成人员和财产的重大损失。

(二)提高设备自动化水平,推进自动化码头系统建设

现代化港口大量采用高新技术,实现港口自动化、数字化、信息化和智能化运行与管理。港口设备应适应港口快速发展要求,提高设备的自动化水平,推进港口集装箱和大宗散货码头的自动化系统建设。

(三)加强内河翻坝工艺与设备的研发

目前我国内河通航里程不断增加,同时碍航闸坝也越来越多,如三峡大坝、葛洲坝等,必须加快研究经济实用的翻坝工艺与设备,发挥内河运输的价格优势。

(四)加强水面漂浮物打捞设备的研制

沿海、内河、库区和湖泊漂浮物严重影响了环境美观,制约了区域的经济发展。内河航道和库区漂浮物不但影响船舶航行安全,甚至威胁到库区发电机组的正常运转。目前国内一般采用人工方式打捞漂浮物,与国外现代化的打捞设备差距很大,研制高效实用的水面漂浮物打捞设备,是打造水上绿色交通的必然趋势。

(五)转变发展方式,推广使用绿色低碳技术与设备

绿色低碳设备主要体现在节能降耗、减小粉尘和噪声排放等方面。应继续加大传统 RTG“油改电”等节能环保技术的推广应用,大力推广使用 RMG 等节能环保产品;在空箱集装箱堆场作业中,逐步用高效实用 RMG 替代柴油机驱动的堆高机;将流动机械的柴油机驱动改为电力驱动或混合动力驱动;港航系统船舶靠岸后,鼓励船上机械用岸电驱动代替船舶自身柴油机驱动;散货储运系统中用封闭输送设备替代露天输送设备,用封闭式仓储替代露天堆存等。

(六)加大海上溢油应急处置设备的研发力度

越来越多的海上船舶运输和海上石油开采,导致了越来越多的海上溢油事故的发生,两年多前的中国香港“Hebei Spirit”油轮在韩国西海岸发生碰撞泄漏事故的噩梦还记忆犹新,今年 4 月 21 日,位于美国墨西哥湾的英国石油公司租用的“深水地平线号”钻井平台爆炸事故导致数以千万吨石油泄漏,再次为我们敲响了警钟。面对日益严重的海上溢油事故威胁,我国溢油应急处置设备发展却非常滞后,仅有的设备主要依赖进口,国产设备数量和质量均

严重不足,应亟待加强国内溢油应急处置设备的研发力度。

(七)提高设备使用寿命评估能力

目前我国在用的大量装卸搬运设备是20世纪80年代和90年代初期制造的,很多设备已经或即将达到20~25年的使用寿命,因此必须加强设备管理,改进设备使用寿命评估方法,编制重点设备的安全性能检测图谱,提高设备安全检测能力,确保设备安全可靠的运行。

(八)加强电气、液压元器件的国产化研发

电气、液压等元器件在物流设备上使用量很大,但目前国内重要设备的电气、液压元器件几乎全部依赖进口,PLC、变频器等关键部件国内目前尚无研发能力,故应加强电气和液压元器件的国产化研发和制造能力。

参考文献

[1] 张德文,郝焕启. 集装箱堆场起重机的最新技术发展[J]. 起重运输机械,2007(11):1-4.

[2] 张德文,谢文宁,张同戌. 港口散货堆场带式输送机减电机运行节能技术研究[J]. 港口装卸,2008(6):27-30.

[3] 师潇雅. 新一代港口集装箱和起重机关键技术研发与应用[J]. 中国科技奖励,2007(2):47-49.

[4] 郑见粹. 21世纪初我国港口机械的成就与展望[J]. 中国港口,2007(3):45-46.

[5] 张德文,马文杰. 港口煤炭钢板筒仓储运工艺系统分析[J]. 中国机械工程学会物料工程分会论文,太原,2008年10月.

[6] 张德文,谢琛,陈丽昕. 轨道式集装箱门式起重机的技术分析[J]. 港口装卸,2005(5):43-47.

[7] 张同戌,张德文,任良成. 国内外船携式溢油回收系统比较[J]. 中国水运,2009(2):7-9.

[8] 国内首个集装箱自动化码头将落户曹妃甸[J]. 水运工程, 2010 (1) :4.